Bauwelt Fundamente 170

Herausgegeben von

Elisabeth Blum
Jesko Fezer
Günther Fischer
Angelika Schnell

Claude Lichtenstein

Die Schwerkraft von Ideen
Eine Designgeschichte
Band 1

Bauverlag
Gütersloh · Berlin

Birkhäuser
Basel

Die Reihe Bauwelt Fundamente wurde von Ulrich Conrads 1963 gegründet und seit Anfang der 1980er-Jahre gemeinsam mit Peter Neitzke herausgegeben.
Verantwortliche Herausgeberin für diesen Band: Elisabeth Blum

Gestaltung der Reihe seit 2017: Matthias Görlich

Vordere Umschlagseite: Aus Konrad Wachsmann: *Wendepunkt im Bauen* (1959), Ausschnitt
Hintere Umschlagseite: Gerhard Marcks und Wilhelm Wagenfeld: Kaffeemaschine „Sintrax", Glaswerke Schott & Gen., Jena (1925)

Library of Congress Control Number: 2021940980

Bibliografische Information der Deutschen Nationalbibliothek
Die Deutsche Nationalbibliothek verzeichnet diese Publikation in der Deutschen Nationalbibliografie; detaillierte bibliografische Daten sind im Internet über http://dnb.dnb.de abrufbar.

Die Schwerkraft von Ideen ist ein zweibändiges Werk. Der 2. Band ist der 171. Band in der Reihe der Bauwelt Fundamente (ISBN 978-3-0356-1950-8).

Dieses Buch ist auch als E-Book (ISBN 978-3-0356-1969-0) erschienen.

Der Vertrieb über den Buchhandel erfolgt ausschließlich über den Birkhäuser Verlag.
© 2021 Birkhäuser Verlag GmbH, Basel, Postfach 44, 4009 Basel, Schweiz, ein Unternehmen von Walter de Gruyter GmbH, Berlin/Boston;
und Bauverlag BV GmbH, Gütersloh, Berlin

Gedruckt auf säurefreiem Papier, hergestellt aus chlorfrei gebleichtem Zellstoff. TCF ∞

bau | | | verlag

Printed in Germany

ISBN 978-3-0356-1949-2

9 8 7 6 5 4 3 2 1
www.birkhauser.com

Inhalt von Band 1

Dingfest machen: Wunsch und Möglichkeit

Von der Büroklammer bis zur Weltraumsonde, in zeitlicher Hinsicht von der Prähistorie bis heute: So weit erstreckt sich der Horizont von Design. Wie innerhalb dieses Kosmos eine adäquate Form der Darstellung finden? Über alles lässt sich nicht schreiben. Und selbst wenn man es könnte: Design ist nicht einfach nur die Gesamtheit aller Gegenstände. Vielmehr beinhaltet Design auch die Voraussetzungen, die zu den Gegenständen führen, und die Auswirkungen, die sich aus ihnen ergeben, die Gebrauchsformen, die die Menschen von den Dingen ableiten. Einblicke zu geben in solch vielverzweigte Zusammenhänge, dies war die Absicht. Denn dadurch lässt sich beim eigenen Entwerfen und bei der Wahrnehmung von Design auf einen reicheren und plastischeren Fundus zurückgreifen, als wenn sich die Aufmerksamkeit auf das Aussehen des einzelnen Gegenstandes beschränkt.

So kam diese Studie durch den Wunsch zustande, wenn schon nicht von allem zu sprechen ist, dann wenigstens so etwas wie den Umriss eines Ganzen zu skizzieren. Dass sich dieses nur fragmentarisch vermitteln lässt, sollte dabei kein Hindernis sein. Die Darstellung will dem verbreiteten Vorurteil entgegenwirken, dass Design in erster Linie die schnittige Linienführung bedeute, *shaping,* und also eine effektvolle Illustrierung des Funktionsmotivs und des technischen Innenlebens eines Gegenstandes sei. Stattdessen wirbt sie um ein Verständnis für die Gesamtheit des Gegenstandes: für das Zusammenwirken seiner Gebrauchsfunktion (dem Wozu) mit der Art seines Funktionierens (dem Wie), den Materialien, aus denen er besteht (dem Woraus), dem Herstellungsprozess, der ihm zugrunde liegt, seiner technischen Konfiguration, den gesellschaftlichen Implikationen sowie den wirtschaftlichen Folgen. Die Ästhetik eines Gegenstandes kann unwillentlich entstanden oder beabsichtigt sein, zugleich kann sie in unseren Augen überzeugend oder verfehlt sein: insgesamt eine Überkreuzung von vier Möglichkeiten. Sie kann sich auch als Nebenprodukt aller anderen Entstehungsbedingungen erweisen. Selbst so kann sie uns überzeugen, wenn wir den Gegenstand mit jenem

Wohlwollen betrachten, den seine Uneitelkeit in uns bewirkt. Unsere Reaktionen hängen von individuellen Prägungen ab. Doch in der Verständigung über die Bedingungen der Herstellungsgeschichte eines Gegenstandes liegt die Chance, Vorurteile umzustoßen, Dinge zu erhellen und das Verständnis zu aktivieren.

Dies ist überdies die Perspektive eines Europäers, der längst nicht in jedem Winkel der Welt war und der sich der Gefahr des Eurozentrismus bewusst ist. Der thematische Rahmen bildet die Umstände ab, unter denen der Verfasser sich als Beobachter, Autor, Kurator und Dozent mit der Materie beschäftigt. Mehr nicht. Ich hoffe, dass sich die Leserinnen und Leser nicht über das Fehlende ärgern, sondern sich für das Angesprochene interessieren: für eine fokussierte Form von Ideengeschichte.

„Die Schwerkraft von Ideen" spricht davon, dass in jeder begründeten Gestaltungsidee eine Entwicklungsenergie steckt, die eine Richtung nimmt, zur Entfaltung drängt und materiell wird. Dies ist nicht esoterisch gemeint, denn das Motiv ist stets von handfester Realität: Design ist die Gestaltung von Mitteln zur Erreichung eines Zweckes. Damit grenzt sich Design von Kunst ab. Max Bill nannte Kunstwerke „Gegenstände für den geistigen Gebrauch". Damit kehrte er die übliche Hierarchie zwischen Kunst und Gestaltung um und unterstellte das Kunstwerk dem Gebrauchsaspekt. Der Gestaltung (beziehungsweise dem Design, dies sind hier Synonyme) wohnt jedenfalls das Ursprungsmotiv einer durch ein bestimmtes Interesse geleiteten „instrumentellen Vernunft" inne, mit der wir unserem Tun eine Form geben.

Als *Idee* lässt sich der geistige Anteil verstehen, der in ein Artefakt eingeht. Es handelt sich um ein praktisches Verständnis von Idee, das mit der platonischen Auffassung von Idee als „eidos" gleich „Urbild" zwar eine Schnittmenge teilt, aber Abstand hält gegenüber der Vorstellung von Unerreichbarkeit. Dass die „Idee" am Anfang einer Gegenstandsgenese steht, kommt höchst selten vor. Kommt es überhaupt vor? Kann es vorkommen? Eigentlich nicht, denn auch eine solche Idee wäre eine Reaktion auf einen anderen Gegenstand, der sich in dem Moment, wo sie sich zeigt, als unzureichend erweist. Die Idee als „Einfall" braucht ein Problemmilieu, aus dem sie den Ausweg weist. In allen Fällen, um die es in diesem Buch geht, versteht sich die betreffende Idee als ein Gedanke, der in eine Problemstellung *ein-fällt* und sie verändert oder auf-löst. Mühelose Einfälle hingegen, solche aus dem Nichts, pflegen nicht viel zu taugen.

Was kann eine Designwissenschaft leisten, was nicht? Sie kann Gestaltung unter verschiedenen Gesichtspunkten beleuchten (wie bereits erwähnt: unter denen der Gebrauchsfunktion, der Ästhetik, der Konstruktion, der Produktion, des Konsums, der Umwelt, der gesellschaftlichen Implikationen, der Ökonomie) und sie in der Form eines bestimmten Gegenstandes oder einer Gruppe von Gegenständen untersuchen. Ergibt sich daraus eine stringente Theorie? Eine erhabene Konstruktion, in der jedes Beispiel seinen exakten Ort hat? Nein – diese eine magistrale Designtheorie, die den gesamten Horizont des Designs bestimmt und den Schlüssel zum Verständnis eines jeden Artefaktes liefert, sie liegt außerhalb der Denkmöglichkeiten. Dies deshalb, weil sich der Gegenstand nicht deduktiv aus der Matrix aller Elemente des erwähnten Kriterienkatalogs generieren lässt. Er lässt sich nur schrittweise daraufhin entwerfen, und immer wird es dabei dominantere und untergeordnete Kriterien geben. Im Sinn von Theorie als einem Modus des Befragens können wir allerdings von Theorie sprechen. Theorie ist dabei eine *reflektierte Praxis*, wobei die Reflexion die bisherige Praxis infrage stellt, sie bereichert und verändert. Und umgekehrt lässt sich Theorie durch Praxis aktivieren und provozieren, infrage stellen, plastisch modellieren und vielleicht verändern. Anders ausgedrückt: Sinneswahrnehmung und „Geisteswahrgebung" bilden zusammen ein Tandem.

Die einzelnen Kapitel des Buches bilden nicht das, was man eine homogene Ordnung nennt. Es gibt chronologische Themen, Fallstudien, einige Kapitel als Würdigungen von Ländern, Designkulturen und Designmentalitäten, und Kapitel, die ausgewählten Themen gewidmet, aber ebenfalls geschichtlich zu verorten sind. In einigen Kapiteln überschneiden sich folglich diese Zuordnungen. Der Grad an Systematik ergab sich pragmatisch. Insgesamt bilden die einunddreißig Kapitel aber doch so etwas wie einen historischen Bogen ab. Dazu gehört auch die Frage nach der Bedeutung der Frauen hinsichtlich des vorliegenden Themas. Als Entwerferinnen blieben sie lange im Dunkeln. Als Benutzerinnen waren die Frauen immer auch Mitgestalterinnen,

Gestalterinnen des Umgangs mit den Dingen. Doch diese Dimension ist hoch persönlich, ja vielleicht bodenlos, und musste zwangsläufig hinter dem Horizont vieler thematischer Fragestellungen verbleiben. Als Entwerferinnen sind sie in den letzten Jahrzehnten immer mehr wahrgenommen worden. Das Buch ist als ein Abbild auch dieser Verhältnisse zu lesen.

Eine besondere Aufgabe haben die zwischen je zwei Kapitel eingeschobenen „Reflexionen". Sie kommen in der Mehrzahl aus einem Kristallisationskern des jeweils vorausgegangenen Kapitels, betreffen aber Fragen von genereller, das Kapitelthema übersteigender Bedeutung. In einer imaginären vollständigen Designtheorie hätten sie wohl als Elemente oder als Fragmente ihren Ort. Das Präfix X in ihrer Nummerierung verweist auf ihren Charakter des thematischen „Schnittpunkts", an dem die Darstellung die Zeitachse der Kapitel verlässt und in eine Frage von allgemeiner oder elementarer Bedeutung einschwenkt. Die Form dieser Reflexionen ist in der Tendenz kursorisch-essayistisch, weil ich überzeugt bin, dass dies dem grundsätzlich Offenen der Materie entspricht.

Zürich, Januar 2021

1   Prolog: Der lange Anfang
Die Entwicklung der instrumentellen Vernunft

Die Entwicklung zum Homo sapiens fällt in die Zeit von vor 200 000 bis 100 000 Jahren. Genau lässt sich dies nicht bestimmen. Gleich zu Beginn befinden wir uns also in einer sehr grobkörnigen Zeitvorstellung. Was macht schon ein Unterschied von 100 000 Jahren aus? Andere Frühmenschen wie der Homo heidelbergensis waren noch früher unterwegs gewesen, der Neandertaler vermutlich ebenfalls. Zu einer anschaulichen Vorstellung von diesen Zeiträumen zu kommen ist uns ohnehin nicht möglich. Die Höhle von Altamira in Spanien war fünftausend Jahre lang, von 16 000 bis 11 000 v. Chr., bewohnt. Die Neandertaler beherrschten bereits das Feuer und wussten Fleisch zu braten, sie benutzten auch einfache Werkzeuge.[1] Wenn wir unser eigenes Leben als Maßstab nehmen, kommen wir zum erstaunlichen Ergebnis, dass in den zehntausend Jahren seit den frühesten Hochkulturen rund vierhundert Generationen von Menschen gelebt haben, seit Jesus und Julius Cäsar achtzig Generationen. Wir schwanken zwischen einem mangelnden Vorstellungsvermögen bei hunderttausend Jahren und einer Unterschätzung dessen, was „achtzig Generationen" bedeutet.[2]

Versuchen wir es deshalb mit einer Umrechnung, die zwar nicht originell ist, aber anschauliche Relationen schafft.[3]

Sie ist nicht neu, aber sie veraltet nur sehr langsam: Nehmen wir an, dass sich die ersten gestalterischen Aktivitäten des frühen Menschen in der Altsteinzeit vor 86 400 Jahren ereigneten (so viele Jahre, wie ein Tag Sekunden hat). Wenn wir diese lange Zeit auf einen einzigen Tag verkürzen (ein Jahr wird also zu einer Sekunde), dann sind die Ereignisse der letzten dreihundert Jahre in den letzten fünf Minuten des Tages passiert.[4] Die historische Zeitrechnung mit der sumerischen Keilschrift hat erst um halb elf Uhr nachts angefangen, als wir noch immer im Neolithikum waren. Auf das Milleniumsjahr 2000 bezogen, befinden wir uns um 23 Uhr – vor 3600 Jahren – noch in Altägypten am Übergang vom Mittleren zum Neuen Reich;

eine halbe Stunde später, um halb zwölf Uhr nachts, herrscht noch der letzte Pharao.

Der Webrahmen war schon um 21:40 Uhr erfunden worden, die Töpferscheibe erst eine Dreiviertelstunde später, das Wagenrad um 22:45, die Geburt Homers fällt auf 23:15, drei Minuten später diejenige Buddhas. Der Buchdruck kommt um 23:51, die Dampfmaschine um 23:56, eine Minute später der Elektromotor und die Eisenbahn, der erste Motorflug um 23:58:20 – zehn Sekunden vor der Allgemeinen Relativitätstheorie. Um Mitternacht tritt das Smartphone auf den Plan.[5]

Mit Ausnahme des vorliegenden Kapitels handeln die beiden Bände dieser Designgeschichte von diesen letzten fünf Minuten. Hier aber geht es um den ganzen Tag davor. Angehörige der 400 vorangegangenen Generationen (und noch weiter zurück) hätten Grund, sich über den Titel dieses Kapitels zu ärgern: *Der lange Anfang* – eine Frechheit. Recht hätten sie gehabt, denn sie waren alle auch mitten im Geschehen. Jede Geschichte, die den Fortschritt auf ihrer Seite weiß – und das ist auch bei uns der Fall –, ist von Selbstüberhöhung der Gegenwart über die Vergangenheit begleitet. Um Nachsicht seitens der Leserinnen und Leser wird gebeten. In diesem Kapitel soll aber doch mit sparsamen Akzenten verständlich gemacht werden, um welches Verständnis von Design es hier geht: nicht um schmissige Linien in Holz, Metall oder Kunststoff, vielmehr um die Bemühung um ein Erkennen von Problemen und um Beiträge zu ihrer Behebung.

•

In den frühen Morgenstunden noch – um die Metapher noch einmal zu bemühen – töteten die Menschen ihre Jagdbeute mit einem spitzen Stein, den sie in der Hand hielten oder von sich schleuderten. Bereits die Neandertaler-Menschen hatten dies so gemacht, viele tausend Jahre lang. Die „Idee" des Homo sapiens, den Stein an einem Stiel zu befestigen und aus dem Faustkeil einen Hammer oder eine Axt zu machen, bedeutete vor 20000 bis 30000 Jahren – in der Altsteinzeit – einen ersten Schritt ins Design. Die Frühgeschichte des Menschen sieht im Schritt von der Verwendung vorgefundenen Materials zur Herstellung eines Gegenstandes mit einer Absicht dahinter

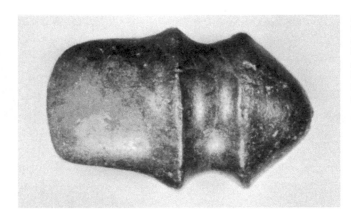

den entscheidenden Vorgang mit dem Homo sapiens als Akteur. Der Kunstwissenschaftler Ernst H. Gombrich bezeichnet die frühen Menschen sogar als „die größten Erfinder, die es je gegeben hat", und er schließt den Neandertaler dabei mit ein.[6] War der Hammerstiel eine „Idee"? Ein „Einfall"? Eine „zwingende Konsequenz"? Und wann? Schwer zu sagen: Wie und wann der Mensch „auf etwas kommt", ob auf eine „Idee" oder einen „Lösungsweg", ist oft nicht rekonstruierbar. Was es auf jeden Fall war: eine Erkenntnis. Der Stiel brachte einen mehrfachen Vorteil: Er verstärkte den Schlag durch die Verlängerung des Hebelarms, er verlängerte die Distanz zum Beutetier, er federte den Schlag auf die Hand ab und erlaubte dadurch, mit umso mehr Schwung zu schlagen. Die frühen Menschen haben dies „gemerkt" und als praktische Erfahrung in ihre Lebensführung integriert. Die individuelle Erfindung – die hier ein Merken, also ein Auffinden war – wurde im Rudel oder im Stamm zum Allgemeingut. Wenn Design – wofür dieses Buch aufmerksam machen will – in erster Linie das ist, was ein Gegenstand *tut* – und nicht, was er *ist* –, besteht in designwissenschaftlicher Hinsicht eine prinzipielle Affinität zwischen einem solchen Hammer aus der Neusteinzeit und der Radschwinge eines Motorrads oder Autos, wobei das Motiv invers ist: Der Hammer schlägt, die Radschwinge federt den Schlag ab.

Knochen mit zersplitterter Spitze benutzten die Menschen der Neusteinzeit (10 000 Jahre) als Harpune, um Fische zu fangen oder Kleingetier zu erlegen. Die verschiedenen Abschnitte der Steinzeit (vom Altpaläolithikum bis zum Neolithikum) dauerten unvorstellbar lange 2,5 Millionen Jahre. Als der Mensch merkte, dass Steine nicht nur direkt zum Schlagen und Erschlagen zu gebrauchen sind, fertigte er zunächst Wurfspieße aus Holz, vermutlich mit einer steinernen Spitze, die die Distanz zum Beutetier vergrößerten. Speere aus Bronze, die sich zielgenau schleudern ließen und das Tier dank ihrer Masse, ihrer Wucht und der spitzen Form leichter erlegen, lagen noch weit in der Zukunft.

Die Bronzezeit fängt erst in der vorletzten Stunde unseres Tages an, um 3000 v. Chr., also mit der Spätausgabe der Tagesschau, womit nun die Menschen über die Fähigkeit verfügten, Gegenstände aus Metall zu fertigen, darunter Werkzeuge zur gezielten Bearbeitung von Holz.

Eine Definition von Designwissenschaft besteht darin, Artefakte als „Erweiterung des Menschen" zu betrachten.[7] Ein früh auftretendes Kriterium dafür ist die Vergrößerung der Reichweite, in der sich diese zeigt. Zahlreiche etwa 20 000 Jahre alte Höhlenmalereien aus dem Zeitalter des „Magdalénien" (nach der letzten Eiszeit) bilden Jäger mit Pfeil und Bogen ab. Gegenüber dem Speer brachte der Pfeilbogen eine nochmalige Vergrößerung der Reichweite und damit des Sicherheitsabstands zum Beutetier mit sich. Die Erfindung von Pfeil und Bogen war eine enorme Errungenschaft. Man müsste eigentlich im Plural von Errungenschaften sprechen, weil der Bogen über ein so großes Gebiet verteilt auf Höhlenmalereien nachweisbar ist, dass er unabhängig voneinander an den unterschiedlichsten Orten erfunden worden sein muss. Die Entdeckung und systematische Ausnützung der Schnellkraft war eine Sache exploratorischer Intelligenz. Elastisch federndes Holz, Sehne und Pfeil erfüllen nur interagierend als eine Dreiheit ihren Sinn, und dieser interaktive Sinn muss deshalb auch zusammen erfunden – sprich: „heraus-gefunden" – worden sein. Designwissenschaftlich gesprochen, handelt es sich bei diesem Effekt um den Begriff der „Synergie".[8] Die Fähigkeit, Verschiedenes zusammendenken zu können – das federnde Holzstück, die gespannte Sehne und der Pfeil –, ist die Grundbedingung für jede Art von Design. Es gibt neuerdings eine Theorie mit dem selbst verliehenen Ehrentitel *Design thinking;* sie postuliert, dass die heutigen Designerinnen und Designer beim Gestalten doch bitte ihren Kopf gebrauchen mögen („Der denkende Designer"). Endlich? Nein, dies machten sie während sehr, sehr langer Zeit und ohne zu wissen, dass sie Designer sind.

Werkzeuge und Waffen stehen am Beginn der Entwicklung von Design, anfänglich bildeten sie eine einzige Kategorie und differenzierten sich erst mit der Zeit in zwei Entwicklungsstränge aus. Bei den Tieren ist nicht von „Lebenskampf" die Rede wie beim Menschen. Tiere sind „Natur". Das Netz einer Spinne ist ein bewundernswertes, rätselhaft instinktgesteuertes und jedem Ort perfekt angepasstes Gebilde mit einer glasklaren Zielsetzung, aber es ist Teil der Natur, wie umgekehrt das Fischernetz ein vom Menschen gemachtes Artefakt ist.[9] Design, als Teil der Kultur, gehört in diesem Buch der Welt des Menschen und diesseits der Grenze zur Natur an.

In Tierhäute als Schutz vor der Kälte kleideten sich bereits die Neandertaler in den kühlen Regionen; der Homo sapiens kam auf dieselbe Lösung. Die Erfindung des Zusammennähens von Häuten war ein bedeutender Schritt: Es brauchte dazu ein lineares Verbindungselement und ein Instrument, um durch die Haut stechen zu können. Vielleicht benutzte man dazu Tiersehnen oder -därme und einen scharfen Knochensplitter als Nadel. Das Durchstechen durch die Lederhaut, abwechselnd von oben und unten, zusammen mit dem Vorrücken auf den beiden Seiten der Hautfläche, um damit einen zusammenhängenden Schutz vor Kälte zu erhalten, war eine epochale Entdeckung. Sie ermöglichte den Homo-sapiens-Stämmen aus Ostafrika, in kühlere Regionen vorzustoßen.[10] Auch ein reversibler Verschluss, um die Umhüllung schließen und wieder öffnen zu können, wurde gesucht und gefunden. Das Schließen der Haut mit Nadeln, Knebelverschlüssen oder Hornknöpfen ist noch heute, nach Tausenden von Jahren, derselbe reversible Vorgang, dem das Ziel von Formschlüssigkeit zugrunde liegt: Der Knopf wird mit der Kante voran durch das Knopfloch gedrückt, legt sich danach wieder in eine parallele Lage zur Haut oder zum Stoff, womit die linke und die rechte Seite übereinanderliegend fixiert sind. Ein äußerst sinnreicher Vorgang noch heute. Mit einfachen Mitteln einen notwendigen Zweck erreichen: Das ist die Seele des Designs noch ganz unabhängig von der Ästhetik.

Im Folgenden sollen einige Stichworte mit dem „Mut zur Lücke" und ohne Anspruch auf eine ohnehin illusorische Vollständigkeit dazu beitragen, ein plastischeres Verständnis von Design und dem Designbegriff zu erhalten.

Textilien

Von größter Tragweite war der Schritt vom umgelegten Tierfell zum Gewebe aus Menschenhand. Aus Pflanzenfasern spinnbare Fäden zu gewinnen gelang bereits den frühen Menschen vor 35 000 Jahren – auf dieses fast unglaubliche Alter werden die ältesten gefundenen Reste von Leinengewebe datiert. Das Spinnen wurde vor 7000 Jahren erfunden, der Gewichtswebstuhl, bei dem die Kettfäden durch Steine beschwert waren und bei dem mühselig von oben nach unten gewebt wurde, vor 6000 Jahren. Die Verarbeitung von Pflanzen zu einem Stoffgewebe, um der groben Fellbekleidung zu entkommen, bedeutete einen ungeheuren Abstraktionsschritt. Die Ägypter trugen vor 4000 Jahren rockartige Kleider; auf der farbigen Zeichnung eines Schiffs, das den Nil befuhr und die auf 1400 v. Chr. datiert wird, ist zudem ein weit ausgebreitetes weißes Segel zu sehen. Wieder das Problem der Relationen: Wenn wir uns vergegenwärtigen, aus welchen Zeiträumen die Kenntnisse der Textilherstellung kamen, lebten diese Menschen am Nil eigentlich in einer Neuzeit. Anni Albers, der wir im Kapitel 14 wiederbegegnen werden, schrieb 1963 das Lemma „Hand, Weaving" für die *Encyclopaedia Britannica,* das sie 1965 zu einem wichtigen Buch mit dem Titel *On Weaving* ausbaute, dem sie die Widmung voranstellte: „Dedicated to my great teachers, the weavers of ancient Peru": Die Meisterin der Avantgarde im 20. Jahrhundert fühlt sich zugleich im Einverständnis mit der Vergangenheit. Sie erwähnt den Gewichtswebstuhl als bedeutende Erfindung aus prähistorischer Zeit und die nachfolgende Erfindung der Litze, durch die jeder Kettfaden gezogen ist und die die mechanische Auswechslung der Fadenlagen (oben – unten) erlaubt, als eine epochale Errungenschaft mit Bedeutung für Jahrtausende. Sie schreibt: „Das früheste Auftreten der Litze wird für Ägypten schon vor dem Jahr 2000 v. Chr. angenommen, in Peru ebenfalls mehrere Jahrhunderte vor Christus."[1] Das Steuern eines jeden Kettfadens mittels der Litze und später die Erfindung der mit den Füßen gesteuerten „Tritte" ermöglichten das mühelose Trennen der Fadenlagen, was das Weben ungemein erleichtert und beschleunigt.[12]

Seilflechten

Wann lernten die Menschen, aus zusammengespleißten Pflanzenfasern ein Seil zu drehen? Beim Seil sind zwei „Ordnungen" miteinander hierarchisch verbunden: Zuerst werden Pflanzenfasern (Hanf, Sisal, Flachs) miteinander zu einem dünnen Strang gedreht, dann werden mehrere Stränge schraubenartig verschlungen, wobei die Verdrillung permanent erhalten bleibt. Die Besonderheit des Seils besteht darin, dass dank dieser Verdrillung die einzelnen Stränge im Querschnitt umso stärker komprimiert werden, je größer die Zugbelastung ist. Auch hier liegt der Tatbestand der Synergie vor.[13] Erste bildliche Darstellungen des Seilflechtens kommen ebenfalls auf ägyptischen Reliefs vor, doch die entsprechende Technologie dürfte bereits Jahrtausende älter sein.

Korbflechten

In verwandtem Zusammenhang damit steht das Korbflechten aus Weidenruten oder anderem pflanzlichem Material, das weit in die vorgeschichtliche Zeit zurückgeht. Zentral dabei ist die hierarchische Struktur aus der primären Ordnung aus radial angeordneten Staken und den zwischen ihnen hin- und hergewundenen Ruten. Die elastische Eigenspannung der sekundären Rutenringe wirkt im Geflecht als ein selbstverstärkendes Element: Sie werden durch die Staken daran gehindert, in ihre gerade Ausgangsform zurückzukehren, und schließen sich deshalb enger um jene – erneut ein Fall von Synergie. Die menschliche Arbeit legt beim Korbflechten den Weg vom linearen Ausgangsmaterial zum zweidimensionalen Geflecht zurück, das ein dreidimensionales Behältnis bildet. Zu Recht sprachen deshalb im 19. Jahrhundert Gottfried Semper und hundert Jahre später R. Buckminster Fuller – um nur diese beiden zu nennen – dem Flechtwerk eine zentrale Bedeutung für die Anfertigung von Behältnissen und Behausungen zu.

Fassmachen

Von ganz anderer Art war ein Behälter, der vor zweitausend Jahren von den Kelten erfunden wurde: das aus Holzdauben gefertigte Fass (die Tonne). Seine einzelnen Bretter sind im Dampf gebogen, deren Querschnitt ist trapezförmig (die Schnittflächen schräg gestellt), damit sie sich für einen kreisrunden Querschnitt radial zusammenschließen lassen. Die Kelten dichteten die Fugen mit organischem Material. Ganz dicht werden die Fässer erst, indem sie gewässert werden. Dem Quellen des Holzes wirken die Eisenreifen entgegen, was den Effekt einer Vorspannung (auf Druck) bewirkt. Die Polarität von Zug und Druck wird auch in diesem Fall gezielt eingesetzt. Das Fass ist ein weiteres Beispiel dafür, wie die Menschen unterschiedliche Materialeigenschaften und -wirkungen geschickt zu verbinden verstanden.

Fortbewegungsmittel

Ein Themenkomplex von enormer Bedeutung sind die Mittel zur Fortbewegung, die die Menschen auf der Suche nach Nahrung und Schutz fanden, erfanden oder ersannen. Die buchstäblich nächstliegenden Mittel waren, und sind noch immer, die Traghilfen für die Fortbewegung zu Fuß, die geeignet sind, die bereits erwähnte Definition von Design als „Erweiterung des Menschen" begreiflich zu machen. In Asien ist es das ausladende Joch in Querrichtung, an dem man zu beiden Seiten ausbalanciert Körbe oder Säcke trägt. Afrikanische Frauen tragen ihre Körbe auf dem Kopf. Die Indios verwenden hölzerne Traggestelle auf dem Rücken, ebenso wie die Inuit, wie Sennen in den Alpen oder Sherpas im Himalaya.

Schiffbau

Die Menschen waren seit jeher unterwegs auf der Suche nach Nahrung und Schutz. Die Fortbewegung zu Wasser, um Korn, Früchte oder Steine zu transportieren, führte bereits vor vielen Jahrtausenden zu Flößen und Schiffen. Die Ausbreitung des Homo sapiens von Ostafrika aus nach Europa und Asien wäre ohne schwimmfähige Fortbewegungsmittel – steuerbare Flöße – nicht möglich gewesen, ebenso wenig die erste Besiedelung Australiens bereits vor 45 000 Jahren.[14] Der ausgehöhlte Einbaum der Pfahlbauer war ein sehr

rudimentäres, labiles Transportmittel. Von Fotografien kennen wir aber auch Einbaum-Boote in der Südsee und in Afrika, die sehr stark, bis auf eine erstaunlich dünne Wandstärke, ausgehöhlt sind, was ihren Schwerpunkt sinken ließ.[15] Mehrere nicht ausgehöhlte Baumstämme ließen sich aber auch zu einem Floß verbinden. Der norwegische Frühhistoriker Thor Heyerdahl befuhr 1947 mit einem einmastigen Floß aus Balsaholz-Stämmen den Pazifik in östlicher Richtung von Südamerika nach Polynesien unter Ausnützung der Passatwinde und des Humboldtstroms. Zwar postuliert die Forschung seither eher eine Besiedlung Polynesiens in umgekehrter, also westöstlicher Richtung, aber die Einwanderung per Floß von Südamerika her wäre demnach vor mehreren tausend Jahren möglich gewesen. Auch für den Bau eines Floßes waren Seile erforderlich. Wie wurde ihr Durchscheuern verhindert? Wir wissen es nicht. Die Ägypter bündelten Schilf zu Schwimmkörpern und befuhren mit diesem leichten Bootstyp vor etwa viertausend Jahren den Nil. Der Typus ist auf antiken Bildwerken dokumentiert und findet sich noch Jahrtausende später auf Fotografien.

Schiffe mit hölzernem Rumpf lassen sich bis ins zweite vorchristliche Jahrtausend datieren, und zwar weltweit: bei den Phöniziern, in China, in Ägypten, Hellas und Rom, bei den Inkas und den Wikingern. Sie erreichten zum Teil bereits eine beachtliche Größe, eine Länge von bis zu 30 Metern. Homer

Abb. 3: Exekias: flache Schale mit Malerei: Dionysos im Schiff, der Schiffsbug links (Rammsporn). Mitte 6. Jahrhundert v. Chr.

lässt in der *Odyssee* Penelope fragen: „Warum mein Sohn [Telemachos] denn reiset! Was zwingt ihn / Sich auf die hurtigen Schiffe zu setzen, auf welchen die Männer / Wie mit Rossen des Meers das große Wasser durcheilen?"[16] Der Schritt vom Floß zum Schiff war technologisch von enormer Bedeutung. Wie brachte man es fertig, Baumstämme der Länge nach aufzuschneiden und zu Planken von gleichmäßiger Breite zuzurichten? Von den Wikingern wissen wir, dass sie im Frühmittelalter getrocknete Baumstämme mit Keilen spalteten, indem sie die Schwundrisse als Sollbruchstellen nutzten und so zu Planken aus Riftholz kamen. (Riftholz, quer zu den Jahrringen aufgeschnitten, wird auch für Streichinstrumente verwendet.[17]) Ob dieses Spalten auch zweitausend Jahre früher die Methode der alten Ägypter, Phönizier, Griechen oder Chinesen war? Wem und ab wann standen ihnen Sägen aus geschmiedetem Kupfer oder Eisen zur Verfügung, mit denen die Stämme unter riesigen Mühen (wahrscheinlich von Sklaven) der Länge nach aufgeschnitten wurden? Fragen wie diese verweisen auf Probleme, die sich den Menschen stellten und für die sie Lösungen fanden. Wir können über den Erfindungsreichtum der Menschen von damals nur staunen: Schiffe waren das Maß für eine frühzeitliche Technologie von hoher Leistungsfähigkeit. Die konstruktive Ordnung eines Schiffes, bestehend aus Kiel, Spanten und Beplankung, war zugleich eine nautische Architektur und Design, ausgelegt für Fortbewegung unter

den dynamischen Verhältnissen des ständig bewegten, bisweilen stürmisch aufgewühlten Wassers. Die Phönizier kontrollierten mit ihren bereits über dreißig Meter langen Schiffen das Mittelmeer, sie gründeten von der Levante aus operierend um 814 v. Chr. das nordafrikanische Karthago, und sie differenzierten den Schiffbau in zwei Stränge aus: Handelsschiffe und Kriegsschiffe. Erstere waren kurz und gedrungen und brauchten nicht schnell zu sein, Letztere waren schlank gebaut und mit einem Rammsporn aus Bronze ausgestattet, mit dem sich gegnerische Schiffe unterhalb der Wasserlinie leck schlagen ließen. Diese Waffe setzte voraus, dass die Energie des Zusammenpralls vom Schiffsrumpf entlang seiner Längsachse aufgenommen werden konnte. Was für jede Art von Schiff gilt, verkörperten bereits vor dreitausend Jahren diese Kriegsschiffe auf dem Mittelmeer in ausgeprägter Weise: Jeder Schiffsrumpf ist im Grunde ein Raumtragwerk.

Im Indischen Ozean war (und ist) der Schiffstyp der Dhau sehr verbreitet, dessen Vordersteven sich auffallend hoch aus dem Kiel emporwölbt. Dieser Schiffstyp soll auch den Schiffen der Phönizier zugrunde gelegen haben.[18] Floß, Boot und Schiff sind weltweit die ältesten Fortbewegungsmittel des Menschen und in ihren verschiedenen Entwicklungslinien das Beispiel einer ununterbrochenen, konstant auf hohem Niveau gehaltenen Tradition des Konstruierens, die viele Jahrtausende zurückreicht. Es gibt keine Matrix, aus der sich der weltweite Schiffbau als logische zeitliche und geografische Stufenentwicklung erklären ließe. Viele Volksgruppen und Stämme lebten während Jahrtausenden in verschiedenen Weltregionen und in ihren eigenen Zeitaltern, ohne sich zu begegnen. So befuhren die Wikinger den Nordatlantik im europäischen Frühmittelalter mit primitiveren Booten, als sie anderthalb Jahrtausende zuvor auf dem Mittelmeer unter den Phöniziern oder Griechen unterwegs gewesen waren, und kamen damit doch ums Jahr 1000 bis nach Nordamerika.

Schlitten

Ein anderes Fortbewegungsmittel war seit Jahrtausenden der Schlitten, der in den langen Wintern Sibiriens, Russlands, Skandinaviens und auch in den Alpen die einzige Alternative zum Fußmarsch war; je nach Region als Pferdeschlitten oder Hundeschlitten. Von der Art und Größe der Zugtiere leiteten sich die Sitzposition und Bauhöhe des Schlittens ab, um die Kraft möglichst ökonomisch umzusetzen. Die Inuit erfanden zudem Schneeschuhe, um nicht im Tiefschnee einzusinken. Auch dazu brauchte es keine physikalische Formel zum Quotienten aus Gewicht und Auflagerfläche; die praktische Erfahrung führte zur Problemlösung. Mit dem Boot oder Schiff teilt sich der Schlitten das Merkmal des Bugs: die gebogenen Kufen, die sich auch zum Gleiten auf festen Unterlagen wie Stein, Sand, Gras eigneten, da ihr Bug (kommt von „biegen") das Einbohren in den Grund verhinderte. Den Transport schwerer Steinblöcke oder -statuen mittels von Ochsen gezogener Schlitten auf Gleitbahnen praktizierten auch die Ägypter.

Rad

Das Rad gilt als Inbegriff früher Technologie, umgeben vom Nimbus, die Krone menschlicher Fähigkeiten zu sein – seine Erfindung als prototypischer Heureka-Moment in der Zivilisationsgeschichte. Doch seine Bedeutung wird damit überschätzt. Eine so lange zurückreichende Geschichte wie bei Schiffen kann von Fahrzeugen mit Rädern nicht annähernd behauptet werden. Die Herkunft des Rades ist ungeklärt. Es war jedenfalls weniger verbreitet als gemeinhin angenommen. Es ist denkbar, dass es in Gestalt der Töpferscheibe

(4000 v. Chr.), des Windmühlen-Mechanismus mit den Mühlsteinen sowie des Wasserrades auf eine viel unauffälligere und doch irgendwie zwingende Art aufgetreten ist denn als Urknall der Zivilisation. Und es kann gut sein, dass erst danach das Rad als Mittel der Fortbewegung auf den Plan trat.[19] Auf einem Relief aus Ur (Mesopotamien) ist es erstmals um 3500 v. Chr. dokumentiert, auf einer Darstellung in einem Königsgrab, die Szenen aus dem Leben des verstorbenen Königs in Erinnerung ruft.[20] Ein einachsiger Wagen wird darauf von einem Tier gezogen, bei dem nicht klar ist, wie es angespannt gewesen sein kann. Die Abbildung eines Rades auf einem Bildwerk beweist nicht seine weite Verbreitung im Alltag. In der Welt rund um das Mittelmeer kam das Rad in vorgeschichtlicher Zeit an Kampf- und Jagdwagen vor.[21] Doch wer außer den Herrschern und Machtträgern besaß schon einen Kampf- oder Jagdwagen? Das Rad war keineswegs ein Allgemeingut. Was später von der Eisenbahn gilt (→ Kap. 3), trifft auch hier zu: Das Rad ohne eine fahrbare Unterlage, sprich Straße, kommt sehr rasch an seine Grenzen. Auf aufgeweichten Straßen ist es ebenso unbrauchbar wie in den schneebedeckten Weiten des Nordens oder in der Sandwüste, wo das Kamel unübertroffen ist. Die römischen Heerstraßen, 80 000 Kilometer, waren in erster

Linie Marschrouten für Fußsoldaten. Nach dem Ende des römischen Imperiums verfielen sie. Das spricht gegen eine große Verbreitung des Rades im Frühmittelalter. Karl der Große war hoch zu Ross unterwegs. Der Wissenschaftshistoriker Marcel Hänggi argumentiert überzeugend, dass Fahrzeuge mit Rädern in Südamerika, in Subsahara-Afrika und in den meisten Teilen Asiens überhaupt nicht oder erst sehr spät vorkamen. In China verbreiteten sich seit dem 2. Jahrhundert von Menschen geführte einräderige Schubkarren, die auf schmalen Wegen zirkulierten.[22] Das alles heißt nicht, dass das Rad nicht bekannt war. Doch es war für Transportzwecke nur mit großen Einschränkungen sinnvoll einzusetzen.

Schubkarren

Die Schubkarren sind eine Unterkategorie der Traghilfen. Sie wurden im antiken Griechenland erfunden, dem Land, in dem Archimedes die Hebelgesetze entdeckt hatte. In Nordeuropa traten sie auch in den Städten erst im Mittelalter auf. Das erstaunt, denn sie verfügen über einen erheblichen Vorzug beim Transport von Lasten. Eine Last von 100 Kilogramm Steinen wirkt, als ob es nur die Hälfte wäre. Die Radachse nimmt einen großen Teil der Last auf. Zudem kommt beim europäischen Typ mit dem vor der Lademulde liegenden Rad und den verlängerten Griffen das Hebelgesetz zum Zug, wodurch sich die Last für den Träger noch mehr reduziert. Die beiden Griffe und das einzelne Rad bilden ein Dreieck, das Wendemanöver leicht macht. In China waren Schubkarren schon seit etwa dem 2. Jahrhundert bekannt. Auf Darstellungen ist zu sehen, dass beim chinesischen Typ zwei Ladeflächen – oder auch Kisten beziehungsweise Körbe – beidseits des Rades angeordnet waren.

Tongefäße, Keramik

Neben den Fortbewegungsmitteln sind Behälter für Nahrungsmittel eine der zentralen Kategorien von Gegenständen, die der Mensch für die Lebensbewältigung „ersann", die er „fand" oder „erfand" oder „auf die er kam". Neben organischem Material wie Tierblasen ist hier an erster Stelle das wasserdichte und feuerfeste Material Ton zu nennen, aus dem die Gefäße bestanden, die über dem offenen Herdfeuer hingen.[23] Das häufige Vorkommen von Tonerde lockte die Menschen schon deshalb an, weil ihre abdichtende Wirkung das Wasser sammelt und das Ufer von Teichen und Seen als geeigneten Siedlungsgrund empfahl. Die ältesten bisher gefundenen Tonscherben, die zu Gefäßen gehören, stammen aus China und sind auf ein Alter von 18000 Jahren datiert worden.[24] Sie waren während einigen tausend Jahren frei geformt worden. Sie mit eingekerbten oder eingeritzten Flächenornamenten zu schmücken war ihren Urhebern ein Bedürfnis. Die Entdeckung, dass gebrannter Ton durch Glasieren wasserdicht wird, machte Tongefäße zur frühesten ganz „zivilen" Designkategorie. Die Erfindung der Töpferscheibe in Mesopotamien (um 4000 v. Chr.) war der Anstoß, ihnen eine höchst beherrschte und in jeder Kultur typologisch definierte Gestalt zu geben: hochgezogen, weit ausladend, kelchförmig sich öffnend oder sich nach oben schließend. Sie erhielten in einem Jahrtausende dauernden Prozess immer nuanciertere Formen mit eleganten Henkeln und Bandornamenten und wurden in Attika und Etrurien seit einigen hundert Jahren vor unserer Zeitrechnung kunstvoll geschmückt, wobei die Griechen hochraffinierte Verfahren entwickelten, eine meisterhaft gemalte Szene dank der Technik des ausgeklügelten Reduktionsbrandes zu sichern. Attische Gefäße aus dem 5. Jahrhundert v. Chr. verfügen zum Teil über eine künstlerische Reife höchsten Ranges, wo Kunst und Design noch deckungsgleich sind.

Attische Tongefäße wurden meist auf der Töpferscheibe gedreht, der Körper auf den ebenfalls gedrehten Fuß aufgesetzt, die Henkel angeformt. Noch vor dem Trocknen des Tons wurden die Gefäße bemalt, meist mit schwarzer Farbe. Nach dem Trocknen wurden sie gebrannt, was in drei aufeinanderfolgenden Stufen geschah: zunächst als Oxydationsbrand, also unter Zuführung von Luft; dann als Reduktionsstufe unter Zuführung von Rauch, schließlich nochmals auf einer Oxydationsstufe. Gisela M. A. Richter, eine profunde Kennerin der griechischen Kunst, beschreibt das Vorgehen der Keramiker beim Brennen so: „In der ersten Phase des Brandes wurden der Scherben der Vase und der zweite Überzug rot, in der zweiten verfärbten sich beide schwarz (oder grau), in der dritten wurde der Ton wieder rot, da er porös genug blieb, um noch einmal Sauerstoff aufzunehmen, während der zweite Überzug

Abb. 6: Mesopotamischer Streitwagen aus Ur, um 3500 v. Chr. Eine der frühesten Darstellungen des Rades. Zweispeichenrad mit Füllstücken, Laufkranz aus krumm gewachsenen Hölzern, Verbindungen durch Nägel.

undurchlässig geworden war und die mit ihm bedeckten Stellen schwarz blieben. Auch der erste Überzug, der Auftrag von verdünntem, flüssigen Ton, und die Linien aus Malschlicker blieben durchlässig, konnten in der dritten Phase reoxydieren und wurden dadurch rötlich bis violett, ebenso nahm das zusätzliche Rot aus Ocker und flüssigem Ton wieder Sauerstoff auf. Die weiße Deckfarbe hingegen, aus weißbrennendem flüssigem Ton ohne oder mit wenig Eisen, wurde durch den Reduktionsbrand gar nicht betroffen und blieb während des ganzen Brandes weiß."[25] Die Beschreibung wird hier deshalb so genau wiedergegeben, weil sie uns auf ein typisches Phänomen hinweist: Dieses höchst kunstvolle Verfahren wurde über zwei Jahrtausende vor der Entdeckung des Sauerstoffs (1772) und der chemischen Vorgänge der Oxydation beziehungsweise Reduktion entwickelt und zur Perfektion gebracht. Nochmals Gisela Richter: „Im Oxydationsbrand verbindet sich der Kohlenstoff des Brennmaterials mit zwei Atomen Sauerstoff zu Kohlendioxyd; im Reduktionsbrand entzieht das Kohlenmonoxyd dem Eisenoxyd des Tones Sauerstoff und wandelt es um in schwarzes magnetisches Eisenoxyduloxyd."[26] Die griechischen Meister konnten nicht verstehen, warum dies geschah, sie konnten den chemischen Vorgang nicht erklären (wie gesagt, vom Sauerstoff wussten sie nichts), aber sie wussten genau, was geschah und was zu tun war, damit es geschah. Das bedeutet: Die Beherrschung der Praxis ging der Wissenschaft

Abb. 8: Öllämpchen, Griechenland,
5. Jahrhundert v. Chr.

Abb. 7: Gefäß zur Auf-
bewahrung von Olivenöl
(*Lekythos*), geschmückt
mit einem Hochzeitszug,
aus der Hand des Amasis-
Malers, um 540 v. Chr.,
schwarzfigurige Periode.

lange voraus. Und der technischen Meisterschaft der Materialbehandlung entsprach vielfach die künstlerische Meisterschaft beim Erzeugen der Form und der Bemalung. Eine Facette diesbezüglich war um etwa 530 v. Chr. der sukzessive Übergang von der schwarzfigurigen zur rotfigurigen Malerei, bei welcher der Hintergrund eingeschwärzt und die dargestellten Figuren ausgespart waren.[27]

Mobiliar

Und das Mobiliar? (Keine Designgeschichte ohne Möbel!) Sicher sagen können wir, dass sie aus Holz oder anderen Materialien pflanzlichen Ursprungs – etwa Bambus – bestanden und als Werkzeuge zu deren Bearbeitung Beile, Sägen, Hobel, Speitel, Schnitzmesser und Schleifwerkzeuge voraussetzten; diese Aufzählung bildet auch den zunehmenden Feinheitsgrad der

Bearbeitung ab, den die Werkzeuge ermöglichten. Pharaonen saßen auf ihrem üppig geschnitzten Thron, von Dienern durch über sie gehaltene Palmblätter vor der Sonne geschützt. Der Thron als ein Einzelstück ist jedoch für die vorliegende Darstellung nicht von Interesse. Dafür wissen wir von ägyptischen Falthockern in X-Form, die vermutlich die Handwerker bei der Arbeit benutzten. Dies ist ein funktionell begründeter Typus bis in unsere Gegenwart. Nur historisch überliefert ist hingegen der „Theben"-Hocker, ein kleines, drei-oder vierfüßiges Sitzmöbel mit einer Höhe von etwa 35 Zentimetern, mit einem konkaven massiven Sitzbrett und darin steckenden geschweiften Füßen. Er ist ein Modell, das uns wegen seiner Form und als Künder von der Vergangenheit fasziniert.[28]

Die Zivilisationsgeschichte lässt sich unter dem Gesichtspunkt der Vermehrung sehen: der Anzahl Menschen, der Vielfalt von Gegenständen, die ihnen zur Verfügung stehen und der Möglichkeiten, sie zu benutzen. Diese Feststellung betrifft nicht den Wohlstand des Einzelnen, vielmehr den „Katalog" der Dinge. Wohl nur weniges ist für immer verschwunden. Aus diesem Grund lässt sich eine Vervielfältigung der Dinge, der Arten sowie der Mittel zur Lösung eines Problems erkennen. Trotz allem Neuen, das zum Alten hinzukam, blieb das Alte meist weiter bestehen. Ein Beispiel dafür, will sagen für das Auftreten und Verweilen eines Gegenstandes weltweit, ist die Kopfstütze. Den Kopf zum Schlafen höher zu lagern erfordert die menschliche Anatomie sowohl bei Seiten- wie Rückenlage. In ethnografischen Museen befinden sich mehrtausendjährige Exemplare solcher Kopfstützen *(headrests)*, ganz ähnliche finden sich heute auf afrikanischen Märkten. Überall, wo nomadisches Verhalten vorkommt, spielen sie eine Rolle, teils als korbartig geflochtene, teils als geschnitzte Holzobjekte, die Hirten, Nomaden und Wanderarbeiter mit sich führen, körpergerecht geformt oder verformbar, die man angebunden mit sich trägt und zum Ruhen auf den Erdboden stellt.[29]

Die Möbel der griechischen Antike waren stark von ägyptischen Typen beeinflusst und wirkten weiter ins Römische Reich und von dort in vergröberter Form ins Mittelalter, wobei sich der Typenfächer erweiterte und veränderte. Die Griechen kannten Metallnägel, den Tischlerleim, Verzapfungen,

Abb. 9: „Theben"-Hocker, Rekonstruktion, dreibeiniger Typus, Verkauf durch das Warenhaus Liberty's, London, 1887. Zu Beginn des 20. Jahrhunderts in Nachbildungen verwendet auch von Adolf Loos, Josef Hoffmann und Josef Frank.

Abb. 10: Nackenstütze, Tansania, vermutlich 20. Jahrhundert. Ein Jahrtausende alter Typus und ein Beispiel für Design als „Erweiterung des menschlichen Körpers".

Überblattungen und Schwalbenschwanzverbindungen, und sie wussten, Holz zu drechseln. Das Bett der Bürger im antiken Griechenland bestand aus einem Holzrahmen mit ansteigendem Kopfteil, der mit Lederriemen bespannt und mit Kissen belegt war. Sie kannten Zargenstühle mit Rückenlehne, die im konstruktiven Aufbau und teilweise sogar in formaler Hinsicht heutigen Modellen gleichen. Es gibt im Möbelbau eine ununterbrochene Linie von der griechischen Antike über Rom, Etrurien und das Mittelalter bis in

die Neuzeit.[30] Schränke gab es in der Antike nicht, hingegen Truhen mit aufklappbaren Deckeln zur Aufnahme der wenigen Gegenstände, die damals in
einem Haushalt vorkamen. Ein wichtiges Möbel der gehobenen Kreise in Hellas war die Kline: eine Art Chaiselongue mit erhöhtem Kopfteil, auf der man
beim Essen und Trinken ruhte. Jeder Teilnehmer eines „Symposions" (Gastmahls) hatte seinen eigenen, an die Kline herangeschobenen Tisch, der rechteckig war, aber nur drei Beine aufwies, und über den hinweg man mit den

anderen Teilnehmenden sprach. Das einzelne Bein erleichterte das Ein- und Aussteigen. Die ungewöhnliche Kombination von Rechteck und „Dreibeinigkeit" ist ein Hinweis darauf, dass der kulturelle Gebrauch eines Möbeltypus sich in der Zeit unter Umständen stärker verändert als sein konstruktiver Aufbau.

Was sich in diesen wenigen Hinweisen über das Vorkommen von Design der Ur- und Frühzeit und der frühen Hochkulturen zeigt: Design war zuerst ein Mittel zum Bestehen des Lebens, dann zur Erleichterung des Lebens, und erstaunlich früh auch zu seiner Verschönerung.

Anmerkungen

1 Die Zoologin Jane Goodall beobachtete, dass auch Schimpansen Hilfswerkzeuge einsetzen, um an Nahrung zu kommen, etwa um Termiten zu fischen.

2 Eine Generation ist dabei mit 25 Jahren gerechnet.

3 Vergleichbare Versuche, die Relationen zu veranschaulichen, haben wohl die meisten Leser schon in der Schule angetroffen.

4 1717 war das Jahr der ersten mit Eisenbändern belegten hölzernen Bahnschienen, 1727 das Jahr der ersten exakten Messung des Blutdrucks.

5 Die tatsächlichen Jahresangaben: Webrahmen 6500 v. Chr., Töpferscheibe 4000 v. Chr., Wagenrad 3500 v. Chr., Geburt Homers 700 v. Chr., Buddha 500 v. Chr., Buchdruck 1450, Kopernikus' Weltmodell 1543, Dampfmaschine 1769, Elektromotor und Eisenbahn 1834, Motorflug Wright 1903, Allgemeine Relativitätstheorie 1913.

6 Ernst H. Gombrich: *Eine kurze Weltgeschichte für junge Leser* (Erstveröffentlichung 1935). Köln 1990, S. 24

7 Als „Erweiterungen des Menschen" („Extensions of Man") bezeichnet 1964 der Medienwissenschaftler Marshall McLuhan im Untertitel zu seinem Buch *Understanding Media* alle Medien, die die zwischenmenschliche Kommunikation prägen oder verändern. Dazu rechnet er auch Gegenstände wie das Auto, die Glühbirne oder den Fotoapparat.

8 Synergie, beziehungsweise Synergetik, ist die Wissenschaft vom geregelten Zusammenwirken verschiedener Elemente, wobei die Gesamtwirkung stärker ist, als es bei der Addierung der Teilwirkungen der Fall wäre.

9 Dazu auch Karl Marx: „Eine Biene beschämt durch den Bau ihrer Wachszellen manchen menschlichen Baumeister. Was aber von vornherein den schlechtesten Baumeister vor der besten Biene auszeichnet, ist, dass er die Zelle in seinem Kopf gebaut hat, bevor er sie in Wachs baut." Hinweis von Jürg Willimann, Zürich.

10 Yuval Noah Harari: *Eine kurze Geschichte der Menschheit*. Besonders Teil I: „Die kognitive Revolution". München 2013, S. 11–98

11 Anni Albers hatte bereits 1963 das Stichwort „Weaving, Hand" für die *Encyclopaedia Britannica* verfasst. Daraus entstand das Buch *On Weaving* (Middletown, Conn. 1965). Zitat daselbst auf S. 25

12 Im antiken Griechenland wusste man bereits kunstvolle Ornamente zu weben: Mäander, Zickzack und andere.

13 Vgl. D'Arcy Wentworth Thompson: *On Growth and Form* (1917)

14 Wie Anm. 10, S. 24

15 Abbildung aus: Heinz und Bodo Rasch: *Wie bauen?* Stuttgart o. J. (1928), S. 20

16 Homer: *Odyssee*, IV. Gesang, 707

17 Ich verdanke diesen Hinweis dem Gestalter und Architekten Klaus Vogt (Scherz, Kanton Aargau), ursprünglich gelernter Bootsbauer.

18 R. Buckminster Fuller: „Fluid Geography" (1946). In: Joachim Krausse / Claude Lichtenstein: *R. Buckminster Fuller – Your Private Sky: Diskurs*. CH-Baden 2001, S. 143

19 Marcel Hänggi: *Fortschrittsgeschichten. Für einen guten Umgang mit Technik*, Kapitel „Rad". Frankfurt a. M., S. 87–95

20 Abbildung in: H. Buss: *Entwicklung der Räder für Lastwagen und Omnibusse* (Festschrift zum hundertfünfzigjährigen Bestehen der Georg-Fischer-Werke). Schaffhausen 1952, S. 5

21 Für die Radfelge benutzte man krumm gewachsene Hölzer, die mittels Speichen mit der Nabe verbunden wurden.

22 Wie Anm. 19, S. 95

23 Auf die Herstellung von Glas aus quarzhaltigem Sand – nachgewiesen für Mesopotamien im 2. Jahrtausend v. Chr. – soll hier nicht eingegangen werden.

24 Victor Margolin: *World History of Design (I)*. London/New York 2015, S. 23

25 Gisela M. A. Richter: *Handbuch der griechischen Kunst*. Berlin 1966, S. 360 f.

26 Ebd.

27 Zeitangaben zur Keramik in Hellas: schwarzfigurig vom 7. bis 5. Jahrhundert v. Chr., rotfigurig von 530 bis um 200 v. Chr.

28 Adolf Loos ließ ihn für etliche seiner Auftraggeber nachbauen (s. Abb. 114, S. 253).

29 Ich verdanke den Hinweis auf die „headrests" Ruedi Küng, dem ehemaligen Korrespondenten des Schweizer Radios für den afrikanischen Kontinent südlich der Sahara.

30 Wie Anm. 25, S. 431

X-1   Design als „Hervorgestalten"

„Designermöbel" und „Designerkleider": Bezeichnungen wie diese sehen das Design als Hochkultur außer- und oberhalb des Alltäglichen. Und den so bezeichneten Gegenständen gesteht man zu, dass sie auch ihren Preis haben dürfen, der selbstverständlich ein Aufpreis ist.

Dieses Buch setzt sich für ein anderes Verständnis von Design ein.

Nein, es lehnt die Gegenstände nicht rundweg ab, die unter die oben genannte Kategorie fallen, bezieht sie vielmehr grundsätzlich in die Denkmatrix mit ein – dies aber ohne ihnen einen a priori höheren Rang einzuräumen als den scheinbar unscheinbaren Beispielen. Ein zusammenfaltbarer Regenschirm ist nicht weniger „Design" als eine expressiv modellierte Jacht. Er ist nur interessanter. Und dieses Buch ist in der Auffassung geschrieben worden, dass der Grad an Interessantheit entscheidet, was am und im Design wichtig ist. In diesem Fall: Der Faltmechanismus, der die Volumen- und Formveränderung des Schirms ermöglicht, ist in konzeptioneller Hinsicht bedeutender als die stilistischen Schwünge eines Jachtrumpfes, die nicht in hydro- und aerodynamischen Überlegungen begründet sind, sondern im Wunsch, aufzufallen und zu beeindrucken. So ist der Schirm im vorliegenden Sinn komplexer und hinsichtlich des Designs substanzieller.

Doch zugleich ist es auch nicht so, dass etwa wegen der unglücklichen Bezeichnung „Designermöbel" ein betreffendes Modell aus dem Kreis der wichtigen Gegenstände ausgeschlossen gehört. Die Etikettierung will nur darauf aufmerksam machen, dass der Entwurf nicht von einem Nobody *stammt. Doch was heißt das konkret? Ist Prominenz ein Wert an sich? Sie muss auch der qualitativen Überprüfung standhalten. Daran krankt es in der Design-Publizistik, wo eine Kritik, die diesen Namen verdient, selten geworden ist. „Designermöbel" und „Designerkleider" sind wohlfeile Etikettierungen, wofür ihre Entwerfer in vielen Fällen nichts können. Und wenn die Anführungszeichen der Designermöbel und Designerkleider fehlen, versteckt sich die Publizistik erst recht hinter dem breiten Rücken der Prominenz und hat nichts zur Frage zu sagen, welches die Qualitäten der betreffenden Gegenstände sind.*

Das Konzeptionelle hat in dieser Darstellung eine deutlich größere Bedeutung als das Perzeptionelle. Und Letzteres ist darin nur von Interesse, wenn es durch konzeptionelle Überlegungen unterfüttert ist: wenn es nicht Absicht war, sondern Resultat ist.

Denn da diese Überlegungen nicht vom Gegenstand kommen (weil der nicht selbst denkt), sondern von Menschen, deren Geist ihn hervorbringt – von einer Entwerferin oder einem Entwerfer im Singular oder im Plural –, ist der Gegenstand ein Übermittler von deren konzeptionellen Absichten. Design ist „Entwurf“, „Gestalten“ bedeutet mehr als gestalten von etwas, das man kennt: Es bedeutet das Hervorholen einer Gestalt aus dem zuvor Unbekannten.

Alles, was entworfen wird, beginnt mit einer Frage. Und jede Frage ist Ausdruck von Neugier oder eines Problems. Wie können wir diese schwere Last dorthin schaffen? Wie überwinden wir diese Schlucht? Wie komme ich an die Früchte dort oben am Baum? Wie mache ich ein Feuer? Wie kann ich es bewahren? Wie bewässere ich mein Feld? Wie konserviere ich meine Lebensmittel? Wie schütze ich mich vor Kälte? Wie entferne ich den Staub aus unserem Haus? Wie kann ich meine Daten sinnvoll ordnen? Wie kann ich den Klang der menschlichen Stimme aufbewahren? Wie kann ich möglichst viele Stühle möglichst platzsparend unterbringen?

Design als Problemstellung beruht auf WIE-Fragen und führt zu SO-Antworten. Am Anfang steht die Frage, steht das Problem des „Wie mache ich das?“

Deswegen nenne ich Design ein Hervorgestalten. *Die Designer sind etwas anderes als die Illustratoren, die bereits bekannte Lösungen in eine etwas abgeänderte Form einkleiden, ohne sich über den Gebrauch, die Konstruktion, die Produktion, den Habitus und den Lebenszyklus des Gegenstandes Gedanken zu machen. Beim „Hervorgestalten“ ereignet sich oft etwas Faszinierendes: Aus dem Schattenbereich des Problems tritt der Entwerferin, dem Entwerfer eine Lösung entgegen. Etwas „nimmt Form an“, wo zuvor noch keine war. Aus dem Hochdruckgebiet des „Problems“ bildet sich eine „Gestalt“. Nicht immer weist sie neue Wege, manchmal aber schon.*

2 Wege in die Neuzeit
Paradigmen der Gestaltung in Europa
1600–1800

Nach der teilweise überraschend feingliedrigen Möbelgestaltung in der Antike gibt die Abbildung eines hölzernen Sitzes aus Schweden, vermutlich aus dem 17. Jahrhundert, einen Eindruck von der spätmittelalterlichen Gegenstandswelt Nordeuropas. Man spricht von der Zeit des Unwissens und des Aberglaubens, in die die Welt für ein Jahrtausend nach dem Zusammenbruch des Römischen Reiches abtauchte, von der Barbarei in der Zeit der Völkerwanderung, von der Kargheit, in der die analphabetische Bevölkerung lebte. Die Gestaltung von Gebrauchsgegenständen wurde unübersichtlich und lässt sich kaum systematisieren. Aus der Welt der Gegenstände wären etwa die hölzernen Esslöffel zu erwähnen, die Holzschuhe, die Talglampen – und am anderen Ende des gesellschaftlichen Spektrums das Tafelgold und die reich geschnitzten Himmelbetten der Aristokratie. Die Spannweite zwischen bitterer Armut und höfischem Prunk war enorm.

Abb. 12: Sitz, aus einem Baumstamm gefertigt, Rückenlehne ausgehöhlt. Schweden, vermutlich Spätmittelalter.

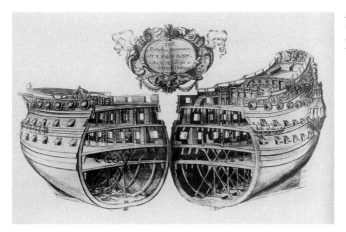

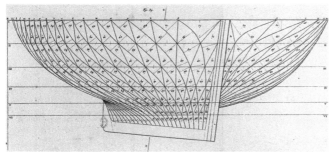

Abb. 14: F. H. Chapman: Vorschlag zur Kodifizierung eines Schiffsrumpfs aus gekurvten Dreiecken, 1755. (*Architectura navalis mercatoria*)

Für die Darstellung des mittelalterlichen Designs sollen Hinweise zu ausgewählten Themen veranschaulichen, wie es sich in der Zeit nach dem Dreißigjährigen Krieg darstellte – um 1650 bis 1790 –, bevor die Industrialisierung voll einsetzte. Denn wie immer in solchen Fällen kam die „industrielle Revolution" nicht unvermittelt, sondern ergab sich aus bestimmten Voraussetzungen, die sie vorbereiteten. Welches waren diese evolutionär entstandenen Voraussetzungen, die das „vorrevolutionäre" Design bestimmten?

Fabriken und Industrien gab es schon vor der Dampfmaschine. „Industria", lateinisch für „Fleiß", meint eine „fleißige" oder „emsige", will sagen serielle Fertigung, der eine arbeitsteilige Organisation zugrunde liegt und für die eine Nachfrage aufseiten des Marktes besteht. Für den Teil der seriellen Warenproduktion, die über den Eigenbedarf hinausging, trifft deshalb im 17. und 18. Jahrhundert die Bezeichnung „Industrie" zu. Schon vor den neuen Antriebskräften Kohle, Dampf oder Elektrizität war eine Steigerung der industriellen Tourenzahl und waren die selbstverstärkenden Effekte von Ursache und Wirkung erkennbar, was sich in der Vermehrung von Produktion und Konsum und in der Beschleunigung des Lebenstempos äußerte.

Die Kochstelle: Beharrungsvermögen

Wie träge im Gegensatz dazu die Entwicklung im Mittelalter verlaufen war, zeigt sich am Beispiel der Kochstelle im Haus. Kamine gab es zwar seit dem 10. Jahrhundert (bis dahin brannte in der Küche ein offenes Feuer auf Bodenhöhe, eine Öffnung in der Decke führte in den Dachstuhl, der als Räucherkammer diente). Doch erst im 16. Jahrhundert erfolgte der nächste Schritt: Der aufgemauerte Herdblock holte das Feuer auf eine bequemere Knie- oder Tischhöhe herauf, es gab nun einen Kaminhut als Rauchfang, aber noch immer hing der Kochtopf an einer Kette über dem offenen Feuer. Entsprechend einfach war das Essen: viel Eintopf mit Bohnen und Hirse. Die allmähliche (relative) Verfeinerung der Gastronomie bei Wohlhabenden führte im halben Jahrhundert zwischen 1550 und 1600 zu mehreren Stellen mit Feuer oder Glut, über die man Töpfe hängte, und dies veranlasste nochmals zweihundert Jahre später die Entwicklung des Herdes mit verdeckter Befeuerung und Kanälen für die Flammen und Abzugsrohren für den Rauch.[1] In Nordamerika – damals noch ein Gebilde aus europäischen Kolonien – erfand Benjamin Franklin um 1740 den Ofen mit Kanälen für die Rauchgase (kein Herd), zu dem ihn französische Vorbilder inspiriert hatten.[2] Der Kochherd mit verdeckter Befeuerung, Zügen mit Klappen und verschiedenen „Flammen" setzte sich erstaunlicherweise erst um die Mitte des 19. Jahrhunderts durch. Bis dahin verlief die Entwicklung nur langsam.

Eine Ausnahme in diesem trägen Entwicklungsfluss war eine Erfindung in Padua aus dem Jahr 1607, die sich als ein Symptom kommender Dinge lesen lässt: ein mechanischer Bratenwender über dem Feuer, der von einem

Propeller angetrieben sein sollte, der seine Energie von der aufsteigenden Hitze im Kamin bezog.[3] Das war ein extravagantes und wohl auch spekulatives Beispiel für das Bedürfnis nach einer mechanischen Unterstützung. In Italien erblühte in der Renaissance – am Übergang vom Mittelalter zur Neuzeit – die Faszination für die Mechanik unter dem Einfluss der griechischen Philosophie des Aristoteles am intensivsten. Der Erkenntnisdrang und Wissensdurst des Menschen seit der Renaissance äußerten sich in der zunehmenden Selbstermächtigung über die verschiedensten Formen von Kausalität. Getriebe als Mechanismen, in denen ein geregeltes Verhältnis von treibender Ursache und angetriebener Wirkung besteht, waren im „Zeitalter der Vernunft" ein zentrales Symptom für das Kausalitäts-Bewusstsein und setzten den Menschen auf die Position eines Regisseurs über Ursache und Wirkung. Bereits der Windsor-Kodex mit den technischen Projekten Leonardo da Vincis aus dem 16. Jahrhundert ist reich an Vorrichtungen, in denen Zahnräder, Zahnstangen, Getriebeschnecken und Nockenwellen die unterschiedlichsten Bewegungen steuern sollten, um einen bestimmten Zweck zu erreichen.[4] Sehr einfache Mechaniken traten im realen Leben auf in Gestalt von Kaffee- und Gewürzmühlen, doch auch sie waren Botschafter der aufkommenden Kraft einer tätigen Vernunft. Die Bedeutung der Mühlenbauer für die

Aufgaben der Industrialisierung – von denen auch im nächsten Kapitel die Rede ist – kündigt sich hier an.

Die Uhr als exemplarische Mechanik

Das wirkmächtigste Beispiel für die Faszination durch Mechanismen waren im vorliegenden Zeitabschnitt die Uhren. Auch bei ihnen handelte es sich um Getriebe (Abb. 21). Uhrwerke lösten die ungenauen und wetterabhängigen Sonnenuhren ab und regelten den Tagesablauf mit größerem Nachdruck. Turmuhren gab es bereits seit etwa 1300. Sie funktionierten mit angehängten Gewichten, deren Sinken das Werk in Gang hielt. Eine „Hemmung" regelte die Sinkbewegung. Viele Uhren hatten damals nur ein Schlagwerk mit Glocken und noch kein Zifferblatt. Vor 1400 gab es an städtischen Brennpunkten bereits Prunkuhren mit beweglichen Figuren und astronomische Zeigerwerke für Mond- und Planetenphasen als vielbestaunte Mechaniken. In Padua ersann und baute 1344 Jacopo Dondi ein Musikspielwerk für den Palazzo del Capitano.[5] Eine so hoch entwickelte Technologie war im Hochmittelalter nicht auf Italien beschränkt.[6] Als mechanisches Wunderwerk berühmt war auch die Uhr am Straßburger Münster (1354) mit einem Glockenspiel und bewegten Figuren. Doch die eigentliche Uhr zur Anzeige der Tageszeit blieb noch lange ein ungenaues Instrument. 1657 entstand die erste Uhr mit Spindelhemmung nach einem Entwurf des niederländischen Mathematikers und Astronomen Christiaan Huygens, gebaut durch Salomon Costers in Leiden. Das Uhrpendel kam erst um 1700, als Prinzip ebenfalls erfunden von Huygens und verbessert von Galilei. Es brachte eine starke Verbesserung der Ganggenauigkeit. Bis etwa 1600 hatten die Uhren nur einen Stundenzeiger, der im Lauf eines Tages das Zifferblatt einmal umrundete. Die astronomische Einheit des irdischen Tages wurde so in die Umrundung des Zifferblatts übersetzt. Diese Symbolisierung bildete anfänglich die tägliche Umdrehung des Himmelsgewölbes ab, nach der Durchsetzung des heliozentrischen Weltbildes nach Kopernikus und Kepler die tägliche Erddrehung. Die Umstellung auf die täglich zwei Zwölfstunden-Zyklen, die uns längst selbstverständlich geworden sind, erfolgte später.
Bis zu diesem Punkt der Darstellung ist die Uhr an ein Gebäude oder als Standuhr an einen Raum gebunden. Die Erfindung der Spiralfeder als

Antriebsquelle, erneut durch Huygens, war bahnbrechend: Dadurch wurde die Uhr mobil und begleitete ihre noblen Träger als Taschenuhr auf Reisen. Ihre Bedeutung für die Seefahrt kommt am Schluss des Kapitels zur Sprache. Der Antrieb der Uhr aus eigener Kraft war ein bedeutender Schritt. Ist es bloße Spekulation, dass hier ein Zusammenhang mit der Entdeckung der elliptischen Umlaufbahnen der Planeten um die Sonne durch Johannes Kepler besteht? Denn diese war verbunden mit dessen revolutionärer Hypothese, dass die Schwungkraft der Planeten von der Sonne stammen müsse, also aus dem Zentrum des Weltsystems. Vor Kepler galt die apriorische Annahme, die Bewegungen der Gestirne rührten von Gott als dem „unbewegten Beweger" außerhalb der Fixsternsphäre her. Die Frage nach der Antriebsenergie war theologisch beantwortet, oder genauer: Sie stellte sich gar nicht. Mit Kepler änderte sich dies. Er gilt als Begründer der Physik, weil der Kosmos nach seiner Entdeckung nicht mehr eine Sache abstrakter Geometrie war – wie in der seit Aristoteles einzig gültigen Lehrmeinung –, sondern fortan eine Angelegenheit der Materie. Hier ist die „Wasserscheide zwischen dem Mittelalter und der Neuzeit" (Arthur Koestler).[7] So ist es denkbar, dass die Erfindung der aufziehbaren Uhrfeder im Innern der Uhr, die an die Stelle der außen liegenden Gewichte trat, etwas mit Keplers neuer Sicht auf das Universum, sprich: mit der Sonne auch als Kraftzentrum, zu tun hat. Doch die Feder bot gegenüber dem Pendel das Problem der mangelhaften Antriebskonstanz: Die Federspannung variierte nach dem Grad der Entspannung, was die Uhr ungenau gehen ließ. Pendeluhren gingen genauer. Erst mit der Zeit gelang es durch Zusatzerfindungen, diesen Effekt auszugleichen. Eine weitere wegweisende Erfindung aus dem Jahr 1704 war die Verwendung von Edelsteinen („Rubinen") als Lager, wodurch sich die Reibung stark vermindern ließ.[8]

Taschenuhren waren mechanische Bravourstücke, der Aristokratie vorbehalten und den niederen Ständen unerreichbar. Sie wurden in Frankreich, England und Deutschland, später auch in der Schweiz, von Uhrmachern in feudalen Diensten gebaut, kostbar verziert, mit Brillanten geschmückt oder emailliert. Besonders virtuos konstruierte „Komplikationsuhren" gaben auch auf Jahre hinaus korrekt die Mondphasen an. London, Paris, Nürnberg, Genf, La-Chaux-de Fonds waren Brennpunkte des technologischen und auch gestalterischen Wettstreits. Wunderwerke der Mechanik, die gerade die Taschenuhren oft waren, stachelte auch ihre sukzessive Verkleinerung den Ehrgeiz der größten Meister der Uhrmacherkunst an. Die Uhrmacherkunst und das Juweliers- und Goldschmiedehandwerk überlagerten sich in ihnen. Eine dieser Uhren erregte dadurch Aufsehen, dass sie nur einen halben Zoll im Durchmesser maß und in einen Fingerring eingebaut war.[9]

Manufakturen, Wirtschaftsordnung

Das berufliche Know-how in solch bravourösen Leistungen war eine Ressource, über deren Wert sich alle im Klaren waren: Vertreter der Aristokratie und Minister, Angehörige von Zünften, die Eigentümer solcher Gegenstände und das niedere Volk, dem nur das Staunen blieb. Seit dem 17. Jahrhundert wurde das wirtschaftliche Potenzial dieser Ressource immer stärker erkannt. Im Konzept des Merkantilismus bildete sich die wachsende Konkurrenz von Nationalstaaten ab, deren Handelsbilanz dank möglichst vieler Exporte und möglichst weniger Importe glänzen und die zunehmenden Staatsausgaben finanzieren sollte. In vorrevolutionärer Zeit war es allein den Manufakturen im Umkreis von Fürstenhäusern möglich, Güter in nennenswerter Serie zu fertigen. Während bürgerliche Betriebe der Zunftordnung unterlagen und nicht mehr als zwei oder drei Gesellen beschäftigen durften, waren die Manufakturen exklusiv vom Zunftzwang befreit und beschäftigten bisweilen zahlreiche hervorragende Facharbeiter. Sie führten Angehörige verschiedener Berufe zur Herstellung qualitativ hochstehender Güter zusammen: Schmuck, Teppiche und Tapisserien, Silberwaren, Porzellanservices, Möbel und Kutschen. Die Organisationsform der Manufakturen basierte auf der Arbeitsteilung, und der wiederum entsprach eine serielle Herstellung von Gütern. Am Bau einer Kutsche waren Schmiede, Schreiner, Sattler, Glaser, Tapezierer und Maler beteiligt. Hofhandwerker waren die Elite des Handwerks; sie konnten eine technisch-handwerkliche Perfektion anstreben, bei der der Preis der Ware keine Rolle spielte.[10] Auch die Produktion für das Bürgertum profitierte davon.
Der Staat gierte nach steigenden Einkünften aus steigender Produktion. Oft hielten die Königshäuser und Fürstenhöfe ihre Hand schützend über die Manufakturen. Deren Produkten verlieh der Status von Hoflieferanten einen

Abb. 16: Ornament-Drehbank für gekurvte Formen, Deutschland um 1750. Die Ornamentierung des Werkzeugs als Ausdruck des Stolzes über dessen Können.

starken Nimbus. Die Meister waren berechtigt, auch auf eigene Rechnung und Verantwortung zu produzieren. Im Bürgertum bildete sich eine Nachfrage nach hochstehenden Gütern heraus, auf die eine zunehmend arbeitsteilige und serielle Produktionsweise die Antwort war.

Manufakturen waren deshalb im 17. und 18. Jahrhundert der Ort, an dem das technologische Material ausgebrütet wurde, das in der industriellen Revolution benötigt wurde: Know-how nach innen, gesellschaftliche Reputation nach außen. Die technisch-handwerkliche Hochkultur der höfischen Elite im *ancien régime* war eine Ressource beim Aufbau der industriellen Welt und der Quantitätsproduktion: für Uhren, Instrumentenbau und Musikinstrumente.[11] Michael Stürmer schreibt dazu: „Dies war ein Markt, in dem sich Glanz und Elend Alteuropas paarten, ein Markt auch, in dem höfische Gesellschaft, frühes Unternehmertum und Altes Handwerk für mehr als ein Jahrhundert zu glanzvoller Synthese kamen."[12] Diese Privilegienkultur legte zum einen die Grundlage für ein technisches Können, das sich wenig später bei der industriellen Revolution „demokratisieren" ließ. Andererseits wurde sie aber auch zum Rahmen für die problematische Demokratisierung des symbolischen Apparats, des Prunkrepertoires, das zum geschmähten „herrschenden Geschmack" der Salonkunst und des Salonkunsthandwerks hinführen sollte (→ Kap. 4). Als Beispiel dafür dient eine Uhr in einem Prunkgehäuse mit Figuren.

Die Mentalitäten in den verschiedenen europäischen Ländern konnten sich jedoch in markanten Unterschieden des Designcharakters äußern. Es war im Fall dieser Uhr „typisch für Frankreichs Eliten, dass der Gehäusepreis etwa zehnmal so hoch war wie der Preis des Uhrwerks; typisch für Englands Eliten, dass dort meist das Preisverhältnis von Funktion und Dekoration umgekehrt war" (Stürmer).[13] Die Königreiche Preußen und Böhmen und die zahlreichen deutschen Kleinstaaten des Heiligen Römischen Reiches orientierten sich deutlich stärker am französischen als am britischen Wertsystem, ein Unterschied, der in den unterschiedlichen gesellschaftlichen Funktionen der Aristokratie und in anderen wirtschaftlichen Strukturen gründete. In Großbritannien führte die größere Autonomie des Unternehmertums auch zu einer stärkeren horizontalen Durchlässigkeit nach Gesellschaftsklassen. Die allgemeine Vertragsfreiheit in England begünstigte nach 1750 die Herausbildung hochstehender Sparten der Warenproduktion: Möbel, Silberwaren, Uhren und Bekleidung. In Großbritanniens konstitutioneller Monarchie waren die aristokratischen Kreise zwar die obersten der Gesellschaft, in der französischen Auffassung bildeten sie eine eigene Gesellschaft nebst dem gemeinen Volk. Hier wie dort gründete die industrielle Produktion auch im aristokratischen Milieu, in England wie auf dem Kontinent.

Die Textilindustrie als Pioniergebiet

Der Treiber der Entwicklung war die generelle Belebung des Warenhandels im 17. Jahrhundert und des damit verbundenen Transportwesens, das Rohstoffe, Energieträger, Fertigwaren und Personen zunehmend gegeneinander beweglicher machte. Der Vorgang war der einer zunehmenden Verflechtung. Was bedeutet diese Entwicklung für das Design?

Sie liegt nicht auf der formalästhetischen Ebene, sondern auf der organisatorischen der Herstellung. Sie hängt mit dem Niedergang des Feudalismus und mit dem allmählichen Aufstieg des Bürgertums zusammen. Unter den alten feudalistischen Verhältnissen des Mittelalters war die gesamte Produktion noch auf den Fürstenhof ausgerichtet gewesen. Ein freier Handel war unter diesen Umständen kaum möglich. Ein Möbelschreiner arbeitete für den Hof und lebte von diesem. Ein Schuhmacher ebenso wie der Goldschmied, der Küfer, der Gerber, der Glockengießer, der Wagner oder der Dorfschmied.

Solche Nähe wurde nach und nach durch die Belebung des Handels überwunden, die sich in der zunehmenden Verarbeitung von Rohwaren zu Fertigprodukten äußerte. Als exemplarischer Bestandteil des neuzeitlichen Wirtschaftsmodells bildete sich in der Textilherstellung das „Verlagssystem" heraus, bei dem ein „Verleger" die Rohstoffe auf dem Weltmarkt einkaufte, sie zur Verarbeitung an Heimwerker auslieferte, sie nach vereinbarter Zeit wieder einsammelte und an Kunden auslieferte. Beispiel: Rohbaumwolle aus Indien oder Nordamerika wurde von den Heimwerkern – etwa Bauernfamilien, die während des Winters Zeit für diese Nebenverdienste hatten – gesponnen und das Garn dem Verleger geliefert, der es an den Kunden, in diesem Fall die Weberei, weiterreichte.[14] Das Verlagssystem war eine frühe Form von *outsourcing*, erzwungen vor dem Hintergrund der Arbeitsteilung zwischen dem Spinnen und Weben. Die Erfindung von Vorrichtungen zum mechanischen Spinnen („Spinning Jenny") bedrängte wenig später das Verlagssystem. Das Spinnen von Wolle oder Baumwolle zu Garn war eine niedrigqualifizierte Arbeit, die nicht unter die Ordnung der Zünfte fiel. Das alte berufliche Gefüge wurde durch die Zünfte geschützt, was ihre konservative Einstellung bewirkte. In Deutschland blieben Zünfte und Gilden länger bestimmend als in England oder den Niederlanden. Sie hielten in vielen Fürstentümern das

gesamte Gewerbe in einem betulichen Tempo, auch dort, wo mehrere Berufs-
sparten gemeinsam an einem Auftrag arbeiteten. Das Verlagssystem durch-
brach dieses Trägheitsprinzip. Doch auch die Wirkkraft des Fortschritts, die
zu Beschleunigung und Vermehrung hinwirkte, arbeitete an der Überwindung des Verlagssystems und der ihm zugrundeliegenden Heimarbeit. Diese
Kraft war auf Dauer nicht zu unterdrücken. Auf dem Gebiet der Textilherstellung ist dies besonders eindringlich zu verfolgen. Die beiden Haupttätigkeiten
der Verarbeitung, das Spinnen und das Weben, trieben sich im 18. Jahrhundert antagonistisch zu höheren Produktionsleistungen an. Beim Spinnen entsteht aus Wolle oder Baumwolle Garn, beim Weben aus Garn das Tuch. Als
noch von Hand gewoben wurde, mussten einem Weber mehrere Spinner zu-
dienen; das Spinnen wurde oft von Frauen in Hausarbeit besorgt, denen seit
dem 14. Jahrhundert das Spinnrad zur Verfügung stand. Dies war das tradi-
tionelle, vorindustrielle Arbeitsmodell.

1733 erfand John Kay den „Schnellschützen" („flying shuttle"), der das Weben
stark beschleunigte und erlaubte, mit nur einem Weber breite Bahnen zu weben, wofür bis dahin zwei erforderlich gewesen waren. Der Schnellschütze
schoss das Weberschiff durch eine mechanische Vorrichtung am Webstuhl
durch die Fadenlagen und machte den zweiten Arbeiter, der es am anderen
Ende entgegengenommen hatte, überflüssig.[15] Handweber bekämpften diese
Neuerung und verzögerten vielerorts ihre Verbreitung, doch um 1760 war
sie durchgesetzt. Die gesteigerte Produktion von Tuch erhöhte nun stark
den Bedarf nach Garn und führte um 1769 zur Spinnmaschine von Richard
Arkwright, die – noch angetrieben von einem Wasserrad – durch eine automa-
tische Zuführung des Rohmaterials auf mehreren Spindeln gleichzeitig Garn
produzierte. Die Erfindung der „Spinning Jenny" durch James Hargreaves
multiplizierte wenig später die Anzahl der gleichzeitig bedienten Spindeln
und setzte damit erneut die Webereien unter Produktionsdruck. In England,
insbesondere in Lancashire im Nordwesten, entwickelte sich aus dieser Dia-
lektik der wechselnden Leistungsfähigkeiten von aufeinander angewiesenen
Zweigen der verarbeitenden Betriebe eine potente Industrie, noch bevor die
Dampfkraft auf den Plan trat und die Verfügbarkeit der Antriebskraft unabhängig von Fließgewässern machte (→ Abb. 29).

Der Übergang von der vorindustriellen zur industriellen Produktion erfolgte in Teilschritten. Einen scharfen Bruch gab es nur auf der Ebene der politischen Verhältnisse. Im feudalen vorrevolutionären Frankreich setzte die Krone noch auf die stabilen Verhältnisse des Merkantilismus Colbert'scher Prägung, die auf den berechenbaren Einkünften der Manufakturen beruhten und auf den stabilen Preisen, die der von oben gelenkte nationale Markt ermöglichte. Dieser nationalen Selbstbezogenheit wurde nicht nur in England durch die Initiative des britischen Bürgertums und die Internationalisierung des Handels nach und nach die Grundlage entzogen. Auch im konservativen Frankreich gab es ein frühes Anzeichen für die Aktualität dieser Entwicklung: Der von Lochkarten gesteuerte Jacquard-Webstuhl, eingeführt um 1800 und von Napoleon ausgezeichnet, beschleunigte das Weben komplizierter Tapisserien.

Gut, aber was hat das alles mit Design zu tun? Viel. Denn Design ist, wie erwähnt, nicht nur die Form des Gegenstandes, sondern ist der Gegenstand selber als ein Funktionskomplex, bestehend aus dem Gebrauchszweck, der Art des Funktionierens, seinem Einfluss auf den gesellschaftlichen Gebrauch, der technischen und konstruktiven Machart, der Herstellungsmethode, der wirtschaftlichen Bedeutung und nicht zuletzt seiner umweltbezogenen Auswirkung. („Nicht zuletzt"? Doch, das Kriterium hat zuletzt die Weltbühne betreten – ist endlich aufgetreten, nachdem es lange nicht erwartet, nicht gesehen oder vernachlässigt worden war – und kämpft dort um seine Rolle.)

In Kutschen unterwegs

Von Pferden oder Ochsen gezogene Fuhrwerke waren vor der Eisenbahn die einzige Alternative zum Fußmarsch. Entscheidende Beiträge des Frühmittelalters dazu waren das ergonomisch geeignete Pferdegeschirr und die Erfindung des Hufeisens im 7. bis 9. Jahrhundert gewesen. Postkurse befuhren um 1600 vor allem die alten Routen aus spätrömischer Zeit, ein sehr grobmaschiges Netz von Verbindungen zwischen Antwerpen und Lissabon oder zwischen Wien und Valencia. Das Straßennetz in Europa war in überaus schlechtem Zustand, nicht zu reden von Russland, Nord- und Südamerika oder dem afrikanischen Kontinent abseits des Mittelmeers. Straßen waren meist wenig

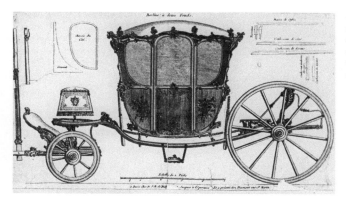

Abb. 18: J. F. Chopard: Aufriss einer Berline, Paris um 1790. Für den deutlich erkennbaren Langbaum wurde ein krumm gewachsener Baum verwendet.

mehr als Fuhrwege. Das Reisen mit den langsamen und kaum gefederten Wagen ohne Wetterschutz war äußerst beschwerlich. In einem Tag legte man oft nicht mehr als 30 Kilometer zurück.[16] Als der junge Goethe 1765 mit der Postkutsche nach Leipzig fuhr, um dort zu studieren, erlebte er ungemildert die Mühsal des Reisens. „Ein anhaltender Regen hatte die Wege äußerst verdorben, welche überhaupt noch nicht in den guten Stand gesetzt waren, in welchem wir sie nachmals finden; und unsere Reise war daher weder angenehm noch glücklich."[17] Goethe schreibt dies rückblickend ein halbes Jahrhundert später; in der Zwischenzeit müssen die Straßen offenbar markant verbessert worden sein, womit eine gesteigerte Reisetätigkeit verbunden war. Das hoch effektive Verfahren der „Makadamisierung" der Straßen nach der Methode von John Loudon McAdam verbreitete sich aber noch etwas später.[18]

Die Entwicklung und Differenzierung bequemerer Kutschen war im *ancien régime* ein bedeutendes Thema in dieser Zeit der Proto-Industrialisierung. Besitz und Nutzung von Kutschen blieben bis ins 18. Jahrhundert der Aristokratie und hohen kirchlichen Würdenträgern vorbehalten. Frankreich unternahm in der Zeit von Louis XIV unter dem Minister Colbert als erstes Land große Anstrengungen zur Verbesserung des Wegnetzes: Um 1700 verfügte das Land bereits über ein Straßennetz von etwa 40 000 Kilometern Länge. 1716 wurde ein Ministerium für Brücken und Straßen geschaffen und auch eine Schule (die *École des ponts et des chaussées*). Eine Kutsche benutzte die Aristokratie damals meist nur für den relativ kurzen Weg zwischen Stadtpalais

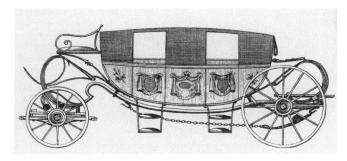

Abb. 19: Langgestreckter Eilwagen mit zwei Türen auf einer Seite. Ausgreifend geformte C-Federn vorn und hinten sollen zur Vergrößerung des Komforts beitragen.

und Landsitz oder der Jagddomäne, für gegenseitige Besuche auf mittlere Distanzen, selten für wirkliche Fernreisen. Eine natürliche Begrenzung der Streckenlänge war durch die Leistungsfähigkeit der eigenen Pferde gegeben. Erst das System der Postdienste brachte die *relais,* an denen man die müden Pferde gegen frische auswechselte. Dies beschleunigte erstens das Reisen, da an den „Posten" die Pferde nur ausgewechselt wurden, während beim privaten Reisen die eigenen Pferde des Nachts ruhten. So waren mit der Pferdepost kürzere Pausen möglich, in damaliger Wahrnehmung fast Nonstop-Reisen, gemessen an den früheren Maßstäben. Die Auswechslung der Zugtiere bedeutete zweitens auch eine Durchbrechung des Paradigmas „Eigentum" zugunsten des Gebrauchsnutzens aus einem „Service". Die Postkurse stellten die frühe Form einer vergesellschafteten Produktivkraft dar.[19] Die Verbreitung von Kutschen und Fuhrwerken bildete die gesellschaftliche Entwicklung direkt ab und lässt sich ebenfalls unter dem Stichwort der „Demokratisierung" beleuchten: Die spezifische gesellschaftliche Funktion einer jeden Kutsche und ihrer konstituierenden Elemente entsprachen sich gegenseitig und entfalteten einen reichen Fächer aus Typen, Modellen und Ausführungen.

Die primären Bauteile einer Kutsche bestanden bis ins 18. Jahrhundert aus Holz: der sogenannte „Langbaum" als Rückgrat, an dem die Achsen befestigt und auf den der Wagenkasten aufgesetzt war; dieser Kasten besaß üblicherweise ein Gerippe aus Eschenholz, das mit dünnen Brettern beplankt war. Aus Holz waren auch die (mit Eisenbändern beschlagenen) Radfelgen und -speichen sowie die Deichsel. Die Achsen gehörten zu den ersten geschmiedeten Teilen. Die Räder liefen in hölzernen, mit Fett geschmierten Buchsen. Sie waren die am stärksten dem Verschleiß unterworfenen Teile; um den Ersatz gebrochener Räder zu erleichtern, ergab sich eine Entwicklungsfolge bis zur „Patentachse" um 1800, deren Buchse aus Hartholz – mit einer Lederdichtung für das Schmierfett – so etwas wie eine Vorstufe des Kugellagers darstellte.[20] Die Vorderachse schwenkte um einen vertikalen Drehzapfen und eine Abstützung in der Mittelachse; deren Bezeichnung „Reibscheit" macht die Schwerfälligkeit des Lenkvorgangs anschaulich. Form und Konstruktion der Kutschen und Fuhrwerke waren entscheidend von der Interaktion zwischen den Zugtieren und dem Fahrzeug bestimmt. Wenn die Pferde den Richtungsbefehlen des Kutschers folgten, schwenkte die Deichsel mit und die Vorderachse um den Drehpunkt. Der Langbaum begrenzte aber den Lenkeinschlag, was einen großen Wendekreis zur Folge hatte, der Wendemanöver in engen Gassen unmöglich machte. Ungefähr um 1780 wurde eine Federung des Wagenkastens eingeführt, wobei der Kasten mit Lederriemen oder Stahlbändern an aufragenden Federstahlbügeln aufgehängt wurde. Wegen der Form dieser Bügel nannte man diese Federung „C-Federung", vom Wirkungsprinzip her eine Zugfederung. Ihre Bauweise bewirkte jedoch eine in Relation zum Nutzvolumen des Kastens tendenziell eher ungünstige Gesamtlänge. Bei Fahrzeugen der Aristokratie war dies kein Nachteil. Doch die zunehmende Bedeutung der Kutschen für einen wachsenden Kreis von Fahrgästen in den Städten und auf Überlandfahrten führte zur Entwicklung der „Druckfederung" mit blattgefederten Achsen (Elliptik- oder Halbelliptikfederung), die eine kürzere Bauweise ermöglichte und sich im 19. Jahrhundert mehr und mehr verbreitete. Den erwähnten Langbaum gab es in zwei typischen Bauweisen: in einer geraden und in einer im Aufriss geschweiften Form („Schwanenhals-Langbaum"). Wie später beim Automobil das gekröpfte Chassis' gestattete der „Schwanenhals", den Wagenkasten tiefer zu legen. Auch der Schwanenhals-Langbaum bestand aus Holz, und zwar aus Bäumen, die man zuvor in der gewünschten geschweiften Form gezüchtet hatte.[21]

Kurz nach 1800 wurde in England eine fundamental neue Konstruktion entwickelt: der „Drehkranz", bei dem die Vorderachse um 90 Grad geschwenkt werden konnte, wodurch die Gespanne deutlich wendiger wurden. Ermöglicht wurde dieser Schritt durch den Verzicht auf den Langbaum (der wie erwähnt den Schwenkbereich der Deichsel stark begrenzt hatte), und dies wiederum bedingte, dass die Drehkranz-Vorderachse mit dem Kasten durch eine Art Gewölbe aus Stahl fest verbunden wurde, unter dem sie sich frei drehen konnte und über dem der Kutscher saß. Der Ersatz des Langbaums durch den „englischen Drehkranz" ermöglichte eine niedrigere Bauweise.[22]

Hier stellt sich die Frage, inwieweit die wachsende Verbreitung von Kutschen im 19. Jahrhundert zu einer Vorratsproduktion von Bauteilen in den einzelnen Manufakturen oder sogar zur Herausbildung von standardisierten Teilen (etwa Rädern mit standardisierten Durchmessern) geführt hat, was bei Reisekutschen die Zeit für Reparaturen verkürzt hätte. Für die Zeit des 18. Jahrhunderts ist dies nicht nachweisbar, und selbst im 19. Jahrhundert war die Vielfalt an Raddurchmessern auffallend groß. Fest steht hingegen, dass Postbetriebe (Organisationen wie etwa Thurn und Taxis oder die Gotthardpost) entlang der Strecken an den Zwischenstationen Ersatzräder vorrätig hielten, aber das beantwortet die Frage nur zum Teil. Später, im 19. Jahrhundert, setzte sich unter den Wagenbauern die Praxis, bestimmte Komponenten einzukaufen, immer mehr durch. So kauften zum Beispiel schweizerische Kutschenbauer Patentachsen in Belfort ein.[23] Dass der zunehmende Verkehr seit dem späten 18. Jahrhundert auch andere Schritte in Richtung einer arbeitsteiligen Vorratsproduktion zur Folge hatte, ist anzunehmen.

Aus der unüberblickbaren Vielfalt von Kutschen eine plausible Typologie abzuleiten ist nur vereinfachend möglich. Die Unterscheidungen betreffen die Anzahl Pferde, die Anzahl Achsen, den Unterschied von offenen und geschlossenen Fahrzeugen sowie solchen mit Faltverdeck und die Unterscheidung zwischen den „Selbstfahrern" und Fahrzeugen mit Kutscher. Auch gilt es zu unterscheiden zwischen Postkutschen und Privatfahrzeugen. Die Sitzanordnung reichert den Fächer weiter an: zwei- oder viersitzig in Fahrtrichtung, viersitzig „vis-à-vis" oder mit mehr Sitzen, etwa bei den Postkutschen, oder Bänken in Längsrichtung. Um es mit einem Vergleich auszudrücken: Bei den Kutschen ist die Typenvielfalt der bei den Autos vergleichbar vom Sportzweisitzer bis zum Lieferwagen.

Die „Selbstfahrer" waren gleichsam die Sportwagen der Gattung: Es gab sie zweiachsig als „Phaeton" oder einachsig wie der englische „Tilbury". Schwere

Fahrzeuge für Gespanne von sechs Pferden waren „Karossen" oder „Kaleschen", ein kurzer Wagenkasten mit nur einer Sitzbank in Fahrtrichtung hieß „Coupé". Offene Kutschen in der Stadt waren die „Fiaker". Glasscheiben – die sich in den Türen versenken ließen – verbreiteten sich erst im 19. Jahrhundert. Zuvor hatten Reisekutschen Vorhänge aus Leder, die Wind und Wetter so gut wie möglich abhielten.

Zwei der am stärksten verbreiteten Typen waren der „Landauer" mit Faltverdeck, bisweilen auch ein Mischtyp als halb geschlossener Wagen mit Verdeck im hinteren Teil, und die „Berline" als Typ der geschlossenen Kutsche mit Tür und Fenstern, der sich im 19. Jahrhundert als Ganzjahresgefährt des städtischen Bürgertums durchsetzte.

Ein weiteres Merkmal dürfte dem Publikum am Straßenrand von zentraler Wichtigkeit gewesen sein: der Ausschmückungsgrad des Gefährts. Die üppig dekorierten Prunkkutschen der Aristokratie bildeten ihre eigene Liga. In verschiedenen europäischen Ländern ließe sich vom Auftritt der anderen Kutschen anhand stilistischer Unterschiede auf eine noch heute erkennbare spezifische Mentalität schließen: Bei französischen Gefährten war der Ausschmückungsgrad länger direkt proportional zum Rang der Insassen, während die englischen Kutschen schon früher vom Stil bürgerlicher Zurückhaltung geprägt waren.[24] Die Kutschen, die heute weiterum als

51

Repräsentanten der guten alten Zeit und von Gemütlichkeit gelten, waren eine Designgattung, an der sich eine überraschend reiche technische Fantasie bildete: Da gab es neben den versenkbaren Scheiben auch Klapptritte, ausziehbare Leitern, Geheimfächer (gegen Raubüberfälle), leicht wegnehmbare Sitze (für Materialtransporte), sogar mit Seilzügen vom Kutschbock aus zu bedienende Flügeltüren und vielerlei mehr an sinnvollen Erfindungen.

Hochleistungsmechanik: der Schiffschronometer

Die technologische Krone dieser langen Zeit vor dem Auftreten der Dampfkraft war die Konstruktion einer Präzisionsuhr: des Chronometers, von dem die Zuverlässigkeit und Leistungsfähigkeit der Seefahrt und damit die geostrategische Bedeutung des Landes abhingen. Die britische Krone setzte eine hohe Prämie für die Lösung des ungelösten Problems aus, die exakte Positionsbestimmung des Schiffes vornehmen zu können. Der Breitengrad, auf dem man segelte, ließ sich anhand der Gestirne mit dem Sextanten relativ leicht errechnen. Die Schwierigkeit bot die Ermittlung des Längengrades, da halfen die Gestirne nicht. Nur die Zeitdifferenz zwischen einem als Messmarke bestimmtem Meridian (für dessen sämtlichen Punkte bekanntlich dieselbe Ortszeit gilt) und dem aktuellen Meridian, den das Schiff kreuzte,

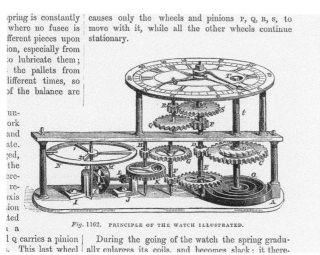

pring is constantly where no fusee is fferent pieces upon ion, especially from o lubricate them; the pallets from lifferent times, so of the balance are

un- ork and ate. ed, the ere- re- xis ion ted t a l Q carries a pinion . This last wheel

causes only the wheels and pinions P, Q, R, S, to move with it, while all the other wheels continue stationary.

Fig. 1162. PRINCIPLE OF THE WATCH ILLUSTRATED.

During the going of the watch the spring gradually enlarges its coils, and becomes slack: it there-

Abb. 21: „Prinzipieller Aufbau des Uhrwerks". *(Tomlinson's Encyclopaedia of Useful Arts,* London 1861)

konnte die exakte Position als Schnittpunkt des von den Gestirnen ablesbaren Breitengrades und des dank der Uhr errechneten Längengrades ergeben. In prinzipieller Hinsicht war also der Gedanke zur Lösung des Längengrad-Problems denkbar einfach: eine hochpräzise Uhr zu bauen, die die Ortszeit des Ausgangshafens zeigt und aus der Lokalzeit die Differenz zu errechnen. Verschiedene Uhrmacher scheiterten an dieser Aufgabe, John Harrison gelang es nach langjährigen Versuchen um 1755 erstmals. Die Schiffschronometer der britischen Seefahrer gingen exakt nach der Zeit von Greenwich. Keine Bewegung des Schiffes, weder Stampfen noch Rollen, durften die Ganggenauigkeit beeinträchtigen. Eine ausgeklügelte Kardan-Aufhängung machte die Uhr von den Schiffsbewegungen unabhängig und hielt sie exakt in der Waagrechten. Aber auch Temperaturveränderungen oder Schwankungen der Luftfeuchtigkeit stellten die Ganggenauigkeit des Chronometers infrage. Dem Londoner Meisteruhrmacher John Harrison gelang das bravouröse Kunststück, einige der ersten Chronometer zu bauen, die sämtliche Anforderungen erfüllten.[25] Auf einer 81-tägigen Schiffsreise von Bristol nach Jamaika und zurück betrug die Gangabweichung seines Chronometers nur acht Sekunden. Harrison hatte unter anderem Bimetall-Bauteile eingesetzt, die durch Temperaturschwankungen bewirkte Längenveränderungen des Elements unterbanden.[26]

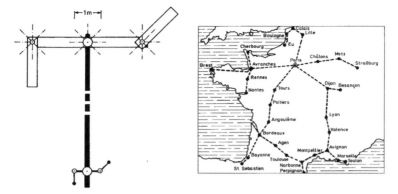

Abb. 23: Claude Chappe: „Semaphor", Funktionsprinzip des optischen Telegrafen, 1791. Handgriffe betätigen über Seilzüge die beiden Flügel. Karte Frankreichs mit den Übermittlungsrouten des „Semaphor", 1840.

Es war dies der Beweis einer vollständigen Beherrschung von Materialien und von deren Verhalten. Die Chronometer waren die Königsklasse handwerklich-technischer Meisterschaft, die Domäne einer Hochtechnologie, die der industriellen Revolution zeitlich vorausging und auf die diese vielfach zurückgreifen konnte. Und die (Taschen-)Uhren waren seit dem 18. Jahrhundert in einer weiteren Hinsicht exemplarisch für das Design technischer Artefakte in bevorstehenden Zeiten: Der Entwurf und der Bau einer jeden Uhr stellte die Aufgabe, die hohen und höchsten Ansprüche an ihr Äußeres mit den komplexen Gegebenheiten ihres Inneren widerspruchsfrei in Übereinstimmung zu bringen.

Am Schluss dieses Kapitels macht eine weitere Erfindung erkennbar, dass die Lebensvorgänge dabei waren, unter eine neue Maxime zu geraten. Der Franzose Claude Chappe ersann 1790 – in der Revolutionszeit also – den „optischen Telegraphen", der die Übermittlungsgeschwindigkeit von Nachrichten gegenüber den üblichen berittenen Kurieren stark erhöhte. Unter der Bezeichnung „Sémaphore" (Zeichenträger) schlug er Ketten von „Stationen" vor, die in Frankreich die von Paris ausgesandten Nachrichten empfingen und weitergaben. Dieser Gedanke wurde realisiert. Die Sichtdistanz zwischen je zwei solcher Stationen betrug etwa elf Kilometer. Die einzelne Station war eine Art Galgen mit beidseitigen zweigliedrigen Auslegern von etwa je zwei Metern

Länge, deren Stellung sich durch Drahtzüge nach einem definierten Code variieren ließ. Das System umfasste das Alphabet, Ziffern und Interpunktionen. Um die so von Station zu Station übermittelten Zeichen erkennen und lesen zu können, benötigte man ein Fernrohr. Das System erscheint nach heutigen Maßstäben äußerst schwerfällig, doch brachte es effektiv eine beträchtliche Beschleunigung der Nachrichtenübermittlung. Es war geeignet, auch Höhenunterschiede zu überwinden. Sein Entwicklungsmotiv war, wenig erstaunlich, von militärischer Art, um von Paris aus Heeresnachrichten viel rascher radial über weite Strecken zu übermitteln, als dies mit Kurieren möglich gewesen wäre.[27] Es kam nun die Zeit Napoleons und der Neuordnung Europas, wodurch es mit der Betulichkeit der alten Zeiten endgültig vorbei war.

Anmerkungen

1 Margit Tränkle: „Zur Geschichte des Herdes – Vom offenen Feuer zur Mikrowelle". In: Michael Andritzky (Hrsg.) Oikos. Von der Feuerstelle zur Mikrowelle. Gießen 1993, S. 37–52, hier S. 39

2 Sigfried Giedion: Die Herrschaft der Mechanisierung (Amer. Erstausgabe 1948). Frankfurt a. M. 1982, S. 575

3 Wie Anm. 1, S. 41

4 Charles Gibbs-Smith: Die Erfindungen von Leonardo da Vinci. Basel 1978. Giedion (vgl. Anm. 2) würdigt auch die Entwürfe von Agostino Ramelli und anderer.

5 Online-Quelle: Mittelalter-Lexikon: „Turmuhren" (aufgerufen September 2020)

6 Beispiele: 1290 Exeter, 1360 Nürnberg, 1365 Augsburg, 1368 Breslau (wie Anm. 5)

7 Arthur Koestler: Die Nachtwandler (Bern 1959). Eindrückliche Darstellung der Leistungen Kopernikus' und vor allem Keplers beim Herbeiführen der „Wasserscheide".

8 Erfinder war Nicolas Fatio, ein Schützling Isaac Newtons. Vgl. Eric Bruton: Uhren. Geschichte, Schönheit und Technik. Eltville am Rhein, 1982, S. 116

9 Eine überaus kenntnisreiche Quelle zu dieser Materie – mit starkem Gewicht auf den britischen Uhrmachern – ist das Buch von Eric Bruton (vgl. Anm. 8)

10 Michael Stürmer: „Höfische Kultur in Alteuropa: Ihr Erbe an die Industriewirtschaft". In: Tilmann Buddensieg / Henning Rogge (Hrsg.): Die nützlichen Künste. Berlin 1981, S. 43

11 Ebd., S. 42

12 Ebd., S. 43

13 Ebd., S. 42

14 Der Begriff „Verlag" geht etymologisch auf „Vorlage" (Geld vorstrecken) zurück.

15 Wikipedia-Eintrag zu „John Kay" (aufgerufen September 2020)

16 Vgl. Heinrich Krohn: „Per Daniel Atterbom reist 1817 nach Berlin". In: Dieter Vorsteher u. a. (Hrsg.): Die Reise nach Berlin. Berlin 1987, S. 75–80

17 J. W. v. Goethe, Dichtung und Wahrheit, 6. Buch. Ausg. Frankfurt a. M. und Leipzig 1998, S. 219

18 Der Straßenbau nach McAdam sah vor, die Straße als einen leicht erhöhten Damm mit einem stabilen Unterbau aus Steinen und Schotter zu errichten und sie durch eine Krümmung in der Querrichtung seitlich zu entwässern.

19 Als eine aktuelle Erneuerung dieser Praxis könnte sich für die E-Mobilität in naher Zukunft womöglich das Netz von Standorten erweisen, an denen sich leergefahrene Akkus gegen aufgeladene auswechseln lassen; bisher auf den Handel mit Erdöl spezialisierte Firmen könnten ihr Geschäftsmodell entsprechend umstellen.

20 Hinweis durch Toni Meier, Kutschenmuseum Oberrohrdorf/Aargau

21 Ebd.

22 Konsultierte Literatur: Johann Christian Ginzrot: Die Wagen und Fuhrwerke von der Antike bis zum 19. Jahrhundert. Wien/Gütersloh 1981; Andres Furger: Kutschen und Schlitten in der Schweiz. Vom Streitwagen zum Stadtcoupé. Zürich 1993; Andres Furger: Kutschen Europas des 19. und 20. Jahrhunderts. Hildesheim/Zürich/New York 2003; Andres Furger / Toni Meier: Kutschenmuseum Toni Meier in Oberrohrdorf. Oberrohrdorf 2017; Andres Furger / Walter Sommerhalder: Schweizer Kutschen: Sammlung Rothenburg von Franz Knüsel. Luzern 2017.

23 Wie Anm. 20

24 Herbert Lindinger: „Designgeschichte". In: Form (internationale Revue), Köln 1964

25 Harrison erhielt nur mit viel Mühe wenigstens einen Teil der ihm zustehenden Prämie ausbezahlt.

26 Die Autorin Dava Sobel gab mit dem Roman Längengrad (Die wahre Geschichte eines einsamen Genies, welches das größte wissenschaftliche Problem seiner Zeit löste) (Berlin 1996) eine eindrückliche Darstellung von Harrisons Bedeutung.

27 Friedrich Kittler: „What's New About the New Media?". In: Rem Koolhaas / Sanford Kwinter / Stefano Boeri (Hrsg.): Mutations. Bordeaux 2001, S. 58–69, hier S. 59

X-2   Sieht man nur, was man weiß?

„Man sieht nur, was man weiß". Goethe, von dem die Aussage stammt, ergänzte: „Eigentlich: Man erblickt nur, was man schon weiß und versteht." Das klingt plausibel. Und dennoch kann da etwas nicht stimmen. Seine Aussage ist: Die Wahrnehmung folgt dem Bewusstsein. Das Bewusstsein steht höher als die sensorische Wahrnehmung. Wäre es so, wie der Satz behauptet, wären kognitives Wissen und Erfahrung Kontrahenten. Wäre es so, wie der Satz behauptet, wären wir von Geburt an blockiert zwischen Nichtwissen und also auch Nichtsehen. Doch das sind wir nicht – Goethe noch viel weniger als die meisten anderen.

In seinem Wort gilt die Welt als objektiv gegeben, und die Sinneserfahrung folgt diesem Gegebenen. Oft verhält es sich ja auch so. Sein Dichterauge reagiert auf die wahrnehmbare Welt aus Natur, Lebewesen und Gegenständen. Durch die Augen tritt wie durch ein Ventil die äußere Welt ein, und erst das Bewusstsein in unserem Kopf veredelt die Sinneseindrücke zu einem verstandesmäßigen Erblicken. Im Grunde ist diese Vorstellung die einer Einbahnstraße.

Bei Goethes Entdeckung des Zwischenkieferknochens – eigentlich die Bestätigung seiner Hypothese – traf sein Satz zu, doch nicht bei seiner Erwartung, die „Urpflanze" zu finden. Und wie kam es zur Hypothese des Zwischenkieferknochens? Kaum durch reines Denken, viel eher durch eine Ahnung, die aus Sinneseindrücken kam. Uns sind zu viele Fälle in der Wissenschaft bekannt, wo eine nicht rein kognitive Intuition der Zündfunke für neue Erkenntnisse war. Ganz zu schweigen von der Kunst. Und wie lautete der Satz für die anderen Sinne als das Auge? „Man hört nur, was man weiß" oder „Man schmeckt nur, was man weiß"? Das Kleinkind, das noch nicht sprechen kann: Muss es wissen, was „bitter" ist, um die Medizin abscheulich zu finden? Wenn wir die Aussage auf die anderen Sinne ausweiten, merken wir, welche Grenzen sie setzt. Aber wir können den Satz auch nicht ins Gegenteil verkehren, in „Man weiß nur, was man sieht, weiß nur, was man hört oder schmeckt". Auch das stimmt nicht, dementiert unsere Erfahrung. Sinneserfahrung und Bewusstsein sind nicht Kontrahenten, die um die Vorherrschaft kämpfen. Eher bilden sie eine

*Koalition. Sie bilden sich aneinander, und zwar eher am anfänglichen Wider-
stand des jeweils anderen als am nicht hinterfragten Einverständnis. Dieser
Widerstand hat einen Namen: Skepsis. Sie konfrontiert unser Wissen mit sich
selbst und weitet dessen Grenzen aus, oft ausgelöst durch Sinneserfahrungen,
oft an Sinneserfahrungen überprüft – und manchmal auch durch sie auf eine
trügerische Weise bestätigt.*

*Wissen kann nicht ohne Sehen oder andere sensorische Erfahrungen entstehen,
an denen es sich bildet. Die Fähigkeit der Sprache ist im Gehirn angelegt, doch
aktiviert wird sie durch Sinneseindrücke.*

*Das trifft auch auf die Fähigkeit des Entwerfens zu, auf die Fähigkeit des Erfin-
dens und auf die Gabe des Gestaltens. Sie alle reagieren nicht nur auf die Welt
des Vorhandenen, sondern weiten sie um neue Möglichkeiten aus. Wie kann man
plötzlich eine neue Möglichkeit erkennen? Wie kann man auf die Lösung eines
Problems kommen, wenn man mit dem bestehenden Wissen darangeht? Etwas
Neues zu erkennen ist nur möglich, wenn man das bestehende Wissen als unzu-
länglich beurteilt. Beim Entwerfen wird die Grenze offensichtlich, die zwischen
der Konvention und der Kreation verläuft. Erstere bewegt sich im „gewussten"
Rahmen, Letztere sprengt ihn. Wenn Entwerfen eine Form des Erkennens ist,
kommt es immer wieder vor, dass sich eine „Vision" einstellt, noch einen kleinen
Moment, bevor das reflektierende Bewusstsein schon am Tatort ist. Es gibt ein
inneres Sehen, das uns ahnungsweise etwas zeigt, was es noch nicht gibt. Wissen und Sehen sind nicht Kontrahenten, sondern Antagonisten: Sie wirken zusammen, auch und erst recht, wenn sie an verschiedenen Punkten ansetzen.*

*Von Alberto Giacometti ist ein Erlebnis (seine Epiphanie) bekannt, als er im
Atelier an einer bestimmten Skulptur arbeitete. In einem Moment entfernte
er sich davon, machte sich vielleicht einen Kaffee oder suchte die Schachtel
mit Zündhölzern? Sein Bruder Diego stellte die Figur aus einem bestimmten
Grund zur Seite, und als Alberto sich umdrehte, erwartete er, in der Raum-
mitte die Figur zu sehen, sah aber stattdessen ihre Abwesenheit. Dass er statt
ihrer dort die Leere des Raumes wirklich sah, sie als etwas Aktives wahrnahm
und nicht nur als „Raumschatten" zwischen den Gegenständen, war für ihn
eine sinnliche Sensation von existenzieller Intensität, sozusagen die Bestätigung seiner künstlerischen Ahnung.**

Pythagoras fand heraus, dass die Verkürzung einer Saite auf die Hälfte der Länge einen Ton um eine Oktave steigen lässt. Wir wissen, dass sich dabei die Tonfrequenz (von der er nicht wusste, was sie ist) verdoppelt. Eine solche Erkenntnis lässt sich nicht durch Wissen gewinnen, nur durch die Verbindung aus der Sinneserfahrung (die uns Phänomene gibt) und dem Wissen (das den Schlüssel zu ihrer Erklärung liefert).

Wie konnte Filippo Brunelleschi um 1400 die Gesetze der Perspektive erkennen (mit dem Augenhorizont, den Fluchtpunkten und der Bildebene, die die Fluchtlinien durchstoßen)? Existierten sie bis dahin in der Natur? Sie waren jedenfalls nicht sichtbar, ebenso wenig wie irgendein anderes Naturgesetz sichtbar daliegt. Sie waren und sind aber auch nicht a priori „wissbar", sondern mussten ent-deckt werden. Wie ein genialer Geist diese Gesetze herausfinden konnte, lässt sich nur vermuten: Anders als durch Unzufriedenheit mit der bisherigen Abbildungsmethode, durch daraus folgendes Beobachten und Hypothesen auf gut Glück, begleitet von einem kritischen Verstand, kann es kaum gewesen sein. Ist die Unzufriedenheit „gewusst" oder „gefühlt"? Ist das Nichtwissen gewusst oder gefühlt? Die Trennung ergibt keinen Sinn.

Wer in der Kategorie der Pendeluhr denkt, kann nicht den Federaufzug erfinden, und nur wer ihn erfunden hat, wird erkennen, was die Erfindung bedeuten kann: die Loslösung der Uhr vom Standort im Haus. Dass es dieselbe Person ist, die solches erkennt, ist keineswegs sicher.

Wer herkömmlich in der Denkkategorie des „Kleinwagens" denkt, kann nicht den „Mini" von 1959 entwerfen. Wer in der Kategorie des Motorrads denkt, kann nicht den Roller erfinden.

Wer in der Kategorie der Plattenkamera denkt, kann nicht den Rollfilm erfinden, wie George Eastman für Kodak es tat, und wer in der Kategorie des Rollfilms denkt, kann seinem Kameraentwurf nicht das perforierte Kinofilmmaterial zugrunde legen wie Oskar Barnack bei der Leica. Wer in der Kategorie des Kleinbildfilms denkt, ahnt nicht, dass seitens der Digitalfotografie eine existenzbedrohende Gefahr heraufzieht – wie es geschah und wo diesmal Kodak auf der Verliererseite stand.

---

*   **Rudolf Arnheim:** Anschauliches Denken, *Köln 1980, S. 90 f.*

3 Das Prinzip Ungeduld
Die industrielle Revolution 1750–1850

Von der Beschaulichkeit in die Atemlosigkeit. Von der Genügsamkeit zum Mehr-Haben-Wollen und -Müssen. Vom familiären Dasein als Selbstversorger zur Eingliederung in eine Organisation. Vom eigenen Rhythmus zum von außen diktierten. Vom Marktplatz im Dorf oder in der Stadt zum nationalen, zum internationalen, zum kontinentalen Markt und zum Weltmarkt. Von der Nutzung des lokal vorkommenden Holzes zum steigenden Verbrauch herbeigeschaffter Kohle. Von der Sägemühle zum Sägewerk. Vom Handwebstuhl zum mechanischen Webstuhl. Vom Stickrahmen in der Hand zur Maschinenstickerei. Vom manuellen Schmieden zum maschinellen Walzen von Eisen. Die Aufzählung all dieser „Fort-Schritte" ließe sich noch lange fortsetzen. Die industrielle Revolution kehrte die Lebensverhältnisse um, und das Gesetz dabei war das des Steigerungslaufs: *mehr* und *weiter* in *kürzerer Zeit*. Reiche wurden reicher, Arme konnten, wenn sie clever waren, der Armut entkommen, die meisten vertauschten die alte, hand- und hausgemachte Armut durch die maschinell beschleunigte der Industriearbeiter.

Hier ist nicht der Ort für eine detaillierte Nacherzählung dieser fundamentalen Neuorientierung, die ein eigenes umfangreiches Buch ergäbe.[1] Im vorliegenden Zusammenhang geht es um Entwicklungen des Designs, die diese Zeit als eine Epoche intensivster Neuverflechtungen zeigen: neue Energieträger (Kohle), neue Gewinnungsmethoden (Bergwerke mit Stollen und Schächten, Hebezeugen, Loren und Pumpen), neue Materialien (Stahl anstelle von Guss- oder Schmiedeeisen), neue Verfahren (Porzellanguss, Galvanotechnik), neue Transporttechniken (Eisenbahn anstelle der Postkutsche, Flussdampfer anstelle von Ruderboot, Ozeandampfer statt Segelklipper). All dies griff ineinander. Neue und gehäuft aufeinander folgende Erkenntnisse aus der Chemie, der Physik, Mechanik und Medizin in neuer Verknüpfung und Durchdringung, gewonnen in einem neuen Verständnis für den Zusammenhang von Naturwissenschaft, Technologie und Wirtschaft, folgten einander

Schlag auf Schlag. Es war eine ausgesprochen von Männern bestimmte Welt. Die englische Erfinderin und Ingenieurin Sarah Guppy – sie beschäftigte sich mit Schiffs- und Brückenbau – war eine der ganz seltenen Ausnahmen von Frauen, die es zu einer nennenswerten Bekanntschaft brachte.[2] Männer ersannen Maschinen, die zum ersten Mal aus „eigener" Kraft liefen (abgesehen einzig von den im letzten Kapitel erwähnten Taschenuhren). Bisher war es immer so gewesen, dass man sich natürliche Kräfte wie den Wind, fließendes Wasser oder die Gravitation zunutze machte: Windmühlen oder Segelschiff, Wasserrad oder Gewichte von Uhrwerken. Diese Kräfte kamen von außen. Mit der Dampfmaschine betritt der Mensch ein ganz neues Gebiet: das der Freisetzung chemisch gebundener Energie: Die neuen Maschinen wurden von innen her angetrieben, wofür sie Brennstoff brauchten – Holz, Kohle oder Koks.

Es wäre zu einfach, diese Entwicklungen als eine Einbahnstraße zu lesen, in der Art von: Die Kohle als Energieträger wurde „entdeckt", die Dampfmaschine und die Eisenbahn wurden „erfunden", und danach wurden sie zur Steigerung des Produktionstempos und -volumens und zur Steigerung der Transportdistanzen „eingesetzt". Die Entwicklung war keine Einbahnstraße, sondern eine der Wechselwirkungen: Man brauchte einen anderen Energieträger als Holz, man brauchte Antriebsmaschinen, die aus eigener Kraft liefen, und man brauchte leistungsfähigere Transportmittel als die Pferdefuhrwerke oder das Ochsengespann – und so fand beziehungsweise erfand die westliche Zivilisation die Kohle, die Dampfmaschine und die Eisenbahn. Der Grund dafür war unter anderem das Bevölkerungswachstum, das um 1650, nach einer langen Zeit der Stagnation, eingesetzt hatte und nach neuen Lösungen verlangte.[3] Und auch die Umkehrung dieser Aussage gilt: Von den neuen Möglichkeiten ging eine Ermutigung aus, die die Bevölkerungszahl steigen ließ.

Eine mechanische Revolution

Dass dieser Prozess als eine „Revolution" gilt, verdankt sich seinem überwältigenden Impetus und der unmittelbaren, körperlich erfahrbaren Intensität, mit der er ins alltägliche Leben eingriff und als Umbruch erlebt wurde.

the roof, and also to be able to apply their muscular | greater than if he crawled on his knees. These

Fig. 589. HURRIERS IN A LANCASHIRE COAL-PIT.

Abb. 24: „Hurriers in a Lancashire Coal-Pit": Kinder-Fron im Kohlenbergwerk, Lancashire. Trauriges Symbol des „Manchesterkapitalismus". (*Tomlinson's Encyclopaedia of Useful Arts*, London 1861)

boys, by constantly pushing against the wagons | *putting, pumping*, and *hewing*. The coal-bearers are occasionally rub the hair from the crowns of their | almost all girls and women; they carry the coal on

Wichtig ist dabei H. G. Wells' Hinweis, dass die industrielle Revolution eine mechanische Revolution war. Denn bereits im alten Rom, schreibt Wells, hätten Fabriken existiert. Das lateinische Wort *industria* war bei den Römern der industrielle Fleiß rechtloser Sklaven, die für ihre Herren serielle Produkte in großer Zahl fertigten. Doch seit dem 18. Jahrhundert nahmen immer mehr Maschinen dem Menschen die Hand- oder Muskelarbeit ab – etwa: die Schiffs-Dampfmaschine ersetzt die Galeerensklaven –, und die Menschen der Neuzeit besaßen bürgerliche Rechte.[4] War der frühindustrielle Kapitalismus gegenüber den Industriearbeitern äußerst roh und ohne soziale Rücksichten („Manchesterkapitalismus"), milderten sich nach und nach die Verhältnisse vor dem Hintergrund dieser bürgerlichen Rechte – dank der Parlamentslinken und einsichtiger Unternehmer – und schrittweise wurden Regeln zur Eindämmung von Kinderarbeit, Krankheits-Taggeld, Arbeitszeit- und Feiertagsregelungen eingeführt.

In England geschah all dies am heftigsten und in modellhafter Form. Denn im britischen Weltreich kamen verschiedene Faktoren zusammen, die das Mutterland – einschließlich Schottland und Wales – zum Motor und Vorreiter dieser Entwicklung machten: Napoleons Kontinentalblockade gegen das Königreich, die das Objekt dieser Maßnahme geradezu in die technologische Autarkie und in seine Hinwendung zur übrigen Welt hineintrieb, die insulare Lage und damit verbunden die Routine und Sicherheit in der Seefahrt, eine günstige Topografie, schließlich das politische System der konstitutionellen Monarchie (mit der frühen Aufhebung des Zunftzwangs), die ein freies Unternehmertum begünstigte. Englands überseeische Kolonien waren zuerst Abbaugebiete für Rohstoffe und bald auch Absatzgebiete für Fertigwaren.

Die Dampfkraft, gewonnen aus der Verbrennung von Kohle, mit der sich die menschliche oder tierische Muskelkraft ersetzen und zugleich in ungeahnter Weise potenzieren ließ, trieb immer öfter und unermüdlich über Transmissionswellen mechanische Webstühle, Gebläse von Hochöfen, Sägewerke oder Walzpressen an. Die Welt füllte sich mit neuartigem Lärm. Im Zusammenhang damit entstand ein Netz von Kanälen, auf deren Dämmen Pferde Transportkähne zogen, die mit Kohle, Erz oder fertigen Gütern beladen waren und den gesteigerten Transport der verschiedenen Ausgangsstoffe zueinander hin besorgten. In England war das Kanalnetz am dichtesten, doch waren bereits zuvor auch in Frankreich Kanäle zur Verbindung von natürlichen Flussläufen angelegt worden. Und dann trat die Eisenbahn auf den Plan, die dem Überland-Gütertransport eine völlig neue Dimension erschloss, das persönliche Reisen revolutionierte und den modernen Tourismus begründete.

Alle diese erwähnten Entwicklungen passierten im langen Jahrhundert zwischen 1720 und 1850. Es war dies die Zeit der Erfindungen und Entdeckungen. Nach 1850 kam die Arbeit des Verfeinerns, Verbesserns, Perfektionierens und der breiten Anwendung. Doch Verfeinerung und Anwendung wovon? Die Frage weist uns auf eine grundlegende, den Designbegriff betreffende Tatsache hin. Dieser durchwanderte gleichsam in diesem Zeitalter verschiedene Bereiche der Arbeitswelt: Der erste Schritt war die Gewinnung des Energieträgers und der Rohmaterialien, der zweite Schritt das Design der Antriebsmaschinen, der dritte die Entwicklung der Werkzeuge und erst im vierten Schritt erfasste er die Produkte selbst. Das Design der Produktionsmittel ging dem der Konsumgüter voraus. Und jeder der erwähnten Schritte beruhte auf zwei aufeinander beruhenden Phasen; erstens den Bemühungen, etwas zum Funktionieren zu bringen, zweitens, das Funktionieren zu verbessern. Die dritte Phase, das verbesserte Funktionieren ästhetisch abzubilden, wird erst gegen Ende des 19. Jahrhunderts zur problematisierten Frage.

Rezept gegen die Energie-Knappheit

Mehr Menschen brauchten mehr Energie. Die überall begrenzte Verfügbarkeit des Energieträgers Holz hatte die Menschen schon lange zu einem haushälterischen Umgang gezwungen, ein Umstand, der das Bevölkerungswachstum bremste. Es gab lange zurückliegende Erfahrungen aus der Abholzung von Wäldern.[5] Die Kohle bot sich als Lösung des Problems an, sie lag in rauen Mengen unter der Erdoberfläche, ihre Ausbeutung erfolgte von oben her in zunehmende Tiefen, doch letztlich in der überzeugten Annahme ihrer unerschöpflichen Verfügbarkeit. Im Gegensatz zum Holz überstieg bei der Kohle das Angebot die Nachfrage bei Weitem. Man nutzte sie in voller, enthemmter Begeisterung und ganz ohne den Zweifel, der uns seit mindestens einem halben Jahrhundert begleitet: ob es angeht, dass wir einen Stoff, dessen Entstehung Jahrmillionen benötigt hat, innert Stunden verbrennen.

Und diese Kohle wurde nicht nur zum Kochen und Heizen verwendet: Die Entdeckung von Huygens und Papin, dass sich durch Verbrennung Wasserdampf erzeugen und gezielt für eine bestimmte Arbeitsleistung einsetzen ließ, war der entscheidende Schritt zum Prozess der dreihundertjährigen Dominanz der westlichen Zivilisation auf der Weltbühne.

Angetrieben wurde dieser Prozess dadurch, dass der Abbau der Kohleflöze gerade wegen seines Erfolgs an eine technische Grenze stieß: Mit dem Vordringen in tiefere Lagen wurde eindringendes Grundwasser zu einem Problem, dem sich durch manuelles Auspumpen nicht mehr begegnen ließ. Francis D. Klingender schreibt: „Um die neuen Bergwerke zu betreiben und einen Ersatz für die ausfallende Holzwirtschaft zu finden, wurde eine neue Kraftquelle benötigt, und diese Kraft lag in der Kohle selbst verborgen."[6] Hier schließt sich ein Kreis. Gesucht war eine Maschine, die „das Wasser aus tiefen Gruben durch Feuer hochziehen könnte", wie die Forderung lautete.[7] Diese Formulierung, wie auch die von der „Kraft der Luft", die sich mit „Feuermaschinen" nutzbar machen ließ, bringt wohl zum Ausdruck, dass das Denken der Menschen noch stark von der mythologischen Typologie der „vier Elemente" Erde, Feuer, Wasser und Luft bestimmt war. Neu war aber, dass diese Elemente nicht mehr nebeneinander existierten, sondern sich synergetisch

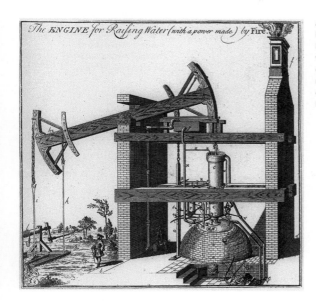

verbanden: Die Dampfkraft als Verbindung von Erde (in Form von Kohle), Feuer, Wasser und Luft.

Diese Maschine war die Dampfpumpe, die 1698 von Thomas Savery erfunden und von 1712 an durch Thomas Newcomen verbessert und anwendbar gemacht wurde. Sie wurde nicht nur in Bergwerken eingesetzt, sondern auch in Eisenhütten, um mit ihrem Balancier (Wippbalken) Gebläse von Hochöfen anzutreiben.

Nach den naturwissenschaftlichen Erkenntnissen eines Christiaan Huygens oder Denis Papin um 1670 dauerte es ein Jahrhundert, bis die Entwicklung wirklich in Schwung kam. Sie führte von den Dampfpumpen (ab 1712) zu den Hochdruck-Dampfmaschinen (1769) und den raffinierten Compound-engines (Verbund-)Maschinen 100 Jahre später.[8] Papin erkannte das Potenzial der Dampfkraft und gilt als Erfinder des Dampfkochtopfs (1679). Die Newcomen-Maschine, als erste praktische Anwendung des Prinzips, arbeitete sehr unökonomisch, weshalb der Schritt von ihr zur Maschine von Watt und Boulton grundlegend war. James Watt entwickelte 1765 zusammen mit dem Unternehmer Matthew Boulton die (Hochdruck-)Dampfmaschine, die sich

nach und nach zum Antrieb von Spinnereimaschinen, Webstühlen, Bandsägen und schließlich der Eisenbahn verwenden ließ (Richard Trevithick 1802, George Stephenson 1814). Der Schritt von der Dampfpumpe Newcomens zu Watts Dampfmaschine war grundlegend. Bei der Dampfpumpe drückte der Dampf den Arbeitskolben gegen den äußeren Luftdruck nach oben, und nach Einspritzen von kaltem Wasser in die Druckkammer ließ der Luftdruck den Kolben nach unten fallen, bewegte dadurch den Balancier, was den mit Wasser gefüllten Schöpfkessel nach oben steigen ließ.[9] Der Vorgang des Erzeugens von Wasserdampf und unmittelbar darauffolgenden Entspannen des Dampfes an ein und demselben Ort, etwa acht Mal pro Minute, ergab einen ungeheuren Energieverbrauch und einen miserablen Wirkungsgrad.[10] Watt hatte die Idee, bei der Dampfmaschine die Orte zum Erzeugen und Entspannen des Dampfes voneinander zu trennen, was bedeutete, einen konstant heißen Ort (den Zylinder) und einen kühlen Ort (den Kondensator) zu schaffen und den Dampf mittels Ventilsteuerung durch die Maschine zu leiten. Der Wirkungsgrad verbesserte sich dadurch um ein Vielfaches. Der grundsätzlichste Unterschied zur Dampfpumpe war der viel schnellere Arbeitstakt und daraus resultierend die Einführung des Schwungrads, wodurch die Längsbewegung des Kolbens und das Wippen des Balanciers in eine Rotation umgesetzt wurde – die Voraussetzung, um den Mechanismus als Antriebsmaschine einzusetzen.

Diese Neuerung kam gerade rechtzeitig, als sich eine Marktsättigung an Dampfpumpen abzeichnete. Watt und Boulton begannen 1766 mit dem Bau von Hochdruck-Dampfmaschinen, von denen ein Teil mit Schwungrad und Schubstange ausgestattet war. Erst als Boulton realisierte, dass das Publikum regelrecht dampfmaschinenverrückt wurde, forderte er Watt 1781 auf, seine Erfindung der rotierenden Antriebswelle patentieren zu lassen.

Metallurgie und Maschinenkunde

Diese Entwicklung verlief parallel zur kenntnisreicher werdenden Verwendung von Metallen. Um 1700 bestanden alle Mechanismen zur Hauptsache aus Holz. Die Kohle steigerte zwar die Produktion von Roheisen, doch materialtechnische Probleme bauten hohe Hürden auf, Fragen wie: Wie stellt man einen glatten Zylinder mit exakt kreisrundem Querschnitt her, wie einen dampfdichten Kolben, wie stellt man die Leitungen her (wie verbindet, wie dichtet man sie?), wie schmiert man die Gleitflächen und Lager, wie minimiert man den Abrieb und wohin tut man ihn? Welches Material wird den hohen Beanspruchungen gewachsen sein? Konstrukteure und Metallurgen fanden zusammen mit erfahrenen Handwerkern Lösungen für diese Probleme, hochwertiger Stahl und Legierungen halfen, die Probleme zu meistern.[11] Um außergewöhnlich materialkundige Facharbeiter entspann sich ein lebhafter Wettbewerb. Die ganze Fortentwicklung musste gegen überaus starke Widerstände der Werkstoffe errungen werden. H. G. Wells beschreibt in eindrücklicher Knappheit diesen Prozess der „Entwicklung des Wissens um die Materie".[12] Er schreibt: „Vor dem achtzehnten Jahrhundert gab es keine Eisenwalzbleche (1728) und keine gerollten Walzeisenstäbe und Stangen (1783). Erst im Jahre 1838 kam Nasmyths Dampfhammer in Verwendung."[13] Der Dampfhammer kam beim Schmiedestahl zum Einsatz, doch dieser war teuer. Der Pro-Kopf-Verbrauch von Eisen gilt als Index für den Industrialisierungsgrad eines Landes. Die Verarbeitung von Roheisen zu preisgünstigem Flussstahl nach dem Bessemer-Verfahren ließ die Stahlerzeugung nach 1850 stark ansteigen. Noch leistungsfähiger war das Siemens-Martin-Verfahren ab etwa 1870. In Großbritannien und Frankreich vervierfachte sich in den 1870er-Jahren die Produktion von Flusseisen, in Deutschland verdreifachte sie sich, in Belgien verdreißigfachte sie sich.[14]

Jetzt fragt man sich vielleicht: Was bedeutet das alles nun aber in Bezug auf das Design? Nun, dieses Kapitel handelte bisher von nichts anderem: allerdings vom Design der Produktionsmittel, da das primäre Motiv der Akteure in dieser industriellen Revolution die Steigerung der Stückzahl und die Verbesserung der Produktivität war, nicht die Veränderung der Produkte und schon gar nicht ihres Aussehens. Werkstoffe, Maschinen, Werkzeuge und Verarbeitungsmethoden bildeten einen zweisinnigen, in beiden Richtungen wirkenden Kreislauf ohne Anfang und Ende und damit auch den Hintergrund für die Produkte. Voraussetzungen für technisches Gelingen und Kreativität beim Erkennen von neuen Anwendungsmöglichkeiten schufen ein dynamisches Wirkungsgeschehen, in dem auch die Gestalt der Erzeugnisse ihren Ort hatte. Es lässt sich sogar behaupten, dass sich der Designbegriff in diesem Zeitalter genuin am engsten in der Kategorie der Werkzeuge und ihrem Funktionieren erweist. Zu Recht dokumentiert Herwin Schaefer in seinem Buch *Nineteenth Century Modern* im ersten Kapitel nicht Konsumgüter, sondern Instrumente und Werkzeuge: Mikroskop, Drehbank, Fräse, Theodolit, Galvanometer, Präzisions-Balancierwaage, Schraubengewinde-Schneider, Mikrometer. Sie waren die Produktionsmittel für die neuen Güter.[15] Schaefer zitiert auch Lewis Mumford mit der Aussage, dass „wohl die eigenständigsten Künstler dieser Epoche die Werkzeugmacher" waren.[16] Eine sehr treffende Formulierung insofern, als sie die Probleme empirisch, durch praxisbezogene Aufmerksamkeit, erkennen und lösen mussten, da es noch keine Technischen Schulen gab. Technische Hochschulen und Berufsschulen mit mechanisch-technischer Ausrichtung wurden erst im 19. Jahrhundert zu Entwicklungsstätten technischer Kompetenz und zur bedeutenden volkswirtschaftlichen Ressource. Um 1800 waren, wie bereits erwähnt, die Mühlenbauer die ersten Ingenieure; sie ersannen zuverlässig arbeitende Mechanismen, planten und realisierten nicht nur Mühlen, sondern Textilfabriken, Wasser- und Pumpwerke, Sägereien und Werftanlagen. Sie waren rasch imstande, ihr Entwurfsdenken von der bisherigen Wasserkraft auf Dampfkraft umzustellen.[17]

Dass es einen markanten Unterschied zwischen einer arbeitsteilig organisierten „Industrie" mit zahlreichen Arbeitskräften im *ancien régime* und der mechanisierten Serienproduktion der Neuzeit gibt, steht außer Frage. Dass hier aber auch ein inhärenter Zusammenhang zwischen der alten aristokratischen und der neuen bürgerlichen Ordnung wirksam war, wurde bereits erwähnt (→Kap. 2): Die industrielle Revolution war zwar die Leistung des Bürgertums und nicht des Adels, doch es waren doch auch die Verhältnisse unter der Aristokratie, die die Voraussetzungen schufen, sie in Gang zu setzen.

Mehr von allem – und Besseres

Mit dem Aufstieg des Bürgertums stieg auch die Nachfrage nach Gütern, die nur dank der seriellen, also arbeitsteiligen Arbeitsweise zu befriedigen war.[18] So bauten die besten Uhrmacher Taschenuhren für den Adel, und für den Adel woben sie Seidenstoffe und –tapeten, fertigten Möbelstücke von bravourösem Anspruch oder exquisite Porzellanservices. Und diese teils seriell, teils in Handarbeit gefertigten Produkte von Geblüt – meist aufwendig dekoriert – knüpften ein zartes Band zwischen den Fürstenhäusern und den wohlhabenden Bürgern, die von denselben Meisterbetrieben Produkte erwarben, die zwar nicht ganz so kostspielig und exklusiv waren, aber noch immer begehrenswert genug.

Josiah Wedgwood, Fabrikant von Steingutkeramik, war in mehrfacher Hinsicht ein Pionier. Er gründete 1759 die Firma Wedgwood & Sons, industrialisierte die Keramikproduktion durch ein neuartiges serielles Gießverfahren anstelle der Töpferscheibe, veränderte den Zeitgeschmack durch neue Glasuren, neue Farb- und Materialwirkungen – unter anderem auch durch ausgeprägtes plastisches Figurenrelief an der Außenseite von Gefäßen – und durch stilsichere Entwürfe, die eine starke Vorliebe für römisch-antike und etruskische Formen zeigten (sogenannte „Jasperware"). Dafür entwickelte er auch das serielle Dekorationsverfahren namens *transfer printing* und bewies überhaupt eine außerordentliche strategische Fantasie. Er eröffnete in London einen *flagship store,* baute einen Versandhandel auf und führte eine „Bei-Nichtgefallen-Geld-zurück"-Garantie ein. Er brachte ein bestimmtes, für die junge Königin Charlotte entworfenes Service als „Queen's Ware" in den Handel (1762) und weckte beim Publikum den Wunsch, dasselbe Service zu besitzen. Heute würde man wie bei der limitierten Serie nach dem Instrument eines berühmten Musikers von einem *signature-Modell* sprechen. Das Beispiel Wedgwood ist deshalb bedeutend, weil diese Firma als eine der ersten sich zu einer industriellen Herstellung *sui generis* im Konsumgütersektor bekannte und nicht eine handwerkliche Produktsprache imitierte. Dazu gehört jedoch auch, dass sich beim industriellen Gießen von Porzellan im selben Arbeitsgang ein ausgeprägtes dekoratives – im Fall von Wedgwood geschmackvoll anti-kisierendes – erhabenes Relief erzeugen ließ. Analoges gilt auch vom Eisen-guss oder beim Tiefziehen von Metall. Dass industrielle Verfahren kraft der ihnen innewohnenden Logik gleichsam naturgegeben zu glatten Oberflächen führen, war ein späteres Theorem der Moderne, das sich hartnäckig halten konnte und noch heute von manchen geglaubt wird. Es trifft nicht zu.

Abb. 27: Josuah Wedgwood: „Jasperware" für Etruria: Portland-Vase, um 1790. Porzellanguss, schwarze Glasur mit weißem er-habenen Relief.

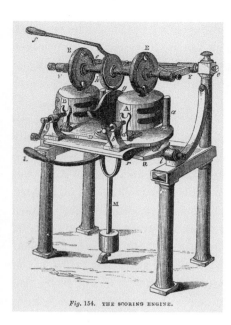

Abb. 28: Henry Maudsley: „Wood blocks" für Schiffs-Takelagen. Revolutionäre Werkzeugmaschine zum Einschneiden der Rillen. (*Tomlinson's Encyclopaedia of Useful Arts*, London 1861)

Fig. 154. THE SCORING ENGINE.

Neben der Firma Wedgwood zeigte sich um 1800 die Physiognomie industrieller Produktion – und der Unterschied zur Manufaktur-Produktion – anderswo in überraschender Ausprägung: in den Portsmouth Block Mills für die großmaßstäbliche Produktion von Gleitblöcken für Schiffstaue *(wood blocks)*, von denen die Takelage eines einzigen Kriegsschiffs etwa 1000 Stück benötigte. Die Napoleonischen Kriege, die britisch-französische Feindschaft überhaupt, trieben den Bau von Kriegsschiffen an und machten eine industrielle Herstellung dieser Einzelteile nötig. Es handelte sich nur um Schiffszubehör – scheinbar unbedeutend, in Wirklichkeit jedoch von beträchtlicher Wichtigkeit für die Kriegsmarine. Der Ingenieur Henry Maudslay entwarf 1807 für den Ingenieur Marc Isambard Brunel (d. Ä.) die Produktionsanlage dafür mit neuen Werkzeugmaschinen, die von Transmissionswellen an der Decke angetrieben wurden und nur noch zehn Hilfsarbeiter zur Überwachung der Produktion benötigten, wo zuvor über 100 Facharbeiter erforderlich waren, wobei sich obendrein die Qualität der Produkte verbesserte. Diese Steigerung der Produktivität ist das Gesicht der Industrialisierung. Maudslay, unter anderem Erfinder der Drehbank mit Schlitten, gilt als bahnbrechender Werkzeugmacher.[19] Seine Werkzeugmaschinen hatten nicht mehr die unförmigen hölzernen Gerüste wie noch kurz zuvor, sondern waren dank der metallenen Rahmen und Mechanismen zugleich viel stabiler und graziler – genauer gearbeitet und genauer arbeitend.

Der Unterschied zwischen der alten Zeit der Manufakturen und der neuen Zeit der Maschinen zeigt sich in der Frage, wie sich die Produktionsleistung erhöhen ließe. Mehr Produktionseinheiten pro Zeiteinheit: mehr Gleitblöcke, mehr Laufmeter Stoff, mehr Quadratmeter Flachglas, mehr Spulen Woll- oder Baumwollgarn, mehr mechanische Webstühle oder Drehbänke, mehr Backsteine, höhere Tonnagen von Kohle, von Roheisen, von Walzeisen, schließlich höhere Schmelztemperaturen zur Herstellung hochwertigeren Stahls. Dabei änderte sich die Gestalt der Produkte – ihr Aussehen und die ihnen zugrundeliegende gestalterische Auffassung – zunächst nicht, abgesehen vielleicht von produktionsbedingten Details. Die Design-Innovation betraf in dieser Zeit des Umbruchs nicht so sehr das Produkt selbst als vielmehr die Produktion. Die vervielfachte Antriebskraft wirkte sich besonders bei der Herstellung von Tuch aus (dessen herausragende Bedeutung in traditionellen Familiennamen wie Schäfer, Scherer, Spinner, Färber, Weber, Walker, Tuchscherer oder Schneider zum Ausdruck kommt – und analog wohl in zahlreichen anderen Sprachen). Während die Reichen Seide trugen, brachte die Produktion von Baumwolle eine starke Steigerung und Demokratisierung der Tuchherstellung mit sich. Bis dahin hatten Angehörige der Unterschicht oft nur eine Kleidergarnitur besessen. 1763 erfand James Hargreaves die *spinning Jenny,* mit der sich die Garnherstellung stark steigern ließ. Angetrieben war sie damals durch ein Wasserrad. 1786 erfand der Pfarrer Edmond Cartwright den mechanischen Webstuhl, bei dem alternativ zum Wasserrad eine Dampfmaschine zur Verfügung stand. Bereits zwanzig Jahre später, 1805, stellte der Franzose Joseph-Maria Jacquard seinen fundamental verbesserten Webstuhl vor, die erste Maschine mit einer Lochkartensteuerung nach dem binären Prinzip von Ja oder Nein.

Alle diese neuen Werkzeuge und Maschinen trieben die Nachfrage nach Eisen und anderen Metallen in die Höhe, und zwar sowohl zu ihrer eigenen

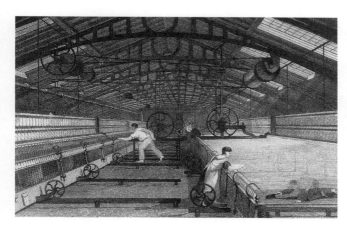

Abb. 29: Fabrik mit automatischen Spinnmaschinen („Selfaktor"), um 1820. Die Tiefenerstreckung des Raumes mit der enormen Vielzahl von Spindeln macht das industrielle Prinzip des quantitativen Wachstums überaus deutlich.

Herstellung als auch zur Herstellung ihrer Werkstücke. Das metallische Zeitalter war in seine heiße Phase eingetreten. Für Eisenguss und Stahl entstanden neue Schmelzverfahren: allen voran die Bessemerbirne, die große Erfindung des Ingenieurs Henry Bessemer (in der das flüssige Roheisen durch Einblasen von Sauerstoff vom Kohlenstoff gereinigt wird, wodurch hoch beanspruchbarer Stahl entsteht), etwas später der Siemens-Martin-Ofen oder auch Methoden zur präzisen Formung von Kokillen, um nur wenige Stichworte zu nennen. Der große Aufschwung der Eisenbahn setzte erst nach 1850 ein, als die Schienen aus Gusseisen durch Stahlschienen nach den Verfahren von Bessemer oder Siemens-Martin verdrängt wurden.

Dampfboot und Eisenbahn

Zuverlässig laufende Dampfmaschinen verbreiteten sich seit dem Ende des 18. Jahrhunderts schnell. Es war nur eine Frage der Zeit, bis der neuartige Antrieb zum Zweck der Fortbewegung eingesetzt würde. Zuerst bot sich die Idee an, Schiffe mit Dampfkraft fahren zu lassen, da dies prinzipiell nicht allzu anspruchsvoll war – das Wasser war ja vorhanden. (Erste erfolgreiche Versuche auf dem Fluss Doubs im französischen Jura durch Claude Jouffroy d'Abbans, 1783). 1807 wurde in den USA die erste reguläre Verbindung von zwei Städten durch ein dampfgetriebenes Schiff, die *Clermont* aufgenommen (New York – Albany, Konstrukteur Robert Fulton). Bereits 1769 hatte Nicolas

Cugnot seine äußerst schwerfälligen Artilleriezugwagen gebaut, doch unter den Verhältnissen der unebenen Straßen, des hohen Eigengewichts – auch wegen der mitzuführenden Kohle –, der mangelnden Expertise bezüglich Federung und Radaufhängung waren sie ein Irrweg, 100 Jahre zu früh. Anders war es mit der Eisenbahn, die als die wohl größte und folgenreichste Designleistung des jungen Industriezeitalters gelten kann und sowohl das Raum- wie das Zeitgefühl der Menschen fundamental neu definierte.[20] In dieser Auswirkung liegt der Unterschied zwischen großen konstruktiven Erfindungen wie dem Jacquard-Webstuhl und der Nutzung der Dampfkraft bei Transportmitteln wie dem Schiff oder der Eisenbahn. Jener veränderte den Herstellungsprozess, diese das emotionale Erleben der Menschen.

Der Ursprung der Eisenbahn liegt in den Bergwerken. Die in der Dunkelheit von bedauernswerten Pferden gezogenen, mit Erz oder Kohle beladenen Loren (Transportkarren) liefen auf Schienen, damit sie sich an den unregelmäßig ausgebrochenen Stollenwänden nicht verfangen konnten. Für die Spurhaltung war ein Spurkranz an den Rädern erforderlich. Man hatte begonnen, die hölzernen Schienen mit Eisenbändern zu belegen, um den Verschleiß zu verringern. Anfang des 19. Jahrhunderts wurden die ersten Pferde in den Bergwerken durch eine kompakte Dampflokomotive ersetzt (Richard Trevithick, 1802) und 1804 damit eine beträchtliche Last über die Strecke von knapp zehn Meilen zur Eisenhütte transportiert. So kam die Eisenbahn ans

Licht des Tages. Sie war ursprünglich zum Transport von Lasten und nicht von Passagieren gedacht. Der Gedanke, daraus ein Transportmittel für Güter und Personen zur Verbindung von Städten zu machen, war eine sekundäre Idee. Als „Eisenbahn" verstand man das gesamte System, bestehend aus dem Schienenkörper und dem Rollmaterial, was auch in ihrer Bezeichnung und in den entsprechenden Bezeichnungen *chemin de fer, ferrovia, railway, railroad* zum Ausdruck kommt. Die eiserne Bahn galt als nicht weniger denn als die greifbare Verkörperung der Newton'schen Physik, wonach ein Körper, auf den keine Kräfte einwirken, sich geradlinig und mit konstanter Geschwindigkeit fortbewegt. Der Schienenweg galt als das greifbare Realität gewordene Idealbild einer Straße, indem sie vier ideale Tugenden vereinte: Geradlinigkeit, Horizontalität, Glätte und Härte, was also in jedem Kriterium das Gegenteil der üblichen, bei Regen aufgeweichten Karrenwege war.[21] Wie ungewohnt, ja fremd das neue Element von parallel geführten Schienen war, erweist sich wiederholt an Darstellungen aus dem frühen 19. Jahrhundert, die verraten, dass der Illustrator das Prinzip von Kreuzungen und Weichen noch nicht begriffen hatte. Gerade wegen der Glätte und Härte wurden Bahntrassen so horizontal wie möglich angelegt; sie etablierten gleichsam einen künstlichen Horizont in der Landschaft, schnitten in Hügelflanken, durchbohrten Berge und überquerten Senken und Täler auf Viadukten. Das investierte Kapital in den Bau einer Verbindung zwischen zwei Städten war enorm, ebenfalls die neuen Arbeitsmöglichkeiten für unzählige Streckenarbeiter, die bis dahin vielleicht Kleinbauern gewesen waren. Die ersten Bahnstrecken waren lineare Verbindungen zwischen Städten, als erste die Verbindung von Liverpool und Manchester (1825), gefolgt von weiteren Verbindungen, aus denen sich im Lauf etwa eines halben Jahrhunderts ein ganzes Streckennetz entwickelte. (Wir könnten in Analogie zum Gehirn des Kleinkindes von der entwicklungsbedingten Verdichtung und Verknüpfung von Synapsen sprechen.) Dasselbe Phänomen ereignete sich auf dem Kontinent. Die ersten Verbindungen entstanden innerhalb eines Landes oder sogar einer Region. Internationale Verbindungen mit Berücksichtigung von Anschlüssen folgten innerhalb weniger Jahrzehnte. Die Eisenbahn ließ aus den anfänglichen Linearverbindungen in wenigen Jahrzehnten ein ganzes System entstehen (Abb. 34). Die

Voraussetzung dabei war die Angleichung der Schienenspurweiten (auf dem europäischen Kontinent überwiegend 4' 8½" (vier Fuß achteinhalb Zoll); in Großbritannien wurde in den ersten Jahrzehnten eine Breitspur von 7 Fuß verlegt. Eine weitere Voraussetzung war die Abkehr von der jeweils geltenden Lokalzeit und die Festlegung von Standard-Zeitzonen (in Europa drei, in den Vereinigten Staaten – einschließlich Alaska – deren vier, in Russland elf), um überhaupt verlässliche Fahrpläne anbieten zu können und das Reisen planbar zu machen. Dazu passt auch die Erfindung der Telegrafie, des neuen Kommunikationsmittels, mit dem man nun Reisepläne, die Ankunft oder eine Verspätung ankündigte (→ Kap. 8). In der alten Zeit nahm eine Reise einfach die Zeit in Anspruch, die sie dauerte; nun wurde die Dauer prognostizierbar und zum Anspruch auf ihre Einhaltung. Der Morsetaster war nur ein kleiner Hebel, doch als solcher ein wichtiges Designelement. Tony Judt erwähnt zu Recht die mentale Umorientierung, die die Eisenbahn mit sich brachte: von der räumlichen zur zeitlichen Ordinate.[22] Wolfgang Schivelbusch stellte die fundamental neue Grundlage, die die Eisenbahnreise für das Raum-, Zeit- und Geschwindigkeitsempfinden der Passagiere im 19. Jahrhundert bedeutete, als „panoramatisches Reisen" höchst eindringlich dar.[23]

Prinz Albert nahm auch darauf Bezug, als er 1849 in einer Rede vor dem britischen Parlament für die Durchführung einer „Great Exhibition", einer Weltausstellung plädierte: „Niemand, der sich mit unserer eigenen Epoche beschäftigt, wird auch nur einen Augenblick lang bezweifeln, dass wir in einer der großartigsten Übergangsperioden leben – im Begriff, jenes große Ziel zu erreichen, auf das die gesamte Geschichte hinweist: die Verwirklichung der Einigung der Menschheit. […] Entfernungen, die die einzelnen Völker und die verschiedenen Erdteile trennen, verringern sich durch die Errungenschaften moderner Erfindungen, und wir können sie mit unglaublicher Leichtigkeit überwinden. Gedanken werden mit der Schnelligkeit des Lichts, ja sogar mit seiner Hilfe übermittelt."[24]

Weder beim Dampfer noch bei der Lokomotive ergab sich der Gestaltcharakter von selbst, so archetypisch sie auch im Nachhinein erscheinen mochten. Bei den allerersten Lokomotiven stand die Dampfmaschine aufrecht. Erst als der Mechanismus um 90 Grad gekippt und in die Horizontale umgelegt war – und somit die Arbeitsrichtung der Kolben der Fortbewegungsrichtung des Zuges entsprach – hatte sie die charakteristische Konfiguration aus Dampfkessel, Kamin, Führerhaus und Kohletender erhalten. Es dauerte nur wenige Jahre bis zu diesem Schritt, aber es war ein Schritt. Beim Dampfer ging es wesentlich länger, bis er seine typische Form gefunden hatte. Noch das bei Weitem größte Schiff des 19. Jahrhunderts, die *Great Eastern* (1858, immerhin ein halbes Jahrhundert nach der *Clermont*), hatte keine Oberdecks, sondern enthielt die riesige Maschinerie, die enormen Kohlenbunker, die Passagierkabinen sowie die Laderäume im Schiffsrumpf.[25] Die Dampfer waren bis zum Ende des Jahrhunderts Hybride, insofern, als sie bis dahin noch eine Segeltakelung aufwiesen. Der erste Oceanliner ohne diese Takelung war die in Schottland gebaute luxuriöse *Campania* für die Cunard Line Ltd. (1893). Die Maschinerie verlegte den statischen Schwerpunkt nach unten, wie umgekehrt das Wegfallen der Segelflächen und daraus die Veränderung der dynamischen Hebelverhältnisse es ermöglichte, die Passagiere aus dem Schiffsbauch zu befreien und für ein genussvolles Reisen nach oben zu verlegen (→ Abb. 44). Doch das gehört bereits zu einem anderen Kapitel, dem der *Belle époque*.

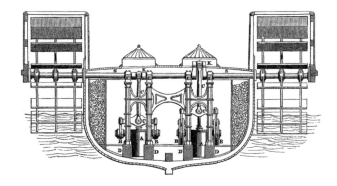

Abb. 32: Die *Great Eastern* in der Werft, 1857. Mit 211 Meter Länge bis zum Jahr
1900 das größte realisierte Schiff. Stahlrumpf. Segeldampfer mit sechs Masten,
seitlichen Schaufelrädern und achtern einer Schiffsschraube. Rechts: der Konstrukteur Isambard K. Brunel.

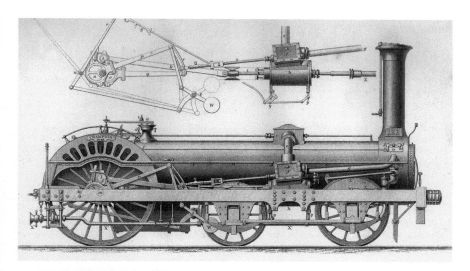

Abb. 33: Schnelle Dampflokomotive, konstruiert von Thomas R. Crampton, 1848. Dieser Lokomotiven-Typ lief auch in Frankreich und Deutschland. (*Tomlinson's Encyclopaedia of Useful Arts*, London 1861)

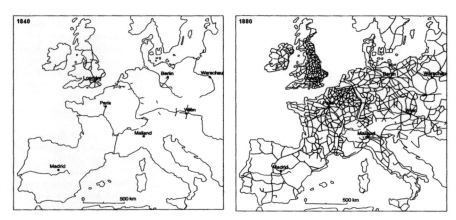

Abb. 34: Die Entwicklung des Eisenbahnnetzes in Europa zwischen 1840 und 1880.

Anmerkungen

1 Einige empfehlenswerte Quellen sind folgende Titel: Tilman Buddensieg / Henning Rogge (Hrsg.): *Die nützlichen Künste*. Berlin 1981; Adrian Heath u. a.: *300 Years of Industrial Design*. London 2000; Francis D. Klingender: *Kunst und industrielle Revolution*. Dresden 1974 (*Art and Industrial Revolution*, 1947); Herwin Schaefer: *Nineteenth Century Modern. The Functional Tradition in Victorian Design*. New York 1970; Wolfgang Schivelbusch: *Geschichte der Eisenbahnreise. Zur Industrialisierung von Raum und Zeit im 19. Jahrhundert* (1977). Frankfurt a. M. 2002.

2 Deborah Jaffé legte mit dem Buch *Ingenious Women. From Tincture of Saffron to Flying Machines* (London 2003) eine Studie vor, die zahlreiche Patentanmeldungen von Frauen dokumentiert. In der Mehrheit betreffen die Einträge Erfindungen für die Bekleidung oder Einrichtung des Haushaltes. Sarah Guppy ist die im Buch am häufigsten erwähnte Erfinderin.

3 In Europa (einschließlich Russlands) betrug die Bevölkerung vom Jahr 1 bis zum Jahr 1000, also während eines Jahrtausends, um 40 Millionen; 1340 war sie auf 87 Millionen angestiegen, 1500 auf 84 Millionen gesunken. Daraufhin stieg sie bis 1700, also in 200 Jahren, um die Hälfte auf 125 Millionen; für die nächste Steigerung um die Hälfte vergingen nur 100 Jahre: 195 Millionen im Jahr 1800. Vom Jahr 1 bis um 1800 schwankte der Anteil Europas an der Weltbevölkerung zwischen 17 % und 20 %. Um 1900 lag er bei über 25 %, im Jahr 2000 noch bei 13 %.

4 H. G. Wells: *Die Geschichte unserer Welt* (1923/1942). Zürich 1948, S. 326 f.

5 Da die kurzsichtige Abholzung von Wäldern in früheren Zeiten wiederholt zu Energiekrisen geführt hatte, war man zu einer rücksichtsvollen Nutzung des Waldes gezwungen, was das wirtschaftliche Wachstum auf natürliche Weise dämpfte. Schon das antike Rom hatte wegen des exorbitanten Energieverbrauchs der Thermen darunter gelitten.

6 Klingender (vgl. Anm. 1), S. 15

7 David Ramseye, zit. bei Klingender (vgl. Anm. 1), S. 16

8 Bei der Verbundzylinder-/Compound-Dampfmaschine wurde der Dampf, anstatt im Kondensator entspannt zu werden, einem weiteren Zylinder zugeführt, was die Leistung erhöhte und den Energieverbrauch verringerte. Spätere Analogie: der Kompressor beim Verbrennungsmotor.

9 Atmosphärische Dampfpumpe bedeutet: Der Zylinder war oben offen, sodass der äußere Luftdruck den Kolben nach unten drückte.

10 Klingender (vgl. Anm. 1), S. 15

11 Zum Beispiel das Puddelverfahren, erfunden 1784

12 Wie Anm. 4, S. 315–324

13 Ebd., S. 319

14 David S. Landes: *Der entfesselte Prometheus. Technologischer Wandel und industrielle Entwicklung in Westeuropa von 1750 bis zur Gegenwart* (1968). München 1983, S. 236–253, hier S. 243

15 Schaefer (vgl. Anm. 1), Kapitel „Instruments and Machines", S. 7–38

16 Lewis Mumford, zit. bei Schaefer (vgl. Anm. 1), S. 25

17 Klingender (vgl. Anm. 1), S. 20–21

18 Michael Stürmer: „Höfische Kultur in Alteuropa: ihr Erbe an die Industriewirtschaft", in Buddensieg / Rogge (vgl. Anm. 1), S. 42–46, bes. S. 45

19 Maudslays Erfindung des Schlittens an der Drehbank erlaubte dank des exakt koordinierten Vortriebs eine bis dahin ungekannte Genauigkeit der Bearbeitung des eingespannten Werkstücks.

20 Schivelbusch (vgl. Anm. 1) ist unübertroffen, neuerdings auch schön dargestellt bei Tony Judt: „Glanz und Ruhm der Eisenbahn". In: Ders.: *Wenn Fakten sich ändern. Essays 1995–2010*. Frankfurt a. M. 2017, S. 269–276

21 Schivelbusch, (vgl. Anm. 1), Kapitel 2, „Das maschinelle Ensemble", S. 25 f.

22 Vgl. Tony Judt: „Glanz und Ruhm der Eisenbahn" in: (vgl. Anm. 20): S. 269–276, sowie (ebd.) „Gebt uns die Eisenbahn zurück!", S. 277–284

23 Schivelbusch (vgl. Anm. 1), Kapitel 4, S. 51–66

24 Prinz Albert, zit. bei Nikolaus Pevsner: „Hochviktorianisches Kunstgewerbe". In: Ders.: *Architektur und Design* (Textsammlung). München 1971, S. 259 f.

25 Die *Great Eastern* wurde für die Verbindung zwischen England und Australien gebaut und sollte die Strecke um das Kap der Guten Hoffnung nonstop zurücklegen können. Der Bau des Suezkanals (1859–1967) durchkreuzte dieses Konzept.

X-3 Form und Inhalt: Phasenverschiebungen

Wie kommt es, dass neue technische Möglichkeiten so oft (oder fast immer?) zunächst im Gewand des Bestehenden auftreten? Vielleicht ist die Frage falsch gestellt, da dieses Phänomen im Grunde naheliegend ist. Denn es zeigt die Blickrichtung an, die der erfindende Mensch einnimmt: Man hält Ausschau nach einem neuen Inhalt, und der (die neue Funktion) ist in diesem Moment prioritär gegenüber der Frage nach der ihm adäquaten Form.

Die ersten Eisenbahnwagen waren um 1830 Kutschen auf Schienen, mit zwei Sitzbänken einander gegenüber, ein Eisenbahnzug war eine Aneinanderreihung solcher Kutschen. Die Lokomotive hieß im Volksmund Feuerross. Der Eisenbahnwagen heißt auf englisch „coach", wie die Kutsche. Das Auto wurde als „pferdelose Kutsche" zum Laufen gebracht, das Dampfschiff als dampfgetriebenes Segelschiff gesehen. Das Luftschiff hieß so, weil man es als ein in die Luft aufgestiegenes Schiff auffasste (deshalb sprach oder spricht man bei ihnen auch von „fahren" und nicht von „fliegen"). Der „Chauffeur" kommt vom „Heizer" der Dampflokomotive. Der komfortable amerikanische Schlafwagen mit dem technischen Layout der Firma „Pullman" verlieh italienischen Reisecars dasselbe Prädikat. Die ersten Versuche der Aviatik gingen meist von der Vorstellung des Flügelschlags aus. Der Flughafen bildet in zahlreichen Sprachen die Referenz des Seehafens ab: airport, aéroport, luchthaven usw. Wir sind „an Bord" eines Flugzeugs oder eines Eisenbahnzugs. Der Fahrrad-„Sattel" kommt vom Pferd. Das Motorrad war ein motorisiertes Fahrrad mit verstärktem Rohrrahmen. Dieses Buch entstand als „Manuskript" am Bildschirm. Die Idee der Schreibmaschinentastatur basierte zunächst auf der Reihenfolge der Buchstaben im ABC und löste sich erst davon, als die Motorik der Hände und häufige Buchstabenkombinationen Berücksichtigung fanden. Und wie lange wird man in Radiohörspielen ein bestimmtes Geräusch noch als „Schreibmaschinengeklapper" identifizieren?

Noch heute ist bei Abermillionen von Nachttischlampen in den US-Hotels, Motels und Wohnungen der Lichtschalter ein Rädchen, genau wie die Rädchen, mit denen man früher bei Petroleumlampen die Dochthöhe regulierte. Man spottet gerne über den „neuen Wein in alten Schläuchen", jedoch erst im Nachhinein und im Rückblick. Gerade in Zeiten stürmischer Veränderungen tritt das Phänomen gehäuft auf. Die Glühbirne und besonders die Art ihrer Verwendung – nämlich stehend eingeschraubt – imitierte noch lange das Gaslicht. Noch in heutigen Neubauten ist sehr häufig der vorbereitete Ort für Deckenleuchten in der Zimmermitte, wie zu den Zeiten, als dort die Gasleitung für die Lüster endete. Und die Fotografie verstand sich während eines halben Jahrhunderts als Ersatzmedium für die Malerei, was sich auch im Wort „Lichtbild" zeigte.

Und wenn es auch nicht immer so war, dass sich mit der technischen Erfindung nicht zugleich eine neue Form finden ließ, traute man vielleicht auch dem Publikum die Aufgeschlossenheit für neue Formen nicht zu und man entschied sich für den neuen Inhalt im Bild des Vertrauten.

Dies trifft keineswegs nur auf das 19. Jahrhundert zu. Blicken wir ins 20. Jahrhundert: Der Kinofilm erschien oft als gefilmtes Theater, auch noch im Fernsehen, bei denen wir dank der fehlenden „vierten Wand" zu Voyeuren des Geschehens werden. Als 1967 die britische Zeitschrift Architectural Design *eine bedeutende Nummer über das Jahr „2000+" publizierte, erschien darin das Bildtelefon als eine Kombination eines Tischtelefon-Apparats und eines Kompakt-Fernsehers; Modelle von Mond-Erkundungsfahrzeugen wiesen futuristische Stromlinienformen auf, obwohl es auf dem Mond keine Atmosphäre gibt und trotz der sehr langsamen Fortbewegung auf dem Mond. Als in den 1950er-Jahren populäre Technikzeitschriften vom privaten Atomkraftwerk im Keller fantasierten, gaben die Illustratoren ihm das Aussehen einer Ölheizung.*

Der beschriebene Effekt tritt nicht selten auch als eine Phasenverschiebung auf. Genauer: Der Effekt ist eigentlich immer der einer Phasenverschiebung. Nach dem Zweiten Weltkrieg waren bei den großen Passagierflugzeugen in der Luxusklasse die Sitze einander gegenüber angeordnet wie im Zug; die gleichgerichtete Flugzeugbestuhlung wurde erst mit den Jets und dem wachsenden Tourismus zum neuen Standard. Umgekehrt übernahm die Eisenbahn wiederum später die hintereinander angeordneten Sitze von der Luftfahrtindustrie.

Bisweilen sind solche Phasenverschiebungen durch den technischen Stand bedingt. Als die ersten Elektrolokomotiven auftraten, wurden die Radsätze noch immer durch die uneffektiven Schubstangen gekoppelt, mit denen bei den Dampflokomotiven die Antriebskraft auf verschiedene Achsen verteilt wurde, um ein Durchdrehen der Räder zu vermeiden. Der Grund mag gewesen sein, dass es noch keine synchron laufenden Motoren für die einzelnen Achsen gab.

Und wir haben noch die Bilder vor Augen, wie in Kopfbahnhöfen vor dem Ausfahren die Lokomotiven angespannt wurden; die wartenden Lokomotiven blockierten Gleise und brauchten einen Führer. Erst als im Zug der Verdichtung des Fahrplans eine neue Steuerungstechnik eingeführt wurde, konnten die Lokomotivführer den Zug von einem Steuerwagen aus führen, während die Lok den Zug von hinten schob. Vielleicht muss man diese Formulierung, und damit die Kausalität, umkehren: Damit der Fahrplan verdichtet werden konnte, brauchte es eine neuartige Steuerungstechnik der Züge: mit einem bemannten Steuerkopf an einem Ende des Zuges (dem Steuerwagen), und der Lokomotive am anderen Ende.

Heute wundern wir uns, dass die Entwicklung der Autokarosserien so langsam verlief. Vom Fuhrwerk und der Kutsche übernahm das Automobil um 1900 die Konfiguration mit den außerhalb des Kutschenkörpers angeordneten Rädern und den Trittbrettern. Ein halbes Jahrhundert lang war dies die Norm, auch wenn sich die Kotflügel mit der Zeit seitlich um die Räder schlossen, die Autos niedriger wurden. Die Trittbretter entfielen erstaunlich spät. An ihnen, als einem die Form konstituierenden Element, hielt man weit über ihre funktionelle Begründung hinaus fest. Der Volkswagen erhielt sie noch 1938, und sie blieben ihm bis zu seinem Produktionsende in den 1970er-Jahren erhalten. Erst nach dem Zweiten Weltkrieg waren bei der Autokarosserie die Räder voll einbezogen. (Und heutige Sport Utility Vehicles führen wieder Trittbretter oder Attrappen davon im Repertoire, um dadurch Geländegängigkeit zu mimen.)

Überaus häufig jedenfalls tritt das Neue in Gestalt des Bisherigen auf. Und dies nicht in erster Linie, weil die Erfinder das Neue dem Publikum nur stufenweise verabreichen wollen. Nein, meist zeigt das Neue sich den Erfindern selbst auch als neuer Inhalt in vertrauter Form. Sie „bilden" sich das Neue nach der visuellen Vorstellung des Bisherigen. Der Philosoph Ernst Bloch machte in seinem frühen Buch Spuren (1930) das Verhältnis zwischen dem neuen Gegenstand, seinem Aussehen und unserer Ein-Bildung in der Betrachtung „Die erste Lokomotive" zum Thema. Die Geschichte handelt vom Erfinder Stephenson, der ein Lokomobil konstruierte, das auf der Straße außer Kontrolle gerät wie ein durchgehendes Pferd. Es rast einer Gruppe verspäteter Passanten entgegen, bevor es an einer Mauer zerschellt. Anderntags lagen die Passanten im hohen Fieber. Sie hatten ein Ungeheuer gesehen. Es „zischte in einer Gestalt vorüber, die noch niemand auf der Erde gesehen hatte, kohlschwarz, funkensprühend, mit übernatürlicher Geschwindigkeit. Noch schlimmer, wie in alten Büchern der Teufel abgebildet wurde; da fehlte nichts. [...] Nur Stephenson hatte alles verstanden und baute eine neue Maschine, auf Geleisen und mit Führerstand; so wurde ihre Dämonie auf die richtige Bahn gebracht, ja schließlich fast organisch. Die Lokomotive kocht jetzt wie von Blut, zischt wie außer Atem, ein gezähmtes Überlandtier großen Stils, an dem man den Golem vergisst. Die Indianer sahen bei den Weißen zum ersten Mal ein Pferd; dazu bemerkt Johannes V. Jessen: Wüsste man, wie sie es sahen, so wüsste man, wie das Pferd aussieht."*

---

*   **Ernst Bloch: „Die erste Lokomotive", in: Spuren, Berlin 1930**

4 Unübersichtlichkeit am sich weitenden Horizont
Das Viktorianische Zeitalter 1850–1900

Werke der belletristischen Literatur spiegeln die Wirklichkeit, auch wenn sie erfundene Geschichten erzählen. In Jules Vernes 1872 erschienenem Jugendroman *In achtzig Tagen um die Welt (Le tour du monde en 80 jours)* wird eine hochriskante Herrenwette abgeschlossen, die die fristgerechte Umrundung der Erde mit Dampfschiff und Eisenbahn verspricht. Ein strenger Zeitplan ist dabei die Grundlage. Was in der alten Zeit Jahre in Anspruch genommen hatte, schien nun dem gut situierten Helden Phileas Fogg in weniger als einem Quartal möglich. Verfügbare und erprobte Fahrpläne, ein abrufbares Wissen über Anschlüsse und Abschnitte lagen dem Vorhaben zugrunde, dessen Route zu einem beträchtlichen Teil über britisches Territorium führte. In der vorindustriellen Zeit der Pferdewagen und Segelschiffe wäre niemand auf eine solche literarische Idee gekommen. Jonathan Swifts fantastischer Roman *Gullivers Reisen* war 150 Jahre zuvor unter ganz anderen Voraussetzungen und in anderer Absicht entstanden. Der spannungsvolle Reiz des Buches liegt denn auch in den Faktoren, die den Zeitplan durchkreuzen: noch unvollständige Eisenbahnstrecken, eingestürzte Brücken, verpasste Schiffe, durch Unvorsichtigkeit oder andere Verhängnisse verschuldete Aufenthalte in Arrestzellen ... Und doch: Die Grundlage der Geschichte ist das Vertrauen in die nun geografisch überblickbare und berechenbar gewordene Welt kurz nach der Eröffnung des Suezkanals. Dass der Franzose Verne die Reise von London, dem Herz des weltumspannenden British Empire, ausgehen und wieder dort enden lässt, ist kein Zufall. Die Idee zu einer so sportiven Weltumrundung fand in England ihren passenden Ort (wenigstens Passepartout, der tüchtige Diener von Phileas Fogg, ist Franzose). Noch heute ist dies ein faszinierendes Buch, weil es die jugendlichen Leser in einer Anspannung hält, die uns – als Rennen gegen die Zeit – aus unserem eigenen Leben vertraut ist.

Die gut sechzigjährige Regentschaft (1837–1901) der britischen Königin Victoria hat der Epoche den Stempel aufgedrückt. Die Bezeichnung Viktorianisches

Zeitalter gilt für die gesamte westliche Welt; in Deutschland spricht man auch von der Gründerzeit. Am Anfang dieser Epoche wurde die naturgegebene, bis dahin als gottgegeben aufgefasste Ordnung von Taghelle und Nachtschwärze außer Kraft gesetzt, indem nach und nach in den Straßen englischer, kontinentaleuropäischer und nordamerikanischer Städte die Gasbeleuchtung eingeführt wurde; an deren Ende stand bereits die Elektrifizierung von Straßen, Gebäuden (Beleuchtung, Kochherd, Aufzüge) und Verkehrsmitteln wie Straßen- und Eisenbahnen. Im Jahr 1830 musste man das Wasser für den Haushalt noch an den gemeinsamen Brunnen holen; um 1900 gab es in vielen europäischen und nordamerikanischen Wohnungen fließendes Wasser und Anschluss an die Schwemmkanalisation. In London waren in den 1860er-Jahren die ersten Untergrundbahnlinien gebaut worden, Paris und New York folgten bald. Die Dynamik dieser Epoche war unvergleichlich. Queen Victoria bewunderte Maschinen. Am Ende ihres Lebens, 1901, stellte Frank Hornby seinen Metallbaukasten „Meccano" vor. Und fast alle Impulse auf das Wirtschafts- wie auch auf das Geistesleben und auf die Kunst gingen vom unternehmungslustigen Bürgertum aus.

Mehr von allem

Dieses „Bürgerliche Zeitalter" brachte zunächst eine enorme Steigerung der Produktion von Gütern aller Art, die sich in die anwachsende Mittel- und Oberschicht ergossen: Möbel und Kleidungsstücke, Küchengerät und Essbesteck, Uhren und Beleuchtungskörper, Vorhänge und Teppiche, Teeservices und Picknickdecken, Nähmaschinen und Bügeleisen. Die Eisenbahn veränderte das Antlitz der Welt und die Art, wie man sie erlebte; neue Werkzeuge und Maschinen verarbeiteten auf neuartige Weise neuartige Materialien (→ Kap. 3). Das *vélocipède* schuf eine neue Art der Fortbewegung aus eigener Kraft (→ Kap. 6). Der industrielle Pulsschlag stieg und stieg.

Was bedeutet dieses Zeitalter für das Design im engeren Sinne – die Gestaltungssprache der Gebrauchsgegenstände? Hinsichtlich der gestalterischen Qualität wenig, das uns heute noch überzeugt. Und trotzdem war dieses Zeitalter für das Design wichtig, da es neue Materialien, neue Materialkombinationen und Herstellungsverfahren hervorbrachte. Und weil die Enttäuschung über die mangelnde Qualität der Produkte den Weg zu einem umfassenderen Designverständnis führte.

Der Begriff „Design" war nur in den englischsprachigen Ländern geläufig und betraf den technischen Entwurf ebenso wie die formale Gestaltung einer Sache.[1] Das französische „dessin" geht auf denselben Wortstamm zurück, bezieht sich aber insbesondere auf die Musterung von Textilien. Das „Dessin" betrifft die motivische Ausstattung eines Stoffes und den künstlerischen Umgang damit (Rapport, Rhythmisierung, Flächenverteilung, Maßstäblichkeit, Farbgebung). Die Bedeutung von Design/Dessin reicht also von der konzeptionellen Grundkonfiguration eines Werkzeugs über die Herstellungsmethode bis zum Dekor der Oberfläche eines Erzeugnisses. Doch die beiden Pole des Begriffs führten je ein Eigenleben, und eben diese Spaltung ist die Signatur des Viktorianischen Zeitalters. Ein Jacquardwebstuhl war mit seinem technischen Layout der Lochkarten-Steuerung eine staunenswerte Maschine und ein frühes Beispiel für die Automatisierung. Die Musterung des von ihm hergestellten Gewebes konnte künstlerisch jedoch sowohl raffiniert wie auch minderwertig sein. Das technische Können war in diesem Prozess der modernen Zivilisation blind geworden gegenüber den Unterschieden des künstlerischen Rangs. Dass man dies damals noch lange nicht empfand, weil die Möglichkeiten der Maschine das Kriterium des Künstlerischen überstrahlten, macht diese Zeit aus.

Einen einheitlichen markanten Zeitstil konnte es nicht mehr geben. Jeder Gegenstand war stilistisch einem der abendländischen beziehungsweise orientalischen Kunst- und Architekturstile der Stiltreppe seit der Frühantike nachempfunden: Ägypten, Hellas, Rom, Byzanz, germanisches Mittelalter, Romanik, Gotik, Renaissance, Barock, Rokoko, Empire, Biedermeier. Das Jahrhundert labte sich an der Bewunderung der unterschiedlichsten Epochen, deren Gemeinsamkeit darin lag, dass sie der Vergangenheit angehörten. Nicht selten waren in einem Gegenstand verschiedene Stile zu einem für heutige Augen schwer bekömmlichen Cocktail vermischt. Die junge Queen Victoria gab 1840 zur Geburt ihres ersten Kindes bei einem renommierten Handwerker eine Wiege aus Buchsbaumholz in Auftrag, die die möglichst exakte Kopie einer venezianischen Wiege aus dem 15. Jahrhundert sein sollte:

Ausdruck königlicher Bewunderung über einen Zeitraum von vierhundert Jahren hinweg.

Die Steigerung der Produktion ließ in diesem Zeitalter aus dem manuellen Kunsthandwerk das serielle Kunstgewerbe und aus diesem durch die Steigerung des Seriellen die Kunstindustrie entstehen; dieser begriffliche Dreisprung bildet die anwachsenden Stückzahlen ab. Dem Anschwellen des Produktionsvolumens entsprach ein wachsender Appetit am Konsum. Beides zusammen entfachte einen wahren Furor an Erfindungen oder Ideen zu Erfindungen, der die Bewohner dieses Zeitalters aus lauter Begeisterung mit sich davontrug.

Anders unterwegs sein

Besonders das Transportwesen, beziehungsweise die zunehmende Mobilität, beflügelte die Fantasie ungemein. Ein J. A. Franklinski erfand als „Patent-Omnibus" ein Fuhrwerk mit fischgrätartig verzahnt angeordneten Sitzen, dank deren Anordnung man die Landschaft besichtigen konnte, ohne dabei die anderen Passagiere ansehen zu müssen. Oder man dachte sich einen Reisekoffer für Schiffsreisen aus, der im Fall eines Unglücks zum Rettungsboot werden sollte, ebenso wie sich das Sofa in einer Erstklasskabine bei einem Schiffsuntergang angeblich zum rettenden Floß hätte entfalten lassen.[2] Auch mechanische Schwimmhilfen, muskelgetriebene Hängebahnen und Flugmaschinen wurden beschrieben und dargestellt. Illustrierte Zeitschriften publizierten Projekte von druckluftgetriebenen Straßenbahnen in abgedichteten Röhren und von lenkbaren Luftschiffen *(dirigible airships),* deren Fantastik schon im Namen erscheint: Schiffe, die durch die Luft fahren! In solchen Phantasmagorien zeigt sich das grenzenlos anregende Potenzial der zunehmenden Mobilität samt ihren Risiken. Auch für Zuhausegebliebene wurde erfunden, was das Zeug hielt, darunter manches Kuriose: Turnapparate, Beinkorrekturapparate, Ruderapparate, Bergsteigeapparate, Bettwärmapparate, Rettungsapparate für Feuersbrünste, halb geschlossene Schaukelwannen für Wellenbäder zu Hause und so weiter.[3] Bei der Abnahme von deren Parade wird eine epochale Lustangst auf beziehungsweise vor allen möglichen Katastrophen erkennbar: Eisenbahnzusammenstöße und

Abb. 35: Weltausstellung London 1851 („Great Exhibition"): Inneres des Crystal Palace. Architekt Joseph Paxton. Scharfer Kontrast zwischen dem rationalen Gebäude und der Mehrzahl des Ausstellungsgutes.

Abb. 36: Schere, typisch für die Ornamentierungswut der viktorianischen Zeit.

Abb. 37: Eine viktorianische Fantasie: Schiffskabineneinrichtung für Erstklasspassagiere, in ein Rettungsfloß zu verwandeln.

Entgleisungen, Schiffshavarien, durchbrochene Geländer und Stürze im Hochgebirge.

Daneben wurden auch konventionellere Dinge erfunden, hergestellt, auf den Markt und unter die Leute gebracht, deren blumige Bezeichnungen für sich sprechen: ein Sessel namens „Daydreamer", „Messinghimmelbett im Renaissancestil", „Himmelbett aus Zebraholz", „Ofen in Form eines vollständig gerüsteten Ritters", „Frisiertisch aus Papiermaché", „Doppel-Konzertflügel für vier Spieler", „Bücherregal in gotischen Formen". Bisweilen liegt das Kuriose nicht im Titel, sondern in der Art von überbordender Gestaltung, die auf ein Fischbesteck, eine Schere oder eine Stundenuhr verwendet worden war: „Eiskübel und Tafelaufsatz", „Messing-Vorhanghaken in Blütenform", Wandarm-Gaslicht „Dorothea Lily Bracket". Die Anzahl derartiger Gegenstände ging ins Riesenhafte. Nikolaus Pevsner hat zahlreiche davon in einem ausführlichen Aufsatz kritisch gewürdigt.[4] Die erste Weltausstellung überhaupt, die *Great Exhibition* im Londoner Hyde Park, 1851, war das denkwürdige Panoptikum des Zeitalters. Am denkwürdigsten ist sie wegen der Architektur ihres Ausstellungsgebäudes geworden, dem von Joseph Paxton entworfenen und in kürzester Zeit realisierten *Crystal Palace,* an dessen Raumeindruck sich ein Berliner Besucher, der Architekt Richard Lucae, eindringlich erinnerte: „Wenn wir uns denken, dass man die Luft gießen könnte wie eine Flüssigkeit, dann haben wir hier die Empfindung, als habe die freie Luft eine feste Gestalt behalten, nachdem die Form, in die sie gegossen war, ihr wieder abgenommen wurde. Wir sind in einem Stück herausgeschnittener Atmosphäre."[5]

Aus heutiger Sicht waren nur wenige der Produkte in dieser Ausstellung als Design nennenswert. Die Möbel waren meist von figürlichen Ornamenten überkrustet, Tafelgerät, Tischuhren und Kerzenleuchter verwiesen mit gegossenen, getriebenen oder geschnitzten Darstellungen von Menschenfiguren allegorisch auf wünschenswerte Tugenden sowie – was dem Publikum reizvoller erschienen sein dürfte – auf erotische Versuchungen und Laster; Tischwäsche, Möbelstoffe, Teppiche und Tapeten troffen von dekorativer Üppigkeit. Und dies nicht nur bei englischen, sondern auch bei deutschen, französischen, schweizerischen, österreichischen, italienischen oder amerikanischen Erzeugnissen. Es galt in Fortsetzung feudaler Prachtentfaltung: je glitzernder und je stärker ausgeschmückt, desto besser. Quantität galt als Qualität. Die Ausschmückung erfolgte mit Motiven nach der Natur, genauer: nach konventionellen Vorstellungen von „Natürlichkeit" sowie nach der antiken oder mittelalterlichen Mythologie. Das Repertoire: Blüten, Blätter, Zweige, Fische, Tiere überhaupt, Jäger, Schäfermädchen, Wassernymphen. Pevsner erwähnt den „hemmungslosen Naturalismus" und die „zügellose Effekthascherei" in der Erscheinung unzähliger Gegenstände. Allerdings verdanken wir Herwin Schaefer den Hinweis, dass dieses Epochenbild insofern verzerrt ist, als nur die spektakulären Gegenstände im Katalog der Ausstellung erwähnt und abgebildet wurden, nicht jedoch die unauffälligen und als selbstverständlich betrachteten.[6] Eine Ausstellungsbesprechung in der *Times* war voller Bewunderung für die Akkuratesse maschineller Produktion, doch schloss sie aus, dass eine solche industriell produzierte Schlichtheit auch zum Bereich des Wohnens passen könne.[7]

Perfekt imitieren können

Womöglich ist beides, der Stilpluralismus und das Stilgemisch, geradezu ein Hinweis darauf, dass das Lebensgefühl ausgesprochen gegenwärtig war. Das wäre nur scheinbar paradox. Denn das Lebensgefühl war vom Ansturm der technischen Errungenschaften bestimmt, und die stilistische Rückwärtsorientierung lässt sich als Versuch sehen, die Vertrautheit traditioneller Formen als Haltegriff zu benutzen, um nicht inmitten der Neuerungen vollends taumelig zu werden. Nur sehr wenige Beobachter erkannten darin das Unbefriedigende, und diese wenigen warfen, vorerst eher noch vage, die Frage nach einem eigenen Stil der Zeit auf.

Der Berliner Architekt Karl Friedrich Schinkel hatte bereits um 1830 vor dem Hintergrund dieser epochalen Abhängigkeit von allen möglichen Vergangenheiten gegen Ende seines Lebens den Wunsch nach einem zeitgenössischen „reinen Stil im allgemeinen" ausgesprochen.[8] Was hier der intellektuellen Einsicht eines Einzelnen entspringt und sich noch als theoretisches Postulat und als entrückte Denkmöglichkeit äußert, wird dann erst von der drittnächsten Generation, nach dem Ersten Weltkrieg, verwirklicht werden. Gottfried Semper, eine Generation jünger als Schinkel, war schon näher am Problem seiner Zeit. Die Weltausstellung 1851 – an der er mitgearbeitet hatte – brachte ihn zur Erkenntnis der neuen Verhältnisse: „Schon zeigt es sich, dass die Erfindungen nicht mehr, wie früher, Mittel sind zur Abwehr der Not und zum Genusse; vielmehr sind die Not und der Genuss Absatzmittel für die Erfindungen. Die Ordnung der Dinge hat sich umgekehrt."[9] Semper erlebte seine Zeit als Zeit einer epochalen Umkehrung: Man macht nicht eine Erfindung, weil sie notwendig ist, sondern sie erfüllt sich als Selbstzweck; an die Stelle eines objektiv vorhandenen Bedarfs sind künstlich geschaffene Bedürfnisse getreten, an die Stelle einer echten Nachfrage die Verführungskraft des unerschöpflichen Angebots. Die Wirtschaft war nicht mehr von der Nachfrage, sondern vom Angebot angetrieben. Semper sah den Überfluss an Möglichkeiten, wobei er präzisierte, es gebe letztlich keinen Überfluss an Mitteln, sondern nur ein Versagen, ihrer Herr zu werden, sie zu bemeistern. Beispiele dafür fanden sich in Hülle und Fülle. Unzählige Gegenstände wurden durch geborgte Kunst-Versatzstücke oder Zitate geschmückt; sie sollten durch die Applikation solcher Motive zu etwas Höherem als einem bloßen Mittel zum Zweck gemacht werden. Häufig wurden existierende Kunstwerke, insbesondere Skulpturen, in verkleinerter Form in Gebrauchsgegenstände eingearbeitet. Oscar Wildes Ausspruch „imitation is the sincerest form of flattery that mediocrity can pay to greatness" hat in diesem Zeitalter seinen direkten Ursprung. Zum Bürgerlichen Zeitalter gehört diese angeblich demokratische Streuung der hohen Kunst. Jede bürgerliche Familie konnte eine Verkleinerung der Venus von Milo aus einem Ersatzmaterial (Zinkguss, Guttapercha, Parian, Papiermaché usw.) auf dem Kaminsims stehen haben. Hinter der Motivwelt auf Gebrauchsgegenständen stand eine Art Code, ein Geflecht von Verweisen auf Bildungsinhalte, das sich in einer stillen Übereinkunft der Zusammengehörigkeit unter den Angehörigen der aufsteigenden Gesellschaftsschicht äußerte.

Die Fantasie des Zeitalters galt nicht der Erschließung einer neuen Formenwelt, vielmehr dem Verfügbarmachen der bestehenden Kulturen. Die Entwicklung neuartiger Werkstoffe und Herstellungsmethoden ermöglichte dabei, zuvor unerschwingliche Gegenstände preiswert anzufertigen. Ein Beispiel: Der Anblick des „Frisiertischs" (um 1850) wirkt zunächst wie ein

Abb. 38: Aufklappbares Werkzeug zur Herstellung einer Pressglas-Schale, Deutschland, 19. Jahrhundert.

Bravourstück der Rokoko-Möbeltischlerei (Abb. 39): die verdrehten Beine, die vorgewölbten und zurückweichenden Flächen erwecken den Eindruck, kunstvoll gesägt, verleimt, furniert und mit Einlegearbeiten veredelt zu sein, ein Beweis des höchsten handwerklichen Könnens also. In Wirklichkeit bestand das Möbel aus einem neu erfundenen Ersatzmaterial, einer Frühform von Kunststoff namens *Papiermaché* oder *Carton pierre* (Steinpappe), einer plastisch geformten Masse aus Papier und Kleister mit aufgemalter Dekoration. Was im Rokoko reichen Adligen vorbehalten war, rückte jetzt bei grundsätzlich „gleichem Aussehen" in die finanzielle Reichweite des Mittelstandes. Ein anderer neuartiger Werkstoff war *Guttapercha,* eine Art von Hartgummi, gewonnen aus dem Saft eines tropischen Baumes, dessen malayische Bezeichnung in den westlichen Wortschatz übernommen wurde.[10] Das britische Empire griff weit aus in die Welt, um so industrielle Innovation hereinzuholen: eine Facette des Kolonialismus und damit der Globalisierung, die längst Fahrt aufgenommen hatte.

Die gerippte Pressglas-Schale aus einer aufklappbaren eisernen Gussform erschien nicht weniger begehrenswert als eine von Mund geblasene und von Hand geschliffene. Dass sie aber viel weniger kostete, sorgte für breiten Enthusiasmus. Auch viele Fachleute sahen darin einen Fortschritt; sie

Abb. 39: Toilettentisch aus Papiermaché, bemalt, Mitte 19. Jahrhundert.

Abb. 40: Polstersessel, britisch, ausgestellt auf der „Great Exhibition" 1851.

bestaunten die Genauigkeit, die materielle Perfektion und die Schnelligkeit industrieller Fertigung: Maschinelle Schnitzereien (z. B. für Geländer und Balustraden) waren von einer dem Handwerk unerreichbaren Regelmäßigkeit, was viel Bewunderung fand. Die industrielle Produktion begeisterte das Publikum auch deshalb, weil sie gestattete, die durch die Maschine eingesparten Kosten in eine umso üppigere Ornamentik zu investieren. So entfesselte das 19. Jahrhundert einen wahren Sturzbach der Güterproduktion durch Nachahmung: In der ersten Jahrhunderthälfte imitierte das Bürgertum den Lebensstil des Adels, in der zweiten zudem das Proletariat jenen des Bürgertums.

Zu dieser Entwicklung trug auch die Fotografie bei. Sie wurde als das neue Medium beklatscht, das rascher und billiger als die Malerei ein naturgetreues Abbild erzeugte. Ein neues Medium, die Illustriertenpresse, brachte seit den 1840er-Jahren Xylografien (Holzstiche) von Ereignissen in die Stuben, von denen man sonst keinerlei Kenntnis bekommen hätte: Großbrände, Schiffsunglücke, Sklavenaufstände, Bahnhofneubauten. Das Jahrhundert war geblendet von all den Möglichkeiten exakter Wiedergabe, über die bildende Künstler und Illustratoren verfügten: plastische Vorstellungskraft, technische Sicherheit, künstlerische Routine und eine fortgeschrittene Drucktechnik auch für hohe Auflagen.

Wo ist der Grund, der uns trägt?

Was allgemein als Errungenschaft gefeiert wurde, war für einzelne Hellsichtige ein Zeichen für ein Problem. Entsprechend der Vehemenz der Industrialisierung in England, formierte sich dort auch der Widerstand dagegen zuerst. Das Problem war die Frage: Echtheit oder Nachahmung? Und die von den Kritikern erkannte Irritation des *Als ob* als einer immer leichteren Täuschungsmöglichkeit. Gottfried Semper fragte: „Wohin führt die Entwertung der Materie durch ihre Behandlung mit der Maschine, durch Surrogate für sie und durch so viele Erfindungen? Wohin die Entwertung der Arbeit, der malerischen, bildnerischen oder sonstigen Ausstattung, veranlasst durch die nämlichen Ursachen? Ich meine natürlich nicht die Entwertung im Preise, sondern in der Bedeutung, in der Idee."[11]

Dabei gab es zwei wesentlich unterschiedliche Reaktionen auf diese Situation: Einerseits die grundsätzliche Zurückweisung des Fortschritts, andererseits die Zuversicht, dass der Fortschritt in die richtigen Bahnen gelenkt, gebändigt und reformiert werden könne. Exponent der letzteren Gruppe war

Abb. 41: Henry Cole (unter dem Pseudonym Felix Summerly): Tee- und Kaffeeservice, 1846. Hergestellt von Mintons of Stoke-on-Trent. Ausschmückende Elemente sind sparsam und auf wenige Partien beschränkt.

Abb. 42: Henry Cole: Blatt aus seiner Schulfibel mit Gegenständen zur Bildung des jugendlichen Formgefühls, 1849, *Journal of Design.*

Henry Cole, der als rechte Hand Prinz Alberts wichtige Bereiche des gesellschaftlichen Lebens verantwortete: Er war die treibende Kraft hinter der Weltausstellung, er führte die Vereinheitlichung der Schienenspurweiten in der Pionierzeit des Eisenbahnbaus durch, er vereinheitlichte das Postwesen und wirkte als Herausgeber touristischer Reiseführer und von Lehrmitteln in der Volksschule. Cole war vom künstlerischen Erfolg der Weltausstellung enttäuscht, da die qualitative Diskrepanz zwischen dem erstaunlichen, in Rekordzeit von Paxton modular konzipierten und in Vorfabrikation hergestellten *Crystal Palace* und den darin ausgestellten Gütern für ihn offensichtlich war. Cole betätigte sich auch als Designer und brachte dabei seine gestalterischen Auffassungen zum Ausdruck. Sein bemerkenswert schlichtes Teeservice (1846) wurde von der Firma Felix Summerly in beeindruckender Zahl produziert. Die von Cole herausgegebene Schulfibel zeigte schlichte Gegenstände des täglichen Bedarfs (Kleiderbürste, Flakon, Straßenschuh, Wasserkaraffe, Kochtopf) mit dem Ziel, bei Kindern und Jugendlichen ein geschmackssicheres Urteil über die ästhetische Qualität von Gegenständen heranzubilden. Die Schlichtheit und Würde dieser Dinge unterschied sich deutlich von den überladenen Formen des damals weitverbreiteten Designs. Die von Cole und Richard Redgrave herausgegebene Zeitschrift *Journal of Design and Manufactures* – von 1849 bis 1852 die weltweit erste Fachzeitschrift für Design – suchte eine wirksame Designkritik zu etablieren, was

Abb. 43: Christopher Dresser: Teekanne, galvanisch versilbert. Griff aus Ebenholz, um 1880. Hergestellt von Dixon & Sons, Sheffield.

allerdings dem Anschwimmen gegen den reißenden Strom aus allenthalben überschießendem Formaufwand gleichkam. Wer die Zeitschrift las, sollte den logischen und immanenten Zusammenhang zwischen Funktion, Material, Herstellungsmethode und Bildprogramm kennenlernen. Als geschmackvoll durfte nur etwas gelten, was widerspruchsfrei diesem Kriterienpolygon entsprach. Cole und Redgrave sind frühe Verfechter der Geschmacksschulung. Noch weiter als die in der Zeitschrift propagierte Auffassung eines Designs entsprechend dem *common sense* ging Christopher Dresser, der mit seiner geometrischen Formensprache, den ornamentlosen kugeligen und zylindrischen Kannen und Gläsern für den Hersteller James Dixon und von Kerzenhaltern für Perry & Co. eine Einzelerscheinung war. Er war vielleicht der eigenständigste Gestalter, derjenige, der seine Entwürfe am unbestechlichsten aus seinen objektivierenden Fragen nach dem wünschbaren Funktionieren entwickelte.

Waren zum einen Henry Cole und sein Kreis Befürworter des Fortschritts und überzeugt von dessen prinzipieller Richtigkeit, standen zum anderen ihrer Reformorientierung die grundsätzlichen Kritiker entgegen, die ihre Ablehnung der neuen Zeiten als jene Empfindung artikulierten, die 50 Jahre später Karl Kraus harsch den „Fußschweiß des Fortschritts" nannte.

Die Wortführer dieser Fraktion waren zuerst der Architekt Augustus Welby Pugin und der Maler, Zeichner und Schriftsteller John Ruskin, etwas später

der jüngere William Morris und sein Kreis. Sie alle erblickten im Warenstrudel ihrer Zeit nicht bloß fehlende Stilsicherheit, sondern als ein viel tiefer liegendes Symptom gleichsam die Entseelung der Gegenstände.

Zuflucht zur Vergangenheit

Pugin beklagte den Niedergang der Kultur seit der Renaissance, die für ihn der theologische Skandal einer unüberlegten Bewunderung für die heidnische Antike war, als deren erbittertster Gegner er sich als Mitschöpfer der Neugotik zu erkennen gab: Er bezeichnete die Gotik als letzten echt „christlichen" Stil. Er war um 1840 architektonischer Berater beim Bau des neugotischen *House of Parliament* von Westminster. Pugin sah zwar wohl, dass er die Dampfmaschine nicht wieder aus der Welt schaffen könne, doch schlug er vor, zum mindesten die beweglichen Teile einer Dampfmaschine in einen gotisch überformten Tragrahmen zu setzen und Fabrikbauten in gotische Architekturformen zu kleiden, wobei die Schlote als Kirchtürme getarnt sein sollten. Im Crystal Palace war er verantwortlich für die Ausstattung der „Mittelalter-Halle", in der er liturgisches Gerät, religiöse Skulpturen und herkömmliche Metallarbeiten ausstellte. Pugins Konzept war in erster Linie formaler Natur und lässt sich als Versuch beschreiben, das Erzübel der Zeit durch künstlerische Huldigungen ans Mittelalter wenigstens visuell einzudämmen.

Weiter als Pugin ging sein Schüler Ruskin, dessen Ablehnung der Neuzeit von analytischerer Art war. Dieser Schriftsteller, Theoretiker, Zeichner und Maler weigerte sich zeitlebens, eine Eisenbahn zu besteigen, weil ihm schon die Vorstellung der Reibung von Eisen auf Eisen beziehungsweise von Eisen, das auf Eisen rollt, körperlichen Ekel verursachte. Über diese seine persönliche Idiosynkrasie hinaus ist seine Unversöhnlichkeit gegenüber der technischen Zivilisation in grundlegenden Überlegungen zum Zusammenhang von Produkt, Produktion und Gesellschaft begründet, wie sie sich in dieser Textstelle zeigt: „Wir haben in letzter Zeit einer wichtigen Erfindung viel Aufmerksamkeit gewidmet. Ich spreche von der Arbeitsteilung. Aber wir geben ihr nicht den richtigen Namen. Denn in Wirklichkeit wird nicht die Arbeit geteilt, sondern Menschen."[12] Oder er stellt fest: „Die einzige Frage, die man beim Betrachten eines Ornaments stellen muss, ist die: War der Schnitzer bei seiner Arbeit glücklich?"[13] Ruskin lenkt sein Augenmerk stärker als auf den Gegenstand selbst auf die gesellschaftlichen Implikationen, denen er sich verdankt. In dieser Frage unterschied er sich von Cole und den bürgerlichen Reformern. Darin war er seiner Zeit voraus und – allerdings nur in dieser Hinsicht – im Gleichschritt mit den Sozialreformern Fourier und Saint-Simon und mit Marx und Engels. Er fokussiert auf die Lebensumstände menschlichen Daseins, auf die Umstände, unter denen Arbeit geleistet wird.

Von noch produktiverer Art war der Einfluss von William Morris, der ideell an Pugin und Ruskin anknüpfte, doch die ästhetischen Bemühungen immer enger mit einer sozial- und gesellschaftspolitischen Perspektive verband. Morris wurde in den 1860er-Jahren zur zentralen Figur der *Arts and Crafts*-Bewegung, der Vorläuferin des *Art nouveau* und des Werkbundes in den deutschsprachigen Ländern. Seinem Handeln lag eine soziale, mit der Zeit immer klarer sozialistische Einstellung zugrunde, die sich in der Maxime äußerte: „Ich will keine Kunst für wenige, wie ich auch Erziehung oder Freiheit nicht für wenige will. Was geht uns Kunst überhaupt an, wenn nicht alle an ihr teilhaben können?"[14]

Das Ethos in der Gestaltung

Morris kam aus wohlhabendem Hause und kritisierte die Angehörigen seines Standes wegen ihrer kraftlosen Konformität und vollständig fehlenden geschmacklichen Eigenständigkeit: „Man muss neun Zehntel von allem, was es in den Häusern reicher Leute gibt, verbrennen." Er bezeichnete London als „nicht nur eine Grafschaft, die mit hässlichen Schuppen bedeckt ist, sondern auch eine bestialische Ansammlung von im Rauch vertrockneten Schwindlern und ihren Sklaven". Und er schrieb: „Unsere Häuser sind tonnenweise mit unaussprechlichem Plunder vollgestopft. Die einzigen Dinge sind meistens in der Küche."[15] Die Antriebskraft Morris' war der Zorn über die ungerecht eingerichtete Welt, in der die unverdienten Privilegien der herrschenden Klasse gerade die Dekadenz und Kulturlosigkeit hervorbrachten, denen er die liebevolle Zuwendung in seinen eigenen Arbeiten gegenüberzustellen suchte. Statt auf üppigen Prunk setzte er auf die Würde des Einfachen.

Morris hatte durch seine Ausbildung einen praktischen Bezug zur Architektur und zur Innenraumgestaltung, und er war schon in jungen Jahren eng befreundet mit präraffaelitischen Malern, Architekten und Gestaltern, deren Ziel es war, die Dekadenz der „Moderne" – für die in England insbesondere die Renaissance verantwortlich gemacht wurde – durch eine bewusste Zurückwendung zum Mittelalter zu überwinden. Er gründete 1861 zusammen mit Geschäftspartnern die Firma *Morris & Co.* und produzierte Möbel, Möbelbezugsstoffe, Heimtextilien, Tapeten und mit seiner zweiten Firma *Kelmscott Press* wundervoll gestaltete bibliophile Bücher. Zugleich war Morris selbst ein begabter Handwerker. War Pugin klar rückwärtsgewandt, suchte Morris auch den Blick nach vorne. Fand er ihn auch? Schon – die Produkte von Morris & Co. zeichneten sich durch sorgfältige Gestaltung, hochwertige Materialien, formale Einfachheit und ganz allgemein eine hoheitsvolle Würde aus. Die Möbel nahmen Bezug auf den vor-viktorianischen Stil des *Regency* und auf die geradlinigen, in ihrer Schlichtheit und Wahrhaftigkeit ruhenden Möbel der amerikanischen Sekte der *Shaker,* die durch ihn erstmals gewürdigt wurden. Ein Lehnstuhl von Morris & Co. unterscheidet sich von einem konventionellen hochviktorianischen Modell in jeder Hinsicht: Statt einer Polsterung besitzt er einen Sitz aus Pflanzenfaser-Geflecht, die Rückenlehne ist

leicht geneigt und besteht aus geschweiften Brettchen, die Armlehnen aus sorgsam gerundeten, in einem ergonomischen Handknauf endenden Hölzern; es gibt keine applizierte Dekoration und keinerlei allegorischen Aufwand. Die Tapeten und die Heimtextilien von Morris & Co. sind, anders als üblich, nicht platt naturalistisch, vielmehr formal geschickt stilisiert und in ihren Farbtönen stets exquisit assortiert. (Sie werden übrigens im Handel noch heute angeboten – wenn das, 150 Jahre später, nicht ein Beweis für ihre überzeitliche Gültigkeit ist!)

William Morris und sein Kreis sind die wichtigsten Exponenten der *Arts and Crafts*-Bewegung, der ersten Kunstgewerbereform in der westlichen Welt. Morris' Überzeugung, dass die Inspiration zählt, nicht die Imitation, war zukunftweisend bis heute.[16] Sein Ziel, Gegenstände von langer materieller und künstlerischer Lebensdauer zu produzieren, hat er glanzvoll erreicht. Er stellte dem geistlosen Konsum den wahren Genuss entgegen, der industriellen Knechtung die Möglichkeit der Selbstverwirklichung. Seine Angestellten hatten es viel besser als die Arbeitssklaven in der Industrie. Morris litt aber sehr darunter, dass seine Produkte nicht zu Kosten herstellbar waren, die ein Arbeiterhaushalt aufzubringen vermochte – seine eigentliche Zielgruppe konnte er nicht erreichen. Morris ging deshalb in seinen späteren Jahren in die aktive Politik und setzte sich als Gründungsmitglied der *Socialist League*

101

im britischen Parlament für die Belange der Arbeiterschaft ein, doch waren
dem Einfluss dieser Partei enge Grenzen gesetzt.

Im Bild der Nachwelt hat sich die Meinung verfestigt, Morris sei ein erbitterter Gegner der Maschine gewesen. Das trifft nicht zu. Er wusste, dass die maschinelle Produktion sich immer mehr ausbreiten würde. Dabei forderte er
jedoch, dass die Maschine dem Menschen diene und er sich nicht von ihr beherrschen lasse. Er schrieb: „Ich sprach von der umfassenden Anwendung
der Maschinen, um die Menschen von dem vorwiegend mechanischen und
unangenehmen Teil der notwendigen Arbeit zu befreien, aber ich weiß, dass
einigen gebildeten Menschen, Menschen mit künstlerischen Neigungen, die
Maschinen besonders feindlich erscheinen. Sie sagen wahrscheinlich, dass
es unmöglich sein wird, eine für den Menschen günstige Umwelt zu schaffen, solange wir von Maschinen umgeben sein werden. Ich teile diese Ansicht
nicht. Das, was uns heute die Schönheit des Lebens so verdirbt, ist eine Folge
davon, dass die Maschinen zu unseren Herren geworden sind, anstatt uns zu
dienen."[17] Das heißt: Der Mensch soll der Akteur sein im Hinblick auf das Bild
des Produkts, das ihm vor Augen steht. Er muss über die kritische Urteilskraft
verfügen, die es zum Entwurf und zur Herstellung von künstlerisch überzeugenden Produkten braucht. Ob menschliche Integrität die Voraussetzung
für den Entwurf solcher Gegenstände ist oder die Folge daraus? Das schloss

sich für ihn nicht gegenseitig aus. Als Produzent sah er sich an der Stelle, die zwischen den beiden Möglichkeiten die Verbindung schafft und von der aus sich mit den Gegenständen Integrität und Würde in der Welt verbreiten.

In seinen letzten Lebensjahren veröffentlichte Morris den sozialutopischen Roman *Die Kunde von Nirgendwo* (*News from Nowhere*, 1890), die Ausmalung eines glücklicheren Lebens in ferner nachindustrieller Zukunft – etwa im Jahr 2200 –, die frei von Geldgier, von Geld überhaupt, von krankmachender Luft und verseuchtem Wasser, von Ausbeutung, Eintönigkeit, Liebesunglück und menschlichen Konflikten sein sollte. Die verrußten Hauswände, der in die Knochen fahrende Nebelrauch und das Massenproblem des Alkoholismus sind in diesem literarischen Wunschbild verschwunden. Geblieben sind allerdings die Pferdefuhrwerke, die Tabakbeutel, die Ölbilder von Landschaften.

Abb. 47: William Morris: Armlehnsessel „Ladder Back" (1860) vor einem Druckstoff mit Tauben, um 1883. Der Sessel ist Morris' Hommage an das Bauernmöbel, zwar verfeinert, doch Ausdruck seiner Verachtung für feudalistische Wohnvorstellungen.

Wer diesen Zukunftsroman liest, wird nichts von *Modern Times* darin antreffen. Zumindest fast nichts – immerhin, die Transportschiffe auf der Themse bewegen sich durch eine unsichtbare und unhörbare Kraft, wie ein beiläufiger Hinweis verrät.[18] Morris blieb bei seiner Ausmalung der Gegenstandswelt aber doch beim damals bekannten Repertoire. Das Fahrrad als modernes Fortbewegungsmittel kommt im Buch nicht vor, das Auto selbstverständlich ebenso wenig, von Flugzeugen gar nicht zu reden, denn das Ausdenken futuristischer Artefakte war nicht in Morris' Sinn. Sein Blick in die Zukunft entwirft einen neuen Menschen, doch dieser bewegt sich im Rahmen der damals bekannten Dinge. So bildet die Literatur, kaum 20 Jahre nach Jules Vernes technologischem Aufbruch, bereits eine Desillusionierung ab: Der wahre Fortschritt wäre nur durch eine umfassende Revolution der Werte auf die richtige Bahn zu bringen.

Anmerkungen

1 Siehe Kap. 2. Ein Beispiel: Die Ventilsteuerung an Dampfmaschinen galt in England als ein das „Design" konstituierendes Element.

2 Nikolaus Pevsner: „Hochviktorianisches Kunstgewerbe". In: Ders.: *Architektur und Design* (Textsammlung). München 1971, S. 269 f.

3 Vgl. Eckhard Siepmann / Angelika Thiekötter (Hrsg.): *Packeis und Pressglas*. Gießen 1987

4 Wie Anm. 2, S. 258–319

5 Vgl. Julius Posener: „Raum". In: Ders.: *Aufsätze und Vorträge 1931–1980*. Braunschweig / Wiesbaden 1981, S. 331

6 Vgl. Herwin Schaefer: *Nineteenth Century Modern. The Functional Tradition in Victorian Design*. New York / Washington 1970, S. 162

7 Ebd., S. 163

8 Wend Fischer: *Bau – Raum – Gerät*. München 1957, S. 10

9 Gottfried Semper: „Wissenschaft, Industrie und Kunst. Vorschläge zur Anregung Nationalen Kunstgefühles" (1851). In H. M. Wingler (Hrsg.): *Gottfried Semper: Wissenschaft, Industrie und Kunst*. Mainz 1964, S. 31

10 Wie Anm. 2, S. 269

11 Wie Anm. 8, S. 37

12 Ruskin, zit. bei Julius Posener: „Zwischen Arts and Crafts und dem Werkbund" (Vorlesungen zur Geschichte der Neuen Architektur III). In: *Arch+*, Nr. 59, Aachen 1981, S. 16

13 Wie Anm. 2, S. 269

14 William Morris: „The Decorative Arts. Their Relation to Modern Life and Progress". London 1877

15 N. Pevsner: *Der Beginn der modernen Architektur und des Design*. Köln 1971, S. 20

16 N. Pevsner: „William Morris und die Architektur". In: Vgl. Anm. 2, S. 339

17 W. Morris: „How We Live and How We Might Live" (Vorlesung 1885). Zit. bei Edmund Goldzamt: *William Morris und die sozialen Ursprünge der modernen Architektur*. Dresden 1976, S. 47

18 Gert Selle: „Vorwort" zu William Morris: *Die Kunde von Nirgendwo*. Köln 1974, S. 19 und 27 (dort Anm. 20)

X-4   Was ist Fortschritt?

Wir nehmen das eigene Leben als ein lineares Geschehen wahr, als einen Gang in den Zeitraum hinein, der ein Vorher, ein Jetzt und ein Nachher kennt. Das Nachher liegt vor uns, das Vorher hinter uns. Die meisten Sprachen kennen Zeitformen, die diese Vorstellung abbilden. Vergangenheit, Gegenwart, Zukunft.

Es gibt Zeitalter, die das Andrängen der Zukunft intensiv spüren. Der Zukunftsdruck wird von den Naturwissenschaften und ihren Entdeckungen stärker aufgebaut als von den Geisteswissenschaften. Rousseau hatte noch hundert Jahre vor dem Crystal Palace die menschliche Existenz als einen unausweichlichen Abstieg von der kindlichen Unschuld in die Verstrickungen des Erwachsenenlebens dargestellt. Die viktorianische Epoche hingegen war eine besonders optimistische Zeit naturwissenschaftlicher Erkenntnisse, wie später auch die Zwischenkriegszeit um 1925 und die 1950er- und 1960er-Jahre.

Der amerikanische Schiffsbauer John Willys Griffiths sah um 1850 explizit im einzelnen Objekt einen Ausdrucksträger des Fortschritts. Er verlangte bei der Gestaltung eines Schiffes die Berücksichtigung eines ästhetischen Grundsatzes, den er so formulierte: „Der Schiffsbug verlangt mehr Lebendigkeit als die Achterpartie. [...] Die lebendige Erscheinung, die wir manchmal sehen können und die einem antriebslos stillstehenden Schiff das Aussehen eines fahrenden gibt, rührt von daher, dass die Linienführung des Bugs schneller ist als die des Hecks. [...] Der Bau eines Schiffs besteht darin, es mit der Kraft auszustatten, sich vorwärts zu bewegen; und ist es nicht vollständig klar, dass jede Bemühung – ebenso die Erscheinung betreffend wie alle anderen Dinge – darin bestehen sollte, nach vorne zu tendieren?"*

Was aber ist dabei die Vorstellung von „Fortschritt"? Es gibt grundsätzlich zwei ganz unterschiedliche Vorstellungen. Bei der einen, im Grunde religiösen, steht am Ende der Geschichte so etwas wie das Schlaraffenland, das Goldene Zeitalter oder das Paradies. Es gibt ein Ziel, einen Zustand der Perfektion, der Vollkommenheit. Unser Leben bemisst sich in Relation dazu, unsere Zeit ist ein Fortschreiten auf dem Weg dahin. Jede Utopie sieht am Ende diesen Ort der Vollkommenheit als Ausmalung eines Endziels, und der Weg dahin ist der einer Hoffnung. Bei Thomas Morus, dem Autor des Buches Utopia *und dem Urheber des Begriffs „Utopie" („was noch keinen Ort hat") ist das so. Ebenso bei William Morris in seinem* News From Nowhere. *Der Fortschritt hat in dieser Auffassung einen Zielpunkt. Würde er erreicht, wäre dies gleichbedeutend mit dem Ende eines Entwicklungsgeschehens und damit von Geschichte.*

In der zweiten Auffassung fehlt diese Zielvorstellung. Der Fortschritt ist ein Voranschreiten aus sich selbst heraus, die Dinge verändern sich, sie verbessern sich dabei, aber immer nur relativ zum Vorherigen. Den Gedanken einer endzeitlichen Perfektion weist dieses Konzept von sich. Das ist natürlich viel realistischer. Es geht um die verfügbaren Mittel, die das Leben bewältigen lassen, es erleichtern und mit mehr Genuss anreichern. Das war das Lebensgefühl in der Viktorianischen Zeit. Man sah neue Materialien, neue Herstellungsmethoden, neue Fortbewegungs- und Kommunikationsmittel, man staunte zuerst, dann erfreute man sich an ihnen, dann gewöhnte man sich an sie, dann nahm man ihre Defizite wahr und erwartete das neue Bessere. Das heißt: In dieser Auffassung kommt die Kraft gleichsam von innen und äußert sich als beständige Folge von Innovationen, von denen jede die vorangegangene überschreibt. Doch Innovation und Fortschritt sind keine austauschbaren Begriffe. Die Innovation bemisst sich am bisherigen Bestand, an dem sie nahe dran ist; der Fortschritt wird erst aus der zeitlichen Distanz sichtbar.**

Die Überquerung des Atlantiks zwischen Europa und New York dauerte um 1800 mit dem Segelschiff mindestens drei Wochen. Die Passagierdampfer des 19. Jahrhunderts verkürzten die Zeit auf rund ein Drittel und traten in einen ehrgeizigen Wettbewerb: Englische, französische, deutsche und amerikanische Reedereien suchten mit jedem neu in den Dienst gestellten Schiff, das Blaue Band, *die Trophäe für das schnellste Schiff, zu gewinnen. Während der Regierungszeit der Königin Victoria wuchsen die Größe, Stärke und Schnelligkeit der Schiffe, die das Blaue Band errangen, ständig an: 1838 war die* Great Western *(konstruiert von Brunel) das größte Dampfschiff, und es erreichte die Durchschnittsgeschwindigkeit von 9 Knoten, was eine Reisezeit von 15 Tagen von Bristol nach New York ergab. 1883 brauchte die* Campania (→ **Abb. 44**) mit 21 Knoten Durchschnittsgeschwindigkeit dafür noch sechs Tage, 1928 das Luftschiff Zeppelin LZ-127 drei Tage (Werbeplakat: „In drei Tagen nach New-York!"). Das Streben nach schnelleren Dampfern und das Wetteifern um den Prestige-Erfolg ließ 1935 die Queen Mary (34 Knoten) die Strecke in vier Tagen zurücklegen. Viermotorige Passagierflugzeuge wie die DC-6 in den 1950er-Jahren brauchten mit zwei Zwischenlandungen in Irland und Neufundland noch einen Tag, das Nachfolgeflugzeug, die DC-8 mit Strahltriebwerken, noch acht Stunden, das Überschallflugzeug Concorde noch drei Stunden.

Was ist Fortschritt?

Wer darunter die größtmögliche Zeitersparnis versteht, wird die Frage anders beantworten als wer darunter die demokratischste, weil preiswerteste Reise-möglichkeit versteht. Wer hingegen dafür den Maßstab für Umweltverträglich-keit anlegt, wird in Trauer stürzen, weil das Segelschiff des 18. Jahrhunderts gar keine Energie verbrauchte, sondern die vorhandene nutzte, während die Concorde in ökologischer Hinsicht mit ihrem Energiebedarf eine monströse Fehlentwicklung war.

Die Verfügbarkeit von sauberem Wasser in entwickelten Städten, Kehricht-verbrennungsanlagen mit Reinigungsfiltern, Autolacke auf Wasserbasis, rost-freies Essbesteck, der verringerte Strombedarf von Leuchten und Computern, in medizinischer Hinsicht die enorme Verringerung der Kindersterblichkeit, in sozialer Hinsicht der Rückgang des Analphabetismus, die schwindende Be-nachteiligung von Frauen, das Verbot von Körperstrafen bei Eltern und Lehr-personen – wer würde bestreiten, dass dies reale Fortschritte und wertvolle Errungenschaften sind? Und dass die Welt ein besserer Ort wäre, wenn sie nicht nur ein Privileg westlicher Demokratien, sondern das weltweite Stan-dardmodell wären?

Wenn oben davon die Rede war, dass der Fortschritt die alten Lösungen „über-schreibt", also ersetzt: Stimmt das wirklich? Macht der Induktionsherd die Feuerstelle überflüssig? Das Streamen von Musik die Schallplatte und das von Filmen das Kinoerlebnis? Die digitale Mail den handschriftlichen Brief?

Wir nehmen den Fortschritt anders wahr. Die Langspielplatte aus Vinyl wurde von der CD nicht verdrängt, sondern erlebt eine erstaunliche Nachreife. So könnte es auch mit der Analogfotografie geschehen. Ist es ein Spätleben, ein

Nachleben? Schwer zu sagen, weil wir nicht über die absolute Zeitskala verfügen, auf der das Entwicklungsgeschehen zum Stillstand gekommen ist, aber jedenfalls ist es ein Weiterleben. Gegen Ende dieses Buches (→Kap. 29) ist von der Idee die Rede, Frachtschiffe wieder mit Segeln auszustatten. Wenn sie uns überrascht, dann deswegen, weil wir Schiffssegel für nicht mehr zeitgemäß halten. Warum aber genießt der Segelsport so viel Zulauf? Wir täten gut daran, im Fortschritt nicht einfach das zu sehen und blind gutzuheißen, was das Bisherige ersetzt, sondern zu ihm hinzukommt. Die Vermehrung der Handlungsmöglichkeiten mit dem Ziel, das Optimum zu verbessern: Das ist der wahre Fortschritt.

*   **Herwin Schaefer:** 19th Century Modern, *S. 48*
**   *Marcel Hänggi: „Fortschritt? Eine Einleitung" in:*
        Ders.: Fortschrittsgeschichten

5 Die Mechanisierung übernimmt das Kommando
Nordamerika: Von den Kolonien zu den USA
1750–1900

Das amerikanische Design des 18. und des 19. Jahrhunderts stand unter dem Prinzip der Effektivität: Eine junge, zahlenmäßig noch geringe Bevölkerung hatte sich mit einem Land von unermesslicher Weite auseinanderzusetzen. Die Bewältigung ihrer Aufgabe geschah unter der Maxime der Quantität. Was auch in Europa das Gesetz des Handelns bestimmte, setzte sich in der Größe und Weite Amerikas mit so kompromissloser Dringlichkeit durch, dass daraus eine neue Zivilisation entstand.

Die Abenteurer und Noch-nicht-Resignierten aus England, Schweden, den Niederlanden, Deutschland und anderen Ländern Europas, die im 17. Jahrhundert den Mut aufbrachten, ihrem bisherigen Leben in Armut und Hunger (oder dem drohenden Gefängnis) durch ihre Auswanderung nach Nordamerika den Rücken zu kehren, nahmen das Wenigste vom ohnehin Wenigen in ihr neues Leben mit. Zurück blieben Möbel und der meiste Hausrat. Kleider besaßen viele ohnehin nur, was sie auf dem Leib trugen. Die strapaziöse, mehrere Wochen dauernde Überfahrt im Segelschiff war für sie der Auftakt zu einem vollständigen Neubeginn. Sie betraten einen unabsehbar weiträumigen, dünn besiedelten Kontinent. In den zweihundert Jahren bis 1900 erlebte Nordamerika im Schnellgang die zivilisatorische Entwicklung von der „Wildnis" zur technisierten Intensivkultur. Ein Prozess, für den die Menschheit bisher einige Tausend Jahre benötigt hatte, überfuhr hier die Urbevölkerung, betrog und dezimierte sie rücksichtslos. Und seit dem 20. Jahrhundert hat Amerika der Welt erst recht den Stempel aufgedrückt.

Die Besiedelung durch die Einwanderer aus Europa konzentrierte sich zuerst auf die Ostküste, die neuen Kolonien im nordöstlichen Teil mit Nova Scotia, Quebec, New England (das Herzstück), Connecticut, Massachusetts und Vermont. Das französische Louisiana erstreckte sich vom Golf von Mexiko über fast den ganzen Mittleren Westen bis weit nach Norden und war

Abb. 48: Spanschachteln der *Shaker*, frühes 19. Jahrhundert. Liebe zur Arbeit, zum Material, zum sicheren Umgang damit noch ganz ohne Zeitdruck und Leistungszwang.

eigentlich nur militärisch kontrolliertes Gebiet fast ohne weiße Bevölkerung; die spanische Erschließung der Westküste geschah erst im 19. Jahrhundert von Mexiko her.

Die Einwanderung in die nordöstlichen Gebiete unterschied sich stark von der in die südöstlich gelegenen. Die englischen Kolonisatoren der Letzteren, etwa Carolina und Georgia, waren der britischen Krone treu ergebene Plantagenbesitzer, deren Lebensziel Wohlstand aus dem Handel mit dem Mutterland war.[1] Sie erwirtschafteten mit Sklaven aus Afrika hohe Gewinne für sich selbst und für die Krone.[2] Die Siedler in der nördlichen Kolonie Neu-England hingegen hatten – über hundert Jahre vor der Französischen Revolution – Europa mit dem politischen Projekt den Rücken gekehrt, in der Neuen Welt eine egalitäre Gesellschaft aufzubauen, ein Gemeinwesen in beabsichtigt scharfem Kontrast zu den feudalistischen Verhältnissen in Europa. Mit den häufig aus dem Alten Testament stammenden Vornamen ihrer Kinder brachten die Siedler zum Ausdruck, dass sie sich als Ursprung einer erneuerten Zivilisation verstanden. Auch sprechende Städte-, Siedlungs- oder Ländernamen wie Providence (Vorsehung), Concord (Eintracht), New Haven, New Harmony, Virginia (Jungfrauen-Land) spiegeln den hoffnungsvollen Blick nach vorne, der die Auswanderer auf ihrem Weg über den Atlantik beseelt hatte. Sie waren es, die der nordamerikanischen Mentalität und ihrem

Design die charakteristische Note verliehen, auf der wesentlich die Vorstellung von einem gottgefälligen, moralisch integren Leben beruht. Dass bedeutende Persönlichkeiten für das Verbot der Sklaverei kämpften (Abolitionismus), verdankt sich dieser ethischen Grundierung vor allem Neu-Englands, von dem Ralph Waldo Emerson, Walt Whitman, Henry David Thoreau oder Margaret Fuller Ossoli wichtige Stimmen waren. Auch Rousseau spielte für sie eine bedeutende Rolle, die Überzeugung, dass schlechter Geschmack und Luxus untrennbar miteinander verbunden seien.[3] Der calvinistisch-presbyterianische Hintergrund war entscheidend für das amerikanische Designethos. Eine besonders religiöse Gruppe von Siedlern, die *Shaker*, fertigten Kleider, Möbel und Einrichtungsstände von größter Schlichtheit, die wie eine Vorschau auf den europäischen Funktionalismus des frühen 20. Jahrhunderts anmuten.

Eine weit offenstehende Welt

Sigfried Giedion gibt in seinem großen Buch *Die Herrschaft der Mechanisierung* (Erstausgabe: *Mechanization Takes Command*, 1948) einen unübertroffenen Eindruck von diesem Prozess, der sich im Kontrast zur Alten Welt mit einer enormen Dynamik abspielte.[4] Auf eine kurze Formel gebracht, lässt sich das Geschehen so darstellen: Die europäischen Einwanderer kamen mit dem Bewusstsein von bescheidenen Selbstversorgern in die Neue Welt, und sie trafen unerwartet fruchtbare, kaum von Menschen bewohnte und weitläufige Landstriche an, was sie innerhalb weniger Generationen zu Großproduzenten für den Weltmarkt werden ließ: Getreide, Fleischproduktion und Baumwolle sind wichtige Stichworte, für die entsprechende Maschinen, Apparate und Gerätschaften zu erfinden waren. Giedion illustriert die Großräumigkeit des Landes mit der schönen Feststellung: „Wenn man durch die Fenster des Pullmanwagens die Sonne über den Maisfeldern von Illinois untergehen und am nächsten Tag wieder über Maisfeldern aufgehen sieht, als hätte sich nicht geändert, erfährt man den Begriff der Dimension plastischer, als Zahlen dies wiedergeben könnten."[5] Der Maßstabsprung vom kargen Acker in Europa zur fruchtbaren Weite der Wildnis und der Gegensatz zwischen der Bedrängnis in der Alten Welt und der Grenzenlosigkeit Amerikas hat den Prozess in Gang gesetzt, der bis heute – und oft auf problematische Weise – die amerikanische Mentalität prägt. (Problematisch, da oft mit Brutalität gegenüber der Natur verbunden, etwa wenn bei Waldrodungen Stahlseile an einem zentralen Mast ganze Baumgruppen sternartig ausreißen.) Der britische Autor H. G. Wells betont die Einzigartigkeit der Dynamik, in der diese Entwicklung sich vollzog: „Und nun kam die Beschleunigung der Fortbewegungsmittel [...]. Merkwürdigerweise hat Amerika, das dieser Beschleunigung am meisten verdankt, sie am wenigsten empfunden. Die Vereinigten Staaten nahmen die Eisenbahn, denn Flussdampfer, den Telegraphen und so weiter hin, als gehörte das alles ganz selbstverständlich zu ihrem Wachstum. Dem war aber keineswegs so. Diese Erfindungen kamen eben zur rechten Zeit, um die amerikanische Einigkeit zu retten. Die Vereinigten Staaten, wie sie heutzutage bestehen, sind in erster Linie durch den Flussdampfer, in zweiter durch die Eisenbahn geschaffen worden. Ohne diese beiden wären die heutigen Vereinigten Staaten und ihre riesenhafte kontinentale Bevölkerung durchaus unmöglich.

Abb. 49: Martha Washington-Sessel, Newport, Rhode Island, um 1790.

Der Vorstoß nach dem Westen hätte sich weitaus langsamer vollzogen."[6] Und Wells verdeutlicht dies mit der Aussage: „Solch ein Staat hätte zu keiner früheren Zeit entstehen können, und wäre einer entstanden, so hätte er ohne Eisenbahnen in kürzester Zeit wieder zerfallen müssen. Ohne Eisenbahn und ohne Telegraph ließe sich Kalifornien wesentlich leichter von Peking als von Washington aus verwalten."[7]

Noch in der Kolonialzeit, ein Jahrhundert vor der Unabhängigkeitserklärung, setzte die Entwicklung ein, die sich im Rückblick folgerichtig ausnimmt. In den neu gegründeten Ansiedlungen und Städten der Ostküste tauschten die Handwerker untereinander ihre Erfahrungen aus, halfen sich gegenseitig und ließen die „zünftische" Abgeschlossenheit der Alten Welt bewusst hinter sich. Die Handwerksmeister waren oft belesene Leute und sahen in guter Bildung ein wichtiges Element, um es zu etwas zu bringen. Sie gründeten Leihbibliotheken, die naturgemäß zuerst überwiegend noch europäische Handbücher enthielten, doch mit der Zeit vermehrt durch die anwachsende amerikanische Literatur geprägt wurden. Die erste von ihnen war die 1743 durch Benjamin Franklin gegründete *American Philosophical Society* in Philadelphia.[8]

Die Bewohner der Kolonien erlangten in kurzer Zeit eine beachtliche Tüchtigkeit. Ihre postfeudalistischen Entfaltungsmöglichkeiten machten sie zu ernstzunehmenden wirtschaftlichen Konkurrenten der Europäer. Sie entfremdeten sich langsam dem Land ihrer Herkunft und widersetzten sich zunehmend dem Zwang, Steuergelder für das entfernte Mutterland zu entrichten, denn lieber wollten sie den erarbeiteten Wohlstand für sich selbst nutzen. Kurz vor dem Unabhängigkeitskrieg war etwa ein Drittel der englischen Handelsschiffe in Amerika gebaut – preisgünstig, qualitativ ebenbürtig oder sogar überlegen (etwa die schnellen und eleganten *Tea Clipper*). Dieser Krieg und die Unabhängigkeitserklärung von 1776 war durch protektionistische Handelsbarrieren und schikanöse Zölle des britischen Mutterlandes ausgelöst worden: England fürchtete die neue Konkurrenz und erließ ein Ausfuhrverbot für englische Textilmaschinen der Arkwright, Cartwright, Hargreaves und Crampton. Technisches Know-how und Equipment wurde von England als politische Waffe eingesetzt und umgekehrt in Amerika durch

Abb. 50: Amerikanischer Tea Clipper bei einem Geschwindigkeitswettbewerb auf dem Ärmelkanal, 1866. Schlanker Rumpf, für beträchtliche Geschwindigkeiten gebaut.

Schläue in ihrer Wirkung unterlaufen. So baute etwa ein ehemaliger Lehrling aus dem Kreis von Arkwright in England, der ausgewanderte Samuel Slater, in seiner neuen Heimat die Arkwright-Maschine nach.

Das amerikanische Design unterstand dem Prinzip der Effektivität: Die Relation von Landfläche zur Bevölkerungsdichte erzeugte die Vorstellung von „unbegrenzten Möglichkeiten". Erstaunlich rasch entstand eine Mentalität, die viel schneller und zupackender die Auseinandersetzung mit der unkultivierten, oft als feindlich empfundenen Umwelt suchte – unvergleichlich rasanter, als dies in Russland mit dessen duldsamer Bevölkerung geschah. Die europäische Realität waren Privilegien beziehungsweise Benachteiligungen durch die Herkunft gewesen, wohingegen in der Neuen Welt es jeder aus eigener Kraft zu Wohlstand bringen können sollte (*Pursuit of Happiness* – Thomas Jefferson). Die nordamerikanische Zivilisation entstand daraus, dass die Bewältigung der Aufgaben unter den Maximen von Quantität

Abb. 51: Einmachglas von Mason's, US-Patent 1858.

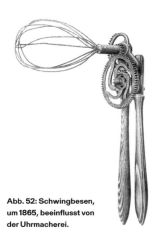

Abb. 52: Schwingbesen, um 1865, beeinflusst von der Uhrmacherei.

und Effizienz und unter dem Kriterium der Leistung – gleich Arbeit pro Zeit – geschah. Dabei verbanden sich exemplarisch das pragmatische Handeln mit einer religiös-puritanischen Moral. Dies bringt etwa das Buch *The American Woman's Home* (1875) der Schwestern Harriet und Catharine Beecher zum Ausdruck, die darunter ein christlich geführtes Haus verstanden. Sie schrieben darin: „Das Christentum lehrt uns, dass wir für alle Zeit, die uns vergönnt ist, Gott Rechenschaft ablegen müssen; und dass wir nicht das Recht haben, eine einzige Stunde zu vergeuden."[9] Die frauliche Tüchtigkeit war eine Tüchtigkeit vor Gott, und die durfte sich sehr wohl auch der Technik bedienen. Der Hausgrundriss war funktional und überraschend unkonventionell. Die Beecher-Schwestern schlugen etwa eine Bücherwand auf Rollen als Raumteiler vor, die den Zusammenhang von Stube und Esszimmer flexibilisieren würde.

Die Zusammenarbeit verschiedener Handwerke – etwa im Kutschenbau von Wagner, Schmied, Sattler, Maler und Polsterer – unterschied sich in Amerika von der europäischen Tradition. Sie verlangte eine „horizontale" Durchlässigkeit statt der Abgrenzung nach den Zünften. Am Ursprung des amerikanischen Designs steht das Werkzeug, wie es das bereits Jahrtausende zuvor in Afrika, Asien und Europa gewesen war. Doch die Bewohner veränderten angesichts der zu bewältigenden Aufgaben sogleich die wichtigsten Werkzeuge

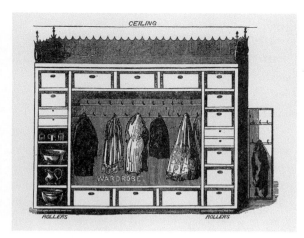

wie Hammer, Axt, Säge, Sense oder Pflug so, dass sie besser in der Hand lagen, weniger Ermüdung verursachten und sich weniger schnell abnutzten. Und wenn etwas ersetzt werden musste, trug dem die Konstruktion Rechnung: Zum Beispiel erhielt die Axt eine zweite Klinge auf der Oberseite. Ein etwas späteres, aber überaus charakteristisches Beispiel aus dem 19. Jahrhundert ist ein Kreissägeblatt mit einzeln auswechselbaren Sägezähnen.[10] Es ist dies dieselbe geistige Linie, die um 1930 zur ebenfalls typisch amerikanischen Holzschraube führt, bei der Bohren und Schrauben im selben Arbeitsgang erfolgen, oder zum Bulldog-Einpressdübel – beide unsentimental und grob-direkt, aber effektiv.[11]

Werkzeuge und Mechanismen

Ein wichtiger Berater der Administration betonte 1789 in einem Memorandum die nationale Bedeutung eines allgemein verbreiteten Sinnes für das Mechanische: „Technische Zeichnungen und Beschreibungen von Maschinen und Apparaten in den Künsten und in der Philosophie zu beschaffen und verfügbar zu machen, erscheint mir ein sehr bedeutendes Ziel. Es ist offensichtlich, dass wir ohne übertriebene Abhängigkeit von Handarbeit mittels Mechanismen und mit der genauen Kenntnis von der Bedeutung sinnreicher Gegenstände und ihrer Wirkung aufeinander viel Geld einsparen und unseren Charakter als intelligente Nation entwickeln und den Komfort des menschlichen Lebens sowie die geistigen Freuden des Menschen heben könnten. Niemand hat größeres Vertrauen in die Fähigkeit meiner Landsleute als ich, dass sie diese Ziele dank ihrer angeborenen geistigen Stärke erreichen werden."[12] Benjamin Franklin, der bedeutende Forscher und Wissenschaftler, stellte das Werkzeug in seiner Bedeutung über die Kunst, als er schrieb: „Die Erfindung einer Maschine oder die Verbesserung eines Werkzeugs sind von größerer Bedeutung als ein Meisterwerk aus der Hand Raffaels. [...] Alles ist gut oder schön nur in dem Maße, als es nützlich ist."[13] Diesem Geist verdankt sich etwa die Erfindung der Revolverdrehbank (Stephen Fitch, 1845), die deshalb so heißt, weil das Werkstück nicht wiederholt aus- und umgespannt zu werden brauchte, sondern dank verschiedener Drehachsen des Werkzeugs im Spannfutter verbleiben konnte. Der Gewinn an Zeit und Fertigungsgenauigkeit durch diese Erfindung war erheblich.

Solcher Art war die Realität in den Kolonien, die sich vom Mutterland emanzipiert hatten, die den Willen hatten und mit der Zeit gezwungen waren, autark zu werden. Kurz nach der erkämpften Unabhängigkeit schrieb John Adams, der 2. Präsident der jungen Republik, an seine Frau Abigail: „Unser Land kann die schönen Künste heute nicht brauchen; das Nützliche, die mechanischen Fertigkeiten sind jene, nach denen es in unserem jungen, einfachen und wenig luxuriösen Land verlangt. [...] Ich muss Politik und das Kriegswesen studieren, damit meine Söhne die Freiheit haben, sich mit Mathematik und Philosophie zu befassen, mit Geographie, Naturgeschichte, Schiffsbau, Navigation, Handel und Landwirtschaft, damit wiederum deren Kindern die Möglichkeit offensteht, Malerei, Dichtung, Musik, Architektur, Bildhauerei, Teppichknüpfen und Porzellan zu studieren."[14] Damit entwirft er eine Stufenordnung unterschiedlicher Dringlichkeiten: vom Grundbedarf zum Verfeinerten an der zeitlich noch weit entfernten Spitze. Europäische Stimmen mokierten sich damals oft über die Kunstlosigkeit von Gegenständen amerikanischer Herkunft. In Anerkennung wendete sich das Urteil erst mit Verzögerung, etwa bei Richard Redgrave im *Journal of Design and Manufactures*.[15]

Zur Zeit der Unabhängigkeitserklärung war noch nicht klar, ob die Vereinigten Staaten überhaupt ein industrialisiertes Land sein wollten. Der 3. Präsident, Thomas Jefferson, sah die Bestimmung des Landes vielmehr in der Landwirtschaft. (Er, ausgebildeter Jurist, betätigte sich ebenso als Architekt und erfand auch einen verbesserten Pflug.) Doch diese Alternative: Landwirtschaft oder Industrie, war trügerisch. Die Größe des Landes führte zwangsläufig zur industrialisierten Landwirtschaft, und zwar sowohl im Ackerbau wie in der Viehzucht. Der Grund dafür lag im spezifischen Verhältnis zwischen der Flächenausdehnung und der Bevölkerungszahl. Sowohl die Landwirtschaft als auch die Industrie wurden durch die schwache Besiedlung behindert. Jede Art von Industrie brauchte hinreichende Ressourcen an Arbeitskräften. Deshalb betrieb das Land eine aktive Immigrationspolitik, um dringend benötigte neue Arbeitskräfte aus Europa zu bekommen.[16] Auch die Ausbeutung und Erniedrigung der als Ware betrachteten rechtlosen Sklaven aus Afrika setzte sich so bis zu Abraham Lincoln und faktisch darüber hinaus bis weit ins 20. Jahrhundert fort.

Die Industrialisierung entwickelte sich vor dem mentalen Hintergrund, dass die Bürger Amerikas nicht nur Selbstversorger sein sollten, sondern die Früchte ihrer Arbeit an ihre Mitbürger und darüber hinaus den internationalen Markt weitergeben sollten. Das Kriterium der Produktivität eines Betriebs orientierte sich somit auch in der Neuen Welt nicht mehr am limitierten Eigenbedarf, vielmehr am praktisch unbegrenzten Weltmarkt. Giedion fand den schönen Satz: „Die Phantasie erhielt den Raum, die Wirklichkeit unbehindert zu formen."[17]

Der Weltmarkt ruft

Dieser Schritt brachte eine komplexere Organisation der Arbeitsprozesse mit sich, was sich am Beispiel der Baumwollproduktion darstellen lässt. Die Befolgung eines bescheidenen Lebensstils bedeutete die Bevorzugung von Baumwollstoff für die Bekleidung anstelle der teureren Wolle. Die Baumwollproduktion entwickelte sich dabei rasch zu einem wichtigen amerikanischen Exportzweig. Um 1800 deckte sie drei Viertel des britischen Bedarfs an Baumwolle. Die Baumwollproduktion ist aber auch ein gutes Beispiel dafür, was

es braucht, um eine funktionsfähige Industrie aufzubauen. Lange war das größte Problem das zeitraubende Entkernen der Rohbaumwolle. Die Samen, siebzig Prozent des Gewichts von Rohbaumwolle, mussten mühsam manuell entfernt werden. Die Tagesleistung eines Arbeiters lag bei nur zwei Pfund Baumwollfasern. Die Spinnereien und Webereien erhielten so bei Weitem weniger Fasern, als sie hätten verarbeiten können. Erst als der Konstrukteur Eli Whitney einen Apparat zum Auskämmen der Samen erfunden hatte, der die *per capita*-Tagesleistung auf enorme 300 bis 1000 Pfund steigen ließ, war die Voraussetzung für eine Baumwollindustrie gegeben.[18]

An der Entwicklung der Maschinen zum Ernten von Getreide lassen sich Charakter und Ausrichtung des amerikanischen Designs exemplarisch aufzeigen. Giedion fasste den Weg vom Menschen, der die Sense schwingt, zur leistungsfähigen Erntemaschine auf den Großfarmen als eine logische Schrittfolge auf, die sich typischerweise in den USA entfalten musste. Zuerst galt es, die menschliche Arbeitsleistung durch eine mechanische zu ersetzen. Ein britisches Patent des Jahres 1811 sah noch ein Gespann zweier Pferde vor, die eine Trommel mit einem darin rotierenden Messer vor sich her stoßen sollten. Diese Anordnung erwies sich als nicht praktikabel. Der schottischstämmige Amerikaner Cyrus McCormick hatte den richtigen Gedanken: Die Pferde hatten die Maschine zu ziehen, und die gesamte Vorrichtung musste exzentrisch konfiguriert sein: die Pferde und der Lenker vorne, die Schneidevorrichtung als seitlicher Ausleger. Das Schneidmesser wurde vom Rad des Mähers angetrieben – indirekt von den Zugtieren –, wobei sein Funktionsprinzip, der „Mähbalken" mit den seitlich oszillierenden Schneidezähnen, die wichtigste

Konstruktionsidee McCormicks war. Er hielt die Getreidehalme nahe dem Boden zuerst fest und scherte sie dann ab. Eine Person führte die Pferde oder Ochsen, eine zweite raffte auf der Arbeitsbühne die abgeschnittenen Halme zu Bündeln zusammen, um sie hinter sich zu Boden zu werfen. McCormick ließ die Erfindung 1834 patentieren. Das Prinzip funktionierte und brachte der Landwirtschaft einen enormen Produktivitätsfortschritt. McCormick stellte seine Erfindung 1851 in London aus, wo sie viel Aufsehen erregte. Aus seiner Erfindung entwickelten sich durch Steigerung des Mechanisierungsgrades wichtige Konkurrenzprodukte. In kurzen Worten: Zuerst das mechanisierte Zusammenwischen der Halme durch einen Wischerarm, dann die Erleichterung des Ährenbindens durch ein vertikales Transportsystem hinauf zu den Arbeitern auf der Plattform, dann sogar durch eine automatisierte Bindevorrichtung, die als weiteres Zusatzgerät noch immer von der tierischen Muskelkraft angetrieben war. In vierzig Jahren vervielfachte sich dabei die Ernteleistung. Ein weiteres Vierteljahrhundert später, um 1905, treten die ersten benzinbetriebenen Traktoren und der Mähdrescher auf den Plan.[19] Das amerikanische Patentrecht mit kurzen Schutzfristen und die bereitwillige Vergabe von Lizenzen begünstigte den technologischen Fortschritt.[20]

Das „American System"

Dass ein Kornmäher, ob von McCormick, von Marsh oder Wood oder einem anderen Konkurrenten, richtig konzipiert und gut konstruiert war, garantierte noch nicht den geschäftlichen Erfolg. Die produktionstechnische Voraussetzung dafür schuf erst die Vorfabrikation – also die Standardisierung – eines jeden Bauteils mit seiner Austauschbarkeit gegen ein anderes Exemplar. Dies bedeutete eine starke Beschleunigung des Herstellungsprozesses. Der Begründer dieses Prinzips war schon 1750 der Franzose Honoré Blanc, Büchsenmacher in Avignon, gewesen. Blancs französische Konkurrenten behinderten jedoch durch gesetzliche Gewalt die Entfaltung dieses „vertikalen" arbeitsteiligen Arbeitsprinzips, der Antithese zur bis dahin gültigen „horizontalen" Organisation, bei der jeder Arbeiter durch *Versuch und Irrtum* einen Gegenstand von Anfang bis zum Schluss bearbeitete. Doch Thomas Jefferson – in den Jahren vor der Französischen Revolution amerikanischer

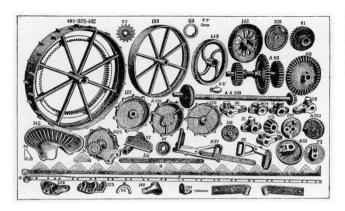

Botschafter in Paris und der spätere (dritte) US-Präsident – hörte von der Idee, erkannte ihre Bedeutung und nahm sie in die Vereinigten Staaten mit. Das erste Feld ihrer Erprobung war auch dort die Waffenproduktion, und dies Jahrzehnte vor dem Sezessionskrieg. Eli Whitney, von dem als Erfinder der Baumwoll-Kämmmaschine bereits die Rede war, ist der Begründer der *interchangeability* in Amerika. Während eine Schusswaffe in Europa noch immer von ein und demselben Handwerker unter sukzessiver Anpassung der Teile zueinander gefertigt wurde, setzte sich – wenn auch nicht sofort – in den USA das Prinzip der arbeitsteiligen Serienfabrikation durch, das letztlich eines der Vorfabrikation war: Zahlreiche Exemplare eines bestimmten Bauteils sammeln sich in einer Kiste an, der man ein beliebiges entnimmt und es ohne nachzuschleifen oder -feilen einbauen kann. Nach diesem Prinzip wurden nach 1850 auch die Landwirtschaftsmaschinen gefertigt.[21] Es erstreckte sich ebenso auf Reparaturen: Jedes Einzelteil hatte seine Bestellnummer und konnte mit der Post verschickt werden. Dieser Weg der exakten Gleichförmigkeit und somit Austauschbarkeit der Elemente wurde in Amerika schon lange vor Henry Ford beschritten. Der Schritt zur Austauschbarkeit etablierte einen Begriff von Design im Sinn von Antizipation und Planung. Maschinen und Apparate wurden nicht mehr *ad hoc* zusammengepasst, sondern auf dem Reißbrett konstruiert. Der Begriff des Ingenieurs erhielt auch in Europa eine neue Bedeutung. In der ganzen westlichen Welt ging damit die Gründung von

Ingenieurschulen und Polytechnischen Schulen einher, die ersten von ihnen noch im 18. Jahrhundert, die meisten im frühen 19. Jahrhundert.[22] Sucht man ein Prädikat für das spezifisch Amerikanische dieses Problemlösungsverhaltens, bietet sich der Begriff der „Handlungsstärke" an: klare Definition des Zwecks und unvoreingenommene Wahl der Mittel zu dessen Erreichung. „Unvoreingenommen" meint unkonventionell und möglichst direkt und effektiv zielführend. Herkömmliche Anschauungen von einer kunstvollen Ausführung standen dabei stets freimütig zur Disposition. Zum Beispiel die Stundenuhr: War es bisher üblich, die Zahnräder aus dem vollen Messing zu fräsen, ging in den 1830er-Jahren der Uhrmacher Chauncey Jerome dazu über, sie aus Messingtafeln zu stanzen und das Zifferblatt direkt auf Zinkrondellen zu drucken, während das achteckige Gehäuse aus Holz gefertigt wurde. Eine solche in großer Serie gebaute amerikanische Uhr kostete nur anderthalb Dollar und war auch im Export sehr erfolgreich. Mit derselben Art des Denkens und Handelns wurde 50 Jahre später auch die Taschenuhr von Waltham entwickelt, ein erfolgreiches Produkt, das den traditionellen Uhren-Herstellerländern England und Schweiz Sorgen bereitete.[23] Mechanische zeit- und arbeitssparende Überlegungen waren es auch, die in den USA zum manuellen Schwingbesen mit Übersetzungsgetriebe führten, zum effektiven Kirschkern-Ausstanzer oder auch zum Garderobehaken aus Draht, dessen hinteres Ende als Gewinde geschnitten war: sinnvoll gedacht, praktisch gemacht. Und es wird klar, dass auch die Jeans aus kräftigem blauem Denim-Stoff mit den verstärkenden Nieten, die von Levi Strauss seit 1873 in normierten Größen produziert werden, demselben mentalen Wurzelgrund entstammen: effektiv, strapazierfähig, unprätentiös und erschwinglich.[24] Die Reihe an analogen Beispielen ließe sich beliebig verlängern. Dieser „direkte" Charakter vieler amerikanischer Produkte war in Europa bisweilen Anlass für belustigte Reaktionen. Die amerikanische Abteilung auf der Weltausstellung 1851 war besonders in der britischen Presse Gegenstand von Spott und Geringschätzung. Ein Beobachter aus Deutschland, Lothar Bucher, verteidigte die amerikanischen Aussteller dagegen mit dem Argument, ihre Produkte seien nützlich, konform mit den Anforderungen, und sie stünden in Übereinstimmung mit der fortschreitenden Zivilisation Nordamerikas.[25]

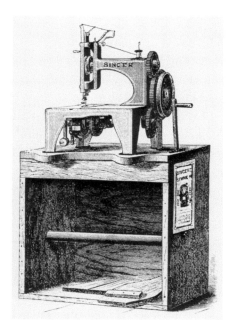

Nähmaschine

Das technische Ingenium des *Yankee mechanic* löste gleichzeitig mit der Bemühung um Mäh- und Erntemaschinen in der Aufgabe, das Nähen zu mechanisieren, eine Aufgabe von wesentlich gesteigerter Komplexität. (Auch europäische Erfinder hatten sich bereits mit dem Problem beschäftigt.) Beim Nähen von Hand wird der Faden vertikal durch den Stoff gezogen und abwechselnd oben und unten horizontal weitertransportiert. Bei der Nähmaschine war dies nicht möglich. Elias Howe fand 1846 das richtige Funktionsprinzip und ließ seine geniale Idee patentieren: ein Oberfaden und ein Unterfaden, die durch ein Mitnehmerrad an der Stoffunterseite miteinander verschlauft werden. Isaac M. Singer baute mit dieser Lösung unter Verstoß gegen Howes Patent eine erfolgreiche Produktion auf und wurde der wichtigste Nähmaschinenproduzent.[26] Der Antrieb geschah durch eine Fußwippe mit Schwungrad. Mit der Nähmaschine kam das Prinzip des komplexen Mechanismus zum zweiten Mal in den privaten Haushalt, nach der Stundenuhr nun als ein

Arbeitsinstrument für die Frau, für die sie die ihr gesellschaftlich zugewiesene Aufgabe, Kleider für die Familie zu nähen, sehr stark vereinfachte und beschleunigte.[27] (Eine eigentliche Bekleidungsindustrie gab es damals noch nicht.) Dass sie am Anfang einer Entwicklung zu einem individuellen häuslichen Maschinenpark stand, der dereinst nicht nur Waschmaschine und Geschirrspüler, sondern auch Eiswürfelspender und Milchschäumer umfassen würde, hätte die Vorstellungskraft der damaligen Menschen überstiegen.

Transportmittel

Mit der Größe des Landes, der Bevölkerungszahl und dem Arbeitstempo verbunden, waren die Transportmittel ein weiterer entscheidender Terminus des nordamerikanischen Entwicklungs-Patterns. Die Betonung ihrer Wichtigkeit bei H. G. Wells wurde bereits erwähnt. Allein schon die Größe des Landes musste neue Kategorien von Transportmitteln hervorbringen. Die Flussdampfer auf dem Mississippi und Missouri River, einem natürlichen Transportweg von Tausenden von Meilen Länge, stießen stromaufwärts in unbekannte Gebiete des Mittleren Westens vor und erschlossen sie.[28] Sie gingen dem Bau der großen Eisenbahnstrecken voraus. Das erste Dampfschiff in den USA und im fahrplanmäßigen Einsatz, Robert Fultons „Clermont" (1807),

Abb. 57: Flussdampfer mit Antriebswalze am Heck, hier in New York.

verkehrte zwischen New York und Albany. Es wies zwei seitliche Schaufelräder auf und hatte nur ein Deck. Die *River steamboats* im Landesinnern waren demgegenüber eine genuin amerikanische Entwicklung, deren Urheber ebenfalls Fulton war. Breit gebaut, mit wenig Tiefgang und der Schaufelwalze achtern hinter dem Rumpf, entsprachen diese *sternwheeler* den Erfordernissen einer Reise über viele hundert Meilen. Europäische Besucher staunten über das Aussehen und die Wesensart dieser neuartigen Fortbewegungsmittel, die ihnen mit ihren mehrgeschossigen Aufbauten wie schwimmende Hotels vorkamen.[29]

Railroad rush

Die Eisenbahnstrecken kamen etwas später und wurden dort gebaut, wo es keine Wasser-Transportwege gab. Für die Distribution der Rohstoffe und der Produkte von den Fabriken zum Verkaufspunkt oder zum Abfahrtshafen waren sie unerlässlich und eine Voraussetzung für den Gang des gesamten Wirtschaftssystems. Im Personenverkehr war es die schiere Länge der Bahnreisen in räumlicher wie zeitlicher Hinsicht, die neue Lösungen erzwang. Eine mehrtägige Bahnreise konnte von den Passagieren nicht mehr, wie in Europa mit seinen viel kürzeren Teilstrecken, in den aneinandergekoppelten kutschenähnlichen Wagen bewältigt werden, in denen man, auf quer verlaufenden Bänken gefangen, einander gegenübersaß. In Amerika musste man sich zwischen New York und San Francisco oder zwischen Chicago und Galveston im Zug bewegen können, es brauchte einen Speisewagen und einen Aufenthaltswagen zum Spielen und Rauchen, die Sitze mussten zu komfortablen Liegebetten für die Nacht hergerichtet werden können: Der geräumige „Durchlaufwaggon" mit Mittelgang oder Seitengang und mit Plattformen an den Enden wurde um 1840 erfunden, der, weil er länger war als die europäischen Wägelchen, Drehgestelle erhielt. Wenig später entwickelte man Lösungen von Sitzen, die sich durch Umklappen zu Liegebetten machen ließen. Die typologische und morphologische Verwandtschaft dieser Durchlaufwaggons mit den hölzernen Aufbauten von Flussdampfern wurde früh bemerkt. Von seiner frühen Ausprägung aus entwickelte sich in nur einem Vierteljahrhundert der amerikanische Eisenbahnwagen mit seinen Vertikalschiebefenstern, Klappsitzen beziehungsweise

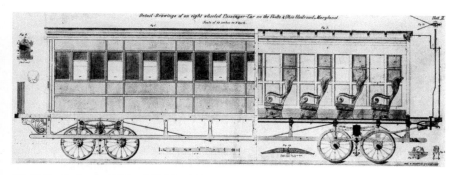

Abb. 58: Durchlaufwaggon, USA um 1840. Frühes Beispiel eines neuen Wagentyps, der die Verwandtschaft mit der Kutsche aufgegeben hat. Die Erfindung des Drehgestells erlaubt eine entsprechende Länge des Wagenkastens.

-betten, gusseisernen Heizöfen, stoßabsorbierenden Federpaketen und Druckluftbremsen zum Muster des globalen Eisenbahnwagens schlechthin, der noch heute, 150 Jahre später, auf ihn zurückgeht. Der *sternwheeler* und der Großraum-Durchlaufwaggon sind beide genuin amerikanische Entwicklungen, bei denen das funktionelle Anforderungsprofil in Abgrenzung zu Europa die logische technische Konfiguration hervorgebracht hat.[30]

Abb. 59: George Pullman: Wagen mit umklappbaren Sitzen, in Liegebetten zu verwandeln, 1869. Ein neues Reisen quer durch den Kontinent.

Patentmöbel

Die veränderbare Einrichtung des Eisenbahnwaggons war ihrerseits die Folge aus dem Wettstreit um die „überzeugende Lösung", die sich nicht auf Anhieb darbot. Ihre Genetik ist eng verwandt mit anderen Möbeln und Typenlösungen der jungen Nation, die von Giedion mit dem Prädikat „Patentmöbel" charakterisiert werden. Dies deshalb, weil sie sich von jeder gesellschaftlichen Konvention befreit haben und allein dem sinnvollen Gebrauch folgen.[31] Vom Mobiliar der bereits erwähnter Shaker-Gemeinde unterschieden sie sich durch ihre Multifunktionalität und Verwandelbarkeit. Ein frühes Beispiel dafür ist der Drehstuhl mit Schreibfläche, den Thomas Jefferson um 1775 für sich selbst erfand und mit dem 1826 die Kollegienräume der Universität von Charlottesville (Virginia) ausgestattet wurden.[32] Auch Benjamin Franklins eigener Armlehnstuhl mit der unter dem umklappbaren Sitz eingebauten Bibliotheksklapptreppe (um 1780) gehört in diesen Denkzusammenhang. Ebenfalls ein Sofa, das sich durch geschickt gewählte Hebelverhältnisse mit geringem Kraftaufwand zu einem Bett ausklappen ließ oder ein Stuhl, der durch Umklappen zu einem niedrigen Sessel wurde. Im Unterschied zur Chaiselonge, die als „verlängerter Stuhl" ein starrer Typus ist, ließen sich bei den amerikanischen Patentmöbeln die Elemente unterschiedlich „aggregieren". Giedion beschreibt dies so: „Die Möbel werden in einzelne Elemente zerlegt, sie werden beweglich, um sich, verbunden und reguliert durch einen bestimmten Mechanismus, dem menschlichen Körper und seinen verschiedenen Haltungen anpassen zu können. Die Möbel bekamen dadurch eine bisher nicht gekannte Flexibilität und hörten auf, ein statisches und festes Gebilde zu sein."[33] Dadurch unterschieden sie sich für Giedion von den „Stilmöbeln des herrschenden Geschmacks" in Europa. Das Patentmöbel, als „Möbel des Ingenieurs", hat alle konventionellen Masken abgestreift.[34] Giedion fasst seine Beurteilung des jungen Staates USA in die Formulierung: „In den vier Jahrzehnten zwischen 1850 und 1890 wurde in Amerika keine Tätigkeit des täglichen Lebens einfach hingenommen. Ein ungezügelter Erfindungsdrang formte alles neu, und so erfuhren mit allem anderen auch die Möbel eine Umgestaltung. […] Keine Konventionen hemmten die Kombinationsgabe der anonymen Erfinder, ob sie nun Typen für neue Aufgaben entwickelten

Abb. 60: Thomas Jefferson: Drehsessel für die University of Virginia, entworfen 1770. Die „patente" Abwandlung des „Windsor"-Stuhls (vergl. Abb. 20) als Symptom der amerikanischen Suche nach der Befriedigung neuartiger Erfordernisse.

oder vorhandenen Typen eine ungeahnte Beweglichkeit und Verwandelbarkeit verliehen."[35]

Neu im Programm: gesellschaftliches Prestige

Allerdings: Nach 1890 nahm diese Eigenständigkeit deutlich ab. Auf der Weltausstellung in Paris von 1878 hatte Amerika noch Stolz ausgedrückt über seine perforierten Sperrholzstühle, Büro-Schreibtische oder verstellbaren Bücherregale und Bettsofas. Die Weltausstellung 1893 in Chicago sollte im Rückblick zum Umschlagspunkt werden. Julius Lessing, Direktor des Berliner Kunstgewerbemuseums, schrieb als damaliger Besucher noch voller Bewunderung über das Wesen der amerikanischen Gestaltung: „Die Anforderungen an Haus und Gerät gehen zunächst nicht auf ein überliefertes Schönheitsideal, sondern auf Licht, Luft und Reinlichkeit, auf höchste Zweckangemessenheit, auf Einfachheit und damit verbundenen Billigkeit der Herstellung und Verwendung; es ist daher nicht angängig, auf diese Produkte, welche den Bedarf der eigentlichen Millionen ausmachen, ohne weiteres unsere Vorstellungen von ornamentaler und kunstgewerblicher Schönheit anzuwenden. Das Konstruieren des Gerätes aus der Zweckbestimmung heraus bezeichnet allerdings

129

Abb. 61: Klappbett, Philadelphia 1876.
Gegen Ende des 19. Jahrhunderts wird
auch in Nordamerika das genuin innovative Funktionsprinzip zunehmend
durch Ausschmückung nobilitiert.

in manchen Fällen das Aufgeben der Kunstformen, in den meisten anderen jedoch bildet es neue gefällige Formen, welche dem Geiste unserer maschinenbauenden Zeit in hohem Maße entsprechen."[36] Und Lessing fährt fort: „Hier
werden alle Formen der Möbel auf das Äußerste vereinfacht, die Handarbeit
darf so gut wie gar nicht beansprucht werden, dagegen wird auf die Durch-
bildung des einzelnen Modells zur vollen Zweckmäßigkeit die höchste Sorg-
falt verwendet. Von diesem Mobiliar ist die unterste Stufe so formlos, dass man
kaum noch von Kunstgewerbe sprechen kann. Die Kastenmöbel sind in vielen Fällen in Zimmermannsformen nur genagelt, nicht einmal verleimt, ge-
schweige denn verzahnt oder eingelassen. Aber da sie nichts beanspruchen als
einem derben Gebrauche zu dienen, so haben sie trotzdem ein wohlgefällige-
res Aussehen als unsere billigen Möbel, welche durch Ornamente aus unhalt-
baren Surrogaten den Schein einer besseren Ware hervorrufen wollen."[37] Nun,
das klingt alles andere als nach dem oben erwähnten Umschlagspunkt. Und
doch sollte sich diese Weltausstellung 1893 in Amerikas Kraftzentrum Chicago
als Rendezvous der vertauschten Bewunderungen und somit eines gegensei-
tigen Verpassens erweisen: Europa – nicht nur der kundige Julius Lessing, sondern auch der junge Adolf Loos, der damals bei Verwandten in Amerika war

und die Ausstellung besuchte – bestaunte die amerikanische Urwüchsigkeit und entwerferische Originalität, die in Amerika selbst nun aber neuerdings ein Schamgefühl über seine Rohheit weckte und es fortan dem Repertoire der europäischen Feinnervigkeit nacheifern ließ.

1899 erschien die Studie des Soziologen Thorstein Veblen mit dem Titel *The Theory of the Leisure Class,* die ein anderes Amerika entwarf, als es dem Selbstbild entsprach, und die Amerika zu einem Land wie jedes andere machte. Veblen konstatierte nun im amerikanischen Volk ein zutiefst eingewohntes feudalistisches, schichtspezifisch orientiertes Denken und Handeln, in dem sich jede gesellschaftliche Schicht an der nächsthöheren orientierte und ihr nacheiferte, wobei die Wohlhabenden alles taten, um ihren Status demonstrativ zu sichern. „Gemeinhin ist dieser vorschreibende Gebrauch in den Motiven des Konsumenten anwesend und übt auf ihn eine direkte einschränkende Gewalt aus, besonders, wenn es sich um Konsum unter den

Abb. 62: Aufenthaltswagen mit drehbaren Sesseln, Boston & Albany Railroad, 1887. Gewachsene Bedeutung von gesellschaftlichem Prestige am Ende des 19. Jahrhunderts.

Augen von Beobachtern handelt. Jedoch ist solch selbstauferlegte Kostspieligkeit auch dort zu beobachten, wo der Gebrauch Außenstehenden nicht sichtbar wird – etwa bei Unterwäsche, gewissen Lebensmitteln, Küchengeräten und bei anderen Haushaltgegenständen, die eher um ihres Gebrauchs als um ihrer Erscheinung willen gemacht sind. In all diesen Gebrauchsgegenständen lassen sich mit aufmerksamem Nahblick Elemente entdecken, die sie verteuern und ihren Handelswert steigern, jedoch nicht ihren Gebrauchswert."[38] Veblen fand auch eine präzise Bezeichnung für diese neue Erscheinung: Die „ästhetische Schönheit" werde nun von einer „geldmäßigen Schönheit" überlagert, entsprechend dem Geldwert („pecuniary beauty to supplement aesthetic beauty").[39]

Diese Beobachtungen retuschieren das bisher entworfene Bild der jungen amerikanischen Demokratie. Die Retuschen bilden indessen nur die rasche gesellschaftliche Entwicklung Nordamerikas ab – in zwei Jahrhunderten von einer geistigen Utopie zu einer realen Lebenswelt – und stellen Amerika in eine Art kontinuierlicher Nachfolge Europas und einer jeden Gesellschaft mit hartnäckigen feudalen Relikten.

Anmerkungen

1 Die Namen dieser beiden Kolonien bzw. Gliedstaaten gehen auf die englischen Könige Charles II. und George II. zurück.

2 Arthur J. Pulos: *American Design Ethic. A History of Industrial Design to 1940*. Cambridge/Mass. 1983, S. 2 ff.

3 Ebd., S. 53

4 Sigfried Giedion: *Mechanization Takes Command* (1948), dt. *Die Herrschaft der Mechanisierung*. Frankfurt a. M. 1982

5 Ebd., S. 170

6 H. G. Wells: *Die Geschichte unserer Welt* (1923). Ausg. 1947, S. 342

7 Ebd., S. 344

8 Wie Anm. 2, S. 12

9 Catharine und Harriet Beecher: *The American Woman's Home* (1875), S. 247

10 Wie Anm. 4, S. 71

11 Erfinder der Kreuzschlitzschraube: Henry F. Philipps. Vgl. Paola Antonelli (Hrsg.): *Humble Masterpieces. Everyday Marvels of Design*. New York 2005, S. 201

12 Tench Coxe an James Madison (1787). In: wie Anm. 2, S. 67. Übers. C. L.

13 Wie Anm. 2, S. 7. (Im Original: „The invention of a machine or the improvement of an implement is of more importance than a masterpiece of Raphael. [...] Nothing is good or beautiful but in the measure that it is useful.")

14 John Adams: Brief an seine Frau Abilgail (um 1800). Wie Anm. 2, S. 53

15 Vgl. Herwin Schaefer: *Nineteenth Century Modern. The Functional Tradition in Victorian Design*. New York/Washington D. C. 1970, S. 162

16 Vgl. Anm. 2, S. 67

17 Vgl. Anm. 4, S. 59

18 Der feministischen abolitionistischen Autorin Matilda Joslyn Gage (1825–1898) zufolge könnte Whitney die Idee zum Auskämmen der Baumwolle von seiner guten Bekannten Catherine Littlefield Green erhalten haben. (Quelle: Wikipedia)

19 Vgl. Anm. 4, S. 177–189

20 1790 wurde das Patentgesetz geschaffen, erst seit 1836 wurden Patente amtlich registriert. Die Schutzdauer betrug sieben Jahre, verlängerbar um weitere sieben Jahre, ab 1861 siebzehn Jahre ohne Verlängerungsmöglichkeit.

21 Vgl. David A. Hounshell: *From the American System to Mass Production, 1800–1932. The Development of Manufacturing Technology in the United States*. Baltimore/London 1984, bes. S. 153–187

22 1747 wurde als erste die *École Nationale des Ponts et Chaussées* in Paris gegründet.

23 Wie Anm. 15, S. 76

24 Die Denim-Niethosen von Levi's gehen auf den Goldrausch zurück, als sich die mangelnde Robustheit der Hosen der Schürfer zeigte. Sie kamen aber erst Jahre danach auf den Markt.

25 Lothar Bucher (1851), zit. bei Schaefer. Vgl. Anm. 15, S. 162

26 Howe prozessierte erfolgreich gegen Singer und erhielt eine Abfindung.

27 Eine detaillierte Darstellung der Entwicklung der amerikanischen Nähmaschinen-Industrie findet sich bei Hounshell (vgl. Anm. 21), S. 67–124.

28 Der Erie-Kanal, eröffnet 1825, verbindet den Mississippi mit den Großen Seen, dem Hudson und New York und damit den Mittleren Westen mit der Ostküste.

29 Wie Anm. 15, S. 50–52

30 Darauf kommen Giedion (vgl. Anm. 4), Schaefer (vgl. Anm. 15) und Pulos (vgl. Anm. 2) zu sprechen.

31 Giedion kommt in Teil V seines Buches verschiedentlich auf die Patentmöbel zu sprechen. Wie Anm. 4, S. 429–475

32 Jefferson erfand den Drehstuhl, als er am Entwurf zur amerikanischen Verfassung arbeitete. Nach seiner Präsidentschaft 1801–1808 gründete und entwarf er als Architekt die Universität von Charlottesville, Virginia.

33 Wie Anm. 4, S. 430.

34 Ebd., S. 430, 435.

35 Ebd., S. 431.

36 Julius Lessing: *Amtlicher Bericht über die Weltausstellung in Chicago 1893, erstattet vom Reichskommissar Berlin 1894*, Bd. 2, S. 762–806, hier S. 766–772. Zitiert nach Angelika Thiekötter / Eckhard Siepmann (Hrsg.): *Packeis und Pressglas. Von der Kunstgewerbebewegung zum Deutschen Werkbund*. Gießen 1987, S. 165.

37 Ebd.

38 Thorstein Veblen: *The Theory of the Leisure Class* (1899), Ausg. New York 1975, S. 115 f. Übers. C. L. (Im Original: „In the common run of cases this sense

of prescriptive usage is present in the motives of the consumer and exerts a direct constraining force, especially as regards consumption carried on under the eyes of observers. But a considerable element of prescriptive expensiveness is observable also in consumption that does not in any appreciable degree become known to outsiders – as, for instance, articles for underclothing, some articles of food, kitchen utensils, and other household apparatus designed for service rather than for evidence. In all such useful articles a close scrutiny will discover certain features which add to the cost and enhance the commercial value of the goods in question, but do not proportionately increase the serviceability of these articles for the material purposes which alone they ostensibly are designed to serve.")

39   Wie Anm. 15, S. 67

X-5   Wie funktioniert die Funktion?

„Die Form folgt der Funktion" ist vermutlich der populärste Grundsatz und der Satz, der als Erstes genannt wird, wenn nach einer Theorie des Designs gefragt wird. Louis Sullivan, auf den die Aussage „form follows function" zurückgeht und der arm und vergessen starb, wäre jedoch wohl eher unglücklich als stolz über die Karriere dieses Schlagworts gewesen. Denn so, wie der Satz meistens wiedergegeben wird, ist er ganz einfach falsch. Die Form folgt *nicht aus der Funktion. Nicht, wenn unter Funktion das Übliche verstanden wird. Träfe er zu, bräuchte es keine Theorie; dann könnte man nur beim Entwerfen einfach zusehen, wie die Form der Funktion folgt. Dann bräuchte es also auch keine Designer. Was aber, wenn wir den Satz als eine Anforderung formulieren: „Die Form soll der Funktion folgen"? Dann wird die Sache interessant, weil problematisch. Weshalb?*

Sullivan – den sein Schüler Frank Lloyd Wright als „mein lieber Meister" anredete (auf Deutsch!) – schrieb 1896 in seinem Aufsatz „Das große Bürogebäude, künstlerisch betrachtet": „Ob wir an den im Flug gleitenden Adler, die geöffnete Apfelblüte, das schwer sich abmühende Zugpferd, den majestätischen Schwan, die weit ihre Äste breitende Eiche, den Grund des sich windenden Stroms, die ziehenden Wolken oder die über allem strahlende Sonne denken: immer folgt die Form der Funktion – und das ist das Gesetz. Wo die Funktion sich nicht ändert, ändert sich auch die Form nicht."*

Sullivan gibt uns hier lauter Beispiele aus der Natur. Wir wissen: Die Flügelbewegungen des Adlers sind entsprechend seiner Größe viel sparsamer als die des Kolibris; der Baum wächst unter dauerndem Windeinfluss aus derselben Richtung schief; das sich mühende Pferd hat eine andere Körperhaltung als das weidende. Wir könnten auch ergänzen: Die Form einer jeden Wolke ist bedingt durch die atmosphärischen Verhältnisse in ihrem Innern und an ihren Rändern, jedes Feuer und jede Flamme durch die Luftbewegungen, durch Menge, Größe und Lage der brennenden Hölzer. Doch was hilft uns das beim Entwerfen?

Die Frage, die sich hier stellt, ist die nach einer kausalen Beziehung: Wie verhalten sich Form und Funktion zueinander? Dabei gilt die Prämisse, dass die Vorstellung der Funktion gegeben sei und die dazu passende Form gesucht wird. Nur: Ist das so klar? Die Geschichte des Designs ist vielmehr das weitgespannte Panorama aller Beweise des puren Gegenteils: dass die Menschen sich während einer langen Zeit mit einer bestimmten Funktionsvorstellung zufriedengegeben hatten, bis jemand auf eine andere und oft bessere, will sagen stärkere Idee kam. So kam es zum Flaschenzug, zum Buchdruck, zur Heftklammer, zur Sonnenbrille, zum Maschinengewehr und zur Atombombe … Wir könnten hier endlos vieles aufzählen.

Was ist zuerst da, das Sägen oder die Säge? Antwort: weder – noch, sondern das Problem, einen Stamm zersägen zu müssen. Aus dem Bedürfnis „entstand" die Säge. Und aus dem Hin und Her von zwei Arbeiter-Armen wurde die Bandsäge und später die Kreissäge, viel später der Wasserstrahlschneider. So ist es auch mit dem „Sitzen". Nun, ich will sitzen: Aber dazu kann ich mir auch eine Treppenstufe oder einen umgestürzten Baum wählen. Wo? Wie? Wie lange? Wenn ein Stuhl in der Nähe ist, umso besser. Hat er eine Rückenlehne, Armlehnen? Ist der Sitz hochklappbar? Ist der Stuhl stapelbar? Ist er gepolstert oder hat er eine federnde Bespannung? Das sind alles Auffächerungen der Grundfunktion „Sitzen". Senner haben beim Melken einen einbeinigen Stuhl angeschnallt, der entsprechend ihren Melkbewegungen pendelt und ihren Körper trägt – eine sehr sinnreiche Einrichtung, die auf Erfahrung beruht, also aus der Kenntnis des Funktionierens entstanden ist. Wer einen Stuhl entwerfen will, muss sich mit diesem Fächer der Gebrauchsfunktionen auseinandersetzen. Und dieser Fächer ist nicht ein vollständiges System, sondern erweitert sich im Lauf der Zeit mit wachsenden Erkenntnissen und Ansprüchen.

Daraus ergibt sich: Die Funktion – die Funktionsweise – eines Gebrauchsgegenstandes ist nur ganz selten vorgegeben, sondern ist – wie die Form, das Material und die Konstruktion – eine gesuchte Größe. Entscheidend ist, wie sie imaginiert, wie sie interpretiert wird.

Das macht auch Louis Sullivan klar, wenn er in seinem Aufsatz über ein menschliches Artefakt wie das moderne Bürogebäude schreibt. Wenn er sagt, am Hochhaus „muss jeder Zoll hoch sein", wird klar, dass es ihm nicht einfach um die Gebrauchsfunktion geht, sondern darum, den richtigen Ausdruck dafür zu finden: Ein Hochhaus ist nicht einfach hoch, es muss dies auch sinnfällig manifestieren.

Die Beziehungen zwischen Funktion und Form sind plastisch und modellierbar. Sehr häufig sind sie auch umkehrbar; dann folgt die Funktion der Form. So etwa, wenn eine Gabelung von Baumästen sich für den Bau einer Aussichtsplattform anbietet oder eine bestimmte Formation von Talflanken für den Bau einer Staumauer. Das sind Anlässe für menschliche Eingriffe. Überhaupt: Jedes Flusstal und sein See stehen in einer kausalen Beziehung zueinander. Das Wasser fließt so lange abwärts, bis der Talboden ansteigt, dann bildet sich ein See bis zu dem Punkt, von dem aus es wieder abwärts geht. Was ist dabei Funktion, was Form? Die Natur bezweckt dabei nichts. Wenn der Mensch ihrer Absichtslosigkeit seinen Zweck des Bewässerns entgegenstellt, stellt er fest: Die Funktion folgt aus der Form.

Bei Sullivans Beispiel des Pferdes, das in der tiefen Erde einen Wagen zieht, bildet sich die erforderliche Zugkraft als „Funktion" in der Form des Gespanns ab. Die Form hat einen Zweck und also eine Funktion: Ziehen. Ist aber der Wind, der am Baum rüttelt, eine Funktion? Oder hat er eine Funktion? Nein, denn der Funktionsbegriff ist an eine Absicht gebunden. Erst der Mensch, der sich ein Schiffssegel erfindet, schafft die Funktion.

Und es gibt verschiedene Arten von Funktionen. Die erste, an die man denkt, ist die Gebrauchsfunktion: das, was wir von einem Gegenstand wollen. Doch auch die Art und Weise seiner Herstellung unterliegt dem Funktionalitätsprinzip: Wie setzt man in der Fabrik einen Gegenstand möglichst sinnvoll, einfach und genau zusammen, wie transportiert man ihn möglichst platzsparend, wie lässt er sich für Reparaturen öffnen, wie zugänglich sind die Komponenten? Wie lange kann wer welche Freude daran haben? Ist die Freude der einen das Problem der andern?

Der amerikanische Bildhauer Horatio Greenough veröffentlichte vierzig Jahre vor Louis Sullivan seine „Remarks on Art, Design, and Architecture" unter dem Buchtitel Form and Function. In seinem um 1850 geschriebenen Text „Relative and Independent Beauty" findet sich diese besonders aufschlussreiche Passage: „Wenn ich Schönheit als ein Versprechen der Funktion bezeichne,

Aktion als die Gegenwart der Funktion, Charakter als Erinnerung der Funktion, dann trenne ich willkürlich, was im Grunde ein und dasselbe ist. Ich betrachte die Phasen, welche eine organisierte Absicht bis zur deren Verwirklichung durchläuft, als ob sie unterschiedliche Entitäten wären. Schönheit, als Versprechen von Funktion, muss im wesentlichen da sein vor der Aktion; doch so lange als es ein Versprechen von Funktion gibt, gibt es Schönheit, zugeschnitten entsprechend der Beziehung zur Aktion oder zum Charakter."[**]*

Inspirierend an dieser Überlegung ist der Einbezug der Zeit in der Präsenz eines gut gestalteten Gegenstandes. Dieser verspricht die Erfüllung seines Daseinszwecks, er erfüllt ihn und lässt ihn danach erinnern. Er steht im Austausch mit den Menschen, und dabei kommunizieren über den Gegenstand miteinander die Person, die ihn entworfen hat, und die, die ihn gebraucht.

[*]   Louis Sullivan: „Das moderne Bürogebäude, künstlerisch betrachtet" (1896)

[**]   Horatio Greenough: „Relative and Independent Beauty" (ca. 1850)

6 Treten von Ort zu Ort
Entwicklungswege zum Fahrrad 1820–1900

Zwei Kreise und dazwischen ein auf der Spitze stehendes Dreieck: Jedes Kind versteht diese Figur, die es selbst auch so zeichnet. Kommt noch der Sattel dazu, der Lenker und der Fahrer mit gekrümmtem oder gestrecktem Rücken, und wir haben ein weltweit sofort lesbares Verkehrssignal mit eindeutigem Profil. Fahrrad, Veloziped, Velo, vélo, bicyclette, bicycle, bike, bicicletta, bicicleta. Doch wer meint, an diesem Fahrzeug verstehe sich alles von selbst, alles sei selbsterklärend, irrt. Im Gegenteil, alles musste gefunden, erfunden und entwickelt und vieles versucht und verworfen werden. Einzig der Grundsatz der zwei hintereinander angeordneten Räder, wovon das vordere lenkbar ist, war von Anfang an gegeben. Wie die Räder beschaffen sind, wie weit ihr Abstand voneinander, wie groß ihr Durchmesser, wie der Rahmen aussieht und woraus er besteht, wie man darauf sitzt, wie man damit fährt, wie man lenkt, bremst, bergauf oder bergab fährt und auf was für einer Art von Wegen, wie man Stöße abfedert, wie man es in der Nachtdunkelheit sichtbar macht, wie man damit Gepäck transportiert, wie man es fahren erlernt und nicht zuletzt, wie man es am besten herstellt: Nichts von all dem angeblich Selbstverständlichen versteht sich von selbst.

Das Fahrrad ist das erste einspurige Fahrzeug der Geschichte. Bis zum Jahr 1817 waren bei sämtlichen Fahrzeugen mit Rädern – Kampfwagen, Quadrigen, Planwagen, Kutschen, Fuhrwerken – Räder hinter- und nebeneinander oder zumindest nebeneinander angeordnet. Diese Anordnung schien unerlässlich, um ein Kippen zu verhindern. Die einzige Ausnahme davon ist vermutlich die Schubkarre mit einem einzigen Rad (bei der die Stabilisierung durch den menschlichen Träger erfolgt). Der erste systematische Schritt zum Fahrrad wurde in dem Jahr 1817 von einem badischen Erfinder aus niederem Adel getan, dem Freiherrn Karl von Drais. Er war ein begabter Mathematiker und Physiker, ein Erfinder aus Leidenschaft.[1] Das nach ihm Draisine benannte Laufrad bestand aus einem geschweiften hölzernen Balken, an dem

Abb. 63: Patentschrift:
Freiherr von Drais und
sein Laufrad, 1817.

die beiden hölzernen Räder in Gabeln befestigt waren – die vordere Gabel lenkbar mittels eines Drehschemels.[2] Dieser Ansatz von Drais war von systemischer Art. Das Laufrad sollte nicht das Gehen ersetzen, sondern das Reiten zu Pferd – und ein Motiv zu seiner Entwicklung war, sich in kargen Zeiten die Unterhaltskosten des Pferdes zu ersparen. Drais übernahm vom Pferdefuhrwerk die Drehschemel-Lenkung, wobei er sie geschickt seiner Konstruktion anpasste. Die Fortbewegung geschah aus dem Sitzen rittlings auf dem Balken beziehungsweise einem gepolsterten (in der Höhe verstellbaren) Sattel – und auch dieses Wort verweist auf das Pferd – durch eine neuartige Verbindung von Sitzen und Gehen: durch Abstoßen vom Boden. Der Sattel war hinten aufgewölbt, um dem Fahrer einen guten Rückhalt zu geben: Ergonomie *avant la lettre!* Drais hatte durch Beobachtung und wissenschaftliche Analyse einen klaren Blick auf das Bewegungsproblem gewonnen. Er hatte erkannt, dass der Mensch beim Gehen mit jedem Schritt seinen Schwerpunkt anhebt, was Energie verbraucht, die man sich zugunsten des Fortkommens ersparen kann.[3] Sich sitzend fortzubewegen, verminderte den Kraftaufwand und ergab zugleich eine signifikante Entlastung der Muskulatur; im Unterschied zum aufrechten Gehen müssen beim sitzenden Gehen die Beine den Rumpf nicht tragen. Drais kannte auch den gyroskopischen Effekt (Kreiseleffekt) der Räder, dessen stabilisierende Wirkung überhaupt die

Voraussetzung für ein Einspurfahrzeug ist. Bei leicht abschüssiger Straße
brauchte man die Beine überhaupt nicht mehr und konnte (musste) sie in die
Luft strecken; die Räder besorgten alles von selbst. Auch bei ebener Straße
ließ sich flott vorankommen, vorausgesetzt, sie war nicht allzu holprig. Von
Drais legte die 50 Kilometer von Karlsruhe nach Kehl in nur vier Stunden
zurück, einem Viertel der Zeit, die die Pferdepost dafür brauchte.[4] Die Bilder seiner Draisinen zeigen eine keineswegs primitive Konstruktion, und
man erahnt das technische Flair des Barons. Die Räder beispielsweise liefen
in Messingbuchsen. Man fuhr und lenkte leicht nach vorne geneigt mit auf-
gestützen Unterarmen; die Unterlage dafür war das querliegende, gepols-
terte sogenannte Balancierbrett. *Actio gleich reactio,* das Gesetz war Drais
wohlbekannt, und er schuf mit der Armauflage und dem hinten aufgeboge-
nen Sattel die Mittel, um das Abstoßen vom Boden optimal zu gestalten. Er
schrieb (im Original in französischer Sprache): „Gerade wie das Pferd ver-
mittelst eines gut gebauten Wagens mit größter Leichtigkeit sowohl den Wagen als auch die darauf liegende Last ziehen kann, obwohl es die Ladung
auf dem Rücken nicht tragen könnte, so kann auch der Mensch mittelst des
Velocipeds (dessen Gestell und Naben sehr leicht sind) seinen Körper leichter
befördern, als wenn das ganze Gewicht auf den Füßen desselben ruht."[5] Auch
wenn sich die Draisine bei den damaligen Straßen nicht gerade leichtfüßig

bewegte, erreichte sie im Vergleich mit dem Energieaufwand des Fußgängers einen viel besseren Wirkungsgrad; bei einem heutigen Fahrrad ist er um das Zehnfache besser als beim Gehen. Mehr noch: Die Fortbewegung per Velo besitzt sogar den besten Energie-Koeffizienten überhaupt, was das Verhältnis von bewegtem Gewicht und dafür aufzuwendender Energie betrifft, und zwar nicht nur in Bezug auf Fahr- und Flugzeuge, sondern auch auf die Tierwelt. Joachim Krausse schreibt zum Unterschied zwischen dem Fahrrad und den damals immer größer werdenden Dampfmaschinen: „Im Unterschied zu den Kraftmaschinen, die der industriellen Revolution des 19. Jahrhunderts Vorschub leisten, vor allem Dampfmaschine und Verbrennungsmotor, ersetzt das Fahrrad nicht die Muskelkraft, sondern verlängert sie, effektiviert sie. Die dadurch gegebene Beschränkung und nicht etwa die Potenzierbarkeit der Kräfte wird der Ausgangspunkt für eine tatsächlich fortgeschrittene Technologie. Während die beliebige Vermehrbarkeit von Energiezufuhr gigantische Kraftmaschinen und Kraftwerke hervorbringt, fördert die Beschränkung auf die Muskelkraft die Entstehung einer mustergültigen angepassten Technologie. [...] Das Fahrrad ist das erste technische Objekt, das das Kriterium des Leistungsgewichts unwiderruflich auf die Tagesordnung technischer Entwicklung bringt."[6] Der Begriff der Effektivierung ist von naturwissenschaftlicher Geltung. Das Fahrrad ist insofern ein gutes Beispiel auch für die „Verbesserung" der Natur durch Technologie. Wir verstehen, weshalb Drais seine Erfindung Laufmaschine nennt. Auch die international verständliche Bezeichnung *vélocipède* ist vermutlich seine Schöpfung, vom lateinischen *veloci pedi* (auf schnellem Fuß). Drais wies warnend darauf hin, dass man sich an die ungewohnt schnelle Fortbewegung gewöhnen müsse und riet, wie man sich das dazu erforderliche Gleichgewichtsgefühl verschaffen könne. „Soweit ich konnte habe ich alles vorgesehen, sowohl mit Rücksicht auf Dauerhaftigkeit und Leichtigkeit, als auf Eleganz."[7] Die Eleganz sticht tatsächlich ins Auge. Die Draisine nahm Maß an eleganten Kutschen. In der vereinfachenden Darstellung der badischen Patentschrift von 1819 kommt dies noch nicht zum Ausdruck. Drais war nicht nur Forscher, Erfinder, Konstrukteur und Designer in einer Person; er war auch ein Unternehmer (wenngleich er 1851 verarmt starb): Er ließ seine Erfindung auch in

Frankreich und England urheberrechtlich schützen und vergab Lizenzen zur Produktion solcher Draisinen.

Die Draisine war alles andere als eine Kuriosität. Sie verkaufte sich während eines halben Jahrhunderts überraschend gut und wurde in England und in den USA als „pedestrian curricle" oder als „hobby horse" (Steckenpferd, auch darin kommt die Bezugnahme auf das Pferd zum Ausdruck) und in Frankreich als „vélocipède" (Schnellfüßler) ein Spielzeug verwöhnter Herren aus wohlhabendem Haus. Zuerst das Instrument einer reinen Trendsportart – um diesen heutigen Begriff zu verwenden –, wurde sie langsam zu einem ernst zu nehmenden Faktor in der Fortbewegung. Von ihrer Attraktivität versprach man sich – wegen der Substitution von Pferden – fallende Haferpreise, ähnlich wie heute das Vordringen des Elektroautos tendenziell zu fallenden Erdölpreisen führt. Doch für eine Massenverbreitung war das Fahrzeug doch zu kostspielig und viele Überlandstraßen waren zu schlecht dafür. Die weitere Entwicklung des Fahrrads ging von den Städten aus, wo die Voraussetzungen günstiger waren und wo auch die ersten Fahrschulen eingerichtet wurden. Solche Fahrschulen waren nötig, weil die neue Fortbewegungsart dem breiten Publikum gänzlich unvertraut war.[8]

Vom Schreiten zum Treten

Die Draisine blieb während vier Jahrzehnten in den Grundzügen unverändert. Ihrer Verbreitung waren jedoch Grenzen gesetzt: Zu klein war das dafür geeignete Publikum. Der grundlegende Entwicklungsschritt vom Drais'schen Laufrad zum Fahrrad war der Antrieb mittels Tretkurbeln. Angeblich war es eine defekte Draisine, die 1861 zum Wagner Pierre Michaux in Paris zur Reparatur gebracht wurde, die dessen Sohn Ernest zur Idee verhalf, Tretkurbeln am Vorderrad anzubringen. Die Idee lag allerdings in der Luft. Heute wissen wir von noch früheren entsprechenden Versuchen in England, Schottland, Deutschland und Italien. Doch waren es Pierre und Ernest Michaux, die diese Konfiguration zum Referenzmuster für Fahrräder machten, sie in ihrer Werkstatt bauten und sie als *Michaulines* vertrieben. Ein zeitweiliger Mitarbeiter in der michauxschen Werkstatt, Pierre Lallement, reklamierte die Erfindung des Tretkurbelantriebs für sich und datierte sie auf 1860. Auch das

ist möglich: Er wurde 1863 Mitarbeiter von Michaux, wanderte 1864 in die
USA aus und versuchte sich dort erfolglos als Produzent von solchen Fahrrädern. Als er bereits 1867 entmutigt nach Paris zurückkehrte, waren die Michaux-Räder schon ein viel beachtetes Fabrikat. Sie wurden in England und
den Vereinigten Staaten als *French Bicycle* zum Nachfolger der Draisine. Das
Fahrgefühl veränderte sich dieser gegenüber dadurch, dass aus dem Läufer
ein Fahrer wurde, dessen Füße den Kontakt zum Boden aufgegeben haben
und dessen Schwerpunkt nach oben gewandert ist. Die Tretpedale mussten beweglich konstruiert sein, sodass sie unter den Fußsohlen parallel zur
Straße blieben und sich nicht radial um die Nabe drehten. Vater und Sohn Michaux erreichten dies durch ein hohles, beschwerendes Eisengewicht, in dem
sie Schmierfett für die Pedale unterbrachten. Das Michaux-Rad besaß unterschiedlich große hölzerne Räder mit Eisenbereifung und eine Stempelbremse,
die über einen Seilzug auf das Hinterrad wirkte und durch Drehen der Lenkstange um ihre Längsachse betätigt wurde. Sein schmiedeeiserner Rahmen
trug einen längsverstellbaren Sattel, der auf einer Blattfeder ruhte und die
Stöße abfedern sollte. Das Hinterrad war kleiner als das Vorderrad. Die eisernen Laufflächen verhalfen dem Rad zum Prädikat „Knochenschüttler", und
das Fahren von Kurven auf dem Kopfsteinpflaster mit diesen zylindrischen,
nicht seitlich abgerundeten Laufflächen muss wegen der Rutschgefahr ziemlich heikel gewesen sein. Das Vorderrad hatte je nach Körpergröße einen

Durchmesser von 80, 90 oder 100 Zentimetern. Eine Kurbelumdrehung entsprach einem Radumfang und je nachdem einer Strecke von 2,50, 2,85 oder 3,15 Meter. An Steigungen kam man damit rasch an seine Grenzen. Doch gerade deshalb erwählte der sportliche Ehrgeiz bald das neue Fortbewegungsmittel, um sich daran zu steigern. Die Vergrößerung des Antriebsrades war das Mittel zu Erhöhung der Geschwindigkeit. 1868 fand das erste Langstrecken-Velorennen statt, Rouen – Paris, 124 Kilometer mit dem Ziel im Park von Saint Cloud in Boulogne, im selben Jahr auch bereits das erste Damenrennen in Bordeaux.[9] Das *vélocipède* war die große Errungenschaft, zuerst das Thema der Saison, dann über die Saison hinaus. 1869 nahm eine neu erbaute Fabrik von Michaux mit nicht weniger als 500 Angestellten die Produktion auf und erreichte eine Stückzahl von 200 Exemplaren pro Tag.

Abb. 66: „Improved Bicycle", Patent USA 1869. Die Suche nach der optimalen Sitzposition.

Parallel-Entwicklungen

Doch die nächsten Entwicklungsschritte ließen nicht lange auf sich warten, und sie erfolgten zum Teil gleichzeitig, parallel zueinander, auch gegeneinander. Die Geschichte des Fahrrads lässt sich nicht auf eine Kausalkette von linear aufeinanderfolgenden Entscheidungen reduzieren. Ein Problem war der Rahmen, der zugleich schwer und wenig verwindungssteif war. Eine *Michauline* mit geschmiedetem Rahmen wog gegen 40 Kilogramm. Die geringe Festigkeit des Rahmens war insofern ein Vorteil, als dies Stöße abzufedern half, doch der Fahrsicherheit war sie wegen der mangelhaften Steifigkeit sehr abträglich. Die Verwendung von Stahlrohr konnte zum Teil Abhilfe schaffen. Der erste Stahlrohrrahmen wurde von T. R. Pickering in den USA patentiert und erfolgreich produziert, auch für den Export nach Europa. Er verband hohe Torsionsfestigkeit mit geringem Gewicht.

Ein weiterer Schritt führte nun zum Hochrad, das sich aus dem sportlichen Ehrgeiz junger Männer erklären lässt. Doch eine Vergrößerung des Raddurchmessers über 1,25 Meter hinaus war mit den hölzernen Druckspeichen kaum mehr zu machen. Die Entwicklung der zugbeanspruchten Drahtspeichen war damit kausal verbunden. Dies geschah jedoch nicht mehr in Frankreich, sondern in Coventry, England.

Denn die Führungsrolle der französischen Fahrradindustrie wurde durch den Deutsch-Französischen Krieg von 1870–1871 faktisch beendet; Vater und Sohn Michaux machten Konkurs und verarmten wie zuvor Karl von Drais; die technologische und wirtschaftliche Führerschaft ging auf England über. Erfinder, Konstrukteure und Ingenieure in England, Schottland und Wales nahmen sich des Zweirads an und verliehen ihm mit ihrem hoch entwickelten technischen Verständnis zu einem Entwicklungsschub. Die „Coventry Sewing Machine Company" war das erste Beispiel einer Nähmaschinenproduzentin, die sich auch auf die Herstellung von Fahrrädern verlegte; analoge Beispiele sind in Deutschland Gritzner, in den USA Weed/Columbia.[10] Es gab eine technologische Affinität zwischen den beiden Sparten, die uns heute nicht mehr ohne Weiteres ersichtlich ist. Das verbindende Element war der Antrieb der Nähmaschine mittels einer Fußwippe mit Schwungrad, die den Handbetrieb ablöste, eine Erfindung des Mechanikers James Starley.

Abb. 67: „The Ariel Bicycle"-Anzeige für das Starley-Rad. Coventry, um 1870. Haarnadelspeichen anstelle der Druckspeichen führen zu einer signifikanten Gewichtsreduktion.

Bis dahin wurden Nähmaschinen durch Handkurbeln bedient. Der neue Fußantrieb beim Erzeugnis der Coventry Sewing Company war ein Quantensprung beim Nähen, weil dazu auch die zweite Hand frei wurde (→ Kap. 5). Der geniale James Starley wurde auch zum Vater der englischen Fahrradindustrie. Beim Studium der Michaux-Räder fiel ihm deren Hauptmangel auf: die Schwerfälligkeit in Konstruktion und Handhabung. Starley entwickelte von Grund auf eine Neukonstruktion und brachte sie 1871 unter dem Namen „Ariel" auf den Markt, wo das Rad sofort Furore machte. Ariel, in der Bibel ein Engel, bei Goethe der Luftgeist, war ein Name, der beim bildungsbeflissenen Publikum gut ankam. Das Starley-Rad hatte nicht mehr hölzerne Druckspeichen, sondern gespannte Haarnadel-Drahtspeichen. Der Rahmen stand folglich nicht mehr auf den Rädern, sondern war darin aufgehängt. Von einem gemeinsamen Punkt in der Felge aus spreizten sich in der Querrichtung je zwei Speichen gegen die Nabe und bildeten so ein spitzwinkliges Dreieck, wodurch die Felge auch seitlich verspannt war. Die materialtechnische Voraussetzung dieser epochalen Neuerung waren fortgeschrittene metallurgische Kenntnisse, die hoch beanspruchbaren Draht zu produzieren erlaubten, die Voraussetzung auch für Hängebrücken mit Tragkabeln. Die Fortbewegung auf dem Ariel-Rad erschien den Fußgängern wie ein Schweben auf

Luft, da die Drahtspeichen beim Fahren unsichtbar wurden. Der optische Effekt war damals vollkommen ungewohnt. Nachdem man sich daran gewöhnt hatte, setzte erneut der Wettbewerb um die Größe des Antriebsrades ein. Starleys gänzlich neue Radkonstruktion erlaubte eine Vergrößerung des vorderen Rades bis fast auf Mannshöhe. Das Starley-Rad wies zudem eine Vollgummi-Bereifung und eine verbesserte Kabelzugbremse auf. Gummi war ein neues Material, hergestellt aus vulkanisiertem – unter Hitze mit Schwefel versetztem – Kautschuk: 1839 eine zufällige Entdeckung durch den Amerikaner Charles Goodyear. Die Gummi-Lauffläche verbesserte die Bodenhaftung und die Fahreigenschaften signifikant. Dieses Modell wurde zum neuen Standard für die nächsten fünfzehn Jahre. In England und in den USA nannte man diesen Typ bald *ordinary,* so sehr prägte es die populäre Vorstellung vom Fahrrad. Zwar gab es Versuche, diese Konfiguration auch für Damen in ihren langen Röcken praktikabel zu machen, doch führten sie in technischer Hinsicht nicht zu einer funktionierenden Lösung; das Fahrrad war vorwiegend noch immer ein Imponierobjekt für flotte Dandys jüngeren Alters.[11]
Der Vergleich zwischen einer Michauline der 1860er- und dem Starley-Rad der 1870er-Jahre macht einen technologischen Quantensprung sichtbar, der wohl durch den Einfluss der Nähmaschinenindustrie zu erklären ist, aber auch sonst für das Zeitalter charakteristisch ist. Das mechanische Nähen setzte

eine verfeinerte Mechanik, eine präzisere Fertigung und fortgeschrittene Materialkenntnisse voraus. England überflügelte in dieser Hinsicht die Länder des Kontinents. Zwar verbreiteten sich Kugellager erst seit etwa 1890, aber dass sie damals erfunden und entwickelt wurden, entspricht dieser Tendenz der Epoche.[12] Man war dabei, das Zeitalter zu überwinden, in dem primär das *Zum-Funktionieren-Bringen* die kreativen Geister bewegte, und ins Zeitalter einzutreten, dessen Ehrgeiz es wurde, das *Funktionieren zu verbessern:* weniger Reibungsverluste, weniger Ächzen, Knarren und Kreischen von Metall auf Metall, weniger Energieaufwand, leichtgängigere Mechanik, höhere Tourenzahl und Effizienz. England war in Europa das Stammland dieser Entwicklung geworden. Neben Coventry wurden auch in anderen englischen Städten Fahrräder produziert, etwa seit 1887 in Nottingham die Räder der Marke Raleigh.

Infolge seines Raddurchmessers hatte das Hochrad allerdings den geometrischen Nachteil, dass der Schwerpunkt weit oben und weit vorne lag, damit sich die Pedale mit den Füßen erreichen ließen. Die horizontale Distanz zwischen dem Sattel und der vorderen Radnabe betrug oft weniger als eine Fußlänge. Die Gefahr eines Sturzes vornüber begleitete einen ständig, und beim Fahren bergab galt unter Sportsleuten der Rat, die Beine über die Lenkstange zu legen, um gegebenenfalls leicht abspringen zu können. Hohe Risikobereitschaft war gefragt. Auch das Losfahren war keine Kleinigkeit. Man musste sich von hinten entschlossen über eine Fußraste in den Sattel schwingen und den Bewegungsimpuls sogleich benutzen, um nicht kopfüber zu stürzen. Und das Kurvenfahren – was bedeutete: trotz eingeschlagenem Rad weiter anzutreiben – war beim beträchtlichen Durchmesser des Vorderrades noch ungünstiger als bei der Michauline.

Auftritt der Antriebskette

Die konzeptionelle Verknüpfung von lenkbarem Vorderrad mit Direktantrieb beim *ordinary* war folglich ein Hindernis auf dem Weg, ein patentes neues Fortbewegungsmittel für beide Geschlechter und alle Altersgruppen verfügbar und sicherer zu machen. Die Lösung des Problems musste in der Entkoppelung von Raddurchmesser und Fahrleistung liegen, was nur durch kleinere Räder, einen tiefergelegten Sattel, den Antrieb des Hinterrades und eine Übersetzung der Beinbewegungen (Anzahl Umdrehungen) auf das Rad zu erreichen war. Wer nun aber denkt, dies sei die logische Idee für das *safety bicycle*, das „Sicherheitsrad", das wir nunmehr seit 150 Jahren kennen, irrt. So linear verlief die Entwicklung nicht. Die Lösung des Sicherheitsproblems versuchte man zuerst mit einer Getriebeübersetzung am Vorderrad, wodurch das Rad bei gleicher Schnelligkeit kleiner sein konnte. Der Drehmittelpunkt der Antriebskurbeln lag dabei tiefer als die Radachse – welche konstruktiven Probleme das bereitete, lässt sich denken.

Heute staunen wir, dass der Gedanke, das Hinterrad mit einer Kette anzutreiben und durch unterschiedlich große Zahnräder ein günstiges Übersetzungsverhältnis zu erreichen, nicht früher und leichter kam. So ist es aber immer wieder, wenn wir ein Problem erkennen und eine Lösung suchen. Das Sicherheitsrad kam gleichsam durch den Hintereingang. Erfinder in mehreren Ländern hatten sich schon früher mit dem Gedanken beschäftigt, das Hinterrad durch Fußwippen anzutreiben – ähnlich den Schubstangen von Dampflokomotiven –, jedoch mit ausbleibendem Erfolg. Nun war der Zeitpunkt für eine plausible Lösung gekommen. Der Sattel musste nach hinten verlegt, die Tretkurbeln vom Rad gelöst und in der ergonomisch günstigen Distanz unterhalb des Sattels fixiert und die Tretbewegung durch ein geeignetes Mittel auf das Hinterrad übertragen werden. Für Letzteres bestanden zwei Möglichkeiten: Kette oder Antriebswelle mit Zahngetriebe. Die Kette setzte sich bald durch. Die französische Firma Meyer baute bereits 1869 Räder mit Kettenantrieb des Hinterrades als Konkurrenz zu den Michaux-Rädern.[13] Doch der Kontrast hinsichtlich der technologischen Raffinesse zu den wenig späteren englischen Fabrikaten ist augenfällig: Der Tretkurbelmechanismus des Meyer-Rades ist primitiv und macht die gewichtige Differenz zwischen einem Funktionsprinzip und einem guten Funktionieren anschaulich. Es war dies eine verfrühte Lösung, ein schönes Beispiel dafür, was Giedion eine „Vorratserfindung" nennt. Erstens verhinderte der erwähnte Krieg von 1870, dass die Meyer'sche Lösung gebührend wahrgenommen wurde. Zweitens, und wohl entscheidender: Es brauchte den Umweg über die Hochräder mit ihren unvermeidlichen und typenbedingten Nachteilen, um die Vorzüge des hinteren

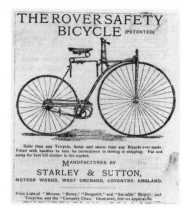

Abb. 69: Anzeige für das Rover-„Sicherheitsrad", England 1885. Kettenantrieb auf das Hinterrad, nach hinten verlegte Sitzposition, indirekte Lenkung. Komplizierte, vom Hochrad abgeleitete Rahmenform.

Antriebsrades genügend würdigen zu können. Und es brauchte die material- und produktionstechnischen Fortschritte, um den neuen Typus des Fahrrads durchzusetzen. In England kam ihre Stunde, und zum *ordinary* gesellte sich das *safety bicycle,* das sich in den 1880er-Jahren als Standardlösung durchsetzte und es bis heute geblieben ist.

Aber auch hier gab es keine anschaulichen Zielvorstellungen a priori, und erneut stand die Entwicklung unter der Voraussetzung des Suchens. Die Konstruktion des Rahmens wurde erst nach und nach klar.

Herausbildung des Rahmens

Der österreichische Architekt und Konstrukteur Konrad Wachsmann sieht im Trapezrahmen des modernen Fahrrads zu Recht eine epochale Errungenschaft und das Vorbild für größtmögliche konstruktive Ökonomie. Er schreibt: „Von diesem Standpunkt gesehen sei ein Produkt erwähnt, das um die Jahrhundertwende [Wende zum 20. Jh.] ganz kurz nach den ersten Anfangsstadien seiner Entwicklung zu einer solch vollkommenen Synthese von Funktion und Leistungsstandard gelangte, dass es sich nie mehr seitdem sowohl im Prinzip als auch in der Form geändert hat. Es ist das Fahrrad, oder besser gesagt, der Fahrradrahmen. Das Geheimnis dieser einzigartigen Tatsache, dass sich eine so vollkommene Form sofort ergab, mag vielleicht darin liegen, dass in einem perfekten Gleichgewicht zwischen der Statik der

151

räumlichen Struktur und der Dynamik der mechanischen Teile – abgestimmt auf den menschlichen Maßstab ein System der Kräfteverteilung von selbst bedingt war, das, abgesehen von unwesentlichen Detailverbesserungen, sich nicht mehr verändern kann, es sei denn, dass das Prinzip durch ein ganz anderes ersetzt würde."[14]

Wachsmanns Bewunderung für den Trapezrahmen (die Figur auf dem Verkehrssignal) ist vollauf berechtigt. In einem Punkt ist seine Darstellung allerdings nicht korrekt: Diese Form „ergab sich" überhaupt nicht „sofort". Zahlreiche Versuche von Konstrukteuren in verschiedenen Ländern blieben bei der Vorstellung von unterschiedlich dimensionierten Rädern – mal war das Vorderrad größer, mal das Hinterrad. Auch die Sitzposition war längst nicht so klar vorgegeben, wie man das durch die Anordnung der Tretkurbeln zwischen den Rädern annehmen könnte. Beim Betrachten alter Illustrationen aus den Jahren zwischen 1880 und etwa 1895 wundern wir uns über die noch immer stark frontlastige Sitzposition oder die extreme Neigung der Lenkachse. Die Verhältnisse und Proportionen waren noch alles andere als auskalibriert und manche Probleme noch ungelöst oder fragwürdig gelöst. Die hinreichend steife Befestigung des Tretmechanismus zwischen den Rädern war wegen der wirkenden Übertragungskräfte kein geringes Problem, ebenso die Höhenverstellbarkeit des Sattels. Ein Lösungsansatz war der Kreuzrahmen, bei dem ein Rohr von vorne oben schräg zur hinteren Radachse geführt

Abb. 71: Gefundener Standard: Rad von Raleigh mit Trapezrahmen, 1903. Die Konfiguration der Elemente ist weitgehend definiert. Luftreifen, Verkleidung der Antriebskette, Gepäckträger tragen zur Alltagstauglichkeit bei.

und von einem zweiten Verbindungsrohr zwischen Sattel und Pedalen durchstoßen wurde. Er wies allerdings eine strukturell geringe Stabilität auf und erforderte dickwandige Rohre, was ein hohes Gewicht bedeutete. Es gab Versuche mit schlangenförmig gebogenen Rohren oder Rohren, die sich dem hinteren Rad anschmiegten und mit anderswie geschweiften Rohren. Die Logik darin vermögen wir heute oft nicht mehr zu erkennen. Noch 1896 wurde in Frankreich ein Rad namens „Souplette" gebaut, bei dem Holz- und Bugholzelemente durch Knotenpunkte aus Aluminium verbunden waren; ein Versuch auch das – mit dem Ziel eines geringen Gewichts entwickelt –, dem kein langes Leben beschieden war.[15] Vom Wissen aus betrachtet, das wir mit dem Trapezrahmen haben – und worauf Wachsmann sich bei seiner Hommage bezieht –, mögen wir uns (ungerechtfertigt) über die Begriffsstutzigkeit all dieser engagierten Konstrukteure wundern. Doch worauf ich bereits am Anfang dieses Kapitels hingewiesen habe, erfährt hier die Bestätigung: Evidenz ist nie schon zu Beginn von etwas zu haben, sie ist immer wieder eine Folge aus der Interaktion von Versuch und Irrtum und stellt sich fast immer erst im Rückblick ein.

In den letzten Jahren des 19. Jahrhunderts kam der Luftreifen auf den Markt, eine Erfindung des irischen Tierarztes John Boyd Dunlop (Patent 1888). Zusammen mit der zunehmenden Asphaltierung der Straßen – der Schotte John Loudon McAdam, hatte das Verfahren entwickelt, das nach ihm

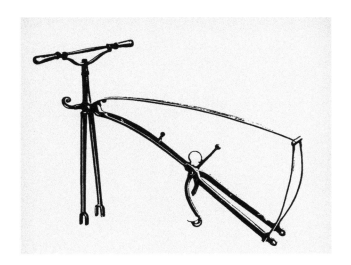

Abb. 72: Entwicklung des Rahmens: vom schweren und weichen geschmiedeten Rahmen von Michaux um 1860 zum ...

Makadam-Belag heißt – ergab dies eine weitere starke Beruhigung des Fahrgefühls (→ Kap. 2). Der hingenommene Teileffekt der bisherigen Rahmenformen, durch mangelhafte Steifigkeit einen Teil der Stöße abzufedern, entfiel nun. Ein möglichst rigider Rahmen war das Ziel. Der sogenannte „Diamantrahmen", genauer: Trapezrahmen, erwies sich als beste Lösung. Trapezrahmen heißt er, da das Oberrohr zusammen mit dem Sitz- oder Sattelrohr und dem vorderen Unterrohr und dem kurzen Steuerrohr ein Trapez bildet. An das Trapez schließen sich die dünneren Rohre der Sitzstrebe und der Kettenstrebe an, die so das starre Dreieck für die Hinterradbefestigung bilden.[16] Dabei ist erst beim endlich gefundenen Trapezrahmen die Schrägstellung des Sattelrohrs ideal für die Verstellbarkeit des Sattels entsprechend der Körpergröße, und der Knotenpunkt aus dem Sattelrohr und dem diagonalen Unterrohr ist der bestgeeignete „geometrische Ort" für das Tretlager. Auch die triangulierte Hinterradbefestigung ist an Plausibilität nicht zu übertreffen, und die Schrägstellung der Lenkachse ergibt zusammen mit der unten gekrümmten Vorderradgabel einen Nachlauf des Vorderrades, der dem Lenken ein vorteilhaftes Maß an Trägheit gibt. Patentiert wurde diese gekrümmte Gabel von George Singer, einem weiteren wichtigen Fahrradhersteller aus Coventry.

Das Fahrrad in dieser uns heute vertrauten Form bildete sich erst um 1895 heraus. Es eignete sich in verkleinerter Form für Kinder und in der Damen-Ausführung mit Schwanenhalsrahmen auch für Frauen in Röcken. Seit die Frauen überwiegend Hosen tragen, ist die Damen-Ausführung auf dem Rückzug. Das Fahrrad, wie auch das Auto, ist im Lauf der Jahrzehnte zum genderneutralen und (im Unterschied zum Auto) urdemokratischen Fortbewegungsmittel geworden.

In der endlich gefundenen Konfiguration wurde das Fahrrad noch vor 1900 zum Referenzobjekt auch für frühe Automobile und Motorräder, ja selbst für Flugapparate. Das erste Automobil, der Motorwagen von Carl Benz, war 1885 faktisch ein motorisiertes Dreirad mit Haarnadel-Speichenrädern und dem Motor unter dem Kutschensitz, und die ersten Motorräder, in deren Rohrrahmen ein Motor eingebaut war, bildeten die typologische Verwandtschaft mit dem Fahrrad unverhohlen ab.

Abb. 73: ... leichten und starren Trapezrahmen, fertig entwickelt um 1900.

Die weitere Entwicklung soll hier nicht mehr nachgezeichnet werden. Stichwörter dieser fortgesetzten Evolution wären: Freilauf, Rücktrittbremse,
Gangschaltung, Dynamo als Lichtmaschine, Aluminium- oder Karbonrah-
men.[17] Auch für die Würdigung der unkonventionellen Abweichungen vom
endlich gefundenen Standardtyp ist hier nicht der Ort. Zu nennen wären etwa
das J-Rad des Erfinders Paul Jaray mit Fußwippenantrieb, Pedersens Hän-
gesattel-Fahrrad, das Liegevelo, Alex Moultons Rad mit Leichtbau-Raum-
tragwerk-Rahmen (→ Kap. 25) oder auch die Linie der Klappräder mit dem
High-End-Fabrikat der Marke Brompton. Alle diese Abweichungen vom Referenzmuster sind gut begründbar, aber sie vermögen nicht die nach langer
Zeit gefundene Standardkonfiguration infrage zu stellen.

Auch nicht das Mountainbike, das in den 1980er-Jahren auf den Plan trat und
ebenfalls ein robusterer Abkömmling mit derselben Genetik ist. Auch das
Mountainbike war zuerst eine randständige Kreation – in diesem Fall einiger kalifornischer Freaks –, wurde dann zur Trendsportart und schließlich
zum Gerät für den Breitensport. Ihm aber gebührt das Verdienst, dem drohenden Verschwinden des Fahrrades, das seit den 1960er-Jahren durch Autos und
Motorfahrräder (Mofas) drohte, ein Ende bereitet und seine Erfolgsgeschichte
überzeugend fortgesetzt zu haben. Zusammen mit den anderen Mitgliedern
der Fahrrad-Sippe, den „Citybikes", „Fixies", Renn- und Tourenrädern hat es
den Angriff abgewehrt und die Mofas mit ihrem Lärm fast zum Verschwinden

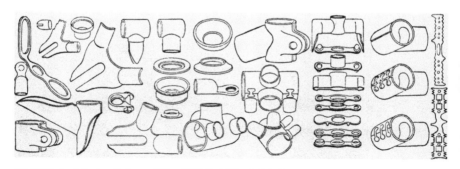

Abb. 74: Bestandteile eines Tretlagers, USA um 1895: Produktionstechnisch
entwickelt für die großen Stückzahlen der Fahrrad-Boomjahre in den
Vereinigten Staaten.

Abb. 75: Radfelge mit gespannten Drahtspeichen.

gebracht.[18] Das E-Bike befindet sich auf einem noch vor kurzem kaum für möglich gehaltenen Siegeszug. Dem Fahrrad sind mehrere olympische Sportarten gewidmet, motorenunterstützten Wettbewerben keine einzige. Die Motorisierung war bis über 1970 hinaus ein existenzbedrohendes Problem für das Fahrrad; seither hat das gewachsene Gesundheitsbewusstsein die Verhältnisse wieder umgekehrt.

„Zwei Kreise und dazwischen ein auf der Spitze stehendes Dreieck: jedes Kind versteht diese Figur, die es selbst auch so zeichnet." Mit diesem Satz beginnt dieses Kapitel. Glaubhaft, selbstverständlich, oder nicht? Erstaunlicherweise ist er weniger zutreffend als man denkt. Eine wissenschaftliche Studie hat einen überraschenden Gegenbefund ergeben. Aufgefordert, aus dem Kopf ein Fahrrad zu zeichnen, haben nicht wenige Erwachsene (Männer und Frauen) eine erstaunliche Fantasie entwickelt und technisch unmögliche Konfigurationen zu Papier gebracht. Da reckt sich etwa ein Sattelrohr von der Hinterradnabe schräg nach hinten oder die Antriebskette verbindet Vorder- und Hinterrad. Beides falsch! Das „Velo" ist ein wunderbares Beispiel für die innigste Durchdringung von Komplexität und Einfachheit und für deren Kongruenz.

Anmerkungen

18   *Fixies* heißen die bewusst einfach und ohne Gang-
      schaltung konstruierten Räder.

1   Drais erfand unter anderem einen Vorläufer der
     Schreibmaschine, das „Schnellschreibclavier".
2   Der wiederholt in der Fachliteratur anzutreffende
     Hinweis, im Hof des Palais Royal sei während der
     Französischen Revolution ein Graf de Sivrac mit
     einem nicht lenkbaren „Célérifère" aufgefallen,
     gehört ins Reich der chauvinistisch bedingten
     Prioritätslegenden. (Hinweis von Joachim Krausse
     an den Autor, Februar 2021.Vgl. Anm. 6)
3   M. J. B. Rauck / G. Volke / F. R. Paturi: *Mit dem Rad*
     durch zwei Jahrhunderte. Das Fahrrad und seine
     Geschichte. Aarau / Stuttgart 1979, 4. ed. 1988,
     S. 17
4   Wie Anm. 3, S. 21.
5   K. von Drais, ebd., S. 18
6   Joachim Krausse: „Versuch, aufs Fahrrad zu kom-
     men", in *Absolut modern sein. Zwischen Fahrrad und*
     Fliessband: Culture téchnique in Frankreich. Berlin
     1986, S. 59–77, hier S. 59
7   Drais, vgl. Anm. 3, S. 18
8   Drais, vgl. Anm. 3, S. 26
9   Vgl. Anm. 3, S. 38
10   So erschien zum Beispiel von 1903 bis 1931 in
     Zürich die *Schweizerische Nähmaschinen- und*
     Fahrradzeitung für Produzenten und Fachhändler.
11   Es gab Versuche mit einer asymmetrischen Anord-
     nung der Tretkurbeln auf der linken Seite des An-
     triebsrades. Vgl. Anm. 3, S. 48
12   Kugellager: 1869 Patent der Idee durch Jules
     Suriray (Frankreich), 1883 Erfindung der Kugel-
     schleifmaschine (als praktische Voraussetzung)
     durch Friedrich Fischer (Deutschland).
13   Ein Exemplar ist im *Musée des Arts et Métiers* in
     Paris zu sehen.
14   Konrad Wachsmann: *Wendepunkt im Bauen.*
     Wiesbaden 1959, S. 46
15   Ein Exemplar ist im *Musée des Arts et Métiers* in
     Paris zu sehen.
16   Die Bezeichnung Diamantrahmen ist vermutlich ein
     Übersetzungsfehler. Englisch „diamond" bedeutet
     auch Raute.
17   Die erste Gangschaltung wurde 1902 in England
     von Sturmey & Archer entwickelt und seit 1903 bei
     Raleigh-Rädern eingebaut.

X-6   Die Komplexität des „Einfachen"

Man versuche, in Sätzen zu beschreiben, wie wir einen Schuh binden. Wir lernten das in unserer Kindheit – vielleicht erinnern wir uns an den Stolz, als wir diese Bewegungsfolge zu beherrschen gelernt hatten, nicht durch Verständnis, sondern durch Imitation und Training. Wir beherrschen den Knoten, ohne hinzuschauen, aber zu beschreiben vermögen wir den Vorgang ebenso wenig, wie ein Uhrmacher detailliert ein Uhrwerk zu beschreiben vermöchte. Ein Uhrwerk ist kompliziert, der Knoten für den Schuh ist in seiner Einfachheit komplex. Einfachheit und Kompliziertheit sind Gegensätze, Einfachheit und Komplexität hingegen schließen sich nicht gegenseitig aus.

Wir kennen den Ausruf von Archimedes, als er das Auftriebsgesetz entdeckt hatte: Heureka! Ich habe gefunden, wonach ich gesucht hatte! „Ich hab's!" Er hatte herausgefunden, dass der Auftrieb eines Körpers dem Gewicht des durch ihn verdrängten Wassers entspricht. Dieses Naturgesetz gilt auch für Gase, und es erklärt auch, weshalb sich Flüssigkeiten unterschiedlichen spezifischen Gewichts entmischen; ist das spezifische Gewicht eines Körpers kleiner als das des umgebenden Mediums, schwimmt beziehungsweise schwebt der Gegenstand, ist es größer, sinkt er ab. Selbst wenn der Begriff des „spezifischen Gewichts" nicht von Archimedes stammt, hat er doch das Prinzip entdeckt, hat er ihn im Prinzip herausgefunden. Das Verb „herausfinden" ist schön; es spricht davon, dass aus einem Problem eine Lösung herausgeholt worden ist. Analog das Verb „entdecken": Etwas war verdeckt, jetzt ist es ent-deckt, auf-gedeckt. Diese Präfixe (heraus-, ent-, auf-) haben mit geistiger Beschäftigung zu tun, und insofern, als Gestaltung immer auch geistige Beschäftigung sein sollte, mit Gestaltung. Auch die Ent-Wicklung einer Lösung dreht sich um denselben Sachverhalt. Die Lösung ist zuerst im Problem „eingewickelt" und wird von dort aus ent-wickelt.

Die Entwicklung des Fahrrads zeigt sich als eine Abfolge einzelner Problemlösungen, die sich alle in der Rückschau logisch ausnehmen mögen, auch wenn sich keine von selbst verstand. Die Evolution erfolgte auf verschiedenen Stufen.

Die Schritt- und Reihenfolge von Drais' Laufrad zur Tretkurbel am Vorder-
rad, vom schweren und unstabilen geschmiedeten zum leichteren und festeren
Rohrrahmen, weiter zum Drahtspeichenrad, zum Kettenantrieb des Hinter-
rades, zur Felgenbremse, zum Freilauf und zur Gangschaltung – sie war lo-
gisch und ihrem Gegenstand weitgehend immanent, doch sie ergab sich nicht
von selbst. Und sie brauchte Zeit. Eine angebliche Zeichnung aus der Werk-
statt Leonardo da Vincis, die ein Fahrrad mit Tretkurbeln und Kettenantrieb
des Hinterrades darstellt, erwies sich als gefälscht. Sie hätte Leonardos visio-
näre Kraft auch in diesem Fall behaupten sollen – dass das, was faktisch eine
graduelle und evolutive Entwicklung mit vielen Beteiligten war, auch als ima-
ginative Explosion im Kopf eines Genies komprimiert gewesen wäre. Es war
aber nicht so.

Wie kam es zur Erfindung des Rades? Wurde es überhaupt „erfunden"? Oder
war es eine zufällige Entdeckung von etwas, was zuvor gar kein Problem ge-
wesen war? Oder wo das Problem erst in dem Moment des Fundes als Pro-
blem erkannt wurde, als man dafür die Lösung hatte? Dass man dank des
Rades Lasten besser bewegen konnte? Dass ein Genie auf theoretischem Weg,
aus logischer Analyse oder innerer Anschauung, auf die Idee des Rades kom-
men konnte, ist nicht undenkbar, aber eher unwahrscheinlich. Dass man auf
Rundkieseln leicht rutscht, ist eine Erfahrungstatsache. Geht das Rad darauf
zurück? Dass Steinblöcke auf untergelegten Baumstämmen sich bewegen las-
sen, mag davon abgeleitet worden sein. Doch die Rundhölzer wälzen sich da-
bei unter dem Stein nach hinten und müssen danach wieder vorne hingelegt
werden. Anders das Rad: Indem es durch seine Achse an einem Rahmen oder
einer Plattform fixiert ist, macht es die Fortbewegung leichter. Die Möglich-
keit, es in die gewünschte Richtung zu lenken, steigert diesen Vorzug entschei-
dend und war eine weitere Entdeckung – vermutlich erst viele Jahrhunderte
später. (Davon, dass die Bedeutung des Rades generell überschätzt wird, war
bereits im ersten Kapitel die Rede.)

Das Rad ist nicht eine komplizierte Erfindung, sondern eine komplexe. Es
steht für eine Gesetzmäßigkeit: Im Nachhinein ist fast jede Lösung einfach.
Aber die Einfachheit musste durch die Auflösung des Problems errungen wer-
den. Und zuvor musste das Problem als solches erkannt worden sein: Warum

schwimmt ein großes, schweres Holz, und warum ein kleiner Stein nicht? Das war Archimedes' Problem. Dass der Inhalt einer Schubkarre umso „leichter" wird, je länger ihre Griffe sind, wurde entdeckt, bevor man eine Erklärung für das Phänomen der Hebelwirkung hatte. Das Hebelgesetz fasste in eine Formel, was man zuvor „gemerkt" hatte. Die Formel „Arbeit gleich Kraft mal Weg" liegt auch dem Flaschenzug zugrunde. Und der Beißzange, dem Nussknacker, dem Wagenheber. Sie alle machen das Schwere leicht. Ein anderes Beispiel für die Transzendenz einfacher Lösungen ist der Siphon, die vertikale Doppelkurve eines Rohrs, bei dem das zurückbleibende Wasser das Aufsteigen übler Gerüche unterbindet: eine unübertrefflich einfache und effektive Problemlösung. Oder die Schere, deren Vorteil gegenüber dem Messer darin besteht, dass sie den Stoff oder das Papier immer genau dort festhält, wo sie schneiden muss. Wer das heraus-gefunden hat, muss im Moment von einem Glücksstrahl getroffen worden sein. Low tech, als maximale Raffinesse des Einfachen gegenüber der Hypertrophie von high tech, ist Anlass für reinsten Stolz. Ist high-tech kompliziert, ist low-tech die Umkehrung, der Wert unter dem Bruchstrich, der reziproke Wert von Kompliziertheit: die erstaunte Frage, wohin wohl die Kompliziertheit verschwunden ist.

Oft sind neuartige Materialeigenschaften der Ursprung neuer Dinge. Erst die Federwirkung von Metall ermöglichte die Taschenuhr, die Schreibfeder und die Büroklammer, also Gegenstände von sehr unterschiedlicher Komplexität. Ohne die federnde Spirale hätte es keine Taschenuhr und keine Armbanduhr gegeben. Die Schreibfeder aus Metall löste den Gänsekiel ab (und es scheint plausibel, dass in der deutschen Sprache nicht nur das Nomen „Feder" von der Vogelfeder stammt – das sowieso –, sondern auch das Verb „federn"). Die Büroklammer funktioniert nur wegen der Rückstellkraft, also der Klemmwirkung, des Drahtes aus Federstahl. Demselben Prinzip gehorcht der Druckknopf. Auch so niedrigkomplexen Gegenständen wie der Büroklammer oder dem Druckknopf ist das Fundament des „Herausgefunden-Habens" unterlegt. Es ist klar, dass heutzutage Materialien entwickelt werden, um etwas ganz Bestimmtes damit zu erreichen. Mit Gewissheit lässt sich behaupten, dass die umgekehrte Beziehung ungleich häufiger war: Dass ein neues Material erfunden war, bevor seine Anwendung feststand.

Im Nachhinein staunen wir immer wieder über die verschlungenen Wege zwischen der Lösungssuche und der Lösungsfindung. Beim Fahrrad führte der Weg zur besten Lösung wiederholt über unbefriedigende Ansätze. Die Bremse war – wie im letzten Kapitel angedeutet – anfänglich ein Stempel, der auf die Lauffläche des Vorderrades drückte und der bei einem bestimmten Fabrikat durch Verdrehen der Lenkstange um ihre Längsachse und über ein umständliches System aus Spanndrähten betätigt wurde. Über die Effektivität dieser Lösung wird man sich keiner Illusion hingeben, sie kann nicht praktikabel gewesen sein. Später verwendete man ein Gestänge aus Metallstäben zur Betätigung der Bremsen, bei dem die Lockerung der Bremsgriffe durch Druckfedern erfolgte; ein umständliches, wegen der unerwünschten Torsion des Gestänges schlecht funktionierendes System. Erst mit den in einer Hülse gespannten Drahtkabeln als Verbindung von Bremsgriffen und den Bremszangen war nach 1950 die überzeugende Lösung gefunden, bei der die Drahtkurven am Lenker eine Vorspannung aufweisen, deren Rückstellkraft die Bremsbacken löst, sobald man die Griffe loslässt. Wo sich das Komplizierte im Einfachen auflöst, hellt sich die Welt auf.

Oder noch ein Beispiel für die trügerische Annahme der Ursprungslosigkeit einer schlagenden Lösung ist der Rollkoffer. Er ist uns heute so selbstverständlich, dass wir uns kaum mehr vorstellen können, weshalb man sich während so vieler Jahre kofferschleppend (mit dem freien Arm als Gegengewicht ausgestreckt) durch die Straßen gequält hat. Erst das Kopfsteinpflaster, das die Rollen blockiert, oder die nächste Treppenstufe, macht uns auf deren Grenzen aufmerksam. Der Rollkoffer war zunächst eine Erfindung für das Flugpersonal, das auf den glatten Böden der Flughäfen lange Wege zurückzulegen hatte, und insofern wohl ein Nebenprodukt des Größenwachstums der Flughäfen als Folge der Zunahme der Zivilluftfahrt. Nein, „es hängt nicht alles mit allem zusammen", wie es oft entschuldigend heißt (denn dann sieht man nur noch die Kompliziertheit), aber vieles mit vielem – das schon.

7 Ein Handwerker als Überwinder des Handwerks
Michael Thonet und das Bugholzmöbel

Michael Thonet übertrug als Erster industrielle Praktiken auf die Fertigung von Möbeln. Wie in vielen anderen Fällen, war diese Leistung das Ergebnis einer Entwicklung und nicht einer vorsätzlichen Absicht. Thonet lebte von 1796 bis 1871, in einer Zeit, in der sich das Leben unter dem Einfluss der Industrialisierung fundamental veränderte. Als er 1819 in Boppard am Rhein als junger Mann seine Bau- und Möbelschreinerei gründete, wurden Möbel fast ausnahmslos in Handarbeit gefertigt. Der noch überall geltende Zunftzwang in den deutschen Ländern gestattete nur Kleinbetriebe mit wenigen Angestellten. Das Zeitalter war das höfische Rokoko (Spätbarock), dessen Möbel kunstvoll furniert, mit Einlegearbeiten (Intarsien) versehen oder künstlerisch bemalt zu sein pflegten. Je kunstvoller ein Möbel ausgeführt war, als desto bewundernswerter galt es. Auch Thonet stand als junger Schreinermeister auf dieser traditionellen Grundlage, und er war dabei erfolgreich. Zugleich war er darüber hinaus der Erste, der sich systematisch für die Frage interessierte, wie sich die Herstellung von Sitzmöbeln und Tischen vereinfachen und verbilligen ließe. Mit seiner Überlegung, sich dadurch breite neue Bevölkerungsschichten als Kunden erschließen zu können, ließ er schon früh ein – damals noch seltenes – unternehmerisches Denken erkennen. Bis dahin wurde die Möbelfertigung unter dem Gesichtspunkt der künstlerisch-handwerklichen Vollendung beurteilt, wobei oft die technische Bravour die Bewertung bestimmte.

Man vermutet einen Einfluss des angesehenen Möbelkünstlers David Roentgen auf Thonet, insofern, als Roentgen vom Zunftzwang befreit war, in Neuwied am Rhein erfolgreich eine Möbelmanufaktur mit zahlreichen Angestellten leitete und große Aufträge, etwa die Einrichtung von Adelssitzen, ausführen konnte.[1] Die Arbeitsteiligkeit in Roentgens Manufaktur war dabei herstellungstechnisch ebenso grundlegend wie seine geschickte

Geschäfts- und Vertriebstätigkeit. Doch die Möbel Roentgens waren kostspielig und exklusiv. Das Holz war oft mit Furnier belegt, künstlerisch bemalt oder mit Intarsien versehen; verfügbare genau arbeitende Sägen und starke Schälmesser waren dabei die Voraussetzung. Solche Werkzeuge standen allgemein zur Verfügung. Thonet übernahm von Roentgen die Arbeitsteilung, verschob jedoch das Kriterium nach und nach vom betont kunstvollen Produkt auf die messbare Effektivität der Produktion. Da das Thonet-Archiv in Wien kurz vor dem Kriegsende 1945 durch Feuer zerstört wurde, lassen sich die einzelnen Schritte auf diesem Weg nicht mehr klar rekonstruieren und voneinander trennen. Zahlreiche Thonet-Modelle sind nicht exakt datierbar. Fest steht jedoch, dass Michael Thonet als Schöpfer des „Consummöbels" ein europäischer Wirtschafts- und Designpionier war, in seiner Bedeutung vergleichbar etwa Cyrus McCormick oder Isaac M. Singer, zwei Protagonisten des „amerikanischen Produktionssystems" (→ Kap. 5).

Gezieltes Verformen

Das durch einseitig einwirkende Feuchtigkeit hervorgerufene Werfen von Holz war ein bekanntes und höchst unwillkommenes Phänomen. Der junge Thonet setzte es anfänglich jedoch gezielt ein, um einzelne geschweifte Teile eines Möbels herzustellen, etwa das Kopfstück eines Bettes. Sein Forschergeist ließ ihn jedoch das Phänomen tiefer und systematischer ergründen. Er wollte die Verformung verstärken und zielgerichtet einsetzen. Dazu erprobte er um 1830 ein neues Verfahren mit dünnen Lamellen aus aufgeschnittenen Brettern. Er kochte sie in heißem Leim weich, wobei sie mit Leim durchtränkt wurden und verleimte sie zu Paketen zusammengepresst in einer Eisenform, in der sie zum Trocknen verblieben. Zuerst stellte Thonet so aus „gekrümmten und zusammengeleimten Furnieren" einzelne Teile her – etwa Teile von Nachtkästchen „mit zylindrischer Form".[2] Davon ermutigt, dehnte er die Versuche auf Sitzmöbel aus, weil er in dieser Methode eine Möglichkeit sah, einen Stuhl in konstruktiver und herstellungstechnischer Hinsicht stark zu vereinfachen. Ein herkömmlicher Stuhl besaß damals zwei Vorderbeine, zwei Lehnstützen, vier Zargenbretter, eine Sitzfläche und eine Rückenlehne meist aus einem Kopfstück oben und mehreren Sprossen in vertikaler

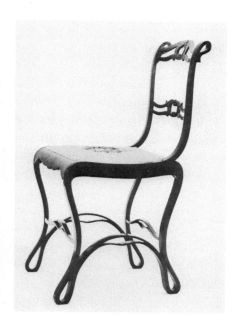

Abb. 76: Michael Thonet: Bopparder Stuhl mit verleimten Lamellen, um 1836.

oder horizontaler Richtung. Alle diese Elemente wurden einzeln zugeschnitten, einander angepasst und miteinander mittels Zapfen oder Überblattungen verleimt. Diese handwerkliche Fertigungsmethode war kompliziert, reich an Arbeitsgängen, zeitraubend und entsprechend kostspielig. Auch die Modelle von William Morris (ab 1860) waren so gebaut, was erklärt, warum Morris' Ziel, Arbeiterfamilien gute Möbel zugänglich zu machen, illusorisch bleiben musste. Zur selben Zeit suchte und fand Thonet eine effektive Lösung für das Problem.

Die Methode des formgepressten Schichtholzes war ein erster Schritt in Richtung einer vereinfachten Produktion. Als erstes so hergestelltes Möbel stellte Thonet 1836 den „Bopparder Stuhl" vor, der deutlich weniger, dafür größere zusammenhängende Teile aufwies als üblich. Seine Seiten bestanden aus je einem zusammenhängenden Lamellenpaket, wobei die Lamellen ähnlich verschlungen – gewickelt – waren, wie es ein Traiteur bei einer aufwendigen Pastete mit dem Teig macht. Man sprach von den „endlosen" Beinen dieser Stühle und Tische.[3] Dass die beiden Seiten des Stuhls je in einer Ebene lagen und dass das konstruktive Konzept aus dem Seitenriss entwickelt war, entsprach ganz der stilistischen Auffassung des Biedermeier. Dieser Stil wurde nach dem Rokoko von Louis XV. als schlicht und sachlich gewürdigt; er galt als der neue funktionelle und bürgerliche Stil. Bemerkenswert am Bopparder Stuhl ist allerdings, dass Thonet die neue Fertigungsmethode noch in einer auffallend bewegten Linienführung und nicht unter dem Kriterium der reinen konstruktiven Logik präsentiert. Das Stück ist ein Beispiel nicht für Vereinfachung, sondern für inszenierte technische Brillanz und somit auch ein Zeichen der zeittypischen Vorliebe für das gesellschaftliche Prestige von „Kunstfleiß", wie er uns bereits im Kapitel 4 begegnet ist.

Thonet stellte 1841 den Bopparder Stuhl auf der Gewerbeausstellung in Koblenz aus, wo er dem österreichischen – ursprünglich aus Koblenz stammenden – Staatskanzler Fürst von Metternich auffiel. Vermutlich war auch der berühmte Diplomat nicht vom Potenzial der Vereinfachung, sondern von der technischen Raffinesse angetan, die der Stuhl zum Ausdruck brachte. Metternich riet Thonet zur Übersiedlung nach Wien und verhieß ihm dort ein rasches geschäftliches Vorankommen. Angesichts der zähen Situation in Boppard kam Thonet dieser Anregung nach. In der Metropole des Habsburgerreiches wurde er bald mit dem englischen Architekten P.H. Desvignes bekannt gemacht, der das Stadtpalais des Fürstenhauses Liechtenstein erbaute, und konnte dafür das Mobiliar und Teile der Innenausstattung – darunter schöne Parkettböden – fertigen. Es war dies ein Auftrag für mehrere Jahre.[4] Die grazile Eleganz und hervorragende Machart seiner Möbel wurde sofort bewundert. Nach der Fertigstellung des Palais 1849 gründete Thonet seine eigene Firma, die er 1853 formell an seine fünf Söhne übertrug, in der er aber bis zu seinem Tod 1871 die Leitung der Firma behielt. Sie hieß nun „Gebrüder Thonet".

Technische Virtuosität als Blickfang

Diese Stühle für das Palais Liechtenstein unterschieden sich stark von der Entwicklungsstufe des Bopparder Stuhls: Sie waren graziler und beschwingter. (Man kann auch sagen, dass das bürgerliche Biedermeier in der Residenzstadt Wien kein gedeihliches Klima vorfand; Repräsentativität ging dort

Abb. 77: M. Thonet: Stuhl für das Palais Liechtenstein in Wien, um 1850. Gekrümmt verleimte und geschliffene Holzstäbe ergeben eine neue Ästhetik.

über alles.) Der stilistische Unterschied war in einer anderen Herstellungsmethode begründet. Denn der Nachteil des oben beschriebenen „biedermeierlichen" Schichtholzverfahrens in den 1830er-Jahren war, dass sich damit nur Kurven in der Fläche, nicht aber räumliche Schweifungen – Kurven zweiten Grades – herstellen ließen. Thonet gab sich damit nicht zufrieden und experimentierte weiter, um räumlich gekrümmte Teile zu erreichen. Zunächst gelang es ihm, ein bereits einfach verformtes Furnierbündel in einem zweiten Arbeitsgang auch in der Querrichtung zu krümmen, doch war dies zu kompliziert. Als Nächstes experimentierte Thonet erfolgreich mit dünnen aufgeschnittenen Vierkantstäben, die weichgekocht, spiralförmig verdreht, in Kurven gebogen und verleimt wurden, wodurch sich fast jede beliebige räumliche Kurve herstellen ließ, da der Leim das Holz in der gewählten Form hielt. Wie das? Das Aufteilen eines Holzstücks in Stäbe von kleinem, quadratischem Querschnitt ließ beim räumlichen Verformen die Stäbe aneinander entlanggleiten, und der erhärtete Leim hielt sie in der so erzeugten Form. Das nachträgliche Rund- oder Ovalschleifen dieser verdrillten Vierkant-Stabbündel machte die Art und Weise fast unsichtbar, wie sie erzeugt worden waren. Die Möbel im Palais Liechtenstein waren nach diesem Verfahren hergestellt.

Auf der *Great Exhibition* 1851 in London erregten einige virtuos nach dieser Methode gefertigte Möbel der Firma Thonet Aufsehen und wurden ausgezeichnet, etwa ein Beistelltischchen aus acht ineinander gedrehten Holzspiralen. Aus Rosenholz gefertigt, galten sie als Luxusmöbel. In experimenteller Hinsicht waren diese Versuche äußerst kühn und zeigten Thonets einzigartige Unvoreingenommenheit. Er patentierte dieses Verfahren 1852 unter dem Titel „Dem Holze durch Zerschneiden und Wiederzusammenleimen jede beliebige Biegung und Form in verschiedenen Richtungen zu geben". Der Patentschutz dauerte bis 1864.

Doch diese Schichtholzmöbel wiesen als einen grundsätzlichen Mangel ihre Abhängigkeit vom Leim auf. Die damals verfügbaren Klebstoffe waren nicht feuchtigkeitsresistent. Seeluft oder hohe Luftfeuchtigkeit beschädigten die Verbindungen. Erste Exportaufträge waren aus Südamerika (Brasilien, Argentinien) eingegangen, und diese materialtechnische Schwachstelle war ein Problem für den Export in andere Weltgegenden.[5] Thonet erkannte, dass auch deshalb der Schichtholzmethode Grenzen gesetzt waren. Deswegen legte er das Augenmerk auf die Frage, ob und wie sich Massivholzteile krümmen ließen. So gelangte Thonet zum zweiten und noch folgenreicheren Schritt: zum Bugholzmöbel im eigentlichen Sinn – dem Möbel aus massiven gebogenen Teilen, die nicht mehr verleimt, sondern nur noch seitlich verschraubt waren.[6]

Auf Biegen oder Brechen

Das Wort Bugholzverfahren klingt einfach: Trockene Holzleisten werden während Stunden in einem dampfgefüllten geschlossenen Behälter biegsam gemacht, anschließend in die gewünschte Form gebogen und zum Trocknen gelagert. Das Verfahren ist viel einfacher als die bisher beschriebene Methode des verformten Schichtholzes. Warum kam Thonet erst jetzt darauf? Weil dabei ein grundsätzliches Problem zu überwinden war.

Wir wissen, was wir tun müssen, um Äste zu Brennholz zu zerkleinern: Wir brechen sie übers Knie. Ist das Holz noch grün, biegt es sich, ohne zu brechen. Dann dehnen sich an der Außenseite der Biegung die Fasern, auf der Innenseite werden sie gestaucht. Anders bei trockenem Holz: Es bricht immer von der konvexen Seite (Kurvenaußenseite) her, da sich trockene Fasern zwar stauchen, aber nicht dehnen lassen. Zwischen der Außen- und der Innenseite gibt es eine neutrale Längsebene im Holz, wo sich die Fasern weder verkürzen noch verlängern. Thonet musste das Problem lösen, wie er bedampftes Holz so biegen konnte, dass die Fasern nur gestaucht, nicht aber gedehnt wurden. Er musste mit anderen Worten diese neutrale Ebene auf die Kurvenaußenseite verlegen, indem er dort die Dehnung des Holzes unterband. Die Lösung fand sich in einem flexiblen Blechstreifen, an den das Holzstück beim Biegen gepresst wurde, sodass seine Außenseite durch den Reibungswiderstand fixiert war.[7] „Biegen oder Brechen!" war fortan Thonets Wahlspruch.

Vielleicht entgegen der Erwartung lassen sich die beiden Experimentlinien beziehungsweise -verfahren – Schichtverleimung oder massives Bugholz – nicht in eine klare zeitliche Abfolge bringen, sondern liefen eine Zeit lang parallel. Eine Reihe von Modellen bestand aus Teilen, die sowohl aus der einen wie aus der anderen Methode hervorgingen. Auch das Zusammensetzen selbst vollzog sich im sukzessiven Übergang vom axialen Ineinanderfügen zum seitlichen Verschrauben. Bis kurz vor 1860 waren zum Beispiel die Vorderbeine noch als im Dreieckverband mit dem Sitz verbunden, erst später mittels Schraubgewinde ins Zapfloch gedreht.

Das Unternehmen wuchs von Anfang an schnell. Thonet und seine Familie erhielten bald nach 1850 die österreichische Staatsbürgerschaft. Der Betrieb in Wien wurde rasch zu klein. Die eigentliche industrielle Fertigung begann 1857 in Thonets erster auswärtiger Fabrik in Koritschan (Mähren); weitere Fabriken wurden bis 1880 in rascher Folge an verschiedenen Standorten der Donaumonarchie sowie 1890 im hessischen Frankenberg errichtet.[8] Die Zunahme der Fabrikstandorte bildete direkt den zunehmenden Erfolg der Firma ab. Dabei war Michael Thonet von seinem Naturell her ein leidenschaftlicher Experimentator und wirtschaftlicher Stratege, jedoch kein Geldmensch. Er trug am liebsten seine Arbeitskleidung, suchte sich nach Möglichkeit seiner Prominenz zu entziehen – er holte seine Hölzer selber im Lager und pflegte Besucher, als ob er ein gewöhnlicher Angestellter wäre, auf einen seiner Söhne zu verweisen.[9]

Die systematisierte Möbelproduktion erforderte einen permanenten Nachschub an Rohmaterial, in erster Linie Buchenholz, ein zwar nachwachsender, aber langsam nachwachsender Werkstoff. Damit ein Baum geeignete Bretter hergab, musste er mindestens dreißig Jahre alt sein. Dies erforderte wiederholt eine neue Fabrik in der Nähe von ausgedehnten Waldungen, wobei Thonet langjährige Lieferverträge mit deren Eigentümern abschloss. Nachhaltige Produktion war damals noch kein Thema. In diesen ländlichen Gegenden waren auch die Lohnkosten niedrig. Im Jahr 1876 beschäftigte Thonet nicht weniger als 4500 Arbeiter, davon mehr als die Hälfte ungelernte Frauen vor allem für das Schleifen, Polieren und die Flechtarbeiten. Das Rohrgeflecht von Sitz- und Rückenteilen entstand vor allem in Hausarbeit bei zahlreichen Familien rund um die Fabriken, jährlich zehntausende Stück.

Mit der Zeit entstand bei Thonet ein Repertoire an modular kombinierbaren Einzelteilen. Der Höhepunkt an industrieller Vereinfachung eines Stuhls war 1859 mit dem Stuhl Nr. 14 erreicht, der nur noch aus sechs Einzelteilen und zehn Schrauben bestand: zwei Vorderbeine, Lehnstütze, kreisrunder Sitzring mit Verstärkungen für die Zapfenlöcher und Rohrgeflecht (oder Sperrholzsitz), Stützbogen sowie Fußring. Er erhielt auf der Pariser Weltausstellung 1867 die Goldmedaille, entwickelte sich bei Weitem zum erfolgreichsten

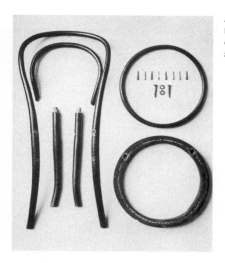

Modell und wurde seither in vielen Millionen von Exemplaren gefertigt. Der Stuhl Nr. 14 ist das Bugholzmöbel schlechthin, ein Grundtypus. Ein Jahr später entstand der mit den Jahren zu einem weiteren Klassiker gewordene Schaukelstuhl, der von wesentlich leichterem Gewicht war als die Konkurrenzfabrikate mit Eisenkufen.

Die Herstellung des Stuhls Nr. 14 erfolgte nach diesen Schritten: 1. Zerschneiden der Buchenbretter zu Holzleisten von 3 mal 3 Zentimeter Querschnittsfläche, 2. Reduzieren der Leisten an der Drehbank zu Rundquerschnitten von variablem Durchmesser, 3. Zuschneiden und Bedampfen in der Kammer (während bis zu 24 Stunden), 4. Biegen im Formwerkzeug, 5. Trocknen, 6. Hobeln, 7. Polieren oder Lackieren, 8. Sitzring schließen, 9. Verschrauben, 10. erneutes Zerlegen und Versand der Komponenten (in einem Behälter von einem Kubikmeter Transportvolumen fanden drei Dutzend Stühle Nr. 14 Platz), 11. Zusammenschrauben bei der betreffenden Thonet-Niederlassung (in zahlreichen europäischen Hauptstädten oder in Rio de Janeiro, Chicago oder New York).[10] Das Wort „Sitzring" beim Schritt Nummer 8 soll uns doch daran erinnern, dass Holz immer ein lineares, gerichtetes Material ist. Soll daraus die geschlossene Form eines Ringes entstehen, erfordert dies geeignete Schritte des Zuschneidens und Verleimens.

Bugholz weltweit

Die Laufzeit von Patenten war am Ende des 19. Jahrhunderts auf wenige Jahre begrenzt. In dieser Zeit gelang es der Firma Thonet, Weltruf zu erwerben. Dabei gab es auch ernsthafte Konkurrenz. Ebenfalls von Wien aus und ebenfalls mit verschiedenen Produktionsstandorten erwarb sich die Firma Jacob und Joseph Kohn (Vater und Sohn) einen guten Ruf und brachte es zum Hoflieferanten des spanischen Königshauses.[11] Die ebenfalls 1849 gegründete Firma Kohn verfeinerte in den 1860er-Jahren das Biegeverfahren mit einer Überdruckkammer (Autoklav), wodurch das Bedampfen rascher und bei höherer Temperatur erfolgte. Ihr Ehrgeiz war die Verfeinerung der Bugholztechnik und der Linienführung, etwa durch noch schlankere Querschnitte und körpergerechte Wölbungen („um Möbel von größerer Geschmeidigkeit und Weichheit der Formen herzustellen und die Bequemlichkeit namentlich dadurch zu erhöhen, dass die Rücklehnen gewölbt, an den Körperbau sich anschmiegend, erzeugt wurden", wie die *Wiener Zeitung* 1903 schrieb).[12] Es war auch die Firma Kohn, mit der um die Jahrhundertwende Architekten die Zusammenarbeit suchten, um eigene Modelle zu entwickeln. Der Erste war der junge Adolf Loos mit dem Kaffeehausstuhl für sein Erstlingswerk, das Café Museum (1899). Otto Wagner entwarf für die Postsparkasse 1903 den berühmten Sessel mit einem kunstvoll geführten rechteckigen Holzquerschnitt für

Beine, Arm- und Rückenlehne. Auch Josef Hoffmanns „Sitzmaschine" (1903) war ein Erzeugnis von J. & J. Kohn.

Das Bugholzmöbel wurde zu einem Standard, der nach einigen Jahren patentrechtlich nicht mehr geschützt werden konnte und im Angebot von immer zahlreicheren Produzenten weltweit war, allein in Österreich-Un- garn waren es am Ende des 19. Jahrhunderts 26 Hersteller. Es ist damit ein weiteres überzeugendes Beispiel für die „Suche nach dem Standard" (→ Kap. 15).

Die größte Leistung Michael Thonets und seiner Söhne war es, sich von der traditionellen Überlieferung freigemacht zu haben – nicht aus Feindschaft ihr gegenüber, vielmehr aus der Einsicht in ihre Begrenztheit. Die konnte nur geschehen, weil Thonet nach vorne blickte. Das wird deutlich, wenn wir seine Praxis mit Gottfried Sempers gleichzeitig formulierter Theorie vergleichen.

Thonets Generationsgenosse Semper verfasste 1852 unmittelbar im Anschluss an die Weltausstellung in London seine Schrift „Wissenschaft, Industrie und Kunst", in der er nach den „Stammwurzeln oder Urmotiven aller menschli- chen Werke" fragte und sie in vier Kategorien einteilte:

A   Flechterei, Weberei, Spinnerei (Erzeugung dünner und biegsamer Kunstmotive);

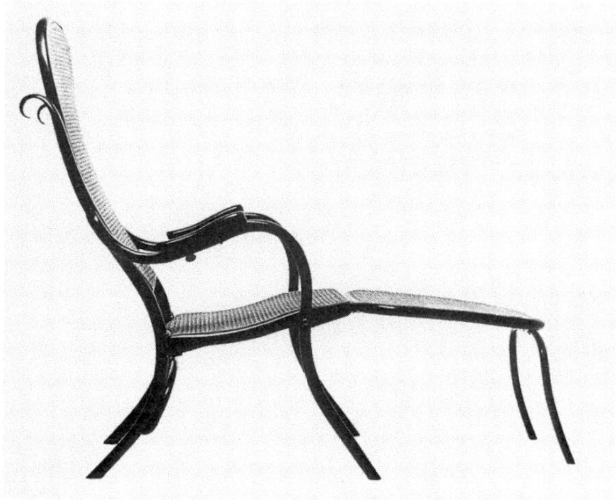

Abb. 82: Thonet: der „Camin-Fauteuil", im Sortiment seit 1873, hier die Ausführung von 1911.

B   Töpferei (Herausarbeiten der Formen in weichen, bildsamen Stoffen mit nachträglicher Erhärtung);

C   Zimmermannskunst (Verbindung von Stangen in Konstruktionssystemen);

D   Maurerkunst (Behauen harter Stoffe, Formen und Einbinden kleiner harter Stücke in den Konstruktionskörper).

Beispiele für diese Kategorien sind für A/Flechtarbeiten: Korbflechten, Sitzgeflecht, Textilien; für B/Töpferei: auch Backen, Mörtel, Zementguss; für C/lineares Konstruieren: Skelettbauweise in Holz oder Metall; für D/Maurerei: Steinmetzkunst, Verbauen von Modulsteinen.[13]

Semper erkannte zwar, dass zahlreiche Erzeugnisse mehr als einer einzigen Kategorie zuzuordnen sind. Wenn wir uns an seiner Matrix orientieren, wird erkennbar, dass etwa der einzelne Backstein zur Kategorie B gehört, das Herstellen von Mauerwerk damit jedoch zur Gruppe D, wobei die beiden in zeitlicher Hinsicht aufeinander folgen. Thonet jedoch ließ sich nicht von einer tradierten Typologie leiten, vielmehr brachte er die Kategorien A und B mit C in eine neuartige Verbindung und Vermischung, insofern als sie sich beim Holzbiegen zu einer neuen Einheit zusammenschließen. Er verband die Techniken des plastischen Verformens, des Flechtens und der des

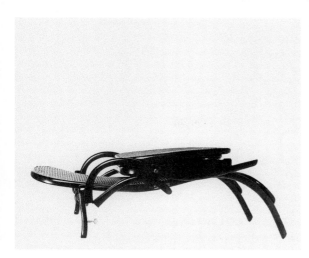

Abb. 83: dito, Der „Camin-Fauteuil"
zusammengefaltet. Das ingeniöse
Faltprinzip mit Scharnieren ermöglicht eine beträchtliche Verkleinerung
des Möbels.

Konstruierens und schuf damit seine eigene neue Kategorie jenseits einer anerkannten Theorie und Praxis.

Mit dieser Feststellung ließe sich dieses Kapitel beenden.[14] In der Designgeschichte gilt Thonet als Urheber der industriellen Möbelproduktion. Voraussetzung dafür war die konstruktive Neukonfiguration des Möbels mittels durch Bögen miteinander verbundenen und seitlich verschraubten Elementen. Wir haben gesehen, dass der Weg zu diesem Konzept lang und dass die Vereinfachung nicht Thonets einziges Entwicklungsmotiv war.

Eine Frage drängt sich nun aber doch auf: Hat Thonet nicht Methoden gefunden, die es bereits früher gab, nämlich im Rattan-Möbel, jenen Sitzen und Tischchen, die aus den Fasern der flexiblen Rattanpalme gebildet waren? Sie, die als Möbel in Garten, auf Terrassen und Schiffsdecks dienten, bestanden ebenfalls aus gebogenen und seitlich verbundenen, in diesem Fall durch Pflanzenfasern zusammengebundenen Teilen. Sie waren leicht, feuchtigkeitsunempfindlich, für tropische Weltgegenden geeignet und bezeichnenderweise auch dort entwickelt worden: in Indien, Indonesien und Schwarzafrika. Dort aber lag diese Technik der Materialverarbeitung nahe, das Verhältnis von verfügbarem Material und Formgebung war direkt und geradlinig. Die Leistung Michael Thonets bestand darin, ein drittes Kriterium dazwischen eingeschaltet

175

zu haben, das Kriterium einer industriell bestimmten Fertigungsgerechtigkeit jenseits eines jeden tradierten fachlichen Verhaltenskodexes.

Es brauchte 30 Jahre des Experimentierens vom Bopparder Stuhl bis zur Entwicklung des Stuhls Nr. 14. Als Thonet seine ersten Versuche mit Schichtholzlamellen machte, wusste er nicht, wohin sie ihn führen würden.

Welches waren seine Motive? Was machte ihn zum Pionier einer neuen Auffassung von Mobiliar? Einige Hypothesen in Frageform: 1. Wollte er eine neue Technik des Verformens erfinden? Versuch einer Antwort: etwas „erfinden wollen"? Wenn man etwas will, das es nicht gibt, kann man es mit Glück und Können erfinden, will sagen: entwickeln, und das hat er getan. 2. Wollte er „die Funktion des Sitzens neu definieren"? – Wozu sollte er? So tönt es nur in der Werbung. 3. War sein Ziel die Schaffung einer neuen Formgebung? – Dagegen sprechen die verschiedenen Formensprachen seiner Modelle. 4. Wollte er wirtschaftlichen Erfolg? – Bestimmt, wie alle Fabrikanten. 5. Wollte er die Bevölkerung durch seine Produkte beglücken? – Und selbst wenn: Was ist „die Bevölkerung"? Die vornehmen Besucher der Messen, die Ballgäste in einem Palais oder die Esser in den Arbeiterkneipen? Für sie alle gab es Thonet-Modelle. 6. War sein Ziel die Vereinfachung des Möbels, und wenn ja: welche Vereinfachung, die der Herstellung oder die der Form?

Das Bugholzmöbel ist kein Mysterium. Aber auch handgreifliche Tatsachen lassen viel Raum für Interpretation.

Anmerkungen

1   Karl Mang: *Thonet Bugholzmöbel*. Wien 1982, S. 10.

2   Ganz ähnlich wurden damals in den USA, etwa von Singer, gerundete Koffer für Nähmaschinen hergestellt.

3   Wie Anm. 1, S. 45

4   Thonet fertigte die Möbel für die Möbelschreinerei Carl Leistler, dem Vertragspartner des Architekten Desvignes, an.

5   Wie Anm. 1, S. 31

6   Die exakte Chronologie der Versuche ist heute nicht mehr feststellbar; die beiden Verfahren wurden zum Teil parallel zueinander entwickelt.

7   Wilhelm Franz Exner: „Das Biegen des Holzes" (Weimar 1876). Zit. bei Karl Mang (vgl. Anm. 1), S. 33–35.

8   Produktionsstandorte von Thonet: 1857 Koritschan (Mähren), 1862 Bistitz am Hostein (heute Tschechien), 1865 Gross-Ugrosz (heute Slowakei), 1868 Hallenkau (Tschechien), 1880 Neu-Radonsk (Polen), 1890 Frankenberg (Hessen/Deutschland)

9   Wie Anm. 1, S. 51

10 Ole Bang: *Thonet – Geschichte eines Stuhls*. Stuttgart 1979, zit. nach Mang (vgl. Anm. 1), S. 47 f.

11 Auch J. & J. Kohn wuchs rasch und baute Fabriken in: 1868 Vsetin (Mähren), 1869 Jičin (Böhmen, heute Tschechien), 1871 Krakau und Teschen (heute Polen), 1884 Nowo-Radomsk (heute Russland).

12 *Wiener Zeitung*, Internet-Quelle, „J. & J. Kohn"

13 Gottfried Semper: „Wissenschaft, Industrie und Kunst. Vorschläge zur Anregung Nationalen Kunstgefühles" (1851), in H. M. Wingler (Hg.): *Gottfried Semper. Wissenschaft, Industrie und Kunst*. Mainz 1964, S. 77.

14 Die weitere Geschichte der Firma kann hier nicht dargestellt werden. In Kürze: Nach dem Zerfall der Donaumonarchie 1918 fiel die österreichische Bugholzindustrie in eine tiefe Krise, da die Produktionsstandorte jetzt im Ausland lagen. Thonet und Kohn fusionierten zu Thonet-Mundus und bauten ihre Produktionsinfrastruktur nach und nach wieder auf. Ende der 1920er-Jahre wurde das schlichte Bugholzmöbel zu Recht in engem Zusammenhang mit den Zielen des Neuen Wohnens gesehen.

X-7   Materialgerechtigkeit, Fertigungsgerechtigkeit

Der Grundsatz der „Materialgerechtigkeit" erscheint zunächst einleuchtend. Holz lässt sich nur parallel zur Faser kleben. Eine Pflanzenfaser wie Peddigrohr lässt sich nicht auf Druck belasten, aber vorzüglich flechten; dasselbe gilt von Lederriemen, die zudem sehr zugfest sind. Keramik verlangt nach einem Brand, um für Flüssigkeiten dicht zu werden. Ein Seil mit verdrehten Fasern hat eine höhere Tragkraft als eines mit gleich viel parallelen Fasern. Eine Eisenkette ist nur so stark wie das schwächste Glied. Schmiedeeisen ist stärker als Gusseisen, weil beim Schmieden der Anteil von Kohlenstoff reduziert wird. Bronze wurde vor 4000 Jahren erfunden als Verbindung von Eisen mit Kupfer. Rostfreier Stahl entsteht als Legierung von Eisen mit Chrom und Nickel und so weiter. Doch was ist das Material, wenn wir nach der Materialgerechtigkeit fragen? Ist es die Bronze oder sind es ihre Komponenten Eisen und Kupfer? Ist es der Baumstamm oder das Brett?

Erkenntnisse und Regeln wie die der Materialgerechtigkeit gründen in lange tradierten Erfahrungen. Sie besagen: Du sollst, du musst, du darfst nicht. Dies ist materialgerecht, jenes nicht. Wir haben Erfahrungswerte: Ein dicker Balken trägt mehr als ein dünner; ein Stein als Überbrückung einer Lücke braucht eine bestimmte statische Höhe, um zusätzlich zum Eigengewicht eine Nutzlast zu tragen; ein Regalbrett biegt sich unter der Last der Bücher je mehr, desto größer seine Spannweite ist. Die Verformung, beim Bücherregal unerwünscht, gibt dem Bogen aus Eschenholz gerade die Schnellkraft, die ihn zur Jagdwaffe macht: Der Mensch brauchte Zeit, um die spezifischen Materialeigenschaften herauszufinden und sie sich zunutze zu machen. Das Material ist für den Menschen höchst selten naturwüchsig vorgegeben. Die Fertigung setzt früher ein als man gemeinhin denkt, nämlich bereits bei der Zurichtung des Materials und nicht erst bei der Herstellung des beabsichtigten Produkts. Das gewachsene Holz ist von der Natur gegeben; doch als Baum und nicht als Brett. Es ist eine kulturelle Entscheidung, das Fällen und Zersägen eines

Baumes als „materialgerecht" zu bezeichnen, ebenso wie das Scheren eines Schafes als material-, das heißt „wollegerecht". Deshalb eignet sich das Kriterium der Materialgerechtigkeit nicht sehr gut als Kampfbegriff. Im Deutschen Werkbund (→Kap. 11) gab es zur Zeit des Ersten Weltkrieges eine Kontroverse um das Furnieren hölzerner Flächen – soll es als naheliegendes Mittel zur formalen Beruhigung eines Gegenstandes – etwa eines Kleiderschranks oder Pianos – erlaubt oder soll es als „unehrlich" verpönt sein? Die aufgeschlossenen Stimmen, die im Furnieren kein verwerfliches Verhalten sahen, bekamen in dieser Frage mehr Unterstützung als die Tugendwächter der ideologischen Reinheit. Dies war eine kulturelle Entscheidung, wodurch auch das Sperrholz legitimiert wurde. Beim Sperrholz sind die verschiedenen Lagen von Furnieren kreuzweise verleimt, was material- und gewichtssparende Möbel ermöglicht, die entsprechend preisgünstig herzustellen sind. Ein naturgegebener Nachteil – das Schwinden von Holz – wurde beim Sperrholz durch das kreuzweise Verleimen („Absperren") eliminiert: Die Fertigung hat die Schwachstelle des Materials behoben.

Michael Thonet ging bedeutend weiter in seiner Überwindung der berufsständischen Regeln, mit denen er als Möbelschreiner vertraut war. Er wusste selbstverständlich, dass man Holz nicht quer zur Faser verleimen kann. Doch er überwand die gängigen Methoden des Leimens längs zur Faser oder des Verbindens mittels Zapfen oder Überblattungen, um seine neue Idee des Bugholzmöbels zu entwickeln. Er schob die Vorstellung des Verleimens oder Verzapfens überhaupt zur Seite und damit auch den tradierten Handwerkerstolz, den eine exakt ausgeführte Schwalbenschwanzverbindung oder Eckverzinkung mit sich bringt. Dafür erprobte er die Verarbeitung und Verformung längerer Hölzer. Leicht fiel ihm dieser Schritt weg vom traditionellen Verfahren nicht: Er brauchte dazu, wie erwähnt, 30 Jahre des Experimentierens vom Bopparder Stuhl mit Schichtholzlamellen bis zur Entwicklung des massivgebogenen Stuhls Nr. 14. Das Unternehmen Thonet entsprang geduldiger Infragestellung und nicht dem smarten Einfall.

Thonets Methode war für konservative Geister ein Sakrileg. Doch sie war erfolgreich, weil sie sich nicht an tradierten Maximen der Materialgerechtigkeit orientierte, sondern eine neue Vorstellung durchsetzte: die Idee der

Fertigungsgerechtigkeit. Thonet transponierte dabei die Vorstellung des „Richtigen" gleichsam in die Etage darüber: vom Werkstoff zu seiner Verarbeitung. Dazu musste er das Verhältnis von Zweck und Mitteln neu bestimmen. Statt die herkömmlichen Mittel eins ums andere traditionell-materialgerecht einzusetzen, um den beabsichtigten Zweck zu erreichen, definierte er den Zweck (Stuhl) und fand die neuen Mittel (das Kochen, Biegen und Verschrauben – und vor allem eine Aufteilung in Elemente und ihre Konfiguration). Seine Methode war fertigungsgerecht, die Möbel waren funktionsgerecht und in ihrer Performance auch marktgerecht.

Neu an Thonets Methode war ihre Radikalität und ihre Oppositionsstellung gegenüber der Überlieferung, die erforderte, sich das Material nach bestimmten Vorgaben gefügig zu machen. Hierin liegt der Unterschied zum Töpfern oder Korbflechten. Beim Aushöhlen und Hochziehen eines Tonklumpens sind Material- und Fertigungsgerechtigkeit ein und dasselbe – der rohe Klumpen ist von keinerlei Gebrauchswert. Beim Flechten von grünen Weiden- oder Haselruten steht ebenfalls die Fertigungsgerechtigkeit im Fokus; denn zu etwas anderem als zum Flechten eignen sich die Ruten nicht.

Bildet das Kriterium der Materialgerechtigkeit noch den entscheidenden Einfluss der natürlichen Materialien auf die Artefakte ab, so jenes der Fertigungsgerechtigkeit die Selbstermächtigung des Menschen über die Natur. Der Charakter der Materialien als Rohstoffe *wird dabei vermehrt bewusst, und ihre Verarbeitung und Umwandlung als Raffinierung intensiviert sich im industriellen Prozess. Die Thonet-Industrie ist ein früher Modellfall; die Ford-Werke* (→ **Kap. 12**) *werden für die Weltöffentlichkeit die Apotheose des zentralisierten „Industrialismus" sein. Die heutigen Industrien sind demgegenüber viel abstrakter: dezentralisiert mit einer geografisch weitgespannten Arbeitsteiligkeit und Logistik.*

Der Schritt von der Material- zur Fertigungsgerechtigkeit wird in der Geschichte des Designs gefolgt werden von einer aufsteigenden Reihe weiterer Kriterien: dem der Gebrauchstüchtigkeit, der Marktkonformität und schließlich der „Gendergerechtigkeit", der „Inklusion" und der Umweltgerechtigkeit. Die Entwicklung der Designtheorie bildet diese Ausweitung und Vermehrung der Gültigkeitssphären ab, sie wurde vielfältiger und unübersichtlicher.

Der „ökologische Fußabdruck" gilt bis zu diesem Punkt heute als die äußerste Sphäre und als Prüfstein von globaler Bedeutung. Aber noch immer ist das System nicht vollständig. Was leider auch noch fehlt, ist die Verteilungsgerechtigkeit, ohne die aus der Umweltgerechtigkeit keine Weltgerechtigkeit werden kann.

8 Eine lange Leitung: die Elektrifizierung
Von der Einzelerfindung zum System

Die Elektrizität ist nur indirekt, an ihren Auswirkungen, erkennbar: Wir schalten ein, es wird hell, ein Gerät beginnt zu laufen. Oder auch umgekehrt: Es wird plötzlich dunkel, etwas steht unvermittelt still. Wenn Design in dieser Studie nicht in erster Linie als das gesehen wird, was „so und so aussieht", sondern was „etwas macht", muss uns die Frage interessieren, was die Rolle der Elektrizität dabei ist.

Unsichtbar, unhörbar, unfassbar, geruch- und geschmacklos: Dass etwas derart Unsinnliches wie die Elektrizität so wichtig werden konnte, ist erstaunlich. Die Moderne steht und fällt mit diesem Fundament. Als Ersatz für die menschliche oder tierische Muskelkraft und als Energiequelle stellt die Elektrizität ein unabsehbares Riesenheer von „Energiesklaven", um die Bezeichnung des Erfinders und Technikphilosophen R. Buckminster Fuller zu verwenden.[1] Als der französische Architekt Tony Garnier im Jahr 1900 sein Mappenwerk *Une cité industrielle* veröffentliche, die detailreiche Ausmalung eines angenehmen Lebens in einer imaginären mittelgroßen Stadt im Südosten Frankreichs, beruhte seine eindrückliche Studie jedenfalls auf der Verfügbarkeit elektrischer Energie für den Fabrikkomplex in der Unterstadt, für die Wohnhäuser und öffentlichen Bauten in der Oberstadt und für die für Straßen- und Eisenbahn. Eines der ersten Blätter in Garniers Zukunftsvision weist als Quelle von all der dafür erforderlichen Energie einen nahegelegenen Stausee mit Elektrizitätswerk aus. Hier sah er den Ursprung der modernen Lebensart. An der Wende zum 20. Jahrhundert war die Zeit des Umbruchs, als immer mehr Bereiche des Lebens elektrifiziert wurden. Was damals eine Sensation war, ist für uns längst selbstverständlich – und müsste uns somit auch auf eine Leerstelle in unserer Vorstellungskraft hinweisen. Stellen wir heute ein Auto ab, hören die elektrischen Apparate darin zu arbeiten auf, Zündung, Einspritzpumpe, Lichtmaschine; die Außenspiegel schwenken automatisch in Ruheposition, doch wir denken nicht an die Stellmotoren, die

Letzteres bewirken, und wenn doch, haben wir keine Vorstellung von ihrem Aussehen. Was lässt sich zum Zusammenhang von Design und Elektrizität sagen? Jedenfalls dies: Ohne die Elektrizität sähe unser Leben ganz anders aus. Ist uns etwa nicht die Genugtuung abhandengekommen, die man vermutlich früher empfand, wenn man in einen Zuber mit warmem Badewasser stieg, das man sich mit einem Feuer bereitet hatte?

Nicht im Blick zurück in die Geschichte, sondern prospektiv lässt sich behaupten: Die auf elektromagnetischem Weg erzeugte und freigesetzte Energie ist die einzige Energieform, mit deren Nutzung die Menschheit langfristig überleben kann. Solange der thermonukleare Fusionsprozess in der Sonne andauert – noch weitere Milliarden Jahre –, genügt ein winziger Bruchteil, nämlich 0,2 Promille, der von der Erde absorbierten solaren Wärme- und Lichtstrahlung zur Deckung des gesamten heutigen Bedarfs der Menschheit an Primärenergie. Elektromagnetismus vermag nicht nur die sauberste Energie zu liefern, sondern im Vergleich mit jeder Art von Verbrennung die einzig saubere überhaupt.

Deshalb muss, wenn von Design die Rede ist, trotz ihrer „Ungegenständlichkeit" auch von der Elektrizität die Rede sein. Durch Elektrizität wurde und wird seit etwa 1850 bis heute nicht nur das Leben von Milliarden Menschen förmlich transformiert, sondern auch das Verständnis dessen bestimmt, was eine Zivilisation ausmacht und was sie vom sogenannten primitiven Leben unterscheidet. Hinsichtlich des Designbegriffs gilt es jedoch zu differenzieren zwischen den generellen Implikationen der Elektrizität auf die Lebensart eines wachsenden Teils der Erdbevölkerung und ihren Auswirkungen auf die Welt der Gegenstände: in Bezug auf deren Vorkommen, ihre Funktionsweise, ihre technische Machart und ihre Erscheinung. Dies soll auf diesen Seiten versucht werden.

Faszination des Unsichtbaren

Es wäre nichts falscher, als in der Elektrizität ein menschgemachtes Phänomen zu sehen. Sie gehört gleichermaßen zur Natur wie zu unserer Welt der Artefakte. Unser Gehirn, die Nervenbahnen und die Muskel-Rezeptoren bilden ein neuronales, im weitesten Sinn elektrodynamisches System.

Blitzschlag und Nordlicht sind elektrostatische Phänomene, wie auch das Elmsfeuer und der Stromstoß beim Streicheln der Katze oder bei der Berührung des Aals. Als Naturphänomene waren sie lange für die Menschen geheimnisvoll und ein Anlass für Furcht. In der Neuzeit dann begann man die Elektrizität zu „verstehen" und praktisch in die Erlebniswelt zu integrieren. Im 18. Jahrhundert lernte man durch die Entdeckung Galvanis zwischen zwei unterschiedlichen, in Flüssigkeit getauchten Metallen einen Strom fließen zu lassen, der die metallischen Pole langsam abbaut, man entdeckte die elektrostatische Reizung von Muskelfasern an einem toten Frosch und setzte die Elektrizität als Ursache von Ergötzungen ein. Goethe berichtet in *Dichtung und Wahrheit:* „Wir [Kinder] waren sehr vergnügt, als zur Messzeit, unter anderen Raritäten, Zauber- und Taschenspielerkünsten, auch eine Elektrisiermaschine ihre Kunststücke machte, welche so wie die magnetischen, für jene Zeit schon sehr vervielfältigt waren."[2] So blieb dieser Effekt im Alltag zunächst ein kurioses Randphänomen noch lange über die Mitte des 18. Jahrhunderts hinaus. In den Naturwissenschaften allerdings – denen des eminent „physikalischen" 18. Jahrhunderts – fand die Faszination für die Elektrizität reiche Nahrung. Der Physiker Michael Faraday erkannte, dass die Feldspannungen in der Umgebung von Magneten Kurven im Raum beschreiben, für die er den Begriff „Kraftlinien" fand.[3] Hinter dem Begriff des elektrischen „Stroms" steht übrigens – auch in anderen Sprachen – die Denkfigur des Fließens; aber auch Physiker anerkennen, dass abgestelltes Wasser noch immer in der Leitung ist, Strom hingegen nur, wenn er *fließt,* weshalb niemand genau sagen kann, was dieses Fließen denn eigentlich ist. Franklins Erfindung des Blitzableiters war ein wichtiger Schritt im praktischen Umgang mit der Naturkraft Elektrizität. Eine frühe praktische Anwendung fanden die wissenschaftlichen Erkenntnisse der Elektrostatik auch in der „Galvanoplastik", von der bereits kurz die Rede war (→Kap. 4). Erst die epochalen Arbeiten des schottischen Physikers James C. Maxwell erbrachten um 1855 die Erkenntnis, dass auch die Sonnenstrahlen, ja sogar die Tageshelligkeit, elektromagnetischen Ursprungs sind, und damit das Leben überhaupt. Seit Maxwells Formulierung der Feld- oder Wellentheorie – der Grundlegung der modernen Physik – weiß man, dass Wärme dem langwelligen Bereich des Wellenspektrums

Abb. 85: Schiff mit Blitzableiter. (*Tomlinson's Encyclopaedia of Useful Arts,* London 1861)

entspricht, Licht einem schmalen Band im mittleren Bereich. Sämtliche Anwendungsbereiche von Elektrizität beruhen auf elektromagnetischen Wellen: Wärmeerzeugung, Kühlung, Beleuchtung, Ton- und Bildübermittlung.

Noch vor Maxwell, mit der Entdeckung des Elektromagnetismus um 1830 – unabhängig voneinander durch Michael Faraday und François Arago –, begann die Elektrizität, sich im Alltag auszuwirken. Denn der Elektromagnetismus ermöglichte die Erzeugung von elektrischem Strom in einer ganz anderen Größenordnung als durch Galvanismus, er brachte den Strom gleichsam vom Kriechen zum Strömen. Und die Elektrizität wurde als überlebenswichtige Hoffnung begrüßt, um die Brennstoffe Kohle und Holz zu ersetzen. Gottfried Keller schrieb in erstaunlicher Weitsicht die Worte: „Es wird eine Zeit kommen, wo der schwarze Segen der Sonne unter der Erde aufgezehrt ist, in weniger Jahrhunderten, als es Jahrtausende gebraucht hat, ihn zu äufnen. Dann wird man auf die Elektrizität bauen. Aber da die lebenden Wälder jetzt schon langsam, aber sicher aufgefressen werden, wo werden die geregelten Wasserkräfte sein, welche die elektrischen Maschinen bewegen sollen? Dahin führt das wahnsinnige: mehr, mehr! welches das Genug verschlingen wird."[4]

Keller hoffte in diesen Sätzen aus den frühen 1880er-Jahren auf die rasche Entwicklung dessen, wofür Werner Siemens bereits den Begriff „Elektrotechnik" geprägt hatte. Überraschend an der Entwicklung dieser neuen physikalischen

Wissenschaft war, wie früh bestimmte Entdeckungen gemacht wurden, oder anders ausgedrückt: wie lange es dauern konnte, bis aus Erkenntnissen eine Lebenswirklichkeit wurde. Die Vorstellung eines stetigen und linearen Fortschritts erweist sich durch die Geschichte der Elektrotechnik als irrig. Das zeigt sich im Elektroantrieb für Autos, der erst jetzt – mehr als hundert Jahre nach den ersten Konstruktionen – eine realistische Chance hat, zum neuen Standardmodell zu werden. Beleuchtung, Telekommunikation, Rundfunk, Fernsehen, Antriebskraft für Maschinen, Werkzeuge, Mobilität und Apparate fürs Raumklima – eine eindeutige entwicklungsgeschichtliche Reihenfolge dieser Felder lässt sich dabei kaum eruieren. Die neue Kraft war von universeller Anwendbarkeit. Doch der Entwicklungsgang von der wissenschaftlichen Entdeckung zur technischen Erfindung und weiter zur politisch-wirtschaftlichen Durchsetzung eines Standards verlief unstetig, nirgends linear und schon gar nicht rasant.[5] Erst in der historischen Rückschau sind wir geneigt, ihm vereinfachend und verfälschend eine positivistische Logik einzuschreiben in der Art von: Was passierte, musste passieren.

Anlauf nehmen

Die Annahme, aus der Erfindung folge gleichsam autogenetisch die Innovation und aus dieser die erfolgreiche Diffusion – der klassische Dreischritt von Joseph Schumpeter –, gilt nunmehr als eine idealisierende Vereinfachung. Denn es braucht zusätzlich ein politisches Umfeld, das erst die Diffusion ermöglicht.[6] Da die Durchsetzung meist mehrere Jahrzehnte erfordert, überrascht im Rückblick der frühe Zeitpunkt mancher Erfindungen und Entdeckungen. Einige Beispiele: Die ersten Versuche mit elektrischer Telegrafie gelangen bereits 1795 in Barcelona (Salvá i Campillo), die erste Bogenlampe leuchtete 1809 in London (Humphry Davy), der erste Elektromotor lief 1834 in Königsberg (Moritz Jacobi), die erste Telefon-Versuchsanordnung funktionierte 1861 in Frankfurt am Main (Philipp Reis, auf ihn geht auch die Bezeichnung „Telephon" zurück), das Prinzip des Fernsehens wurde 1926 in Japan erfolgreich demonstriert (Kenjiro Takanyanagi), erste Versuche mit Farbfernsehen gelangen nur drei Jahre später in London (John Logie Baird), die Leuchtdiode (LED) wurde 1927 in Moskau entdeckt (Oleg Wassiliewitsch

Lossew), das Prinzip des Mikrowellenherds 1945 in den USA (Percy Spencer). In allen diesen Fällen dauerte es Jahrzehnte, bis aus einer Erfindung und Entdeckung ein im Alltag verfügbares Angebot wurde. Denn dafür brauchte es ein System, in dem eine Erfindung ihren Platz finden konnte.

So „immateriell" elektrischer Strom ist, so umfangreich und materialintensiv mussten die Systeme erstellt sein, um ihn darin „fließen" zu lassen.[7] Es brauchte im Jahr 1858 enormen unternehmerischen Mut, das erste unterseeische Kabel für die 4500 Kilometer lange transatlantische Telegrafenverbindung zwischen Irland und Neufundland zu erstellen. Und erst die Entdeckung des kautschukähnlichen Materials Guttapercha sowie die Entwicklung der Guttaperchapresse, mit der sich seit 1848 Metalldrähte nahtlos umhüllen, das heißt abschirmen ließen, ermöglichten dies.[8]

„Licht – Kraft – Telephon", dies war jahrzehntelang im Briefkopf oder über dem Schaufenster von Elektrikergeschäften zu lesen. Dies sind drei im praktischen Alltag getrennte und doch physikalisch zusammenhängende und auseinander hervorgehende Bereiche, deren Aufstieg ins 19. Jahrhundert fällt. Ein Bereich fehlt bei dieser Aufzählung: die Wärme, und auch ihr Gegenstück, die Kühlung, also das herstellbare Raumklima.[9] Die künstliche Herunterkühlung, einschließlich des Kühlschranks und der Tiefkühltruhe, ist ein Kind des 20. Jahrhunderts, während die Wärme, die seit jeher durch Feuer oder Reibung erzeugt worden war, sich nun auch durch elektrischen Widerstand gewinnen ließ: elektrisches Bügeleisen seit 1883, um 1910 Heizstrahler, Elektroherd und Toaster sowie der Haarfön mit Gebläse.

Gegenstandskategorien

Es besteht ein grundlegender Unterschied zwischen Gegenständen, die ursprünglich nicht elektrisch funktionierten, und solchen, die es ohne Elektrizität nicht gäbe. Damit lässt sich unterscheiden zwischen Geräten, die menschliche oder tierische Arbeit – oder physikalische wie die Windkraft – substituieren und solchen, die überhaupt erst entsprechende Tätigkeiten ermöglichen. Wir können zwischen drei Kategorien unterscheiden. Beispiele für die erste Kategorie: Das Bügeleisen war nicht grundsätzlich neu, es funktionierte ursprünglich als Hohlraum mit glühenden Kohlen darin. Dasselbe gilt analog vom Kochherd (von Holz zu Strom), von Leuchten (von Gas zu Strom) oder sogar vom Grammofon (vom Federwerk zum Elektroantrieb). In diesen und unzähligen anderen Fällen ersetzte der elektrische Strom eine andere Energiequelle oder die Muskelkraft. Die zweite Kategorie ist die Vielzahl von Gegenständen, die durch die Elektrizität eine Erweiterung erfuhren: Das Bügeleisen erhielt einen regulierbaren Thermostat; der Kochherd irgendwann vielleicht eine Schaltuhr und sein Backofen eine Innenbeleuchtung; die Gitarre ein elektrisches Pick-up, woraus eine neue Musik entstand. Die dritte Kategorie waren die neuen Gegenstände und Vorrichtungen, die dank der Elektrizität vollständig neue Möglichkeiten erschlossen: Das Telefon oder das Radio kamen erst durch elektromagnetische Wellen in die Welt; der zahnärztliche Bohrer ermöglichte endlich die Behandlung kranker Zähne, die bis dahin in der Geschichte stets gezogen werden mussten oder qualvolle Schmerzen bereiteten. Rahm schlagen oder Teig kneten kann man auch manuell, ein Brett längs entzweisägen ist schon schwerer, hingegen ohne Bohrmaschine ein Dübelloch in eine Betonmauer bohren unmöglich. Der Übergang im Einsatz elektrischer Kraft zwischen Erleichterung und Ermöglichung der Arbeit ist in niedrigkomplexen Fällen gradueller, in komplexen Fällen kategorialer Natur. Die Medizinaltechnik ist paradigmatisch für Letzteres: Sie erlaubte vom Röntgenapparat an bis zum heutigen Magnetresonanztomografen und zu Operationssonden Einblicke und invasive Eingriffe in den lebendigen Körper. Und das Elektronenmikroskop und das Zyklotron ermöglichen ebenso Einblicke in den Mikrokosmos wie das Radioteleskop das Abhorchen längst vergangener Ereignisse aus den Tiefen der Raumzeit.

Telegrafie

Faktisch war die einfachste und deshalb früheste Anwendung der Elektrizität bereits um 1840 die Telegrafie (auch dank des Zeichenalphabets von Samuel Morse, auf der Basis von Punkt und Strich, kurzem und langem Signal). War die optische Telegrafie zuvor primär militärtechnisch bedingt gewesen – die Informationsübermittlung durch vereinbarte Zeichen zwischen Beobachtungsposten, die auf Sichtdistanz voneinander entfernt standen **(Abb. 23)** –, griff das Fernmeldewesen nun ins zivile Leben ein, und zwar zunächst als

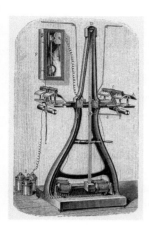

Abb. 86: Giovanni Caselli: Pantele-graph, patentiert 1858. Mit diesem Gerät (hier die Ausführung von 1870) ließen sich einfache lineare Zeich-nungen auf elektrochemischem Weg Bilder über mehrere hundert Kilometer Entfernung übermitteln.

internes Kommunikationsmedium für die Eisenbahn. Die Telegrafenleitungen verliefen entlang der Eisenbahnstrecken. Auf kurze Distanzen kam man mit Batteriestrom aus; mit den längeren Übermittlungsdistanzen wurden elektromagnetische Signalverstärker entwickelt. Der Schritt von galvanisch zu elektromagnetisch erzeugtem Strom war von größter Tragweite, weil er ungleich mehr, konstantere und stärkere Energie ins Alltagsleben brachte. Auf der Basis von elektromagnetisch erzeugtem Schwachstrom entstand mit der Telegrafie bald ein öffentlich zugängliches Übermittlungsmedium für geschäftliche oder private Mitteilungen. Schon 1850 wurde im Ärmelkanal zwischen England und Frankreich das erste Unterwasserkabel verlegt. Nur acht Jahre später folgte das bereits erwähnte transatlantische Kabel. Das „Kabeln" wurde im Bürgertum nach der Jahrhundertmitte zur Signatur von Weltläufigkeit und moderner Zeitgenossenschaft.

Die Telekommunikation beruht vollständig auf Elektrizität, damit auch die globalisierte Wirtschaft in der heutigen Form. Die historische Reihenfolge ihres Ankommens in der Gesellschaft war die: Telegraf, Telefon über Draht, Telexverkehr, Funk und Rundfunk (*wireless:* Radiosendung und -empfang), Fernsehen, drahtloses Mobiltelefon, Internet – letztere beide technisch unabhängig voneinander, aber in soziokultureller Hinsicht weitgehend parallel eingeführt, wobei das Internet bis etwa 2005 auf ein Leitungsnetz angewiesen war und seither überall dort auch drahtlos funktioniert, wo eine Antenne in der Nähe ist.

Antriebskraft

Erst mit der Erfindung des Dynamos durch Werner von Siemens (1866) war die Voraussetzung für die Elektrifizierung als ein umfassendes Vorhaben erfüllt. Damit, durch die elektromagnetische Erzeugung von Strom – über den Galvanismus hinaus – erhielten die Hoffnungen, durch die Elektrizität die Dampfkraft ersetzen zu können, eine reale Grundlage. Stromkraftwerke brauchte es für Motoren von Maschinen, Werkzeugen, Fahrzeugen, Haushalts- und Büroapparaten und auch für die künstliche Helligkeit. Elektrisches Licht, das sich aus Ladengeschäften auf die Trottoirs ergoss und mit Leuchtschriften warb, schuf ein neues Bild der Großstadt. Das ist allgemein bekannt, wie auch, dass die künstliche Helligkeit in den natürlichen Rhythmus von Tag und Nacht eingriff, Theateraufführungen vom Tag in die Nacht verlegte und die Grundlage zur industriellen Schichtarbeit rund um die Uhr schuf. Auch die industrielle Fertigung selber stützte sich – dies allerdings erst nach 1925 – immer mehr auf den elektrischen Direktantrieb der Werkzeugmaschinen und brachte das Gewirr und Geschwirr der Transmissionswellen und -riemen nach und nach zum Verschwinden. Elektromotoren verbreiteten sich seit dem späten 19. Jahrhundert mit Starkstrom im öffentlichen Verkehr. Die Straßenbahn war nun „die Elektrische". Ein Untergrundbahn-Streckennetz mit Dampfantrieb wäre unmöglich gewesen, sodass Elektrizität auch eine unabdingbare Voraussetzung für das horizontale Wachstum der Metropolen war. Für das vertikale Wachstum gilt dasselbe hinsichtlich der Aufzüge und Rolltreppen in Hochbauten, ebenso für Fabriken, Werkstätten und auf Baustellen. Haushaltstrom trieb Elektromotoren in Büros, Häusern und Wohnungen an, Küchengeräte, Waschmaschine, Staubsauger, Haartrockner, Tischventilator, Kühlschrank, Nähmaschinen, Elektrorasierer, den Dunstabzug. Ohne Motor, dafür mit Wärmewiderstand, arbeiteten Toaster, Kochherd, Wasserkessel und Heizstrahler. Das Auftreten und die Verbreitung all dieser Geräte verlief je nach Land und Gerätekategorie unterschiedlich rasch. Nordamerika war damit früher als Nordwesteuropa, und dieses früher als Südeuropa, während Osteuropa, der Balkan, der afrikanische Kontinent nur langsam und zögerlich folgten. Das revolutionäre Russland der 1920er-Jahre erblickte in der Elektrifizierung geradezu eine strahlende Verheißung für ein ganz anderes und besseres Leben. Elektrisch angetriebene Geräte aller Art lancierten Höhenflüge der Fantasie. Eine elektrische Tischeisenbahn zum Transport von Speisen zwischen der Küche und dem Esstisch – eine französische Imagination von 1887 – kommt ähnlich noch 1922 als erheiterndes Requisit in Buster Keatons Kurzfilm *The Electric House* vor.[10] – Im Rückblick ist oft schwierig zu beurteilen, ob zeitlich zurückliegende technische Fantasien ehrliche Begeisterung oder Ironie und Skepsis zum Ausdruck bringen.

Erhellung der Nacht

Was die elektrische Beleuchtung betrifft, trat sie im letzten Viertel des 19. Jahrhunderts mit wenig zeitlichem Abstand in zwei Formen auf, deren qualitative Gegensätzlichkeit lange nicht erkannt wurde: Zuerst als Licht aus Bogenlampen (ab ca. 1865) und ein gutes Jahrzehnt später aus Glühlampen (Joseph Swan 1878; Thomas Edison: Versuchsanlage Menlo Park 1879, erste Durchführung Pearl Street, New York 1882). In technischer Hinsicht unterscheiden sie sich dadurch, dass der Glühfaden in einem vakuumisierten Glaskolben leuchtet, während beim Bogenlicht zwei offene, unter Strom gesetzte Elektroden durch den geringen Abstand zwischen ihnen gleißend hell zum Glühen gebracht wurden. Ein solcher Lichtbogen war viel heller als die Gasbeleuchtung. Seine Lichtfülle wurde eingesetzt, um städtische Plätze, Uferpromenaden, öffentliche Gebäude, Fabrikationshallen und zum Entzücken des Publikums auch Bäume in Parkanlagen, Fontänen und Ausstellungsgelände zu illuminieren. Touristisch bedeutsame Orte gehörten zu den ersten, an denen die neue Beleuchtung eingesetzt wurde.[11] In Nordamerika beleuchteten eiserne Lichttürme mit Bogenlampen wichtige Straßenkreuzungen und halbe Stadtviertel. Ein rückwärtsgewandtes, bautechnisch illusorisches Konkurrenzprojekt von Eiffels Turm für die Weltausstellung in Paris von 1889 war der Vorschlag einer „Tour soleil" (Sonnenturm) des Architekten Jules Bourdais: Eine 360 Meter hohe gusseiserne Säule sollte nachts ganz Paris taghell erleuchten.[12] Bereits 1879 hatte in St. Moritz der Hotelier Johannes Badrutt den Speisesaal seines mondänen „Kulm"-Hotels mit Bogenlampen in gleißend helles Licht getaucht – ein Ereignis von internationaler Bedeutung in der Geschichte der Elektrifizierung. Er erzeugte den Strom

Abb. 87: Projekt einer Straßenbeleuchtung für Paris, 1882: Die Flammen-bogenlampe liegt unter der Straßenoberfläche und wirft ihr Licht gegen einen Reflektor über der Kreuzung.

dafür selber mit einer Dampfmaschine.[13] Im Licht der heutigen Bemühungen, in gepflegten Restaurants durch stimmungsvolles Licht eine romantische Atmosphäre zu erzeugen, erstaunt der Wandel der Anschauungen; doch Badrutts sensationelle Neuheit war genauso hell strahlend beabsichtigt wie sie war, und ihr Erfolg überblendete während einer gewissen Zeit alle anderen Vorstellungen von Gastlichkeit. Wie so oft, vermochte auch hier das Neue um seiner selbst willen die Frage nach der Qualität des Neuen in den Hintergrund zu drängen. Tatsächlich war die Referenz beim Bogenlicht die Taghelle des Sonnenlichts.[14]

Die Glühlampe hingegen, wie erwähnt, war konträr zur Bogenlampe. Licht aus Glühlampen war zu Beginn wesentlich schwächer und sanfter als solches von Bogenlampen. Glühlampen wurden fast ausschließlich in Innenräumen eingesetzt. Die Glühbirne übertrug die Lichtqualitäten des Gaslichts in ein neues Medium, ohne die schwerwiegenden Nachteile des Gaslichts oder der Petrollampe aufzuweisen: Die Hitzeentwicklung war wesentlich geringer, vor allem aber verbrauchte die Glühbirne keinen Sauerstoff mehr und verschmutzte die Luft nicht mehr mit Rußpartikeln. Damit befreite sie die Menschen von den Nebenwirkungen, die das Gaslicht in Theatern, Salons und Wohnräumen zur Qual machen konnten.[15] Die Glühlampe (1879) gilt zu Unrecht als alleinige Erfindung von Edison; am zugrundeliegenden

Abb. 88: Edison: Die Glühlampe als Teil eines Gesamtsystems, 1880.

Abb. 89: Telefon für Selbstwahl, USA um 1900. Hölzernes Gehäuse, Mikrophon und Hörmuschel noch getrennt, frühe Ausbildung der Wählscheibe.

physikalischen Prinzip hatten sich seit Jahrzehnten verschiedene Erfinder versucht. Schon früher hatten der Engländer Joseph W. Swan und andere Glühfäden zum Leuchten gebracht. Die naturwissenschaftlichen Erkenntnisse für eine Glühfadenlampe waren seit Langem vorhanden, doch die Suche nach einem geeigneten Material für den Glühfaden und die Probleme der Vakuumisierung des Glaskolbens stellten sich als hohe praktische und produktionstechnische Hindernisse heraus. Das größte Problem waren die kurze Lebensdauer und die Stoßempfindlichkeit der Glühfäden. Die Suche nach dem richtigen Material dafür ist ein Musterbeispiel für eine in hohem Maß fokussierte Fragestellung: Erfinden als Auffinden des „Womit", im Unterschied zu „Was"-Erfindungen, die sich der augenblicklichen Eingebung einer Idee verdanken (wie etwa angeblich das Stahlrohrmöbel 1925, →Kap. 14). Edison war zunächst am erfolgreichsten. Er hatte bereits den Nimbus des „Zauberers von Menlo Park", des „genialen Erfinders" unter anderem des Phonographen. Edison, von sehr fähigen Mitarbeitern umgeben, hatte erkannt, dass die private Beleuchtung mit Glühlampen ein übergeordnetes System erforderte, das von der Stromerzeugung über die Steuerungstechnik (Spannungsregelung), die Leitung, das Verbindungsschema, den Lichtschalter und die Lampenfassung auch ein langlebiges Leuchtmittel umfassen musste. Das größte Problem war die erforderliche Unabhängigkeit der Stromverbraucher:

Anders als bei der öffentlichen Straßenbeleuchtung musste für die privaten Haushalte und Büros ein technisches Instrumentarium gefunden werden, das die beständig variierende Belastung des Netzes durch jedes Ein- und Ausschalten eines Stromverbrauchers ausgleichen konnte. Nachdem die elektrotechnischen Lösungen für das schwierige Problem der Netzstabilität bei variierender Nutzung gefunden waren, konnte man jederzeit und überall selber bestimmen, ob man ein Gerät ein- oder ausschalten wollte. Die Flexibilisierung der Netzlast war auch bei der elektrotechnischen Kategorie der Kraft aus Elektromotoren unerlässlich. Das System Edison erreichte das Ziel dieser *Unabhängigkeit* als Erstes, allerdings nur mit Gleichstrom. Doch dieser hatte den Nachteil, dass wegen der tiefen Spannung der Leistungsverlust in den Drähten erheblich war. Dass er in umgekehrten Verhältnis zur Spannung stand, war bekannt. Edisons Gleichstrom-System hätte in jedem Quartier ein Kraftwerk erfordert. Die Zukunft gehörte deshalb dem Wechselstrom von Westinghouse – erfunden 1887 von dessen Angestelltem Nikola Tesla –, der den Transport von hochgespanntem Strom über viel größere Distanzen ermöglichte und dadurch einen stärkeren Zentralisierungsgrad der Stromversorgung ermöglichte.[16] Dies war nun der praktikable Weg. In wenigen Jahren entwickelte sich die elektrische Beleuchtung von einem reinen Luxus zu einer erschwinglichen Angelegenheit. Waren die Bogenlampen inklusive der Stromerzeugung entweder eine reine Privatsache (Badrutt) oder ein öffentliches Gut und ein Zeichen politischen Willens (die Beleuchtung von Straßen und Plätzen), griffen beim Glühlicht die Sphären ineinander:

Die Öffentlichkeit stellte den Strom und die Leitung bis zum Haus zur Verfügung, die Bewohner machten davon Gebrauch und bezahlten dafür. (Erst mit der Einspeisung von privat erzeugtem Solar- oder Windstrom, nach der Jahrtausendwende, ergab sich auch eine mögliche Umkehrung der Verhältnisse.) Die Stromkosten waren anfänglich exorbitant; eine Kilowattstunde kostete in den 1880er-Jahren etwa drei Arbeiter-Stundenlöhne, eine Glühbirne mehr als einen Tageslohn. Doch gerade der gesellschaftliche Distinktionsbedarf aufgrund der Kostspieligkeit war der Treiber im Prozess der Elektrifizierung. „Luxuskonsum – sei es für private, touristische oder repräsentative Zwecke – hat das *movens* elektrischer Beleuchtungstechnik schlechthin dargestellt", schreibt David Gugerli.[7] Luxusstreben und Prestige lieferten gleichsam die Anlaufenergie, die den Motor der Elektrifizierung in Bewegung setzte. Der Luxuscharakter war zuerst ein angestrebtes Ziel, wurde daraufhin ein faktisches Distinktionsmerkmal und verlor sich im Fortgang der Entwicklung. Die Kosten bei den Endkunden begannen bald zu sinken. Zwischen 1880 und 1900 sanken die Preise von Strom und Lampe auf etwa einen Zehntel. Das Wort von der „Demokratisierung des Komforts" hat auch hier seine Gültigkeit.

Abb. 91: Motorische Unterstützung der Haushaltarbeit: AEG-„Haushaltungs-Motor", Anzeige, 1911. Der Anfang der Mechanisierung des Haushalts.

Auf die neue Energieform reagierte das Designkonzept der Leuchten erst mit jahrzehntelanger Verzögerung. Man übernahm im Denken die Prämisse der starren Verbindung zwischen der Zuleitung und der Lampe, die beim Gaslicht systembedingt war: Die Leuchten blieben an der Wand oder der Decke fest installiert. Bei den Leuchten standen die Glühbirnen so wie die Gasflamme: nach oben gerichtet. Dass man die Glühlampen auch nach unten richten konnte und dass ein Kabel die Lampe beweglich macht, merkten nur wenige – und ausgerechnet im scheinbar technikfernen Jugendstil (→ Kap. 9). Auf die nur scheinbar naheliegende Idee einer gelenkig verstellbaren Leuchte mit allseits beweglichem Schirm verfiel man nicht vor 1925, und erst die dadurch mögliche bessere Beleuchtung von Arbeitsplätzen in der Industrie bahnte den Weg auch für diese Anwendung in der Wohnung. Von der Entwicklung der Glühlampe bis zur Erleuchtung der flexibel verstellbaren Lampe dauerte es ein halbes Jahrhundert. Nicht einmal das Bauhaus kam auf diese Idee (→ Kap. 13 und 14). Noch heute haben Abermillionen von amerikanischen Schlaf- und Hotelzimmern Nachttischleuchten mit drehbaren Rädchen als Schalter – als ob es gälte, wie bei der Petrollampe, den Docht zu regulieren.

Ein ganzes System

Elektroherd, Haartrockner, Lampen, Telefon, Radio: Alle diese Geräte traten wirkungsgeschichtlich erst dann auf, als die technische Infrastruktur erstellt war. Kraftwerke, Leitungen und Stromanschlüsse waren die Voraussetzung dafür, dass sie erfunden, entwickelt, hergestellt und gekauft wurden. Der Systemaspekt war dabei von zentraler Bedeutung. Dies war nicht nur eine ingenieurtechnische, sondern ebenso eine finanzielle und politische Herausforderung. Das Postwesen, die Telegrafie und der Eisenbahnverkehr hatten sich bereits miteinander zu einem System verbunden (und sind es bis heute, denn bald folgten den Bahntrassen und Telegrafenleitungen auch die Telefonleitungen, und heute sind es die Glasfaserkabel, die häufig entlang der Bahntrassen verlaufen). Wenn aber die einzelnen Erfindungen in einen systemischen Zusammenhang zu bringen waren, folgt daraus die Frage: Wie konnte dies überhaupt geschehen? Wie ließen sich die technischen, wirtschaftlichen und nicht zuletzt politischen Voraussetzungen dafür schaffen?

Aus der anfänglich linearen Beziehung zwischen Stromquelle und Stromverbraucher im Experimentierstadium, aus einer galvanischen Batterie oder einem Generator an dem einen Ende, einer Lampe oder einem Gerät am anderen, entstand nicht von selbst „die Elektrifizierung". Sie kam nicht aus der Eigengesetzlichkeit *der Erfindung* in Gang, was David Gugerli plausibel am Beispiel der Schweiz nachweist.[18] Mit Bezug auf Bruno Latour und dessen Begriff der Allianzenbildung hält er fest, dass „Ingenieure und Wissenschaftler nur dann gesellschaftlich relevante Erfolge haben können, wenn es ihnen gelingt, bestehende Interessen zu verschieben, zu übersetzen und mit ihren eigenen Interessen zu verknüpfen".[19] Hinter jeder Steckdose braucht es ein Netz und eine lückenlose Transportlinie vom Generator im Kraftwerk über die Starkstromleitung, die Umformerstationen, die Kabel im Straßenquerschnitt bis zum Verteilerkasten im Haus. Bei der Telekommunikation braucht es Signalverstärker, die ihrerseits am Netz angeschlossen sind. Einzig, wenn der Strom privat erzeugt wird, durch Nutzung von Wind, Sonnenenergie oder Erdwärme, ist man systemisch gesprochen „autark".

Die Elektrifizierung als politisch-wirtschaftliches Projekt entstand erst im zweiten Schritt, als eine Allianz aus Wissenschaft, Wirtschaft und Politik die Voraussetzungen zur Erstellung eines Netzes schuf. Dabei gab es überaus enge ideelle und strukturell-politische Bezüge zwischen der Trinkwasserversorgung und dem elektrischen Leitungsnetz.[20] Die Versorgung der Häuser mit Frischwasser, die Entsorgung des Brauchwassers, der Bau der Gasversorgung für Beleuchtung, Warmwasser und Kochen waren der Stromversorgung um einige Jahrzehnte vorausgegangen – wie zuvor in bestimmten Ländern die Erstellung des Kanal- oder Eisenbahnnetzes – und waren ein direktes Vorbild bei der planmäßigen Elektrifizierung. Das Netz brachte die Trennung der Energieerzeugung von ihrem Verbrauch mit sich. Eine Dampflokomotive musste lange vor der Abfahrt mit Wasser befüllt und beheizt werden, eine elektrische Lokomotive hingegen war augenblicklich startklar. Dies brachte eine beträchtliche Vereinfachung der Logistik und eine starke Kostenersparnis mit sich – und die Voraussetzung dafür war die elektrotechnische Infrastruktur. Sie aufzubauen, war der anspruchsvollste Teil bei der Elektrifizierung, der Teil, der auch erkennen lässt, dass die Elektrifizierung

weit mehr als eine vorgefasste und in die Tat umgesetzte Absicht war, vielmehr ein an Rückschlägen und Unsicherheiten reicher Prozess aus technischen, wirtschaftlichen, politischen und rechtlichen Fragen: Wer baut die Kraftwerke? Und wie? Wer führt sie? Das Verhältnis der Unternehmer zum Staat? Wo und wie sollen die Übertragungsleitungen geführt werden? Oberirdisch oder unter dem Boden? Wie soll ein Landeigentümer dafür entschädigt werden? Wie hoch soll die Netzspannung sein? Fragen wie diese betrafen die Netze aller Größenordnungen, Verkehr, Straßennetz, Industrien und auch im Kleinen: Wer darf die Lampen produzieren und verkaufen? Wer überprüft die Korrektheit der Installationen? Wie sollen die Anschlüsse, Steckdosen und Lampensockel aussehen, wie sollen sie dimensioniert, wie normiert sein? Wie und wo sind die Sollbruchstellen gegen Überlastung einzusetzen, also die Sicherungen? Dies alles brauchte Zeit. Es ist stets ein hindernisreicher und kapitalintensiver Weg von der naturwissenschaftlichen Entdeckung oder der technischen Erfindung zu deren gesellschaftlich relevanten Anwendung in Form eines professionellen Systems. Die Elektrifizierung ist dafür ein Musterbeispiel.

Definitionsgemäß beruht ein System auf dem optimalen Zusammenwirken von ausgereiften Komponenten. Das vorliegende System widerspiegelt dabei ein typisches Entwicklungsgesetz: Von der linearen Verbindung zum Netz. Die erste Telegrafenleitung war eine Verbindungslinie zwischen zwei

Punkten ebenso wie die erste Eisenbahnverbindung, das erste Telefongespräch und die erste Funkverbindung. Daraus entstand in allen Fällen nach und nach ein verzweigtes Netz. Auch die Elektrifizierung entwickelte sich aus anfänglich linearen Einzelverbindungen in ein vernetztes System von Relaisstationen, Unterwerken und Transformationshäuschen – ein Entwicklungspattern, das auch in analogen Fällen die notwendige Voraussetzung für Erfolg war. So war es im Postwesen (der Begriff „Relais" geht auf die Station zurück, wo die Pferde gewechselt wurden), im Straßenbau, mit der Eisenbahn, mit der Wasserversorgung, mit der Telegrafie und der Telefonie und natürlich im *World Wide Web*. Auch heute gilt: Wenn von der wünschbaren Verbreitung des Elektroautomobils auf Kosten des Explosionsmotors die Rede ist, sind die Reichweite, die Dichte des Zapfstellennetzes und die Ladedauer Faktoren, die über Erfolg und Misserfolg beim Publikum entscheiden werden. Dazu kommt die für die Umwelt entscheidende Frage, aus welchen Quellen der Strom gewonnen wurde.

Windkraft, Sonnenenergie oder Erdwärme: Diese drei in elektrischen Strom umgesetzten Energiequellen würden ausreichen, hunderte von Milliarden Menschen auf unbegrenzte Zeit nachhaltig, also *postfossil* zu versorgen.

Abb. 93: Eine Frau wohnt in New York einer Radio-Ausstrahlung bei, 1923. Auch in Europa wurden in den 1920er-Jahren die wichtigen Radio-Gesellschaften gegründet und Sendestudios errichtet: eine Umwälzung des kollektiven Verständnisses von „Information".

Anmerkungen

1   Den Begriff „energy slaves" als Größeneinheit für maschinelle Unterstützung der Muskelkraft und den entsprechenden Energieverbrauch in kWh – statt in Barrel (Öl) oder Tonne (Kohle) – führte R. Buckminster Fuller 1940 in der amerikanischen Zeitschrift *Fortune* ein. Vgl. Joachim Krausse / Claude Lichtenstein (Hrsg.): *R. Buckminster Fuller: Your Private Sky. Design als Kunst einer Wissenschaft.* CH-Baden und Zürich 1999, S. 221.

2   J. W. Goethe, *Dichtung und Wahrheit*, Ausg. Frankfurt a. M. 1998, S. 109

3   Vgl. Arthur Koestler: *Der göttliche Funke. Der schöpferische Akt in Kunst und Wissenschaft.* Bern/München/Wien 1966, S. 178

4   Gottfried Keller: Entwurfsnotizen zu *Martin Salander* (vor 1885) Ms. 23 Nr. 42

5   David Gugerli: *Redeströme. Zur Elektrifizierung der Schweiz, 1880–1914.* Zürich 1996, S. 7–14 und passim

6   Ebd.

7   Quelle: Wikipedia, „Elektrotechnik", abgerufen 24.12.2019

8   Friedrich Naumann, *Vom Abakus zum Internet. Die Geschichte der Informatik.* Darmstadt 2001, S. 109

9   Vgl. Ullrich Hellmann: *Künstliche Kälte. Die Geschichte der Kühlung im Haushalt*, Gießen 1990

10   Ebd., S. 23

11   Wie. Anm. 5, S. 30–35

12   Wolfgang Schivelbusch: *Lichtblicke. Zur Geschichte der künstlichen Helligkeit im 19. Jahrhundert.* Frankfurt a. M. 1986, S. 125–128

13   Es war dies das erste Kraftwerk in der Schweiz. Vgl. Gugerli (wie Anm. 5), S. 14, 25–27, 35

14   Gugerli (wie Anm. 5): Kapitel „Elektrische Bogenlampen und schweizerische Festkultur", S. 17–35

15   Schivelbusch (s. Anm. 12), S. 63 f.

16   Die Länge einer Stromleitung war wegen des Widerstandes des Leitungsdrahtes die systemische Ursache eines erheblichen Verlusts. Erst der Übergang vom Gleich- zum Wechselstrom und die Erfindung des Transformators erlaubten den Bau von Hochspannungsleitungen mit wesentlich geringeren Verlusten. Der Wettstreit zwischen den beiden Systemen und Erfindern – Edison vs. Westinghouse – ist als „Stromkrieg" in die Literatur eingegangen.

17   Wie Anm. 5, S. 49

18   Ebd.

19   Vgl. Bruno Latour: *Science in Action. How to Follow Scientists and Engineers Through Society.* Cambridge/Mass. 1987. Paraphrasiert durch Gugerli (vgl. Anm. 5), S. 12

20   Wie Anm. 5, Kapitel 4: „Redeströme und praktischer Kontext der Elektrotechnik", S. 138–183

X-8 Rahmenbedingungen oder Sachzwänge?

Die Geschichte hat eine Fließrichtung, sie hat ein Gefälle und ist reich an Kausalitätszusammenhängen. Das Fließen und das Gefälle sind dabei vom Menschen verursacht und kein selbsttätiges Naturphänomen. Doch der Mensch tastet sich dabei vorwärts; er ist es, der das Geschehen bewirkt, der das Gefälle von der unvollständigen Realität zur Wünschbarkeit empfindet und der die Kausalitäten herstellt. „Der Mensch"? Welcher? Es sind zunächst einzelne Aufmerksame, aber erst zusammen mit anderen kommen aus dem Aufmerken Änderungen zustande. Bruno Latour spricht von „Allianzen", die es braucht, um eine Erfindung durchzusetzen.* Die Entdeckung der Elektrizität und ihre Indienststellung war ein sich über mehrere Jahrhunderte erstreckender Prozess, der zudem noch längst nicht als abgeschlossen zu betrachten ist. Aus mehr oder weniger zufälligen, punktuellen Ereignissen wurden naturwissenschaftliche Entdeckungen, aus ihnen technische Erfindungen, aus diesen ihrerseits Unternehmungen – sofern man Partner fand, andernfalls eben nicht (oder nur nach langer zeitlicher Verzögerung) – und daraus wiederum Lebenspraktiken. Vor allem aber entwickelte sich aus den Einzelereignissen ein System. Nichts von alledem wurde einfach realisiert, nur weil jemand eine entsprechende Idee hatte. Ideen stehen nie am Anfang von etwas, sie kommen nicht aus einem a priori. Sie brauchen einen Nährboden, und oft zeigt sich dieser vor dem Hintergrund eines Ermangelns. Viele Ideen kommen aus Beobachtungen, die zum Bekannten im Widerspruch stehen und die deshalb irritieren. Gerade das, was sich als kreativ erweist, das Unerwartete, Ungesehene, Unerhörte, überfällt uns von hinten oder von vorne.** Die Geschichte der Elektrifizierung ist der Vorgang, in dessen Verlauf diese Überfälle zuerst erlebt oder erlitten, dann verstanden, eingeordnet, domestiziert und beherrschbar gemacht wurden. Erst dadurch wurde aus Einzelaktionen ein Ganzes. Und dieses „Ganze" aktualisiert sich fortwährend. Kommt etwas hinzu, wird das Ganze umfassender, und das vormalige Ganze erweist sich nun als unvollständig. Die Fließrichtung dieses Vorgangs verläuft entlang der Zeit und mit ihr, nie gegen sie.

Manchmal gibt es Stockungen, Stauungen, lokale Rückflüsse – sprich: Rückschläge, Enttäuschungen, Scheitern –, aber meist geht es doch irgendwie weiter. Die Elektrifizierung ist einer der Fälle, wo dies mit exemplarischer Deutlichkeit geschah, ebenso wie das Transportwesen oder die Abfallbeseitigung. Gibt es auch Fälle von technischen Errungenschaften, die objektive Fehlschläge wurden? Die Magnetschnellbahn. Das Luftschiff. Die Zivilluftfahrt im Überschallbereich. Der motorisierte Individualverkehr von-Haus-zu-Haus in der Stadt. Bei der Atomenergie sind die Meinungen geteilt, doch angesichts ihres Katastrophenpotenzials wird sie auf lange Sicht nicht Bestand haben. Ja, diese Beispiele dürften als Sackgassen gelten, aber nur, weil es innerhalb ihrer Aufgabenbereiche bessere Alternativen gibt: sinnvollere Bahnkonzepte, ökonomischere Transportmittel und nachhaltigere Energieformen. Nur für die unverbrüchlichen Anbeter des angeblichen Fortschritts ist das Schnellere, das Größere, das Neuere und das Individuellere unbesehen das Bessere.

Die allmähliche Verfertigung der Elektrizitäts-Infrastruktur stellt den mustergültigen Fall dieses patterns *dar. Sie war ein Gemeinschaftswerk aus Wissenschaft, angewandter Technik und Politik. Ein Punkt an ihr ist etwas irritierend: Lange schien zu ihrer zunehmenden Verbreitung das Entwicklungsmuster von der Verkabelung zur Drahtlosigkeit zu gehören. Haushaltstrom benötigt ein Leitungsnetz (außer, man produziert den Strom selbst) mit Stromanschlüssen, auch für den Radioapparat oder TV-Empfänger. Doch die von diesen Apparaten empfangenen elektromagnetischen Wellen kamen während vielen Jahrzehnten drahtlos – über den lange sogenannten „Äther" – ins Haus. Radioempfang und Fernsehen übertrugen die Programme drahtlos – deswegen auch der ursprüngliche englische Name für Radio: „wireless". Doch die TV-Antennen sind in den reichen Ländern fast vollständig von den Hausdächern und die Satellitenschüsseln von den Balkonen verschwunden, da die Empfangsgeräte heute dank ihrer Glasfaseranschlüsse einen störungsfreien Empfang aufweisen. Jedoch: Gegenläufig zu dieser Entwicklung der Verkabelung verhält sich das Mobilfunknetz, das seit den frühen 1990er-Jahren als Sekundär-Infrastruktur aufgebaut wurde, die nunmehr die Parallel-Infrastruktur ist und vermutlich bald das neue Leitsystem sein wird. Zum Zeitpunkt dieser Niederschrift ist die Auseinandersetzung um die 5G-Technologie mit ihrer wesentlich höheren Strahlungsintensität als beim bisherigen 3G-Netz in Gang. Die ungebremst anschwellenden Datenmengen werden dabei von den Befürwortern der Aufrüstung als ein unwiderlegbarer Sachzwang gesehen. Wie kam es dazu? Mit der drahtlosen Bluetooth-Technologie wurden zuerst die Laptops ausgestattet, dann wurden aus Mobiltelefonen Smartphones. Dies alles seit der Jahrtausendwende. Ohne Smartphone in der Tasche fühlt man sich heutzutage unvollständig. Wie kam es dazu? Die Gerätehersteller erzeugten bei den Konsumenten ein Bedürfnis nach höherer Übertragungsgeschwindigkeit für immer riesigere Datenmengen, um die* streaming-*Dienste in Anspruch nehmen zu können. Dieses Bedürfnis lässt sich wohl kaum mehr in die Flasche zurückdrängen und ist zum Sachzwang geworden. Die Politik soll der aggressiveren Technologie im Interesse der Konsumenten (also der Bevölkerung) den Weg freimachen, doch in der Bevölkerung (also unter den Konsumenten) regt sich Widerstand dagegen. Die Nachfrage seitens der Konsumenten und der Wettbewerb unter den Anbietern treiben sich gegenseitig an. Der Sachzwang selbst erscheint wie aus einem elektromagnetischen Vorgang hervorgegangen.*

*   *Bruno Latour:* Science in Action *(Cambridge/Mass.*
       1987)

**   *Arthur Koestler:* Die Nachtwandler (The Sleepwalkers), *(London 1959 / Bern 1959) und Ders.:* Der Göttliche Funke (The Act of Creation) *(London 1964 / Bern 1966)*

9 Das Ideal des Gesamtkunstwerks
Art nouveau, Jugendstil, Liberty

Der Jugendstil hat keine neuen Gegenstandskategorien begründet und keine Gebrauchserfindungen gemacht. Er hat die zu seiner Zeit bekannten Gegenstände neu interpretiert, und dies oft flamboyant, bisweilen auch tiefgründig. Die Ebene seiner Auseinandersetzung ist das Wie, nicht das Was.

Damit nimmt der Jugendstil oder *Art nouveau* – in Österreich nannte sich die Bewegung „Sezession", in England „Liberty", im katalonischen Spanien „Modernisme"– in dieser Darstellung eine Sonderstellung ein. Der Gebrauchscharakter von Design, die „instrumentelle Vernunft", tritt bei ihm zugunsten der geballten Raffinesse von Form, Material und Verarbeitung weit in den Hintergrund. Er wurde sogar unter der Maxime *L'art pour l'art* absichtlich ausgeblendet.

Er suchte, mit möglichst wenig Theorie auszukommen, und setzte auf die praktische Tat. Seine Theorie bestand in der Verachtung des Historismus für dessen unaufhörliches Recycling der alten Stile. Der Slogan des Pariser Mai 1968, *La fantaisie au pouvoir!* hätte auch die Losung des Art nouveau sein können. Dass einige seiner Protagonisten sich schriftlich intensiv mitgeteilt haben, steht nur scheinbar im Widerspruch dazu. Wenn es theoretische Ansätze gab, waren diese eher affirmativer als analytischer Natur und eher von der Negation des Herkömmlichen bestimmt als das Neue begründend. Von der wohl wichtigsten Ausnahme davon, Henry van de Velde, ist weiter unten ausführlicher die Rede. Hermann Obrist blickte im Jahr 1900 mit diesen Worten auf die Anfänge der Bewegung zurück: „Diese alle – Eckmann, Obrist, Riemerschmid, van de Velde, Pankok – fingen vor Jahren [...] wie die Kinder an, Möbel, Beleuchtungskörper, Muster, oft auf beliebigen Fetzen Papier zu skizzieren. Oft genug war es ein Stammeln, oft waren es unbeholfene Sachen. Manchmal zaghaft, manchmal allzu kühn, aber eigenes Gewächs. Da sie aber keine Kinder waren, sondern Männer, so half ihnen ihre Urteilskraft, ihre Beobachtungsgabe, ihr Nachdenken, diese unter Malern so verpönte Gabe, dazu, diese unbewussten Spiele der Phantasie zu ernsten Leistungen im Laufe weniger Jahre auszureifen und zu verdichten."[1]

Das ist im zeittypisch schwärmerischen Ton der Selbstheroisierung gesagt und will bedeuten: Die Tat ging ihrer Begründung voraus. In erster Linie war der Jugendstil ein Zeugnis des selbstbewussten Aufbegehrens der Jungen gegen den Väter- und Mütterstil, gegen die erstarrten Gestaltungsprinzipien und die ästhetische Wertordnung des *fin-de-siècle*. Wenn er ein Ausdruck von Protest war, erschien dieser zugleich in einer Formensprache von feinnerviger Kultiviertheit – eine zunächst befremdliche Verbindung von Gegensätzen.

Jugendstil: Jugendprotest-Stil

Erklärbar wird der angebliche Widerspruch durch den Impuls des Art nouveau, dem routinierten Können nach dem damals herrschenden Geschmack den Prozess zu machen. Darin führt er die Absicht der *Arts and Crafts* in England und Schottland, auf dem europäischen Kontinent und in den Vereinigten Staaten mit einem erneuerten gestalterischen Vokabular fort. Die energische Ablehnung des Altgewohnten, der Aufbruch in etwas Neues ist der gemeinsame Nenner seiner Protagonisten. Deren Wirkungskreis umfasste Architektur, Raumgestaltung, Skulptur, Malerei, Bekleidung, Künstlergrafik, Buchillustration, Plakatgestaltung Werbegrafik und nicht zuletzt Design in Form von Keramik, Tafelservices, Leuchten, Möbeln, Tapeten und Wohntextilien. Seine Exponenten hätten darin mehr als eine Aufzählung von Einzeldisziplinen gesehen, vielmehr den Appell zu deren wechselseitiger und expansiver Durchdringung. Wobei sogleich zu präzisieren ist: Es gibt nicht die eine Formensprache des Jugendstils, sondern ganz unterschiedliche Auffassungen zwischen Mackintosh und Gaudí selbst innerhalb der Gattung Design. Das Einigende zwischen all den Exponenten war die Verachtung des Historismus.

Der Begriff *Art nouveau* kommt von der Galerie desselben Namens, die der Kunsthändler Samuel Bing 1895 in Paris vom belgischen Künstler und autodidaktischen Gestalter und Architekten Henry van de Velde einrichten ließ. Bing hatte von dessen eigenwilligem, unkonventionellem und rational aufgefasstem Wohnhaus in Uccle bei Brüssel erfahren. Die deutsche Bezeichnung *Jugendstil* ist von der Zeitschrift *Jugend* abgeleitet, die 1896 erstmals in München erschien.

Das Referenzmedium des Art nouveau war im Grunde die Grafik, nicht die Architektur. In ihr ließen sich die neuen Ideen am leichtesten in Holzschnitten und Federzeichnungen umsetzen. Hier liegt die Herkunft von der Linie als stärkster, für den Art nouveau bezeichnenden Faszination, von da her breitete sie sich auf die Raumkunst und die Architektur aus. Ein scharfer Polemiker wie Adolf Loos äußerte sich gerade deshalb verächtlich über die Willkürlichkeit und Realitätsferne des Jugendstils und über seine dekadenten und verführerischen Zeichnungen von Innenräumen, über die Manier der punktierten Linien etwa in der Zeitschrift *The Studio,* die in seinen Augen nur Bluff waren, flache und selbstzufriedene grafische Behauptungen und keine überzeugenden Raumtaten. Die Grafik machte den Gestaltern die Befreiung von der Symmetrieachse und von der plastischen Hell-Dunkel-Modellierung leicht, ebenso die Verlagerung des Ausdrucks auf das reine Weiß-Schwarz-Schema und auf die Betonung des Rhythmus.

Der schottische Künstler Arthur H. Mackmurdo gab den ersten Impuls zum Stil 1883 mit dem Frontispiz zum Buch *Christopher Wrens City Churches,* einer kunstvollen Komposition aus einer von Hand gezeichneten Titelschrift, wogenden Ähren und vertikal langgezogenen Gockeln. Einen thematischen Bezug zum Buchinhalt gab es dabei nicht. Zehn Jahre später verfügte Henri de Toulouse-Lautrec in seinen Farblithografien und Plakaten für die Cabarets der Pariser Halbwelt über eine staunenswerte Sicherheit und erreichte eine für den Jugendstil einzigartige Spontaneität des Ausdrucks.[2] Damit vergleichbar waren wohl nur die Schleiertänze der Amerikanerin Loïe Fuller, bei denen leichte Tücher sich in der Luft frei und raumgreifend entfalteten und bewegten. Häufig steht im Art nouveau hinter der beschwingten Linienkomposition eine hohe formale Zucht und eine etwas bemühte Akkuratesse und Ambitioniertheit, von denen allerdings die von den Protagonisten bewunderten Vorbilder aus Fernost – chinesische Vasen und Teekannen, japanische Pinselzeichnungen und Holzschnitte – frei gewesen waren.

Wer im Design und in der Architektur Orientierung suchte, konnte sie von der Grafik aus als Rückübersetzung gewinnen: etwa kreisrunde Motive um Hauseingänge oder plastisch ausgeformte Erker. Der deutsche Architekt Hermann Muthesius hielt sich zwar in kritischer Distanz zum Jugendstil, bemühte sich aber um dessen tieferes Verständnis, wenn er ein Befindlichkeitsargument aufgreift: „Man sagt freilich, dass die weiche flüssige Linie, in der sich bisher die kontinentale neue Kunst vorzugsweise betätigt hat, allein imstande sei, den feineren Abstufungen des modernen, stark differenzierten Gefühlslebens gerecht zu werden, die flüchtigen Stimmungen, die der moderne Mensch im Kunstwerk verkörpert sehen will, festzuhalten."[3] Auch Karl Scheffler äußerte sich in dieser Richtung, wobei die Bezüge zwischen der bildenden Kunst und der Gestaltung nicht thematisiert wurden. Einige immer wiederkehrende, auch für Gebrauchsgegenstände wichtige Gestaltungselemente des Art nouveau lassen sich etwa an folgenden Beispielen benennen, ohne dabei Anspruch auf eine Systematik zu erheben.

Eine neue Grammatik gestalterischer Ordnung

Hector Guimard erhielt den Auftrag zur Gestaltung der Treppenabgänge der Pariser Metro und der sie signalisierenden blumenähnlichen Kandelaber aus Gusseisen – sie sind zum Teil noch existent – und fand dabei einen stilistisch passenden Ausdruck für die „Hauptstadt des 19. Jahrhunderts" (Walter Benjamin). Derselbe Guimard machte aus einem Blechtor vor dem Eingang zu einem herrschaftlichen Pariser Wohnhaus ein Aperçu zum Thema von Figur und Grund: Die formale Komposition des Tors als Ganzes steht in einer neuartigen, beabsichtigt gegensätzlichen Spannung zu den beiden Funktionselementen von Türflügel und Beistoß, deren eindeutige Identität in der Erscheinung des Tors durch virtuos gehandhabte Übergriffe konterkariert wird.

Émile Gallé machte zusammen mit dem Schmuckkünstler René Lalique, den Brüdern Auguste und Antonin Daum und Victor Prouvé die Stadt Nancy zu einem Zentrum des Art nouveau *(École de Nancy)*. Gallé hatte sich nach gründlichen akademischen Studien der Geisteswissenschaften mit den Geheimnissen der Glasbläserkunst vertraut gemacht – auch in Berlin, wo er

besonders die Qualitäten chinesischer Meisterwerke in sich aufnahm. Davon inspiriert, fügte er seinen eigenen Kreationen – Vasen, Gefäßen, Abschirmungen von Lampensockeln – weitere Facetten hinzu: opalisierende und marmorierende Effekte, absichtliche Blasenbildungen sowie Einschmelzungen von dünnen Metallstücken. Gefäße von Gallé stilisierten mit exquisitem technischen Können, hohem Rhythmusgefühl und sicherer Farbgebung Motive aus der Pflanzenwelt. Die „Établissements Gallé" waren ein Großbetrieb mit 300 Angestellten und Verkaufsgeschäften in Paris, London und Frankfurt am Main. Mit kunsthandwerklichen Unikaten allein wäre eine solche Größe nicht möglich gewesen. Gallé betrieb jedoch auch eine Serienfertigung von Produkten, die ebenfalls sorgfältig gestaltet, doch mit einfacheren Methoden hergestellt wurden und einem breiteren Kundenkreis eine hohe gestalterische Qualität bei günstigem Preis boten. Die stilistische Attitüde des Einzelstücks, die den Art nouveau charakterisierte, weitete sich folglich auch auf eine serielle Herstellung aus.

Auch Peter Behrens, ursprünglich Maler, kam über den Jugendstil zur Gestaltung und zur Architektur. Er war Teil der Künstlerkolonie Mathildenhöhe in Darmstadt und gestaltete 1902 die Schreibtischlampe für den Großherzog

Abb. 96: Pierre d'Alpayrat: Flakon, um 1900

Abb. 97: Gebrüder Daum: „Paysage bleu nocturne", Vase, 1910.

Ernst Ludwig von Hessen als stilisierte, geflügelte und hochgewachsene Frauenfigur, die ähnlich auch auf einer Zeichnung von Aubrey Beardsley vorkommen könnte. Dies nur wenige Jahre, bevor derselbe Behrens als „Chefdesigner" der AEG zum Pionier eines methodisch angelegten Industriedesigns und damit einer völlig anders gearteten Aufgabe wurde (→ Kap. 11).

Louis Comfort Tiffany in New York entwarf im selben Jahr 1902 die „Lily Cluster Lamp" wie einen Blütenstand und umhüllt die Glühlampen mit nach unten gerichteten blumenähnlichen gläsernen Kelchen. Damit huldigte er zugleich der Natur und fand – wie auch Behrens und Guimard – eine Form, die erst mit der Elektrizität erreichbar wurde, da sie bei der aufwärts lodernden offenen Flamme aller bisherigen Leuchten (Kienspan, Fackel, Öllampe, Kerze, Petrollicht, Gaslicht) nicht möglich gewesen wäre. Schon der junge Tiffany war fasziniert gewesen von antiken römischen Glasgefäßen, deren Oberfläche im Lauf der Jahrhunderte durch Oxydation matt und opalisierend geworden war. Es gelang ihm durch geduldige Materialexperimente, diese Oberflächenqualität künstlich herbeizuführen und zu einem Ausdrucksmittel seiner Arbeiten zu machen.

210

Charles Rennie Mackintosh entwarf – ebenfalls 1902 – für das hochherr-
schaftliche Hill House in Glasgow Esszimmerstühle mit einer fast mannshoch
senkrecht hochragenden Rückenlehne: eine Manifestation des Formwillens,
bestimmt nicht von Sitzkomfort. Seine Frau Margaret Macdonald gestaltete in
derselben disziplinierten linear-geometrisierenden Formensprache die Spei-
sekarten für das Tea House in Glasgow.

Der Katalane Antoni Gaudí stattete 1905 seine Casa Batlló in Barcelona mit
ergonomisch und organisch geformten Zwillings-Esszimmerstühlen aus
Massivholz aus, die ästhetisch das pure Gegenteil von Mackintoshs kompro-
misslos tektonischer Auffassung sind.

Carlo Bugatti in Mailand war wohl der kreisverliebteste, der am wenigsten
konstruktionsbezogen denkende und am meisten „motivisch" handelnde Exponent des Art nouveau, der seinen Möbeln eine irgendwie orientalische An-
mutung gab – wobei sich der Orient je nachdem von der Türkei bis Japan
erstreckte – und der vor keiner exotischen Form- oder Materialkombination
zurückschreckte.

Abb. 99: Louis Comfort Tiffany:
„Lily Cluster Lamp", 1902.

Abb. 100: Henry van de Velde: Teeservice aus Silber, 1905. Einheitliche Formgebung von erheblichem manuellen Aufwand.

Der Belgier Henry van de Velde, der von 1900 bis 1915 in Deutschland wirkte, schuf 1905 ein Tafelservice aus getriebenem Silber von vollendeter Eleganz, bei dem sämtliche Teile, vom Tablett bis zur Zuckerdose, eine gemeinsame Formensprache sprachen und bei dem die Griffe aus Buchsbaumholz in einem Schwung aus den Gefäßkörpern herausgebildet waren. Von diesem publizistisch und pädagogisch höchst aktiven Gestalter ist weiter unten noch ausführlicher die Rede.

Im Art nouveau treffen folglich ganz unterschiedliche Anschauungen, Methoden und Temperamente aufeinander. Der floralen Richtung, die von England übernommen in Belgien und Frankreich besonders verbreitet war, steht die schottische *parallelistisch*-geometrische Spielart des Paars Mackintosh–Macdonald gegenüber. Sie wurde auch in Österreich durch den späten Otto Wagner und Josef Hoffmann aufgegriffen und variiert. In Deutschland war, propagiert durch Henry van de Velde, eine Auffassung verbreitet, die bei Tapeten oder Porzellanservices Flächen- und Linienornamente als rhythmische Muster auffasste und dabei ein raffiniert ambivalentes Spiel von Figur und Grund erreichte.

Allen Richtungen gemeinsam ist jedoch der unbedingte Wunsch, dem Ordnungskodex des Historismus zu entkommen und eine neue Unmittelbarkeit zu erreichen. Auf individuelle Weise künden Objekte des Art nouveau von zumeist feinnervigem Formgefühl, von anspruchsvollem Lebensstil, von erotischem Begehren oder auch von selbstbewusstem, bisweilen übersteigertem Individualismus. Sie tun dies oft mit höchster handwerklicher Meisterschaft und aus einer profunden Kenntnis des Materials heraus. Das Erfinderische, das absichtlich Fantasievolle gehört essenziell zum Art nouveau: erfinderisch und fantasievoll hinsichtlich Formgebung, Materialwirkung und Ausdruck. Ob man darin eine Stärke oder eine Schwäche erblickt, hängt vom geistigen Standort der beurteilenden Person ab. Was zählt mehr, die ungezügelte Fantasie oder die reflektierende Vernunft? Gegenüber der Welt der Technologie und ihren richtunggebenden Impulsen hielt der Art nouveau – teils bewusst, teils aus Fremdheit – jedenfalls Distanz. Es lässt sich auch behaupten, dass er, obwohl auch er überwiegend von Männern hervorgebracht wurde, sich ausgeprägt an Frauen richtete, denen er – wenn sie jung und schön waren – in Bildern huldigte, und von denen er wohl auch am besten verstanden oder geschätzt wurde. In England wies man etwa auf die *effeminate affectation* dieses Stils hin.[4]

Naturverehrung von Städtern

Er zeichnet sich in seinen zwei- wie dreidimensionalen Beispielen durch einen hohen Grad an stilisierender Abstraktion aus, was ihn zu einer Verbindungsbrücke zwischen Kultur und Natur machte. Die Natur ist im Art nouveau auffallend häufig zumindest mit gemeint. Doch ist es die Natur in der Weltsicht von Stadtbewohnern. Auf dem Land gab und gibt es keinen Jugendstil. Diese Aussage lässt sich auch umkehren: Wo immer Jugendstil war, drückte er ein städtisches Lebensgefühl aus. Und wenn sich die Blickrichtung im vorliegenden Buch dadurch auszeichnet, dass auch Anteile des Designs besonders gewürdigt werden, die gleichsam unterhalb der Wasserlinie ästhetischer Absichten liegen, so gibt es im Jugendstil diese verborgene Dimension neuer Funktionen, Materialien, gesellschaftlicher Umorientierungen oder neuer Fertigungstechniken kaum. Fast alles an ihm ist Oberfläche, ist auf Sichtbarkeit und auf den visuellen Zuspruch des Publikums hin angelegt, und alles ist Umgestaltung von Bekanntem. Der Art nouveau ist eine visuell höchst kommunikative Welt, was ihn populär, aber auch anfällig für Kritik gemacht hat. Diese Kritik, formuliert von Hellsichtigen, kam mit der Zeit auch aus den eigenen Reihen.

Weil neue Anschauungen von Gestaltung durch multiplizierbare Gebrauchsgegenstände besser als mit dem Einzelstück des Kunstwerks zu vermitteln
waren, haben einige seiner Protagonisten die Bewegung weg von der Malerei zur Gestaltung von Objekten vollzogen: Peter Behrens, Louis C. Tiffany,
Victor Prouvé, Henry van de Velde und andere. Die 1890er-Jahre waren für
fast alle aktiven Teilnehmer die Eintrittspforte zur Moderne, aber zugleich
ein Jahrzehnt des Übergangs, in dem mit dem Art nouveau nicht eine Formensprache von Dauer entstand.

Das geistige Gravitationszentrum des Art nouveau war die „künstlerische
Freiheit". Sie individuell zu erringen und durchzusetzen war das gemeinsame Motiv all seiner Protagonisten. Darunter verstanden sie allerdings ganz
Unterschiedliches. Für die bedeutendsten Exponenten war die künstlerische
Freiheit Mittel, nicht Zweck: das Mittel zum Auffinden der Vernunft. „Vernunft" und „künstlerische Freiheit" waren in kognitiver Hinsicht für die Akteure des Art nouveau gleichgerichtete Begriffe und keine Gegensätze. Die
Überwindung des Historismus hatte die künstlerische Freiheit zur Voraussetzung und die Vernunft zum Ziel.

Für die Vehemenz seines Auftretens sprach schon um 1890 der Umstand,
dass er sich nicht nur im übersichtlichen Europa in verschiedenen Ländern

auf unterschiedliche Weise manifestierte, sondern gleichzeitig und völlig unabhängig davon auch in den Vereinigten Staaten (Louis Sullivan, Frank Lloyd Wright, L. C. Tiffany). Für den Publizisten Hans Curjel war 1952 die Kombination aus der Gleichzeitigkeit der Impulse, der Unterschiedlichkeit ihrer Erscheinungsformen zugleich mit einem inneren Zusammenhang ein starkes Zeichen dafür, „dass es sich bei der Entstehung der Art nouveau um ein unmittelbares geschichtsbiologisches Ereignis handelt, dessen Wurzeln im Dunkel der Geschichte triebmäßiger Vorgänge verborgen liegen".[5]

Dafür bietet sich allerdings eine soziokulturelle Erklärung an: Die gesellschaftliche Elite in Politik, Kultur und Wirtschaft brauchte ein neues Distinktionsmerkmal, nachdem in den letzten Jahrzehnten des 19. Jahrhunderts durch die industrielle Herstellung von Gebrauchsgütern eine Demokratisierung des Konsums und dadurch eine Aushöhlung der bisherigen Exklusivität stattgefunden hatte (Beispiel: Kelch aus billigem Pressglas anstelle des mundgeblasenen und handgeschliffenen Kelches von gleichem Aussehen, Abb.38). Dieser Wunsch nach unmissverständlicher Distanzierung ist der gemeinsame Nenner der verschiedenen Idiome des Jugendstils. Die Erschaffung einer neuen Formensprache im Jahrzehnt von 1890 bis 1900 stellte den soziokulturellen Vorsprung der Oberschicht wieder her und erschloss den finanzkräftigen Spitzen der Gesellschaft ein neues und ästhetisch unverbrauchtes Terrain. Nur war dies nicht von Dauer: Der Effekt der Verflachung durch die rasche Popularisierung dieser neuen Formensprache pflanzte sich bald erneut – nun in Gestalt der Vervielfältigung als „Industriejugendstil" – von oben nach unten durch die gesellschaftlichen Schichten fort. Der kulturelle Vorsprung war nach wenigen Jahren dahin, weshalb dem Art nouveau zwar ein langes Nachleben, aber ein kurzes Eigenleben beschieden war.

Kraftlinien

Das Fließende war überaus häufig sein Element und Bewegtheit seine Denkfigur. „Alles spiralt, radiates, swirls – Kraftlinien!"[6] So notiert Hermann Obrist auf einem seiner Blätter die Faszination seiner Zeit für eine dynamische

Wahrnehmung und Wiedergabe des Wahrgenommen. Den Begriff „Kraftlinien" hatte – wie im letzten Kapitel erwähnt – Michael Faraday für die gekurvten Feldspannungen im Umkreis von Magneten geprägt. Sie waren unsichtbar, doch real, und waren durch Metallpartikel sichtbar zu machen. Das Sichtbarmachen von in der Natur vorhandenen Wirkkräften war ein Motiv des Jugendstils. Der Einfluss der Naturwissenschaften führt seine „Spiralenseligkeit" (Renate Flagmeier) auf einen tieferen Begründungszusammenhang zurück. Auch die Fotografie des damals sogenannten Andromeda-„Nebels" durch den englischen Ingenieur Isaac Roberts (1889) passt in diesen Zusammenhang, indem dessen Schrägansicht als rotierender Strudel dem breiten Publikum die kosmischen Energien vor Augen führte.[7] Darin liegt mehr als eine Beiläufigkeit: Denn gegenüber der pythagoräischen Denkfigur eines Kosmos aus Kreisbahnen und Kugelschalen vermittelte die Fotografie der Andromeda-Galaxie eine ganz andere Vorstellung von formaler und energetischer Dynamik und Plausibilität.

In denselben Zusammenhang gehört die von Karl Culmann am Polytechnikum in Zürich entwickelte *Graphische Statik* (1866), mit der sich die in einem Tragwerk wirkenden Kräfte systematisch visualisieren ließen. Die Form des Eiffelturms, die auf Culmanns Schüler Maurice Koechlin im Atelier Gustave Eiffel zurückgeht, bedeutete eine radikale Abkehr von der damaligen Vorstellung eines Turmbauwerks. Sein polygonaler Aufriss pariert die Windkräfte und verlangte der Öffentlichkeit durch seine Strukturform ein neues Sehen ab.[8] Der Eiffelturm war bestimmt kein Werk des Art nouveau, doch die neue Art des konstruktiven Denkens entsprechend von Wirkungskräften war von epochaler Bedeutung und schlug sich im Art nouveau nieder; sie zeichnete auch Antoni Gaudí aus (etwa in der Schrägstellung der Stützen der Unterkonstruktion beim Park Güell und bei der Sagrada Familia) und lässt sich auch bei auch Victor Horta nachweisen (Maison du Peuple, Brüssel 1903). Das neue tektonische Empfinden des Jugendstils wurde durch herausragende Leistungen im Bauwesen wesentlich ermutigt. In diesem Zusammenhang kann auch die Bugholz-Technologie als möglicher Einfluss auf das Form- und Konstruktionsempfinden des Art nouveau gesehen werden; jedenfalls ist eine weitgehende Übereinstimmung unverkennbar.

Abb. 102: Henry van de Velde: Drei Kleinmöbel aus Eichenholz, um 1900. Für van de Velde war auch die Form der Zwischenräume ein Thema.

Henry van de Velde ist die Figur des Art nouveau, die am frühesten das Ephemere der Jugendstilbewegung gespürt hat und sich schon kurz nach der Jahrhundertwende vorsichtig davon zu distanzieren begann. Von ihm sind in diesen Jahren die klarsten Ansätze zu einer Entwurfstheorie geleistet worden. Als künstlerisches Ziel bezeichnete er immer klarer die gestalterische Vernunft. Darunter verstand er den konsistenten Begründungszusammenhang aus der Funktion und der Ästhetik eines Gegenstandes, wobei Letztere seine volle Aufmerksamkeit erhielt. Er bezeichnete sich selbst einmal als „vom Dämon der Linie besessen". Diese Linie suchte er nicht in stilisierten Naturdarstellungen, sondern in einem virtuosen Dialog aus Einzelformen und der Gesamtform. Als Ornament auf Porzellantellern kreisen Schwünge und Kurvenflächen so gekonnt umeinander, dass ein virtuoses Spiel von Figur und Grund entsteht. Bei Möbeln achtete van de Velde darauf, dass die Leer- und Zwischenräume zwischen den Elementen – etwa bei Sitzmöbeln die Füße oder Sprossen der Rückenlehne – ebenfalls eine stimmige Form aufwiesen und nicht nur Formreste waren. Er drückte dies so aus: „Eine künstlerisch vollkommene Linie als Grenzlinie zwischen zwei Flächen schafft nach beiden Seiten künstlerisch vollendete Formen. Betrachtet man zum Beispiel von den Umrissen eines Möbels die zwei Linien, die es rechts und links begrenzen, so hat man zwischen diesen beiden Grenzlinien das körperliche Möbel; außerhalb der Grenzlinien dagegen je eine auf der Wand abgezeichnete

Komplementärform, eine unkörperliche Form, die sich mehr oder weniger weit vom Möbel weg ausdehnt. Ein geübtes und empfindliches Auge genießt beide, die körperliche und die unkörperliche Form, gleich intensiv und summiert sie zu etwas, an dem es ganz neue Empfindungen erlebt."[9] Es scheint plausibel, hier einen starken Einfluss der japanischen Denk- und Gestaltungsweise zu vermuten (→ Kap. 27).

Der aktive ästhetische Genuss, den van de Velde hier anspricht, war die wichtigste Nervenbahn des Art nouveau und ein Beweis für Lebenskunst und moralische Integrität. In Übereinstimmung mit van de Velde forderte August Endell: „Wollen wir formale Schönheit verstehen und genießen, so müssen wir lernen, isoliert zu sehen. Auf die Einzelheiten müssen wir unsern Blick lenken, auf die Form einer Baumwurzel, auf den Ansatz eines Blattes am Stengel, auf die Struktur einer Baumrinde. [...] Denn genau sehen wir nur einen Punkt in unserem Sehfeld, und wirksam für unser Gefühl kann nur werden, was wir deutlich sehen."[10]

Was in solchen Sätzen über die ästhetische Wahrnehmung von etwas äußerlich Gegebenem gesagt wird, ist nicht direkt auf das eigene Entwerfen übertragbar, bei dem es um eine Synthese geht. Der Art nouveau übersetzte den Wunsch nach der Synthese in die Vorstellung vom Gesamtkunstwerk.

Entsündigung

Van de Velde hatte ein starkes Sendungsbewusstsein und sah sich in der direkten Nachfolge von Ruskin und Morris. 1918 (nach dem endgültigen Abklingen des Art nouveau) publizierte er seine Schrift *Die drei Sünden wider die Schönheit*. Darin würdigte er Ruskin als Kämpfer gegen die Sünde an der Natur, Morris als solchen gegen die Sünde an der Würde des Menschen und nannte seinen eigenen Kampf jenen gegen die „Sünde an der Schönheit". Die Moderne ist für ihn folglich eine dreifach gestufte Katharsis, insofern als mit der Eliminierung der dritten Sünde auch die beiden anderen überwunden bleiben; die Taten eines Protagonisten sind bleibende Taten auch für die Menschheit. Unter „Schönheit" versteht van de Velde in klassischer Weise die Harmonie der Teile untereinander und zum Ganzen. Es sei viel einfacher, einen Gegenstand mit ikonografischen Elementen zu verzieren, „als eine Lösung zu finden, die ein

Abb. 103: Henry van de Velde: Sofa und Teetisch-chen, 1906. Der Jugendstil ist abgeklungen und macht einer sachlicheren Formen-sprache Platz.

Element organisch mit dem anderen verbindet; den Fuß mit der Schale, mit der Lampe oder was immer für ein Behälter es sei, eine Lösung, die die Funktionen der verschiedenen Organe ohne Ruck und Riss ineinander überleitet".[11] Bereits früher hatte er an anderem Ort geschrieben: „Ein einzelnes Möbel erscheint nur dann als Einheit, wenn alle sozusagen fremden Teile, wie Schrauben, Scharniere, Schlösser, Griffe, Haken nicht selbstständig bleiben, sondern in ihm aufgehen. […] Sonst erreichen wir nicht jene Einheit, die wir vor allen anderen Eigenschaften erstreben: die Symphonie, die unser Ideal ist, wird durch unartikulierte oder falsche Töne geschändet."[12] Solche Formulierungen, wie hier von der Schändung des Ideals der symphonischen Harmonie, und zahlreiche andere vergleichbar prononcierte Beschwörungen lassen erkennen, dass der Glutkern im Schaffen van de Veldes dieser moralisch-ethische Auftrag war. Das Urteil über den Gegenstand ist auch das Urteil über seinen Urheber; Ästhetik und Ethik und damit das Schöne und das Wahre sind deckungsgleich geworden: das Schiedsgericht der Moderne.

Bei genauerer Betrachtung seiner Möbel, Beleuchtungskörper und Tafelgeräte bleibt jedoch nicht verborgen, dass manche von ihnen bei aller Ambitioniertheit nicht rundum befriedigen; dass sie zwar den Wunsch nach formaler Harmonie zum Ausdruck bringen, bisweilen aber mit so anspruchsvoll bemühten Mitteln, dass auch van de Velde Zweifel an diesem gestalterischen Konzept kamen, worauf er die Formen geradliniger und einfacher wählte.[13]

In seiner 1902 niedergeschriebenen Linientheorie drückt van de Velde seine Überzeugung aus, dass die Herausbildung des Gegenstandes, der Gegenstand selbst, seine ästhetische Wahrnehmung (und sein Gebrauch) auf eine Linie gebracht werden sollen. Da heißt es: „Eine Linie ist eine Kraft, die ähnlich wie alle elementaren Kräfte tätig ist; mehrere in Verbindung gebrachte, sich aber widerstrebende Linien bewirken dasselbe wie mehrere gegeneinander wirkende elementare Kräfte. Wenn ich sage, dass eine Linie eine Kraft ist, behaupte ich nur etwas durchaus Tatsächliches; sie entlehnt ihre Kraft der Energie dessen, der sie gezogen hat. Diese Kraft und diese Energie wirken auf den Mechanismus des Auges in der Weise, dass sie ihm – dem Auge – Richtungen aufzwingen. Diese Richtungen ergänzen sich, verschmelzen miteinander und bilden schließlich bestimmte Formen. Nichts geht dabei verloren, weder von der Energie noch von der Kraft, und ein so entworfenes, nach den Wirkungen der elementaren Kräfte aufeinander ausgearbeitetes Ornament erlangt diese unabänderliche und reine Gestaltung einer Deduktion und bewahrt sich fortdauernde Kraft und Wirkung."[14] Die Betonung der Linie im Jugendstil als Linienführung und damit als eine zeichnerische Qualität wird in dieser Hypothese zur verführerischen Behauptung: Die Qualität einer Linie ist aufgespeicherte Energie, die bei der Wahrnehmung freigesetzt wird. Ist es ein Zufall, dass van de Velde diese Auffassung kurz nach der Erfindung des Telefons durch Philipp Reis und Alexander Graham Bell sowie des Phonographen durch Edison (1885) entwickelte? Diese Erfindungen basierten auf elektromagnetisch erzeugten und abgetasteten „Erregungen" und sprengten die Hörweite (Telefon) beziehungsweise erlaubten erstmals die Konservierung akustischer Ereignisse als Eingravierung auf einer Wachswalze. Auch beim Phonographen – später der Schallplatte – war oder ist die Linie eine abrufbare Kraft. Bis zu diesem Zeitpunkt waren akustische Phänomene unvermeidlich an die Gegenwart gebunden gewesen, nun ließen sie sich für die Zukunft aufheben. Bei van de Velde ist diese Analogie kaum zufällig.

Konformitätsdruck

Wenn der Gegenstand auf diese Weise von seinem Urheber kündet, stellt sich das Problem, wie es mit vielen Gegenständen von verschiedenen Entwerfern aussieht, die in Nachbarschaft zueinander zu stehen kommen. Um 1925 wird man argumentieren, dass die innere Stimmigkeit von selbst zu einer äußeren Übereinstimmung führen wird (eine Behauptung, für deren Richtigkeit viele Beispiele sprechen, →Kap.16). Doch um 1900 äußerte sich nur Adolf Loos in diesem Sinn – und er war ein vehementer Gegner des Jugendstils. Die Exponenten des Art nouveau gingen dieser Problematik aus dem Weg, indem sie offensiv das Gesamtkunstwerk propagierten: alles aus einer Hand. Der österreichische Architekt, Grafiker und Designer Joseph Maria Olbrich begrüßte die Initiative des hessischen Großherzogs Ernst Ludwig, der ihm die Leitung beim Entwurf und dem Bau der Künstlerkolonie Mathildenhöhe bei Darmstadt erteilte, mit der euphorischen Ankündigung: „Da wollen wir dann zeigen, was wir können; in der ganzen Anlage und bis ins kleinste Detail. Alles von demselben Geiste beherrscht, die Straßen und die Gärten und die Paläste und die Hütten und die Tische und die Sessel und die Leuchter und die Löffel Ausdrücke derselben Empfindung, in der Mitte aber, wie ein Tempel in einem heiligen Haine, ein Haus der Arbeit, zugleich Atelier der Künstler und Werkstätte der Arbeiter, wo nun der Künstler immer das beruhigende und ordnende Handwerk, der Handwerker immer die befreiende und vereinigende Kunst neben sich hätte, bis die beiden gleichsam zu einer einzigen Person verwachsen würden."[15] Hier ist die geistige und emotionale Heimat des Jugendstils. Gaudí und Mackintosh, van de Velde und Hoffmann waren von dieser Sehnsucht nach dem Gesamtkunstwerk durchdrungen, jeder auf seine Art. „Vom gleichen Geist beherrscht" musste nicht unbedingt heißen: aus einer Hand, aber meist hieß es das in geistesverwandter Formensprache, sei es in der Casa Mila oder Casa Battló (Barcelona), im Hill House (Glasgow), im Hohenhof (Hagen) oder im Palais Stoclet (Brüssel). *L'art pour l'art:* die Kunst um ihrer selbst willen, nicht kompromittiert durch Widersprüche im Gebrauch, im angesprochenen Personenkreis, im Zeitempfinden oder in den Ansprüchen einer künftigen Gegenwart. Dieser Anspruch einer absoluten Gegenwart trug unausweichlich den Keim des Veraltens in sich. Bereits um die Jahrhundertwende machten sich Ermüdungserscheinungen des neuen Stils bemerkbar. Hermann Obrist schrieb den Artikel „Zweckmäßig oder phantasievoll?", worin er die künstlerische Freiheit der Fantasie über die volkstümliche Funktionalität stellte, als deren spröden Ursprung er die englische Gestaltung ansah. Ihr gegenüber favorisierte er den geistigen und materiellen Luxus im Design.[16] Das wurde bald zur Rückzugsposition. Vom Berliner Maler Max Liebermann soll dazu der geistreiche Ausspruch stammen: „Von meinem Haus will ick meinen Spaß haben und nich' dem van de Velde seinen."[17]

Van de Velde selber verstand es, eine produktivere Antwort auf das von Obrist angesprochene Entweder-oder zu finden. Die Formensprache seiner Arbeiten, insbesondere der Möbel, wurde schon kurz nach der Jahrhundertwende einfacher, glattflächiger und ruhiger. Auch verabschiedete er sich von frei gekurvten Formen zugunsten von polygonalen Umrissen. Er ist derjenige Exponent des Art nouveau, dessen Erkenntnisse sich am ehesten auf die Zeit nach dem Ersten Weltkrieg übertragen ließen. Bereits 1907 schrieb er: „Du sollst die Form und die Konstruktion aller Gegenstände nur im Sinn ihrer elementaren, strengsten Logik und Daseinsberechtigung erfassen. [...] Und wenn dich der Wunsch beseelt, diese Formen und Konstruktionen zu verschönern, so gib dich dem Verlangen nach Raffinement nur insoweit hin, als du das Recht und das wesentliche Aussehen dieser Formen und Konstruktionen achten und beibehalten kannst!"[18] Sprachliche Formulierungen sind nie eindeutig in materielle Formtaten übersetzbar. Doch van de Veldes obiges Programm baute eine Brücke zum Deutschen Werkbund, dessen Gründung kurz bevorstand.

Anmerkungen

1 Hermann Obrist: „Wie es begann". In: Hans Curjel (Hrsg.): „Vom neunzehnten zum zwanzigsten Jahrhundert". In: *Um 1900. Art Nouveau und Jugendstil.* Katalog Kunstgewerbemuseum Zürich 1952, S. 32 f.

2 Toulouse-Lautrec zeichnete selbst direkt auf den Stein, statt dass seine Entwürfe – wie nach der konventionellen Methode – von Lithografen nach Farbauszügen seitenverkehrt auf den Stein übertragen wurden.

3 H. Muthesius: „Stilarchitektur und Baukunst". In Julius Posener: *Anfänge des Funktionalismus. Von Arts and Crafts zum Deutschen Werkbund.* Berlin/Frankfurt a. M./Wien 1964, S. 170

4 Henning Schaefer: *Nineteenth Century Modern. The Functional Tradition in Victorian Design.* New York/Washington, 1970, S. 126

5 Wie Anm. 1, S. 18. Die Tonalität dieser Formulierung entspricht sehr dem Empfinden nach 1945, als viele nach einer neuen mentalen und emotionalen Grundlage fragten.

6 Hermann Obrist, zit. bei Renate Flagmeier: „,Spiralenseligkeit' um 1900". In: Angelika Thiekötter / Eckhard Siepmann (Hrsg.): *Packeis und Pressglas. Von der Kunstgewerbebewegung zum Deutschen Werkbund.* Gießen 1987, S. 319

7 Vgl. Renate Flagmeier (wie Anm. 6). Dass es sich bei Andromeda nicht um einen Gasnebel in der Milchstraße handelt, sondern um eine eigene Galaxie, klärte sich erst 1924 durch Edwin Hubble.

8 Bekanntlich wandte sich Emile Zola 1889 scharf gegen die „Hässlichkeit" des Eiffelturms.

9 Henry van de Velde: „Vernunft, Form und Handwerk". In: vgl. Anm. 1, S. 31

10 August Endell: „Die Natur und die Macht der Form". In: vgl. Anm. 1, S. 26

11 H. van de Velde: *Die drei Sünden wider die Schönheit.* Zürich 1918, S. 36

12 H. van de Velde: *Pan*, 3. Jg., Nr. 4, S. 262

13 Vgl. Karl-Heinz Hüter: *Henry van de Velde. Sein Werk bis zum Ende seiner Tätigkeit in Deutschland.* Berlin/DDR 1967, S. 50–71

14 H. van de Velde, „Prinzipielle Erklärungen". In: Ders.: *Kunstgewerbliche Laienpredigten*, 1902. Zit. nach Curjel (vgl. Anm. 1), S. 25 f.

15 J. M. Olbrich: Rede, 1900. Zit. nach Lucius Burckhardt (Hrsg.): *Der Werkbund in Deutschland, Österreich und der Schweiz. Form ohne Ornament.* Stuttgart 1978, S. 26

16 Vgl. H. Schaefer (wie Anm. 4), S. 164 und S. 201; dort Hinweis auf die Publikationsquelle: Helmut Selig (Hrsg.): *Jugendstil.* Heidelberg/München 1959, S. 416–418

17 Wie Anm. 6, S. 363

18 Vgl. H. van de Velde: „Credo", in Ulrich Conrads (Hrsg.): *Programme und Manifeste zur Architektur des 20. Jahrhunderts*, Berlin/Frankfurt a. M./Wien 1964, S. 14

X-9   Braucht es immer Theorie?

Hermann Obrist erwähnt in seinem Rückblick auf den Art nouveau den An-
fangsimpuls der unbekümmerten Spielfreude („wie Kinder") seiner Protago-
nisten. Bemerkenswert ist der sehr frühe Zeitpunkt dieser historiografischen
Äußerung: Er machte sie bereits im Jahr 1900, was seine Aussage etwas wie den
Fall einer elegischen Selbst-Historisierung erscheinen lässt, in diesem Fall des
Jugendstils, der an der Jahrhundertwende bereits überblickbar war und inso-
fern abgeschlossen vor Augen stand. Bedeutet seine Charakterisierung, dass
der Jugendstil aus einer unzähmbaren Kraft entsprungen war und keine Theo-
rie brauchte? Oder bedeutet sie, dass er sich so rasch erschöpfte, weil er keine
Theorie hatte?
Hatte er keine? Anfänglich nicht, doch ein Henry van de Velde bemühte sich um
ein geistiges Fundament; auch andere erschlossen sich mit der Zeit eines, das
aus dem Jugendstil hinaus- und in die größere Sachlichkeit hineinführte.
Eine Theorie ist ein Fundament, ein Koordinaten- und ein Orientierungs-
system; das eine evoziert eher das Bild einer statischen Ordnung (Orte als
Standpunkte), das andere die Vorstellung einer dynamischen Ordnung (Aus-
richtungen). Ist aber die Kennzeichnung als System nicht zu hoch gegriffen?
Je nachdem, ob jemand sich bewusst oder eher intuitiv darin bewegt, ist das
Wort gerechtfertigt oder kann durch „Wertordnung" ersetzt werden. Das Ko-
ordinaten- und das Orientierungssystem wirken stets zusammen, je nach Per-
sönlichkeit ist ihr Boden fest oder schwankend und ihre Konsistenz kompakt,
schwammig oder luftig. Das ist nicht unbedingt eine Klassifizierung nach
dem Rang. Eine kompakte Theorie kann auch kompakt verfehlt sein, wie um-
gekehrt eine luftige Theorie möglicherweise überraschend fruchtbar gemacht
werden kann. Der griechische Ursprung des Wortes, theorein, bedeutet „an-
schauen"; eine Theorie ist eine „Anschauung", hat also zumindest einen sinn-
lichen Anteil. Unzählige Beispiele aus der Zeitgeschichte beweisen, dass aus
profilierten Anschauungen unermessliches Unglück erwachsen ist; glückli-
cherweise lassen sich ihnen Beispiele gegenüberstellen, die für das Gegenteil

stehen. Im Bereich der Gestaltung wirken sich Theorien weniger heftig aus, doch folgenreich sind auch sie.

Das Problem besteht darin, die Berechtigung, die Richtigkeit und die Relevanz einer Theorie nachweisen zu können. Wir bewegen uns im schwierigen Gelände des Problems von Erkenntnis und Wahrheit und deren Schattenwurf von Täuschung und Trug.

War der Drang der Protagonisten des Jugendstils, sich vom Historismus abzusetzen, von einer negativen Theorie unterfüttert? („Fort mit den ausgeleierten Stilen!") Man wird wohl behaupten, dass ein solcher Impuls nicht hinreichend für eine Theorie ist. Was aber wäre demnach eine Designtheorie? Was ein Designtheoretiker? Der Autor dieser Studie wurde gelegentlich von Kollegen so apostrophiert, was ihn jeweils innerlich zusammenzucken ließ; er konnte das Prädikat nicht als Auszeichnung verstehen. Warum nicht? Weil man sich die Frage stellen muss, ob es eine Theorie des Designs geben kann, wenn doch die Spannweite von Design vom Esslöffel bis zur technischen Ausrüstung für chirurgische Eingriffe und vom Klapptischchen in der Eisenbahn zu räumlich-zeitlichen Bewegungsstudien von Fertigungsrobotern reicht. Die Antwort ist Nein. Von Theorie lässt sich jedoch dann sprechen, wenn sich nicht die Vorstellung von Abgeschlossenheit und Vollständigkeit damit verbindet, wenn sie sich auf den Gegenstand richtet und nicht von ihm weg hinauf zur Fixsternsphäre eines geschlossenen Denksystems. Tut sie Letzteres, ist das Hochstapelei.

Gestaltung ist keine exakte Wissenschaft, verlangt aber eine breite Könnerschaft. Sie braucht vielfältige Kenntnisse vom beabsichtigten Gebrauchsnutzen des Entwurfsobjekts in Teilen der Gesellschaft, den konstruktiven Aufbau, die Behandlung der Materialien, die Handhabung der Produktion, die Lager- und Transportlogistik, die Umweltverträglichkeit, die Reparaturfähigkeit, die Positionierung auf dem Markt, und dies alles mit einem formalästhetischen Bewusstsein, in dem sämtliche Kriterien überzeugend zusammengeführt sind, was bedeutet, dass sie in eine plausible, intersubjektiv kommunizierbare und „einnehmende" Gestalt gebracht worden sind. Diese Elemente konstituieren eine „Designtheorie". Es mag Organigramme geben, die aus diesem Kriterienpolygon eine methodische Abfolge von Teilschritten in einem zeitlichen Nacheinander machen wollen. Das kommt vor, ist aber nicht verallgemeinerbar.

Auch ein simultanes Ineinanderwirken kommt vor. Meistens gibt es einen Kern von Kriterien, der als Motivgruppe den Entwurfsvorgang bestimmt, und andere Kriterien, die sich ihm unterordnen. Über eine Theorie zu verfügen kann die Qualität des Entwurfs steigern, zu viel Theorie wird ihm eher schaden, die falsche Theorie ihn entwerten. Zu viel ist sie dann, wenn sie isoliert bleibt. Gaudí, van de Velde, Mackintosh hatten ihre Theorie, die ihren Taten eine Orientierung gab. Jeder von ihnen ist eine markante Figur. Die Pluralität der Individualismen hat dem Jugendstil den Punch gegeben, der ihn faszinierend machte, er hat aber auch zur Folge gehabt, dass der Bewegung ein ideelles Zentrum fehlte.

10 Wie sieht Bewegung aus?
Muybridge, Marey und der Futurismus

Zwei Pioniere der Bewegungsfotografie: Eadweard Muybridge und Etienne-Jules Marey, die im Abstand von wenigen Wochen geboren wurden (1830) und auch starben (1904), die voneinander wussten, sich persönlich begegneten, sich schätzten, die aber bei aller Ähnlichkeit ihrer fotografischen Erkundungsarbeit letztlich unterschiedliche Ziele verfolgten. Wieso aber kommt in einer Geschichte der Gegenstände überhaupt das Problem zur Sprache, wie sich die Bewegung von Lebewesen – also von „Un-Gegenständlichem" – visualisieren lässt? Die erste, philosophische Antwort lautet: weil das Problem der Erfassung von Bewegung ein Sinnes- und ein Erkenntnisproblem ist und weil Design ebenfalls stets in einem Sinnes-, Erkenntnis- und Begründungszusammenhang steht. Die zweite, praktische Antwort lautet: weil die Gegenstände vom Menschen gemacht und benutzt werden und weil der Mensch sich bei der Herstellung und beim Gebrauch bewegt. Weil also die Gegenstände als „Erweiterungen" des Menschen gelten können, ist die Frage der Bewegungsform real gegeben und spätestens mit der Moderne in die Welt getreten. Es ist kein Zufall, dass Sigfried Giedion seine große Untersuchung *Mechanization Takes Command / Die Herrschaft der Mechanisierung* mit diesem Thema eröffnet. Ein Thema, das uns hier bis zum Taylorismus, zu Henry Ford, zum *human engineering* und zur Ergonomie führen wird.

Bei aller Vergleichbarkeit ihrer Forschungen waren Marey und Muybridge unterschiedlich in Herkunft und Charakter. Der gebürtige Engländer Muybridge (ursprünglich: Edward Muggeridge) war ein Abenteurer, der in Amerika wirkte und dort sogar einmal wegen Totschlags vor Gericht stand. Der Franzose Marey war Arzt, hoch angesehener Naturforscher und ein genuiner technischer Erfinder. Muybridge kam von der Fotografie her und war darin Spezialist, Marey war ein Generalist, wie sie heute kaum mehr möglich sind, einer, den sein Weg der Weltbefragung zur Fotografie führte. Beide teilten sie die Faszination für die Bewegung von Lebewesen, Menschen und

Tieren, beide benutzten sie die Fotografie für die Ergründung dieses Phänomens. Ausgangspunkt war hier wie dort die Erfahrung, dass das menschliche Auge zu langsam ist, um Bewegungen wirklich als solche sehen zu können. Sie erschlossen der Fotografie neue Möglichkeiten, da erst mit ihr die Möglichkeit geschaffen war, die sichtbare Realität in einem Bild objektiv festzuhalten, das heißt zu konservieren und objektiv überprüfbar zu machen.

Muybridge ging als Zwanzigjähriger in die Vereinigten Staaten und machte sich bald einen Namen als Landschaftsfotograf. Die Fotografie war ein junges Medium, eines, das gegenüber der Malerei unvergleichlich schneller war und das als objektiv und wahrhaftig galt. Muybridge dokumentierte im Auftrag der amerikanischen Regierung die Pazifikküste – Kalifornien war erst 1850 ein Gliedstaat der USA geworden – und lernte dabei den ehemaligen Gouverneur und Eisenbahnpionier Leland Stanford (Präsident der *Central Pacific Railroad* und Begründer der gleichnamigen Universität in Palo Alto) kennen. Seine technisch brillanten und künstlerisch überzeugenden Fotografien von der geplanten Eisenbahnstrecke in den Rocky Mountains sowie des Yosemite Valley ließen Stanford auch in einer persönlichen Frage auf ihn aufmerksam werden. Denn 1872 fand sich Stanford in einer lebhaften Kontroverse: Er vermutete, dass es bei einem galoppierenden Pferd in jeder Schrittfolge einen Moment gebe, in dem alle Hufe in der Luft seien, was Freunde von ihm bezweifelten. Das ist eine Frage, die von bloßem Auge nicht zu beantworten ist, die die Möglichkeit des Erkennens betrifft und also auch von dessen Grenzen. Erkenntnis zeigte sich hier nicht mehr nur als eine Frage der gedanklichen Tiefe, sondern der zeitlichen Kürze. Stanford forderte Muybridge auf, sie durch die Fotografie zu beantworten, was wegen der dazu erforderlichen kurzen Belichtungszeiten schwierig war.[1] Im Vergleich zur Malerei war die Fotografie zwar schnell, konfrontiert mit bewegten Körpern jedoch alles andere als das. Auf der Pferderennbahn von Sacramento baute Muybridge mit Stanfords Unterstützung seine Versuchsanlage auf und machte zahlreiche Einzelbelichtungen eines vor einer Bretterwand quer zum Sehstrahl mit verschiedenen Tempi laufenden Pferdes. Eines der Bilder zeigte, mehr oder weniger zufällig, dass darauf tatsächlich alle Hufe in der Luft waren. Muybridge fügte daraufhin die Bilder so aneinander, dass sie dem Eindruck einer

Abb. 104: Eadweard Muybridge: Mr. Lawton, einen Rückwärtssalto schlagend, 1879. Die Bildfolge ist aus einzelnen Aufnahmen zusammengesetzt und soll die Bewegung als Ganzes supponieren.

hypothetischen Bewegung entsprachen, was ihn aber nicht befriedigte. Er wollte den realen Bewegungsvorgang abbilden und suchte nach einem Weg, eine Bewegung mit regelmäßigen Zeitintervallen in aufeinanderfolgende Phasen aufzugliedern. Stanford finanzierte eine verbesserte Versuchsanlage mit mehreren, in gleichmäßigen Abständen aufgestellten Kameras, deren Verschlüsse in dem Moment durch gespannte Fäden ausgelöst wurden, wenn sie vom Versuchsobjekt (Pferd, Mensch) zerrissen wurden. Damit ließen sich erstaunlich aufschlussreiche Ergebnisse erzielen. Durch die Assistenz eines fähigen Elektrikers gelang es wenig später, auf die Fäden zu verzichten und mit einem getakteten Schaltkreis die Kameras koordiniert auszulösen, die Genauigkeit der Intervalle zu erhöhen und das Verfahren zuverlässiger zu machen. Muybridge ließ diese Vorrichtung 1879 patentieren. Im selben Jahr stellte er das „Zoopraxiscope" vor, eine rotierende kreisrunde Glasscheibe, deren radial darauf kopierte Momentaufnahmen durch ein Objektiv auf die Wand projiziert wurden, was dem Publikum die zusammengesetzte Bewegung zeigte. Die Verfügbarkeit der Elektrizität war auch hier von entscheidender Bedeutung. Was bei der Beobachtung des galoppierenden Pferdes ein Manko war – die Langsamkeit des Auges – wurde bei der Projektion zum

Vorteil, da dabei der menschliche Wahrnehmungsapparat aus den einzelnen „Bewegungsquerschnitten" ein kontinuierliches „Längenprofil" von gewisser Dauer machte. Muybridges Zoopraxiscop konnte zwar nur eine kurze Bewegung zeigen, war aber mit seinem Projektor der unmittelbarste Vorläufer des Kinos, dem bereits um die Jahrhundertmitte das Kaleidoskop, das Stroboskop und das Phenakistiskop vorangegangen waren, die alle noch mit zeichnerischen Mitteln das Publikum erheitert hatten.[2]

Die Langsamkeit des Auges wird überlistet

Diese völlig neuen bildgebenden Verfahren und die Enthüllungen der *wahren* Fotografie machten Muybridge landesweit und auch in Europa bekannt. Die französische Zeitschrift *La Nature* machte Ende 1878 seine Methode und ihre Resultate als Erste publik. Der Pariser Arzt Etienne-Jules Marey, der am selben Problem der fotografischen Dokumentation von Bewegungen arbeitete, setzte sich enthusiastisch mit Muybridge in Verbindung. 1881 erschien Muybridges erstes Buch *The Attitudes of Animals in Motion*. Im selben Jahr reiste Muybridge nach Europa, hielt Vorträge, wurde von Marey nach Paris eingeladen und stellte seine Fototafeln in dessen Wohnung aus – ein Ereignis, dem auch der berühmte Fotograf Nadar beiwohnte. Dabei entstand sogar das Projekt einer Zusammenarbeit von Muybridge mit Marey und dem Maler Meissonnier. Für eine Kunstakademie waren diese Untersuchungen von Interesse, da sie den angehenden Künstlern unwiderlegbare naturalistische Bildvorlagen für Gemälde zu liefern versprachen, was den akademischen Künstlern gelegen kam. Aus diesem Grund entspann sich in Paris ein Streit über den künstlerischen Wert von Muybridges Bildern. Marey stellte fest, dass die Kamera „nicht lügt", eine Aussage, der Rodin mit der Aussage „Der Künstler sagt die Wahrheit; die Kamera lügt" radikal widersprach.[3] Kunst oder Fotografie? Dies war eine Glaubensfrage. Die Zeit, da die bildende Kunst die Fotografie nicht mehr als unliebsame und bedrängende Konkurrenz betrachtete, sondern von ihr inspiriert wurde, lag noch fern.

Einer transatlantischen Zusammenarbeit der beiden Pioniere Muybridge und Marey kam die Anfrage der University of Pennsylvania in Philadelphia zuvor, die Muybridge für ein umfangreiches Forschungsprojekt gewinnen

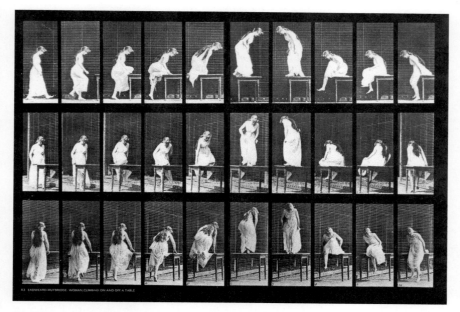

Abb. 105: Frau, auf einen Tisch kletternd und heruntersteigend, um 1887.
Die einzelnen Aufnahmen stammen von synchronisierten und in drei Haupt-
richtungen postierten Kameras: von vorne, von der Seite und von hinten.

wollte: Für die systematische fotografische Dokumentation menschlicher Be-
wegungsarten und -formen, und zwar von gesunden und bewegungsgestör-
ten Menschen, sportlichen und adipösen Frauen und Männern, Erwachsenen
und Kindern – und auch von Tieren. 1883 schloss Muybridge mit der Universität einen Vertrag für das ehrgeizige Vorhaben ab, in dessen Verlauf in den
darauffolgenden zwei Jahren 781 montierte Tafeln von 19 auf 24 Zoll entstanden, die 1887 in elf Bänden publiziert wurden: *Animal Locomotion. An Elec-
tro-Photographic Investigation of Consecutive Phases of Animal Movements,
1872–1885.* Die Publikation umfasste folglich auch die früheren, seit 1872 in
Kalifornien entstandenen Aufnahmen. Die University of Pennsylvania hatte
Muybridge die Installation einer noch weit umfangreicheren Anlage als jene
an der Westküste ermöglicht. Insgesamt 36 synchronisierte Kameras gaben
jedes Sujet aus drei Blickwinkeln wieder: frontal von vorne, seitlich und von
schräg hinten, also drei mal zwölf Aufnahmen. Sie agierten vor einem dunkel

gestrichenen Hintergrund, der mit einem Gitter aus horizontalen und vertikalen Linien im Abstand von zwei Zoll versehen war, was die einzelnen Phasenbilder mess- und vergleichbar machte. Die abgebildeten Menschen waren, dem wissenschaftlichen Zweck geschuldet, meist unbekleidet – die Männer oft trainierte Mitglieder des Athletic Club, die Frauen vermutlich geübte Malermodelle. Die Untersuchung genoss seitens der Universität auch vor dem Hintergrund von Darwins Evolutionstheorie große Aufmerksamkeit, was hier nur angedeutet werden kann.[4] Der herausragende Ruf der Universität und des begleitenden wissenschaftlichen *board* schützte das Projekt vor dem gierigen Zugriff erbitterter Sittenwächter, die die Publikation des Werks zu hintertreiben suchten.[5]

Allerdings: Welche Erkenntnisse aus diesen sequenzierten Momentaufnahmen zu gewinnen waren, ist nicht leicht zu beantworten. Sie waren eben doch „nur" Momentaufnahmen. Giedion schrieb viel später den klugen Satz, dass „Bewegung nur durch Bewegung dargestellt werden kann, das Veränderliche nur durch das Veränderliche". Und er fährt fort: „Die Visualisierung geschieht durch wiederholte Darstellung des Gegenstandes zu verschiedenen Zeiten."[6] Doch hat Muybridge nun wirklich die Bewegung dargestellt, indem er sie in Phasen zerlegte? Nein, vielmehr hat er eine Bewegung in Bruchteilen von Momenten vielfach eingefroren. Erst die Projektion der Phasen durch das Zoopraxiscop (wörtlich: „Was das Lebewesen handelnd zeigt") setzte die Bilder wieder zusammen und machte die Bewegung als Bewegung sichtbar. In dieser Hinsicht ging sein Bewunderer Marey einen wichtigen Schritt weiter und löste Giedions Anspruch der „wiederholten Darstellung des Gegenstandes zu verschiedenen Zeiten" ein. Ihn interessierte die Gestalt der Bewegung, wie sie sich im Raum entfaltet. (Vermutlich überzeugte er 1881 in Paris Muybridge, über die ausschließlich laterale Sicht hinauszugehen, denn die Tafeln aus Philadelphia legen mit ihren drei Blickwinkeln größeren Wert auf diese Frage als die ausschließlich seitlichen Aufnahmen aus Kalifornien.) Marey wollte etwa wissen, was der Vogelflug wirklich ist. Er erfand um 1882 eine Art Fotogewehr *(fusil photographique),* mit dem er auf Vögel in der Luft zielen konnte und bei dem eine durch Federkraft rotierende Fotoplatte regelmäßige Ausschnitte der Bewegung festhielt. Er scheint jedoch bald die größere

Genauigkeit von Muybridges Einrichtung anerkannt und ebenfalls auf elektrische Auslösung mehrerer Kameras und die plane Bretterwand als Hintergrund umgestellt zu haben.

Zerlegen, um zusammenzusetzen

Auch bei Marey ist die Belichtungszeit des einzelnen Bildes für damalige Verhältnisse extrem kurz. Doch der entscheidende Unterschied zwischen den beiden Pionieren der Bewegungsfotografie ist, dass Marey die einzelnen Fotos passgenau übereinander kopiert, sodass der Raum als statische Umgebung für das bewegte Objekt erscheint. Von einem in den Raum geworfenen aufspringenden Gummiball werden so die Flugbahn und das Verebben der Bewegung sehr eindringlich sichtbar gemacht. In Muybridges Einzelbildern ist die Zeit eingefroren, in Mareys Fotografien zeigt sie sich gerade umgekehrt als durch die Bewegung im Raum ausgedehnt und raumzeitlich visualisiert. Seine Bezeichnung *chronophotographie* ist präzis gewählt, da die Zeit darin als Akteur erscheint. In einer Analogie ausgedrückt: Während Muybridge eine Melodie in Einzeltöne aufspaltet, bleibt sie bei Marey erhalten und wird sogar klarer erkennbar.

Marey fragte als Naturforscher nach Erkenntnissen über den Blutkreislauf und ganz allgemein über die physiologischen Kräfteverhältnisse. Stärker als

Abb. 106: Etienne-Jules Marey: „Étude de trajectoire" (aufspringender Ball), 1886. Die erstaunlich regelmäßigen Intervalle bilden die Veränderungen der Geschwindigkeit ab; die einzelnen Aufnahmen sind exakt übereinanderkopiert.

Muybridge, dem es um das Bild einer Bewegung ging, suchte er, die Dynamik von Vorgängen zu ergründen und somit ihr Wesen. Auf Muybridges Erkenntnisse griffen akademische Maler zurück, während Marey als Vorläufer, wenn nicht sogar als Vorbild, von deren Kontrahenten und Verächtern, nämlich der Futuristen, gelten kann. Giacomo Balla etwa stellte sich dem Problem, wie ein fahrendes Automobil zu malen sei, bei dem sich nur die Räder drehen und nicht Muskeln Glieder bewegen. Von Marcel Duchamp stammt zu seinem Gemälde „Nu descendant un escalier" (1912) die (später gemachte) Aussage: „Es ist dies eine Organisation kinetischer Elemente, der Ausdruck von Zeit und Raum durch eine abstrakte Darstellung von Bewegung. [...] Doch man bedenke, dass wir, wenn wir die Bewegung einer Form durch den Raum in einer bestimmten Zeit betrachten, das Reich der Geometrie und der Mathematik betreten, nicht weniger, als wenn wir eine Maschine zu diesem Zweck bauen. Wenn ich nun also den Start eines Flugzeugs zeigen will, versuche ich darzustellen, was es *macht*. Ich male kein Stilleben davon."[7]

Damit ist das bezeichnet, worin Marey sich grundlegend von Muybridge unterscheidet. Marey will erkennen, was ein bewegtes Objekt *tut*. Es gibt von beiden Pionieren ein Selbstporträt, wo sie mit einem Hammer auf einen Amboss schlagen: Muybridge (1885) sequenziert von vorne und von der Seite, Marey (1895) nur von der Seite. Doch was dieses Hammerschwingen wirklich bedeutet, wie es eigentlich aussieht, was es ist, wird nur bei Marey greifbar. Ohne dies beabsichtigt zu haben, schuf Marey, der sich als „ingénieur de la vie" (Ingenieur des Lebens) bezeichnete, Aufnahmen von höchster künstlerischer Wirkung. Aber diese Qualität wird von uns hinzuempfunden, und sie soll nicht Muybridges Beitrag verringern. Dessen Problem – von heute aus betrachtet – ist der Umstand, dass seine Erkenntnisse als Vorlagen von Kunstakademien benutzt wurden, die der Kunstfertigkeit mehr Aufmerksamkeit schenkten als dem Kunstsinn. Aber begabte Maler hatten seit jeher auch ohne solche Vorlagen ihren springenden Hunden und jagenden Reitern die künstlerisch richtige Form zu geben gewusst, wofür G. E. Lessing den Terminus des „fruchtbaren Moments" fand.[8]

Nur: Die gesteigerte Geschwindigkeit der Moderne stellte das bisherige Sehen des Menschen auf die Probe – und es bestand sie nicht auf Anhieb.

Die Fortbewegung in der Eisenbahn verlangte dem Passagier eine Umgewöhnung ab: Man erhielt vor der Abfahrt den Rat, um Bewegungsschwindel zu vermeiden, bei schneller Fahrt nicht die Nähe festhalten zu wollen, sondern den Blick in die Weite zu richten, wo die Winkelgeschwindigkeit viel geringer ist. In der offenen Landschaft ist das leicht möglich. Aber in Städten, wo es nun die „Elektrische" gab? Der Architekt Peter Behrens leitete aus dem Problem Anweisungen für das Entwerfen ab, als er schrieb: „Eine Eile hat sich unserer bemächtigt, die keine Muße gewährt, sich in Einzelheiten zu vertiefen. Wenn wir im überschnellen Gefährt durch die Straßen unserer Großstädte jagen, können wir nicht mehr die Einzelheiten der Gebäude gewahren. Ebensowenig können vom Schnellzug aus Städtebilder, die wir im schnellen Vorbeifahren streifen, anders wirken als nur durch ihre Silhouette. Einer solchen Betrachtungsweise [...] kommt nur eine Architektur entgegen, die möglichst geschlossene, ruhige Flächen zeigt. Ein übersichtliches Kontrastieren von hervorragenden Merkmalen zu breit ausgedehnten Flächen oder ein gleichmäßiges Reihen von notwendigen Einzelheiten [...] ist notwendig."[9]
Aus der schnellen Bewegung des modernen Menschen sollen Anforderungen an die Gestaltung seiner Artefakte abgeleitet werden. Das ist sozusagen die Umkehrung von Muybridges und Mareys Blickrichtung, bei denen die Bewegung gegeben und ihre innere Gestalt – was die Bewegung *ist* – gesucht war. Bei den Gestaltern in der Moderne ist es ähnlich, aber nicht gleich: Gegeben ist die Bewegung und gesucht die äußere Gestalt, die ihr entspricht.

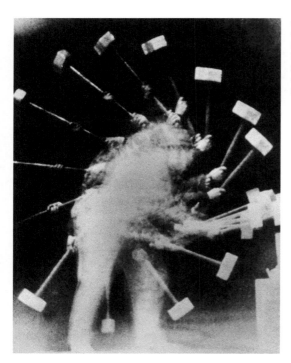

Abb. 108: E.-J. Marey, mit einem Hammer auf einen Amboss schlagend, 1895. Die für die künstlerische Avantgarde des frühen 20. Jahrhunderts faszinierende Ausstrahlung des Bildes war ein Nebenprodukt aus der Suche nach wissenschaftlicher Erkenntnis.

Abb. 109: E.-J. Marey: Studie der menschlichen Bewegung, aus: Marey, *Mouvement,* 1895.

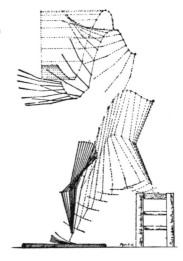

Anmerkungen

1   Es gelang Muybridge durch chemische Versuche,
    die Lichtempfindlichkeit der Emulsionen zu steigern
    und damit die Belichtungszeit zu verkürzen.
2   Vgl. Jonathan Crary: *Techniken des Betrachters.*
    Sehen und Moderne im 19. Jahrhundert. Dresden/
    Basel 1996, S. 108–116. – Erstaunlicherweise wer-
    den im Buch weder Muybridge noch Marey erwähnt.
3   Sarah Gordon: *Indecent Exposures. Eadweard*
    Muybridge's Animal Locomotion Nudes. New Haven
    2015, S. 43
4   Wie Anm. 3, S. 75
5   Wie Anm. 3, S. 77–101. Der überaus hohe Preis von
    600 Dollar kanalisierte die Nachfrage, das Werk war
    nur per Subskription erhältlich, Proteste blieben aus.
6   Sigfried Giedion: *Mechanization Takes Command*
    (1948*).* Deutschsprachige Ausgabe *Die Herrschaft*
    der Mechanisierung. Frankfurt a. M. 1982, S. 35
7   Duchamp in einem Gespräch (ca. 1950), zit. in Pon-
    tus Hultén (Hrsg.): *The Machine.* New York 1968,
    S. 75. Übers. C. L.
8   Gotthold Ephraim Lessing: „Laokoon oder über die
    Grenzen der Malerei und Poesie" (1766)
9   Peter Behrens, in: *Werkbund-Jahrbuch* 1914 –
    „der Verkehr"

X-10 Analyse und Synthese

Die Gegenüberstellung von Muybridge und Marey verhilft uns zu grundlegenden Einsichten über die Differenz von Analyse und Synthese. Der Unterschied besteht nicht in der zeitlichen Stufenfolge in dem Sinn, dass die Analyse der Synthese vorausgehen muss oder dass die Synthese aus der Analyse folgt: sondern, dass der Zusammenhang zwar oft dieser zeitlichen Abfolge entspricht, aber nicht zwingend, und in wichtigen Fällen überhaupt nicht.

Muybridge, wie wir gesehen haben, zerlegt einen Bewegungsablauf mit gleichmäßigen Intervallen in Momentaufnahmen, gleichsam Querschnitte, und erhält dadurch die Abbilder der einzelnen Bewegungsmomente. Doch diese Bilder ergeben kein Bild, kein Bewegungsprofil. Sie stehen nebeneinander (hintereinander und übereinander). Muybridges fotografische Sequenzen sind Analysen, von denen uns der Weg zur Synthese verbaut ist. Erst durch das Kino, bei ihm das Zoopraxiscop, bei dem die Apparatur die einzelnen Bilder wieder in regelmäßigen Intervallen zusammensetzt, erhalten wir das Bild der Bewegung als solcher vermittelt: in Realzeit, verlangsamt in Zeitlupe, beschleunigt im Zeitraffer. (Und damit die Zeitlupe funktioniert, braucht es mehr – bei starker Verlangsamung sehr viel mehr – Einzelbilder.)

Marey gibt uns durch das Übereinanderkopieren der einzelnen Bewegungsphasen das Bild der Bewegung besser, und viel genauer, als wir sie mit bloßem Auge sehen können. Dieses Übereinanderkopieren verschafft uns die Synthese, die uns den Schritt vom Sehen zum Wahrnehmen und Erkennen ermöglicht. Sie liefert nicht viele Bilder, sondern macht aus vielen Bildern ein Bild.

Drückt diese Gegenüberstellung von Analyse und Synthese einen Wertunterschied aus, eine Hierarchie? Irgendwie schon, insofern als die Analyse von etwas objektiv Bestehendem ausgeht, die Synthese aber darüber hinausgeht und sehr häufig auf etwas Gesuchtes gerichtet ist, also das Entwerfen betrifft. Mareys fotografische Studien sind Anschauungsbeispiele für den denkwürdigen Satz von Paul Klee: „Kunst gibt nicht das Sichtbare wieder, sondern macht sichtbar." Sie machen die Bewegung sichtbar, will sagen: wahrnehmbar. Von

Muybridges Fotografien trifft dies nur dann zu, wenn sie mit einer Vorrichtung, dem Zoopraxiskop oder dem Kaleidoskop, zum Laufen gebracht und wieder zusammengesetzt werden.

Diese Aussage soll nicht generell die Analyse entwerten. Unzählige Analysen sind von unschätzbarem Wert: bei Blutwerten, bei weit entlegenen Gestirnen die Zusammensetzung der Atmosphäre, bei den Zirkulationsprozessen des Klimas, des Wetters oder bei den Abgaswerten des Motors, nicht zuletzt auf der systematischen Suche nach einer Fehlerquelle. Doch sie alle betreffen objektiv Vorhandenes, nicht das Gesuchte eines Entwurfs. Als Brücke zum Entwurf bieten sie nur eine schwankende Verbindung an, und eine, die bisweilen ins Leere führt.

Die Synthese aber steht für sich selbst, sie enthält in sich das Bild.

Beim Entwerfen, also auf der Suche nach etwas noch Unbekanntem, scheint der Grundsatz zu gelten, dass zunächst die Aufgabenstellung zu „analysieren" ist, woraus sich dann der Entwurf „ergibt". Das stimmt aber längst nicht immer. (Denn was heißt, „analysieren"?) Und gerade bei besonders faszinierenden Lösungen macht erst die Abweichung von dieser kanonischen Vorstellung die Faszination aus. Wer zu getreu in der Analyse das Fundament des Entwurfs sieht, hat oft selbst wenig Freude an dem, was dann beim Hochführen sichtbar wird.

Die Verbindung von der Analyse zur Synthese ist nicht eine Einbahnstraße. Schon gar nicht „ergibt" sich die Synthese aus der Analyse. Wer hat nicht selbst die Erfahrung gemacht, dass die Synthese auf die Analyse zurückwirkt? Eine Synthese kann eine Vorahnung sein, ein Versuchsballon, eine Hypothese, die auf die Analyse zurückschlägt und uns zeigt, dass wir beim Analysieren nicht an alles gedacht haben (weil man nicht antizipierend an alles denken kann). Der Umriss der Synthese – oder deren Schemen – verändert das Denksystem, wirkt auf die Analyse zurück.

Es braucht hier geradezu den Gegenverkehr.

Im Übrigen: Was geschieht, wenn wir eine gute Abbildung eines uns bekannten Gegenstandes suchen? Wir haben vielleicht die prägnanten Eigenschaften des Gegenstandes im Kopf, um die es uns geht. Sind sie auch auf der Abbildung erkennbar? Wie gut oder wie schlecht? Enttäuschungen bleiben oft nicht aus, etwa wenn wir einen Gegenstand abgebildet sehen, den wir uns unbewusst so vorgestellt hatten, wie wir ihn zuvor in einem anderen Kontext gesehen und dessen prägnante Merkmale wir dabei spontan synthetisiert hatten. Die Abbildung wird oft ebenfalls einen Kontext mitliefern, aber ohne dass wir die Prägnanz des Gegenstandes darin gleichwertig erkennen können. Weil unsere dynamisch-synthetisierende Wahrnehmung nicht Teil der eingefrorenen Abbildung ist, sondern über sie hinausgeht.

11 Plastische Chirurgie am Gesicht der Welt
Der Deutsche Werkbund 1907–1920
versus Adolf Loos

Im Jahrbuch 1914 des Deutschen Werkbundes zum Thema „Der Verkehr" bezeichnet eine Fotografie besonders klar das Hauptaugenmerk des Werkbundes. Handelt es sich um eine Architekturfotografie, um das Bild eines Ingenieurbauwerks oder um Design? Der Deutsche Werkbund (DWB) machte in solchen Fragen keinen grundsätzlichen Unterschied: Es ging ihm um Gestaltungsprobleme und ihre Lösungen. In diesem Fall darum, für eine in Berlin geplante Schwebebahn – Fahrzeuggondeln, die sich an einer Laufschiene hängend bewegen sollten – T-förmige Stützen im Straßenraum zu errichten. T-förmig wegen des verlangten zweigleisigen Betriebs, denn die Ausleger sollten die Laufschienen tragen. In technischer Hinsicht war das keine besonders schwierige Aufgabe. Doch die Berliner Stadtverwaltung beauftragte drei Gestalter der damals modernen Richtung mit der Aufgabe, einen Vorschlag zur formalen Ausbildung der Stützen zu machen. Es ist dies ein aussagekräftiges Beispiel für die Tatsache, dass die Form selbst dann nicht einfach „der Funktion folgt", wenn Sachlichkeit das Ziel ist. Und sie, die *ungeschmückte Sachform,* war das Ziel des DWB. Die Vorschläge der drei angefragten Architekten (Alfred Grenander, Sepp Kaiser und Bruno Möhring) sind strukturell identisch, unterscheiden sich jedoch in der konkreten Form und im Ausdruck; der Übergang vom vertikalen zum horizontalen Trägerelement ist drei Mal verschieden ausgebildet: einmal ingenieurmäßig als reiner rechter Winkel, zwei Mal mit geschweiften Diagonalstreben. Die Hängebahn wurde nicht verwirklicht. Doch die Aufmerksamkeit für die Aufgabe und für die Frage, welches der beste, der statisch und formal überzeugendste Vorschlag sei, war symptomatisch für den DWB im ersten Jahrzehnt des 20. Jahrhunderts.

Trafen die Blicke der Werkbund-Protagonisten auf ausgewählte Gegenstände, die nicht immer von Mitgliedern des DWB gestaltet zu sein brauchten, wurden

Abb. 110: Projekt einer Hängebahn für Berlin: drei Probe-Masten (Grenander/Kaiser/Möhring), um 1912. Welches ist die richtige Form für die gegebene Funktion?

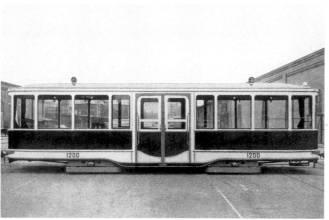

Abb. 111: Anhängerwagen von MAN, Nürnberg-Fürther Straßenbahn. Sorgfältige Bemalung, Markierung der Schiebetür durch die Farbgebung.

diese Gegenstände für ihre „Klarheit des Ausdrucks" gelobt: eine harmonisch wirkende Dampflokomotive mit klarer Konfiguration der mechanischen Elemente, ein imposantes Zeppelin-Luftschiff, ein Atlantik-Passagierdampfer von sicherer, gestreckter Linienführung, ein elegantes Motorboot oder ein Tramwagen mit sorgfältig gestalteten Details der Konstruktion wie auch der Farbgebung.[1] Ihnen war etwas gemeinsam, das als „werkbundgemäß" galt. Sie bezeichneten in ihrer technisch bedingten Form die moderne Zeit und in ihrer formalen Zurückhaltung die bewusste Überwindung des Jugendstils und dessen individualistische und extrovertierte Emphase zugunsten einer objektiveren, verhalteneren Würde, die erst bei genauerem Hinschauen ihre überzeugende Wirkung entfaltet. Ein Beispiel dafür ist etwa die Leica-Kamera, deren Erfinder, der Feinmechaniker Oskar Barnack, nicht Mitglied des Werkbundes war und womöglich nicht einmal von dessen Existenz wusste. Er entwickelte die „Leitz-Camera" – woraus abgekürzt die Leica wurde – 1913 bis 1914 aus privater Initiative. In Produktion ging diese erste Kleinbild-Rollfilmkamera erst 1927, doch in ihrer technischen Konfiguration in ihrer Taktilität und schnörkellosen Erscheinung verkörperte sie exemplarisch das Werkbund-Kriterium der „ungeschmückten Sachform". Welches waren die kulturellen Maßstäbe und die Ziele des Werkbunds und wie kam es dazu?

Abb. 112: Oskar Barnack: erste Kleinbildkamera Leica, konstruiert 1913, produziert seit 1925; hier: Leica II, 1932. Mit der Leica entsteht eine neue Art des Fotografierens.

„Made in Germany" – eine Warnung

Die Gründung des DWB fand im Oktober 1907 statt, in einer Zeit, als das deutsche Gewerbe einen international notorisch schlechten Ruf hatte. Das Gründungsmotiv war, diese Hypothek möglichst rasch und überzeugend loszuwerden. Weltweit wird heute das Prädikat „Made in Germany" spontan mit Hochwertigkeit assoziiert. In Wirklichkeit war es 1897 im englischen Warenbezeichnungsgesetz als Warnung vor Schundware eingeführt worden.[2] Die Welt der Jahrhundertwende war von den europäischen Mächten beherrscht, die miteinander auch um die Vormacht auf dem Weltmarkt rivalisierten, und Deutschland war dabei die „verspätete Nation", da die Reichseinigung erst vierzig Jahre zurücklag und die politische Zersplitterung die Entfaltung der Industrie behindert hatte. England und Frankreich waren dem Deutschen Reich an weltpolitischer und kultureller Bedeutung deutlich überlegen. Zugleich sah sich das Deutsche Reich als kommende Großmacht und mobilisierte seinen ganzen Ehrgeiz auf dem Weg dazu.

Dem tatsächlichen Entwicklungsrückstand entsprach das allgemein tiefe Qualitätsniveau besonders der industriellen Produktion. Die Gründer des Werkbundes sahen hier eine Aufgabe von eminenter Bedeutung. Anders als die Bemühungen der *Arts and Crafts* in England – deren Fokus auf der Qualität des Handwerks lag – waren die Bemühungen zur Hebung des kulturellen Niveaus im Deutschen Reich ein klar wirtschaftspolitisches Projekt. Der Dichter Hermann Hesse schrieb knapp und zutreffend bereits 1912 in einem Brief: „Im Deutschen Werkbund arbeiten Künstler mit Handwerkern und Fabrikanten zusammen und zwar gegen den Schund zugunsten der Qualitätsarbeit. Es ist etwa der ruskinsche Gedankenkreis, aber moderner, praktischer und weniger eng determiniert. Es handelt sich um den Geschmack als moralische Angelegenheit, aber Moral ist hier gleichbedeutend mit Volkswirtschaft."[3] Das ist genau gesehen. Der Kritiker und Historiker Julius Posener urteilt siebzig Jahre später: „Der Werkbund war die erste Vereinigung, die nicht davon ausgeht, dass das Maschinenwesen selbst der Feind sei, der zu bekämpfen ist; die erste, die ein Bündnis mit der Industrie gesucht hat."[4] Und er präzisiert: „Der Werkbund war und ist kein Künstlerbund. Er ist auch nicht, wie die englischen Gilden, ein Bund von Kunsthandwerkern. Er ist ein Zusammenschluss von Künstlern – es sind natürlich sehr viele Architekten darunter, und sie haben von Anfang an im Werkbund die erste Geige gespielt –, von Handwerkern, wohl besser gesagt Kunsthandwerkern, von Industriellen – auch wieder Kunstindustriellen wie Peter Bruckmann [...], von Publizisten und Verlegern – wie z.B. Diederichs in Jena [...] – und von Pädagogen wie Kerschensteiner in München."[5]

Der ökonomische Hintergrund, den beide, Hesse und Posener, hier erwähnen, war im DWB von entscheidender Bedeutung; Posener war zur Zeit der hier geschilderten Geschehnisse ein Junge und äußerte sich auch später als Zeitgenosse zum Thema. Die Protagonisten des DWB waren kulturell gebildete Patrioten: der liberale Theologe und Ökonom Friedrich Naumann, die Architekten Hermann Muthesius, Theodor Fischer und Fritz Schumacher, der Silberwarenfabrikant Peter Bruckmann und der Möbelfabrikant Karl Schmidt, der 1898 die „Dresdener Werkstätten für Handwerkskunst" gründete und diese 1907 zu den „Deutschen Werkstätten für Handwerkskunst" erweiterte. Der DWB war bis nach dem Ersten Weltkrieg fast ausschließlich eine Männersache. Eine der wenigen und erst viel später bekannt gewordenen Ausnahmen war Anna Muthesius-Trittenbach, Muthesius' Ehefrau, eine ausgebildete Sängerin, die sich auch als Gestalterin von „Reformkleidern" hervortat.[6] So hießen die körpergerechten Frauenkleider, deren natürlich fallenden Stoffe an antike Tuniken erinnerten und für eine Vorstellung von korsettbefreiter Anmut einstanden. Hinter dieser „Männersache" stand eine im Wandel befindliche gesellschaftliche Einstellung gegenüber Natur und Umwelt, auf den Joseph August Lux aufmerksam machte: „Herbstliche Fruchtzweige mit roten, weißen oder schwarzen Beeren, wie man sie auf den Spazierwegen in unseren Umgebungen von den Sträuchern schneidet und einzeln oder paarweise in Vasen aufstellt: [...] Was ein einzelner Zweig an Schönheit leistet, ist nicht auszusagen. Er kann unter Umständen ein Erzieher sein."[7] Othmar Birkner schreibt dazu: „Blumenpflücken war nicht mehr die Beschäftigung des Ästheten, sondern des pausbackigen Kindes, das auf die Wiese hinausstürmte. [...] Damit wandelte sich die Villa zum Landhaus, der Salon zur Diele, der Park zum Pflanzland. Wie erschienen darin die Bewohner? Kurz gesagt: Seide wandelte sich zu Leinen."[8]

In seiner Rede zur Gründung des DWB umriss Fritz Schumacher den unverbrüchlichen Zusammenhang zwischen Ästhetik und Ethik, für den sich die Vereinigung einsetzen wollte, um die deutsche Volkswirtschaft auf den Erfolgsweg zu bringen. Er sagte: „Die Kunst ist also nicht nur ästhetische Kraft, sie ist auch eine sittliche Kraft. Und beide Kräfte zusammen führen zur wichtigsten der Kräfte, der wirtschaftlichen Kraft."[9] Friedrich Naumann, evangelischer Theologe und ideologischer Kopf, entwickelte seine Theorie des Monopolkapitalismus, der – in seiner Terminologie – die Rücksichtslosigkeit des Konkurrenzkapitalismus zugunsten eines sozialen Ausgleichs zwischen den führenden Fabrikanten und ihrer Arbeiterschaft überwinden sollte. Dies war der Plan: Die Fabrikanten sollten gute Löhne für gute Arbeit in schönen Fabrikbauten zahlen, durch ihre Qualität würden sich die Produkte gut verkaufen – gut, besser und immer noch besser als die der Konkurrenz – und so, durch die sukzessive Zunahme von Löhnen, Kaufkraft und Produktqualität, käme ein Prozess des sich selbst hervorbringenden Fortschritts und ökonomischen Wachstums in Gang.[10] Der Werkbund sah sich als sozialreformerische Kraft, die der Verelendung des Industrieproletariats und dadurch der von Marx und Engels vorausgesagten proletarischen Revolution den Boden entziehen sollte. Der Gründung des Österreichischen Werkbunds (ÖWB, 1912) und des Schweizerischen Werkbunds (SWB, 1913) lagen ganz analoge Überlegungen zugrunde, was sich auch in der fast wörtlichen Übernahme der Statuten zeigt.

Die Aufmerksamkeit des DWB galt nicht allein der Beziehung zwischen der Qualität von Erzeugnissen und dem sozialen und wirtschaftlichen Wohlergehen. Sie bezog auch die ethisch-moralische Seite ein und kann im Ansatz als frühes Beispiel für Umweltbewusstsein und den Gesichtspunkt der Nachhaltigkeit gelten, wie aus Karl Schmidts Gedankengang in seinem Aufsatz „Materialverschwendung und Materialgefühl" (1912) hervorgeht. Er schrieb: „Die Erde gibt Rohmaterialien nur in beschränkten Mengen her. Verbrauchen wir so viel Material als die Erde jährlich wachsen lässt, so werden wir für die Materialien einen mäßigen Normalpreis haben, könnten wir weniger verarbeiten, so würde durch starkes Angebot der Preis sinken, verbrauchen wir aber mehr, so steigt der Preis im Verhältnis des Mehrverbrauches. Nicht allein, dass wir dadurch die Güter verteuern, sondern wir leben auch auf Kosten unserer Kinder und Enkel. Es ist eine Sünde und Schande, so zu verfahren. [...] Deutschland muss jedes Jahr für zwei Milliarden im Ausland kaufen. Wenn wir aber nur um die Hälfte besser arbeiteten als bisher, so könnten wir jedes Jahr eine Milliarde in der Tasche behalten, wohlhabender sein, höhere Löhne zahlen. Außerdem stünden wahrscheinlich die Waren dann in der übrigen Welt in viel höherem Ansehen, würden lieber gekauft und besser bezahlt werden."[11]

Dies ist ein Beispiel für ein Denken in weiten Zusammenhängen, auch wenn der Gedanke hier noch nicht aus Sorge um den Planeten, sondern aus nationalökonomischer Sicht geäußert wird. Eine so umsichtige Haltung wie die Schmidts war allerdings im DWB keineswegs repräsentativ. Die veröffentlichte Illustration des Fünfuhrtees an der Eröffnungsfeier der großen Werkbund-Ausstellung in Köln 1914 rückt den Kreis der Teilnehmer als Stützen der wohlstandsgesättigten und gebildeten Gesellschaft des Deutschen Reiches ins Gesichtsfeld, von denen wohl nur wenige so umsichtig waren wie Karl Schmidt. Man erkennt darauf einige Protagonisten, etwa Peter Behrens im Gespräch mit Hermann Muthesius.[12]

Anlass zur Gründung des DWB war der sogenannte „Krach um Muthesius", ein heftiges Zerwürfnis im „Verband für die wirtschaftlichen Interessen des Kunstgewerbes" als Folge einer Rede des höheren preußischen Staatsbeamten Hermann Muthesius an der Handelshochschule Berlin. Muthesius, ausgebildeter Architekt, hielt im Frühling eine Reihe eigener Vorlesungen über den Stand und die gewünschte Entwicklung des deutschen Kunstgewerbes. In der einführenden Rede sprach er vom qualitativen Abgrund zwischen dem modernen deutschen Kunstgewerbe und der breiten gewerblichen Produktion und bezeichnete deren Minderwertigkeit als gravierendstes Problem Deutschlands vor dem Hintergrund des wirtschaftlichen Wettstreits der Nationen. Er sagte: „Gerade der Kaufmann weiß, wie sehr das Renommee im Absatz von Waren mitspricht. Das erste, was zu tun ist, ist das allgemeine deutsche künstlerische Renommee zu heben. Und das wird keine leichte Aufgabe sein. Denn in künstlerischen Dingen traut uns das Ausland bis heute noch fast nichts zu. So schrecklich und unnational es für den Deutschen klingen mag, jeder Mensch, der eine ausreichende Kenntnis des Auslandes hat, weiß, dass wir heute weder in der Malerei noch in der Bildhauerei mitzählen. […] In der Architektur zählen wir als die zurückgebliebenste aller Nationen, wie denn überhaupt nach dem Urteil des Auslandes der deutsche Geschmack auf der denkbar tiefsten Stufe steht. Der deutsche Ruf ist hier so tief gesunken, dass deutsch und geschmacklos fast identische Begriffe sind. Es hat keinen Zweck, dies zu verschleiern."[13] Muthesius' Schonungslosigkeit sorgte in der Wirtschaftswelt für Entrüstung. Seine Kritik betraf nichts weniger als das kulturelle Fundament, auf dem die Deutschen seit zwei Generationen standen. Er wusste, wovon er sprach, wenn er die deutsche Produktion im Vergleich mit der in anderen Ländern unterlegen sah. Er hatte als junger Architekt einige Jahre lang in Tokio gearbeitet, war danach preußischer Baubeamter und lebte zwischen 1896 und 1903 im Auftrag des preußischen Handelsministeriums als Kulturattaché in London, wo er sich intensiv mit der englischen Bau- und Wohnkultur beschäftigte. Seit 1904 wirkte er als Referent für das Kunstgewerbe am Preußischen Landesgewerbeamt in Berlin.[14] Er unterstrich seine Behauptung mit diesen Worten: „Die Prätension, die Sucht, mehr zu scheinen als man ist, ist in den bürgerlichen Kreisen des 19. Jh. geradezu zur Gewohnheit geworden. […] Wir können sie uns deutlich vergegenwärtigen, wenn wir das Zimmer eines heutigen besser situierten Bürgers mit dem solchen des 18. Jh. vergleichen, etwa mit […] den Zimmern des Goethehauses in Weimar. Hier Protzerei, dort äußerste Anspruchslosigkeit und Bescheidenheit, hier ein mit unechtem Prunk vollgepfropftes Zimmer, dort äußerste, anständigste Zurückhaltung."[15] Muthesius geißelte in seiner Rede die verbreiteten „Maskeradenscherze" mit ihrer Imitations- und Surrogatkultur der Falsifikate, die ein anderes Material vortäuschten als das tatsächlich vorhandene. Im Unterschied zur Masse von Schund gebe es aber auch, so Muthesius, erfreuliche Beispiele für eine „innere Wahrhaftigkeit", die sich in „werklicher Gediegenheit" zeige. Sie müssten zur Normalität werden, und der Weg dahin sei erkannt: „Will man also den Bedingungen der Zeit gerecht werden, so ist es zunächst nötig, den Einzelbedingungen jedes Gegenstandes gerecht zu werden […] und die Form logisch aus dem Zweck zu entwickeln."[16] Er argumentierte weiter, Gestaltung nach dem Gebrauchszweck bedinge auch,

die Erfordernisse des Materials und die der Konstruktion zu berücksichtigen, wobei sich denn auch ein subjektiver Gefühlsanteil des Gestalters im Gegenstand äußern dürfe.[17]

Muthesius' Kritik rief bei den meist wertkonservativen Zuhörern aus dem „Verband für die wirtschaftlichen Interessen des Kunstgewerbes" entschiedene Missbilligung hervor, was wiederum zur Abspaltung einer progressiven, mit Muthesius solidarischen Gruppe führte. So kam es 1907 zur Gründung des Werkbundes. Der zweite und wichtigste Paragraf der Satzungen benennt dessen Absicht so: „Der Zweck des Bundes ist die Veredelung der gewerblichen Arbeit im Zusammenwirken von Kunst, Industrie und Handwerk durch Erziehung, Propaganda und geschlossene Stellungnahmen zu einschlägigen Fragen."[18]

Ein neues Repertoire

Man musste nicht bei null beginnen. Den qualitativen Ansprüchen hatten bereits einige Raumausstattungen und Einzelgegenstände auf der „Dritten deutschen Kunstgewerbeausstellung" 1906 in Dresden entsprochen, Beispiele einer gepflegten Raumkunst als Zeichen für ein neues Entwurfsdenken und dafür, dass die Zeit des Jugendstils vorbei war.[19] Sie hatten Muthesius zu seiner Kritik legitimiert. Die Avantgarde nach 1900 sah sich als Antithese nicht nur zum Historismus, sondern auch zu dessen Antidot, dem Jugendstil. Der

Fabrikant Peter Bruckmann brachte das neue und zweifache Aufatmen auf den Punkt: „Die Ausplünderung der alten Stile und die furchtbaren Entgleisungen des Jugendstils hatte ich im eigenen Betrieb erfahren, und ich empfand die vollkommene Anarchie der Formgebung als einen unmöglichen Zustand."[20]

„Ungeschmückte Sachform", „Funktionalität", „Materialgerechtigkeit", „Fertigungsgerechtigkeit": Diese und ähnliche Begriffe haben seither Schule gemacht bis zur formelhaften Litanei, zumindest in rhetorischer Hinsicht. Damals waren diese Forderungen für Deutsche – und für Kontinentaleuropäer überhaupt – neu. Sie waren es weniger für die Briten, da die *Arts and Crafts* solche Forderungen bereits dreißig Jahre zuvor erhoben hatten. Doch im Königreich beschränkte sich ihr Geltungsbereich vor allem auf das Handwerk. Im Deutschen Reich erweiterte er sich auf die produzierende Industrie. Und es hatte den einen oder anderen Vorläufer gegeben: etwa Schinkel und Semper. Bereits 1893 hatte Julius Lessing, der Gründer des Berliner Gewerbemuseums, festgestellt: „Das Konstruieren des Geräts aus der Zweckbestimmung heraus bezeichnet in manchen Fällen das Aufgeben der Kunstformen, in den meisten anderen jedoch bildet es neue gefällige Formen, welche dem Geiste unserer maschinenbauenden Zeit in hohem Maße entsprechen."[21] Muthesius seinerseits akzentuierte 1901 Lessings noch etwas zögerlich vorgebrachte Hypothese mit der Parole: „Das Ergebnis der Maschine kann nur die ungeschmückte Sachform sein in der besonderen Gestaltung, wie sie die Maschine am besten leistet."[22] Die beiden Aussagen bezeichnen den Entwicklungsschritt aus dem Historismus des *fin de siècle* in die frühe Moderne. Die „Kunstformen" der historischen Stile, die bei Lessing noch mit ihrer ganzen Autorität wirkten, haben diese ein Jahrzehnt später im Taumel des Jugendstils für Muthesius eingebüßt. Dessen Hypothese, dass maschinelle Produktion und Ornament einander ausschlössen, sollte eine der Maximen der Moderne bis an die Schwelle der Postmoderne werden; inwieweit die generalisierte Aussage um 1910, 1920 oder noch 1970 so tatsächlich stimmte, ist fraglich. Sie mag für die spanabhebende Bearbeitung etwa an der Drehbank zutreffen, gilt aber nicht allgemein. Die Entwicklung ging vielmehr in die entgegengesetzte Richtung: Immer mehr Werkzeuge und Herstellungsverfahren wurden entwickelt, die fast beliebige ornamentale Oberflächenverläufe in jeder Form und Materialkombination industriell zulassen.[23] In den ersten Jahren seiner Existenz, von 1907 bis 1914, entwickelte der DWB eine beachtliche Schlagkraft: Er führte Tagungen und Ausstellungen durch, veröffentlichte Jahrbücher, würdigte in Wort und Bild gelungene Beispiele von Gestaltungen, und keineswegs nur solche, die von Werkbund-Mitgliedern stammten.[24] Der Titel des ersten Werkbund-Jahrbuchs (1912) macht klar, dass der DWB in typisch mitteleuropäischer Art ein höheres Ziel vor Augen hatte, das sich nicht in einem sauberen Aussehen der Artefakte erschöpfen sollte: „Die Durchgeistigung der deutschen Arbeit". Die hochwertigen Werkstoffe, ihre gute und dauerhafte Verarbeitung und das vertrauenswürdige Aussehen sollten zusammenspielen und das böse Stigma des Schundes tilgen. Muthesius beschrieb das Ziel 1911 mit diesen Worten: „Der Form wieder zu ihrem Recht zu verhelfen, muss die fundamentale Aufgabe unserer Zeit, muss der Inhalt namentlich jeder künstlerischen Reformarbeit sein. [...] Denn trotz allem, was wir erreicht haben, waten wir noch bis an die Knie in Formverwilderung."[25] Peter Behrens schrieb 1914: „Wenn von der Entwicklung der modernen Form gesprochen wird, so geschieht es aus der Sehnsucht nach einem eigenen Formausdruck unserer Zeit."[26] Und das junge Werkbundmitglied Walter Gropius steigerte Behrens' „Sehnsucht" zur Handlungsanweisung: „Das technisch überall gleich vorzügliche Ding muss mit geistiger Idee, mit Form durchtränkt werden, damit ihm die Bevorzugung unter der Menge gleich gearteter Erzeugnisse gesichert bleibt. [...] Geist an Stelle der Formel, ein künstlerisches Durchdenken der Grundform von vornherein, kein nachträgliches Schmücken."[27] Wir werden diesen Sätzen beim Bauhaus noch einmal begegnen (→Kap.13). Was in den Statuten von 1907 unverfänglich „Veredelung" hieß, klingt bei Gropius dann wesentlich pathetischer. Aber was bedeutete „Veredelung"? Dass es bereits ein Objekt „gab", welches dann zu „veredeln" war, ähnlich einem Gewebe oder der Lackierung von Holz? Gropius ist präziser als Muthesius, wenn er betont, dass es nicht um nachträgliche Interventionen und Korrekturen geht, sondern von Anfang an um den richtigen Ansatz. Dazu gab es bereits Beispiele: schlichte, klar geformte, ablesbar und dauerhaft konstruierte funktionelle Gegenstände aus gutem Material, etwa eine Schreibtischlampe mit Reflektor und Blendschutz oder einen Esstisch mit Sitzmöbeln für eine Arbeiterküche.

Weshalb überhaupt „Veredelung"?

Doch was unverfänglich „veredeln" oder pathetisch „durchgeistigen" hieß, beides erweckte beißenden Spott auch bei einem kraftvollen Mitstreiter gegen den Maskenball des 19. Jahrhunderts. Der Wiener Architekt und Publizist Adolf Loos kommentierte 1908 die Nachricht von der Gründung des DWB in seiner Glosse „Die Überflüssigen (Deutscher Werkbund)" mit scharfer Polemik, als er schrieb: „Ich aber frage: brauchen wir den ‚angewandten Künstler'? – Nein. – Alle Gewerbe, die bisher diese überflüssige Erscheinung aus ihrer Werkstatt fernzuhalten wussten, sind auf der Höhe ihres Könnens. Nur die Erzeugnisse dieser Gewerbe repräsentieren den Stil unserer Zeit. Sie sind so im Stile unserer Zeit, dass wir sie – und das ist das einzige Kriterium – gar nicht als stilvoll empfinden. Sie sind mit unserem Denken und Empfinden verwachsen. Unser Wagenbau, unsere Gläser, unsere optischen Instrumente, unsere Schirme und Stöcke, unsere Koffer und Sattlerwaren, unsere silbernen Zigarettentaschen und Schmuckstücke, unsere Juwelierarbeiten und Kleider sind modern. Sie sind es, weil noch kein Unberufener sich als Vormund in diesen Werkstätten aufzuspielen versuchte."[28] Loos lehnte jede Indienstnahme der Kunst für den Zweck des Werkbundes, mehr noch: das Postulat eines jeden ästhetischen Zusammenhangs zwischen Kunst und Design – also die „angewandte Kunst" – grundsätzlich ab. Im wenig später veröffentlichten Text „Kulturentartung" zum selben Thema verdeutlichte er dies noch: „Kein Mensch, auch kein Verein, schuf uns unsere Schränke, unsere Zigarettendosen, unsere Schmuckstücke. Die Zeit schuf sie uns. Sie ändern sich von Jahr zu Jahr, von Tag zu Tag, von Stunde zu Stunde. Denn von Stunde zu Stunde ändern wir uns, unsere Anschauungen, unsere Gewohnheiten. Und dadurch ändert sich unsere Kultur. Aber die Leute vom Werkbund verwechseln Ursache und Wirkung. Wir sitzen nicht so, weil ein Tischler einen Sessel so oder so konstruiert hat, sondern der Tischler macht den Sessel so, weil wir so oder so sitzen wollen." Und er endet mit dem galligen Satz: „Wir brauchen

eine Tischlerkultur. Würden die angewandten Künstler wieder Bilder malen oder Straßen kehren, hätten wir sie."²⁹ Der innigen Gegnerschaft zwischen Loos und den „Wiener Werkstätten" und der „Sezession" mit ihren Exponenten Josef Hoffmann, Josef Maria Olbrich, Gustav Klimt und Koloman Moser lagen folglich elementare Meinungsverschiedenheiten zugrunde: Ist Gestaltung eine Sache des Lebens oder der Kunst? Ist die Kultur etwas Organisch-Gewachsenes oder etwas Artifizielles? Eine Sache der Zivilisation oder der Kultur? Der Praxis oder der Theorie? Der Basis oder des Überbaus? Kann es eine „angewandte Kunst" geben? Loos war der Begriff der „angewandten Kunst" ein Graus. Ätzender als sonst jemand kritisierte er diese begriffliche Verbindung von Kunst und Gebrauchszwecken, die für ihn zugleich eine Erniedrigung der Kunst und eine Verhöhnung der Zweckmäßigkeit war. Und er sah bereits 1908 den neuralgischen Punkt, der 1914 zum bitteren „Werkbund-Streit" in Köln führen sollte (siehe weiter unten). Mit einer heutigen Formulierung wird klar: Der DWB war als *top-down*-Angelegenheit gedacht. Loos hingegen dachte *bottom-up:* Bereits 1897 kritisierte er (in seiner allerersten Veröffentlichung, geschrieben mit 27 Jahren) die Abschlussarbeiten der Wiener Kunstgewerbeschule mit dem Satz: „Revolutionen aber kommen immer von unten. Und dieses „Unten" ist die Werkstatt."³⁰

Doch gibt es dabei ein Problem: Loos liebte und bewunderte die selbstverständlich wirkenden Dinge wie Schränke, Koffer, Sattlerwaren und
Zigarettendosen, aber all dies sind bekannte Dinge. Dem Werkbund hingegen
ging es auch um neuartige, kaum oder noch gar nicht existierende Dinge
und formulierte Gestaltungsaufgaben (z.B. elektrische Schreibtischlampen,
Tischventilatoren, Automobile). Loos und der DWB blicken in entgegengesetzte Richtungen. Hier stellt sich eine Grundsatzfrage, die dem Werkbund
die Berechtigung belässt. Einige Beispiele aus den ersten Werkbundjahren
sollen dies hier dokumentieren.

Von Jan Eisenloeffel stammt eine Teekanne aus Kupfer oder Messing.[31] Sie
kann modellhaft für einen Grundsatz werkbundgerechten Gestaltens für serielle Herstellung stehen. Der Kannenkörper ist rotationssymmetrisch und
vermutlich an der Drückbank in seine Form gebracht. Mit ihrer angenieteten Tülle und den ebenso angenieteten Befestigungspunkten für den Griff ist
die Forderung nach werkgerechter Herstellung eingelöst. Die Bestandteile
sind als Teile und in der Art ihrer Zusammenfügung lesbar. Der Vergleich
mit Henry van de Veldes fast gleichzeitigem (1905) versilberten Tafelservice
mit Buchsbaumgriffen illustriert die gesellschaftlichen, wirtschaftlichen und
ästhetischen Implikationen und Konsequenzen beim Schritt vom Jugendstil
zur werkbundgerechten Sachlichkeit (Abb. 100). Van de Veldes exquisites Service

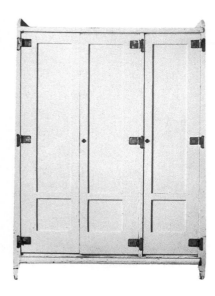

dokumentiert mit den einteiligen, konvex-konkav getriebenen Elementen die höchste Formkultur, die jedoch nur in aufwendiger manueller Arbeit zu erreichen ist; entsprechend kostspielig und elitär war es. Eisenloeffels Teekanne hingegen war für die finanziellen Verhältnissen eines Arbeiterhaushaltes erschwinglich. Die Form bildet die Herstellungsmethode ehrlich und ohne Schamhaftigkeit ab, sodass die Ehrlichkeit von keinem Armeleutegefühl begleitet ist.

Entsprechendes gilt für die „Maschinenmöbel" der Deutschen Werkstätten in Dresden-Hellerau, entworfen von Richard Riemerschmid. Die Stühle bestehen aus geraden Brettern und Leisten, wobei die Sitzzarge mit den Hinterfüßen nicht achsial verzapft, sondern seitlich verschraubt ist, um die Montage zu vereinfachen. Die „Werkgerechtigkeit" wirkt sich günstig auf den Preis aus, ohne dass man sich des Aussehens der Stühle zu schämen brauchte. Vom selben Hersteller und Gestalter stammen preiswerte Kleiderschränke, vermutlich aus Kiefernholz. Sie waren weiß lackiert, um Unregelmäßigkeiten wie Astlöcher zu verdecken: ein gutes Beispiel für die Frage, wie weit Materialehrlichkeit sich erstreckt und wo die Unehrlichkeit beginnt. Sie zu beantworten

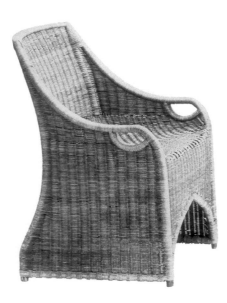

Abb. 117: Richard Riemer-
schmid: Korbsessel für
einen Passagierdampfer,
um 1910.

erfordert eine kulturelle Übereinkunft. Mit der Bemalung von Weichholz die Maserung eines wertvolleren Holzes „vorzutäuschen", verbot sich dem Werkbund von selbst, aber mit einer Farbschicht die unruhige Oberfläche kostengünstig zu überdecken, hieß er gut. Die Türscharniere dieser Schränke waren – wieder aus Kostengründen – nicht wie üblich in die Brettkante eingestemmt, sondern an der Außenseite sichtbar aufgeschraubt.

Modellfall des Industriedesigns: AEG
Als schlagkräftigster Beitrag zur Etablierung einer werkbundgerechten Gestaltung gilt die Arbeit des Hamburger Künstlers und Architekten Peter Behrens für die „Allgemeine Elektricitaetsgesellschaft" (AEG) mit Sitz in Berlin. Deren Inhaber Emil Rathenau erteilte Behrens 1906 den ersten Auftrag weltweit für das, was heute *corporate design* heißt: sämtliche Elemente der Firmenkommunikation und ihrer Produkte hinsichtlich ihres Erscheinungsbildes zu systematisieren. Dazu zählen die Machart der Produkte, die Werbung dafür, die Drucksachen aller Art (Wortmarke, Prospekte, Plakate, Anzeigen), die

Firmenpräsentationen auf Ausstellungen und Messen und nicht zuletzt die architektonische Physiognomie der firmeneigenen Produktionsstätten, Verwaltungsgebäude und Firmenvertretungen.[32] Die Elektrizitätsbranche war in stürmischem Wachstum begriffen (→ Kap. 8), die neue Kraft trieb Motoren an, erhellte die Nacht und ermöglichte die Kommunikation auf weite Distanzen. Als Erstes bestimmte Peter Behrens eine Hausschrift, wozu er eine venezianische Antiqua aus dem Jahr 1500 modifizierte; sämtliche Überschriften aus dem Haus AEG wurden ausschließlich in Versalien (Großbuchstaben) gesetzt. Die betonte Ruhe dieser Wörter in klar gerahmten Feldern war ein unmissverständlicher Kontrapunkt zum flatterhaften Jugendstil.[33] Vor allem aber war die Beschaffenheit der Produkte vollkommen neu. Der Vergleich der alten Flammenbogenlampe und der neuen von 1908 macht den grundlegenden Entwicklungsschritt erkennbar. Die Entwicklung ist mehr als nur formaler Art. Von der inkrustierten Kugelkalotte mit Blattornamenten aus gestanztem Blech zum glattflächigen Blechzylinder mit angenietetem Kragen, der das Deckglas vor Verschmutzung schützt, und von der als Ganzheit ornamentierten Form zur Reduktion des Schmucks auf zwei Ringe aus Goldfarbe. Denn wichtiger als die äußere Modernisierung war die Modularisierung, die es erlaubte, aus dem so entwickelten Baukasten durch die entsprechende Kombination von Bauteilen verschiedene Lampenmodelle herzustellen: für den Innen- wie den Außenraum, für Treppenhäuser, Büros und Werkstätten. Dieses herstellungstechnische modulare Konzept galt auch für Ventilatoren als Tischmodell oder für Decken- beziehungsweise für Wandbefestigung.

Die Systematik der AEG-Produkte trifft auch für den berühmten „Wasserkessel" zu. Mit seiner Heizpatrone im Boden ermöglichte er, schnell Wasser zu kochen, ohne im Herd ein Feuer anfachen zu müssen; Feuerherde waren vor dem Ersten Weltkrieg noch weitverbreitet. Es gab den Kessel in verschiedenen Größen (0,75, 1,0 und 1,25 Liter), in den Formen rund oder achteckig, mit den Oberflächen Kupfer, Messing oder vernickelt und den Oberflächenstrukturen geflockt, gehämmert oder glatt. Theoretisch ergab dies eine sehr große Zahl von Kombinationen; auch wenn die reale Anzahl eingeschränkt war, konnte das Publikum aus einer Vielzahl systematisierter Möglichkeiten wählen. (→ Abb. 120)

Hier ist nicht der Ort, um von der neuartigen Werbung aus dem Atelier von Peter Behrens zu sprechen. Es befinden sich hervorragende Plakate, Broschüren und Prospektblätter darunter, die sternenweit von der illustrativen Werbung aus der Jugendstilzeit entfernt waren. Ebensowenig lassen sich hier Peter Behrens' AEG-Bauten wie die Turbinenhalle oder die Kleinmotorenfabrik würdigen.[34]

Doch ein Urteil soll hier erwähnt sein, geschrieben von einem jungen Welschschweizer namens Jeanneret, der 1912 Deutschland bereiste, um zu Hause im Neuenburger Jura über die neue Bewegung in Deutschland zu berichten. Er schrieb überraschend germanophil und mit nietzscheanischer Emphase: „Behrens ist der kraftvolle, abgründige, ernste Genius, zutiefst erfasst von einem Drang nach Beherrschung; wie geschaffen für diese Aufgabe [AEG] in dieser Zeit; kongenial dem Geiste des heutigen Deutschlands."[35] Er hatte dies, 1910 während einiger Monate in Behrens' Atelier angestellt, erfahren und erfasst. Aus „Jeanneret" wurde wenige Jahre später, nach dem Krieg, in Paris „Le Corbusier" (→ Kap. 15). Jetzt war man noch vor dem Krieg, auf den Europa zusteuerte. Ein Jahr nach dessen Beginn schrieb Muthesius in seinem Aufsatz „Die Zukunft der deutschen Form": „Es gilt, mehr als die Welt zu beherrschen, mehr als sie zu finanzieren, sie zu unterrichten, sie mit Waren und Gütern zu überschwemmen. Es gilt, ihr das Gesicht zu geben. Erst das Volk, das diese

Abb. 118: Links: AEG-Flammenbogenlampe vor 1907/
Rechts: Neugestaltung unter Peter Behrens 1908.

Abb. 119: Peter Behrens: Verschiedene AEG-Flammenbogenlampen; der modulare Aufbau ermöglicht die Fertigung unterschiedlicher Serien je nach dem Anwendungsbereich. Seite aus dem *DWB-Jahrbuch* 1912.

Tat vollbringt, steht wahrhaft an der Spitze der Welt, und Deutschland muss dieses Volk werden."[36] Inwieweit solche Sätze den Weg zu den Schlachtfeldern des Ersten Weltkriegs weisen, kann hier nicht diskutiert werden. Fest steht, dass die Kausalität von gestalterischer Qualität, wirtschaftlichem Erfolg und nationalem Stolz ganz im Sinn des Werkbundes war.

Köln 1914: Stolz und Streit

Die große Werkbund-Ausstellung in Köln 1914 war eine eindrückliche Demonstration dessen, was der DWB in wenigen Jahren erreicht hatte. Doch der Ausbruch des Weltkriegs erzwang ihre vorzeitige Schließung. Statt dass sie den Werkbund-Mitgliedern eine Freude wurde, war sie der Anlass für bitteren Streit. Er entzündete sich an der Frage des „Typischen".

Abb. 120: Peter Behrens: elektrischer Tee- und Wasserkessel, hier in der achteckigen Ausführung mit gehämmerter Oberfläche, 1909.

Was treibt Gestalter und Gestalterinnen an? Wollen sie nur Einzelgegenstände schaffen oder streben sie nach Typen? Eine grundlegende Frage, die auch an den mittelalterlichen Universalienstreit erinnert: Was ist zuerst, der allgemeine Begriff oder der einzelne Gegenstand? Auf den Werkbund übertragen lautet die Frage: Soll der Gegenstand eine generelle Gültigkeit aufweisen, oder erfüllt er sich bereits im Status eines individuellen Beitrags? Die Teilnehmer an der Diskussion zu dieser Frage entzweiten sich an den „Leitsätzen" von Muthesius und den „Gegen-Leitsätzen" von Henry van de Velde. Die erste These von Muthesius lautete: „Die Architektur und mit ihr das ganze Werkbundschaffensgebiet drängt nach Typisierung und kann nur durch sie diejenige allgemeine Bedeutung wiedererlangen, die ihr in Zeiten harmonischer Kultur eigen war." Van de Veldes wortreichere Entgegnung begann mit dem Satz: „Solange es noch Künstler im Werkbund geben wird und solange diese noch einen Einfluss auf dessen Geschicke haben werden, werden sie gegen jeden Vorschlag eines Kanons oder einer Typisierung protestieren. Der Künstler ist seiner innersten Essenz nach glühender Individualist, freier spontaner Schöpfer; aus freien Stücken wird er niemals einer

Disziplin sich unterordnen, die ihm einen Typ, einen Kanon aufzwingt.“[37] An derselben Frage entzündete sich 1956 auch der Konflikt zwischen Bill und Aicher an der Hochschule für Gestaltung in Ulm (→ Kap. 21). Es gab dabei eine Reihe von Missverständnissen, vielleicht von unvermeidlichen oder sogar gewollten. Van de Velde machte aus dem Begriff der „Typisierung“ – instinktiv oder manipulativ? – eine verordnete „Kanonisierung“. Das war aber von Muthesius nicht gemeint. Schon 1907 hatte er in seinem erwähnten Grundsatzreferat festgestellt: „Es kommt in der kunstgewerblichen Bewegung gar nicht auf den sogenannten modernen Stil an. [...] Ein Stil entsteht nicht von heute auf morgen und kann nicht erfunden werden, sondern er ist das Ergebnis einer ernst strebenden Zeitepoche, die sichtbare Äußerung der inneren geistigen Triebkräfte der Zeit.“[38] Auf diese Formulierung hätten sich eigentlich alle Streithähne, einschließlich Adolf Loos (der nicht im Werkbund und in Köln nicht dabei war), verständigen können.

Beenden wir dieses Kapitel mit der Würdigung von Ernst Neumanns „Autokarosserie“, einem in wenigen Exemplaren ausgeführten und dokumentierten Versuch, ein Automobil nicht nur als technisches Artefakt zu begreifen, das zum Laufen zu bringen war, sondern ihm eine konsistente Linienführung zu geben, bei der die sonst disparaten Elemente zu einer harmonisch wirkenden Ganzheit verschmolzen sind. Neumann gestaltete eine Limousine

Abb. 121: Bernhard Pankok: Interieur des LZ-13, Luftschiff Zeppelin „Hansa“, 1912. Seite aus dem *DWB-Jahrbuch* 1914 „Der Verkehr“.

Abb. 122: Ernst Neumann:
Karosserie-Entwurf, 1912:
Bemühung um Modernität
und Eleganz. Die Arbeit des
Werkbundes betraf häufig
die Reform bekannter Kon-
figurationen, nur selten die
Suche nach einer grund-
sätzlichen „Neuform" im
Sinn von Neuformulierung.

und ein Kabriolett für eine ungenannt gebliebene Marke. Radaufhängung, Kotflügel, Trittbretter und Kühler, Motorhaube, Windschutzscheibe, Innenraum und Sitzgestaltung sind Ausdruck des Bemühens, sie harmonisch zusammenzufügen und dem neuen Verkehrsmittel ein gefälliges Aussehen zu geben, will sagen: es als *ungeschmückte Sachform* zu behandeln, bei der die Form selber der Schmuck ist.

Anmerkungen

1 Hermann Muthesius: „Wo stehen wir?". In: *DWB-Jahrbuch* 1912, zit. nach G. B. Hartmann und Wend Fischer (Hrsg.): *Zwischen Kunst und Industrie. Der Deutsche Werkbund.* München 1975, S. 60

2 Markus Kutter: *Abschied von der Werbung.* Teufen 1976, S. 58

3 Hermann Hesse, vgl. Anm. 1, S. 13

4 Julius Posener: „Vorlesungen zur Geschichte der neuen Architektur (III): Das Zeitalter Wilhelms II.", in *Arch*+ Nr. 59 (Aachen 1981), S. 18

5 wie Anm. 4, S. 18–19

6 Vgl. Werkbund-Archiv Berlin (Hrsg.): *Hermann Muthesius im Werkbund-Archiv* (Ausstellungsmagazin Nr. 26). Berlin 1990

7 J. A. Lux: „Der Geschmack im Alltag". Dresden 1908, S. 106 f., zit. nach Othmar Birkner: „Der neue Lebensstil", in: L. Burckhardt (Hrsg.): *Der Werkbund in Deutschland, Österreich und der Schweiz. Form ohne Ornament.* Stuttgart 1978, S. 51 f.

8 Ebd., S. 52

9 Zit. nach J. Posener (vgl. Anm. 4), S. 23

10 J. Posener: „Zwischen Arts and Crafts und dem Werkbund". In: *Arch* + (vgl. Anm. 4), S. 16–20

11 Karl Schmidt: „Materialverschwendung und Materialgefühl". In: *DWB-Jahrbuch 1912: Die Durchgeistigung der Deutschen Arbeit,* S. 51

12 Abgebildet in: Angelika Thiekötter / Eckhard Siepmann (Hrsg.): *Packeis und Pressglas. Das Werkbund-Archiv. Museum der Alltagskultur des 20. Jahrhunderts.* Gießen 1987, S. 346

13 J. Posener (Hrsg.): *Anfänge des Funktionalismus.* Berlin 1964, S. 185

14 Muthesius veröffentlichte 1904 bis 1905 sein bedeutendes dreibändiges Werk *Das englische Haus* im Wasmuth-Verlag.

15 H. Muthesius: „Die Bedeutung des Kunstgewerbes". Berlin 1907, vgl. Anm. 13, S. 176–186 und auch in: (vgl. Anm. 1), S. 39–50

16 Vgl. Anm. 13, S. 178

17 Ebd., S. 179

18 *Deutsche Kunst und Dekoration,* Bd. 22 (1908), S. 335, zit. nach Gert Selle: *Die Geschichte des Design in Deutschland 1870 bis heute.* Köln 1978, S. 62

19 Vgl. *Schweizerische Bauzeitung SBZ* 1906, Nr. 48/49

20 Peter Bruckmann, zit. bei Posener (vgl. Anm. 13), S. 20

21 Julius Lessing (1893), zit. bei Julius Posener: „Werkbund und Jugendstil". In: Lucius Burckhardt (Hrsg.): *Der Werkbund in Deutschland, Österreich und der Schweiz. Form ohne Ornament.* Stuttgart 1978, S. 16

22 H. Muthesius: „Stilarchitektur und Baukunst", vgl. Anm. 13, S. 167, Hervorhebung C. L.

23 Man muss nur die Form- und Materialkombination heutiger Autos ansehen: die Art, wie Leuchteneinheiten und Stoßfänger sich in fast willkürlicher Konturierung mit dem Blech von Kotflügeln, Kofferraumdeckel und Fensterflächen verbinden. Sie zeigt, dass hier durch Fertigungstechnologie nichts weniger als eine beliebige Entgrenzung der Möglichkeiten stattgefunden hat.

24 Die Jahrbücher des DWB: 1912 *Die Durchgeistigung der deutschen Arbeit;* 1913 *Die Kunst in Industrie und Handel;* 1914 *Der Verkehr;* 1915 *Deutsche Form im Kriegsjahr: Die Ausstellung Köln 1914.*

25 H. Muthesius: „Wo stehen wir?" (Vortrag, Dresden 1911). In: *Jahrbuch 1912,* S. 11–26, hier S. 18. Auch in: Katalog München 1975 (vgl. Anm. 1), S. 61

26 Peter Behrens: „Einfluss von Zeit- und Raumausnutzung auf moderne Formentwicklung". In: *Werkbund-Jahrbuch 1914. Der Verkehr,* S. 7–10, hier S. 8

27 Walter Gropius: „Die Entwicklung moderner Industriebaukunst". In: *Jahrbuch des Deutschen Werkbundes 1913,* S. 17–22, hier S. 17

28 Vgl. Franz Glück (Hrsg.): *Adolf Loos. Sämtliche Schriften.* Wien 1962, S. 268

29 Ebd., S. 271.

30 Ebd., S. 141 f.

31 Der Niederländer Eisenloeffel arbeitete seit 1908 für die Vereinigten Werkstätten für Kunst im Handwerk in München und Bremen.

32 Rathenaus Auftrag an Behrens erging bereits 1906, also noch vor der Gründung des DWB.

33 Vgl. die ausführliche Monografie von Tilmann Buddensieg und Henning Rogge: *Industriekultur. Peter Behrens und die AEG.* Berlin 1907–1914, Berlin 1979

34 Ebd.

35 Charles-Edouard Jeanneret: „Etude sur le mouve-
ment d'art décoratif en Allemagne". La Chaux-de-
Fonds 1912. In: Buddensieg / Rogge (vgl. Anm. 31),
S. 314 f. Übers. S. v. Moos

36 H. Muthesius: „Die Zukunft der Deutschen Form".
Zit. nach Posener (vgl. Anm. 13), S. 42

37 „Leitsätze", „Gegen-Leitsätze" und die steno-
grafierten Diskussionsbeiträge dazu bei Posener
(vgl. Anm. 13), S. 204–222

38 H. Muthesius: „Die Bedeutung des Kunstgewerbes"
(1907). Zit. bei Posener (vgl. Anm. 13), S. 183

X-11   Was ist „Stil"?

Der „Werkbund-Streit" vom Sommer 1914, der anlässlich der Werkbund-Ausstellung in Köln ausbrach und diese Vereinigung an den Rand des Abgrunds
trieb, entzündete sich an der Frage: Was ist Stil?

Hermann Muthesius sagt im vierten von seinen zehn „Leitsätzen": „Die Welt
wird erst dann nach unseren Erzeugnissen fragen, wenn aus ihnen ein überzeugender Stilausdruck spricht."*

Sein Kontrahent Henry van de Velde antwortet darauf: „Wir wissen aber, dass
nur solange dieses Ziel nicht erreicht ist, unsere Anstrengungen noch den Reiz
des schöpferischen Schwunges haben werden. Langsam fangen die Kräfte, die
Gaben aller an, ineinander überzugehen, die Gegensätze werden neutralisiert,
und in eben dem Augenblick, wo die individuellen Anstrengungen anfangen
zu erlahmen, wird die Physiognomie fixiert; die Ära der Nachahmung fängt
an, und es setzt der Gebrauch von Formen und von Verzierungen ein, bei deren Herstellung niemand mehr den schöpferischen Impuls aufbringt: die Zeit
der Unfruchtbarkeit ist dann eingetreten."

Muthesius ersehnt den zeitgemäßen Stil, van de Velde hofft, dass es nicht soweit kommen möge, denn in seinen Augen würde eine organische Kreativität
im aseptischen Stilkorsett verenden. Welcher von beiden hat recht? Hat überhaupt einer recht?

Was ist Stil? Etwas Künstlerisches oder etwas Künstliches? Etwas Erstrebtes
oder etwas Entstandenes? Eine Sache des kollektiven Wollens oder des individuellen Könnens? Ein ertüchtigender gemeinsamer Nenner oder ein Alibi
für gestalterische Impotenz? Das Fundament einer gesellschaftlichen Übereinkunft oder der Flügelschlag der Individualität? Ist er ein vor Augen liegendes
Ziel oder wird er erst im Rückspiegel erkennbar?

Die historische Kölner Konfrontation im Deutschen Werkbund kann mit eini-
gem Recht als Ausdruck der Rivalität von zwei Alphatieren im inneren Zirkel
einer elitären Vereinigung gelten, wobei die Konfliktenergie mehr aus persönlichen Ressentiments und weniger aus der Sachfrage kam. Dennoch: Diese

sachliche Frage „Was ist Stil?" ist nach wie vor aktuell und nicht entschieden. Ist sie überhaupt zu entscheiden, und wenn ja, unter welchen Voraussetzungen und mit welchen Konsequenzen?

Bereits 1907 hatte Muthesius die Sätze geschrieben (wir haben sie im vorangegangenen Kapitel bereits gehört): „Es kommt in der kunstgewerblichen Bewegung gar nicht auf den sogenannten modernen Stil an. [...] Ein Stil entsteht nicht von heute auf morgen und kann nicht erfunden werden, sondern er ist das Ergebnis einer ernst strebenden Zeitepoche, die sichtbare Äußerung der inneren geistigen Triebkräfte der Zeit." Muthesius spricht hier nicht vom persönlichen Wollen, sondern davon, welchen zeittypischen Ausdruck ein fokussiertes Tun hervorbringt. Das klingt überzeugender und hat mehr argumentatives Volumen als seine spätere These von 1914 („das ganze Werkbundschaffensgebiet drängt nach Typisierung"), zu der die Aussage aber nicht im Widerspruch steht. Le Corbusier wird nach 1920 in seiner Zeitschrift L'Esprit Nouveau *ganz ähnlich argumentieren.*

Nun aber: Adolf Loos, der Schimpfer von der Seitenlinie, für den der Werkbund schon als Idee ein verfehltes Projekt war, hatte ebenfalls schon 1907 geschrieben: „Eine gemeinsame Kultur – und es gibt nur eine solche – schafft gemeinsame Formen." Steht Loos also auf der Seite von Muthesius? Er fährt nämlich fort: „Und die Formen der Möbel von van de Velde weichen ganz erheblich von den Möbeln Josef Hoffmanns ab. Für welche Kultur sollte sich nun der Deutsche entscheiden? Für die Kultur Hoffmanns oder für die van de Veldes? Für die Riemerschmids oder die Olbrichs? Ich glaube, mit der Kultur ist es auch nichts."** Lässt sich aus den Äußerungen von Muthesius und Loos folgern, dass Muthesius aus Übereinstimmung mit Loos zur Überwindung des individualistischen Jugendstils zugunsten eines gemeinsamen „Werkbund"-Stils aufrufen wollte? Was Muthesius betrifft, können wir dies bejahen, doch nicht was Loos betrifft. Sein Blick auf das Problem geht – auch das haben wir bereits gehört – in der entgegengesetzten Richtung: „Revolutionen kommen immer von unten. Und dieses ,Unten' ist die Werkstatt" – und wir ergänzen: und eben gerade nicht das Atelier.

Loos versteht unter Kultur nicht etwas Gewolltes, sondern etwas, das sich auf gleichsam natürliche Weise herausbildet, wenn man die Dinge den

Anforderungen der Zweckmäßigkeit, des Materials und der Herstellungsme-
thode überlässt. Zugleich nennt er den Architekten „einen Maurer, der Latein
gelernt hat". Ausgeweitet auf Gestaltung allgemein, spricht Loos damit von
der Fähigkeit, aus einem angestammten Kontext heraustreten zu können, eine
weitere Sicht zu gewinnen, mit der das Gewusst-wie eine mögliche Ausweitung
erfahren kann, wenn sich dies aus einer plausiblen fachlichen Neugierde auf-
drängt. Doch in seiner Sicht der Dinge soll sich der Gestalter, die Gestalterin
möglichst zurücknehmen und sich von gestalterischem Narzissmus selbstkri-
tisch fernhalten. Wir haben es also mit einem Dreieck zu tun, dessen Ecken
so definiert sind: A (Muthesius): Gestaltung als reflektierte Anstrengung im
Hinblick auf einen markanten Stil von überpersönlicher Gültigkeit; B (van de
Velde): Gestaltung als naturwüchsiger Ausdruck individueller Begabung und
persönlicher Interessen; C (Loos): Gestaltung als sachlich begründeter Umgang
mit dem Material und – daraus folgend – als unwillkürlicher Ausdruck einer
zeitgenössischen Arbeitspraxis, überhaupt einer erlebten Zeitgemeinschaft.
Es sind dies drei unvereinbare Positionen: Jede von ihnen hat mit je einer der
beiden anderen einen Punkt gemeinsam und widerspricht ihr im anderen
Punkt.

Und das ist erst die Seite des Denkens und Redens. Wenn dann noch der wich-
tigere Teil, die gestalterische Praxis, dazukommt, komplizieren sich die
Dinge weiter. Kein Wunder, denn auch die ersehnte „Unwillkürlichkeit" kann
es beim Gestalten nicht geben, da es sich bei diesem stets um eine Angelegen-
heit der Gebrauchskultur handelt und nicht um eine der Gebrauchsnatur
(die es nicht gibt). In der praktischen Entwurfs- und Gestaltungsarbeit konnte
auch Loos sich nicht auf einen Instinkt verlassen, der einen unwillkürlich zur
richtigen Stelle führt. Was in der Kunst möglich sein mag, ist es nicht in der
Gestaltung. Und merkwürdig: Diese Inkongruenz von Rede und Tat schmä-
lert die Qualität von Loos' Arbeit nicht. Im Gegenteil: Alles spricht dafür, dass
gerade die zügelnde, bremsende Wirkung seiner Anschauung (seiner Theo-
rie) seiner praktischen Arbeit zu ihrer einzigartigen Konsistenz und Subtili-
tät verholfen hat.

Zugleich aber lässt sich nicht abstreiten, dass es unterschiedliche Grade von ge-
stalterischer Aktivität gibt. Der Horizont spannt sich weit zwischen den Polen

der leisen Introversion, Diskretion und Zurückhaltung auf der einen und der auffallenden, um Aufmerksamkeit und Beifall heischenden Extravertiertheit auf der anderen Seite. In einem Fall steht, wer einen entsprechend gestalteten Gegenstand zur Hand nimmt, in einem Gebrauchszusammenhang, im anderen Fall ist er oder sie ein Teil des Publikums. Subjekt und Objekt sind in den beiden Fällen gegeneinander vertauscht. Im ersten Fall ist der Gegenstand das Gebrauchsobjekt, im zweiten Fall das Aufmerksamkeitsobjekt. Subtilität versus Expressivität. Die Subtilität belässt dem Benutzer, ja sogar dem Betrachter, eine Freiheit in der Wahrnehmung, wie sie bei der Expressivität, der Ausdrücklichkeit nicht möglich ist: die Freiheit der eigenen Entdeckungen.

Design lässt sich grundsätzlich unter zwei verschiedenen Gesichtspunkten betrachten: dem der Nützlichkeitsästhetik und dem der Aufmerksamkeitsästhetik. Erstere hat mit Gewohnheit zu tun, in die der einzelne Gegenstand eingebettet ist, Letztere mit einem bewussten Blick, die den Gegenstand aus seinem Hintergrund herauslöst und individualisiert. Der Gegensatz zwischen den beiden Ästhetiken wird in diesem Buch – auch in Band 2 – wiederholt anzutreffen sein: bei den Themen Bauhaus Dessau, Die gute Form und im Gegensatz zwischen der Frühpostmoderne, der Hochpostmoderne und ihrer Wendung in die Spätpostmoderne, um nur ein paar Stichwörter zu nennen und sie mit fragwürdigen Etiketten zu beschriften.

Noch etwas kommt dazu: Die Dinge sind nie allein, sie sind immer Teil in einer persönlichen Konstellation, die nicht planbar ist und vonseiten der Gestaltung nicht im Vornherein bestimmbar, sich also der Kontrolle entzieht. Dies ist die unumstößliche Tatsache der Kontingenz, mit der das Design leben muss und es auch kann. Ihr widersetzt sich aber die Idee des Gesamtkunstwerks, das faktisch aus diesem Grund an der Klippe des eigenwilligen Lebens scheitern muss. Die Moderne sah dies in den 1920er- und 1930er-Jahren und berief sich auf den Grundsatz: Was richtig gestaltet ist, passt jenseits jeder Stilistik wie aus einer Naturgesetzlichkeit zusammen. Dieser synthetisierende Blick bietet keinen billigen Trost, vielmehr lässt sich seine intersubjektive Richtigkeit vielerorts überprüfen und empirisch bestätigen. Hegel sagt: Wie man die Welt anschaut, so blickt sie zurück. Wer nicht die Gestaltung seiner Lebensumwelt dem Reinlichkeitszwang der Homogenität aussetzen will, erhält dank geistiger Freiheit *etwas zurück. Es geht hier um die „Freundschaft" unter den unterschiedlichsten Gegenständen. Sie mag eine Glaubensmaxime sein und nicht ein unwiderlegbares Axiom, doch diese Überzeugung trifft zu für die, die es sehen können. Ihre Gültigkeit liegt im individuellen Erleben und im persönlichen Lebenszusammenhang.*

---

* **Die Voten der Werkbund-Debatte 1914 sind proto-
kolliert in Julius Posener:** Anfänge des Funktionalismus *(siehe Bibliografie).*

** *Zit. nach Franz Glück (Hrsg.):* Adolf Loos. Sämtliche
Schriften *(siehe Bibliografie)*

12 Helden der Arbeit und rollende Planung Frederick W. Taylor und Henry Ford 1900–1930

Das Modell „T" der Ford Motor Company wurde 1999 im Hinblick auf das Millenium in einer Umfrage unter Fachleuten zum Auto des 20. Jahrhunderts gewählt. Nicht wegen seiner Form oder wegen seiner Fahreigenschaften, sondern weil es der erste *Volks-Wagen* war, der Startschuss für das Konzept der individuellen Mobilität weltweit. Die amerikanische Fotografin Dorothea Lange gab um 1930 mit ihren Aufnahmen im Auftrag der *Farm Security Administration* ein ungeschöntes Bild der Armut vieler Menschen während der Großen Depression; nicht wenige Familien, die sonst fast nichts hatten, hatten ihr Modell T, die „Tin Lizzy" (Blechliesel), in der sie bisweilen sogar karg hausten.

Als das Modell im Herbst 1908 vorgestellt wurde, war es mit einem Verkaufspreis von 950 Dollar für damalige Verhältnisse bereits konkurrenzlos günstig. Ein Auto zu besitzen, war bis dahin nur den sehr Wohlhabenden möglich gewesen: Es wurde für sie mit viel Handarbeit, individuell und meist auf Bestellung, gebaut. Ford stellte die automobile Welt mit seinem Produkt vollständig auf den Kopf. Die in diesem Kapitel dargestellte Entwicklung erlaubte es, den Preis des „Ford-Wagens" – wie man ihn nannte – im Lauf der Jahre schrittweise bis auf 360 Dollar zu senken, obwohl er immer besser ausgestattet wurde. (Nach heutiger Kaufkraft entspricht dies etwa 6000 Dollar.)[1] Der Begriff „Ford-Wagen" ging damals in den allgemeinen Sprachgebrauch ein; darin fielen die Marken- und Modellbezeichnung zusammen. Mehr noch: Dies war die erste Spezies einer neuen Gattung. In dieser Darstellung darf seine Geschichte nicht fehlen, gerade weil der Begriff Design sich hier noch mehr auf den Vorgang der Produktion als auf das Produkt selbst bezieht.

Das Modell T wurde von 1909 bis 1927 in etwa 15,4 Millionen Exemplaren gebaut. Die Jahresproduktion 1909 betrug 14 000 Exemplare, 1912 bereits 82 000, 1914 das Dreifache: 230 000, 1916 nochmals zweieinhalbmal mehr: 585 000.

Und so weiter. Der Zenit war 1923 mit 2,1 Millionen Stück erreicht, danach sank die Zahl bis 1926 auf 1,5 Millionen. Und dann, 1927, waren es in fünf Monaten nur noch 400 000 Stück. Am 26. Mai 1927 war das Produktionsende. Was war geschehen? Hinter diesen Zahlen liegt eine dramatische Geschichte von Aufstieg, Triumph, Niedergang und unerbittlichem Zwang zum Wandel.[2]

Bevor sie hier erzählt wird, muss jedoch vom Taylorismus die Rede sein, von jener betriebswissenschaftlichen industriellen Philosophie, die Henry Ford vorausging, von diesem faktisch übernommen und dann zum „Fordismus" weiterentwickelt und, wie zu zeigen sein wird, im Grunde gegen seinen Willen überwunden wurde.

Taylorismus: mehr Peitsche als Zuckerbrot

Frederick Winslow Taylor war ein amerikanischer Ingenieur, der sich innert weniger Jahre bei Midvale Steel in Pennsylvania und per Fernstudium vom Handlanger zum Leitenden Ingenieur hochgearbeitet hatte. Seine besondere Aufmerksamkeit galt den Arbeitsmethoden und Abläufen im Betrieb. Seine Erkenntnisse – die er auch bei der eigenen Erfahrung an der Drehbank und durch praktische Beobachtung gewonnen hatte – führten zum Konflikt mit der Firmenleitung von Midvale Steel und zu seiner Entlassung. Aber er hatte sein Thema gefunden: die „wissenschaftliche Betriebsführung".

Er propagierte die Akkordarbeit mit dem Stücklohnsystem, das den Tüchtigen belohnt und den weniger Tüchtigen bestraft. Doch um die Arbeiter für dieses System zu gewinnen, musste man ihnen zuerst optimale Arbeitsbedingungen bieten: richtige Körperhaltung bei der Arbeit, Arbeitsflächen auf der richtigen Höhe, sinnvolle Aufteilung der Arbeitsschritte, kurze Wege und richtige Anordnung der Werkzeuge. Letzteres bedeutete, sie nicht nach Kategorien und der Größe nach einzureihen – alle Schraubenzieher beisammen, alle Feilen beisammen –, sondern alle erforderlichen Werkzeuge übersichtlich *in der Reihenfolge ihrer Benutzung* anzuordnen. Das war eine typische *Yankee*-Neuerung, ein klarer Gegensatz zu jeder tradierten handwerklichen Ordnungsliebe. Taylor ermittelte mit der Stoppuhr die notwendige Zeit für jeden einzelnen Arbeitsschritt. Dieses empirische Vorgehen war genuin amerikanisch. Zugleich war es eine neue Verkörperung des Wirtschaftsliberalismus: *Time is money* wurde zur diktatorischen Handlungsmaxime der neuen Zeit. Taylors erstes Buch war *Shop Management* (1903) und das äußerst folgenreiche zweite *The Principles of Scientific Management* (1911, deutsch *Die Grundsätze wissenschaftlicher Betriebsführung*). Taylors Erkenntnisse setzten landesweit beträchtliche Leistungssteigerungen frei und verstärkten durch ihre unwiderlegbare Logik und Unerbittlichkeit den Produktivitätsdruck – zuerst in Amerika, dann in der übrigen produzierenden Welt. Seine Methode wurde später zum *human engineering* und zur Arbeitsphysiologie weiterentwickelt, zu Wissenschaften also, die sowohl den Angestellten in der Fabrik und den Benutzern im Betrieb oder zu Hause zu besseren Arbeitsbedingungen als auch dem Betrieb zu einem höheren Gewinn verhelfen sollten. Doch in Taylor sah kaum jemand einen Wohltäter, und er traf unter den Arbeitern immer wieder auf tiefe Ablehnung. Sein unstillbarer Ehrgeiz und seine Schroffheit im persönlichen Umgang waren der Grund dafür, und seine unverhohlen kapitalistische Denkweise, mit der er geradezu prototypisch den unsentimentalen, materialistischen *Yankee machinist* verkörperte, brachten ihn in einen scharfen Gegensatz zu den Gewerkschaften.

Henry Ford (1863–1947) war ein Geistesverwandter von Taylor. Er sagte: „Die erste Bedingung ist, dass kein Arbeiter sich bei seiner Arbeit überstürzen darf, – jede erforderliche Sekunde wird ihm zugestanden, keine einzige darüber hinaus."[3] Das tönt tayloristisch, und doch liegt in diesem Satz ein fundamentaler Unterschied zwischen den beiden. Davon später.

Der Bauernsohn Ford stammte aus der Umgebung der Stadt Detroit und konstruierte bereits als Halbwüchsiger einen funktionierenden Verbrennungsmotor und fuhr als junger Mann Autorennen, 1886 baute er das erste Auto, ein Einzelstück, und gründete 1899 die Detroit Automobile Company. Nach deren Konkurs gründete er 1903 – zuerst noch mit Geschäftspartnern – die Ford Motor Company. Sein erster Verkaufserfolg war 1906 das Modell N, ein kleines Auto der mittleren Preisklasse, das wie die anderen Beispiele noch nicht „Automobil", sondern *horseless carriage* (pferdelose Kutsche) genannt wurde. Davon wurden in einer dafür errichteten Fabrik – der *Piquette factory* in Dearborn, einem Vorort von Detroit – immerhin rund 7000 Stück gebaut.[4]

Ford: ein Auto für alle

Fords Ziel war es, das Auto von einem Luxusartikel für die Begüterten zu einem Verkehrsmittel für alle zu machen. Das Modell N war ein erster Schritt dazu. Erst nach der Trennung von den Geschäftspartnern Fords konnte es an die Entwicklung des Nachfolgemodells gehen, das im Herbst 1908 vorgestellt wurde, und dieses, das Modell T, brachte die Erfüllung des Traums. Sein Konstrukteur war zur Hauptsache der erst 27-jährige ungarische Einwanderer Joszef Galamb. Zu Beginn wurde es noch in der *Piquette*-Fabrik gefertigt, doch Anfang 1910 wurde für seine Produktion der viel größere vierstöckige Fabrikkomplex *Highland Park*, erbaut vom Industriearchitekten Albert Kahn, in Betrieb genommen, in der das Auto von oben nach unten – unter Ausnützung der Schwerkraft – zusammengebaut wurde.[5] In all den darauffolgenden Jahren zahlte Ford sich selbst und dem Management eher bescheidene Löhne und investierte die gewaltigen Erträge stets in den weiteren Ausbau der Firma.

Das Modell T war als ein im Hinblick auf eine Großserie hergestelltes Auto konzipiert; der tatsächliche Massenerfolg ließ dann aus der Großserie eine Massenproduktion werden. Entgegen der verbreiteten Meinung war das Modell T jedoch nicht vom Beginn weg am Fließband gefertigt und die neue Fabrik nicht eigens dafür gebaut worden. Nach Fords Tod 1947 machte einer

Abb. 124: Die Fabrik in Dearborn, Highland Park, Architekt Albert Kahn, 1910. Vier Geschosse, die Produktion erfolgte von oben nach unten. Mit lückenlosem Verladesystem, doch nicht von Anbeginn für Fließbandfertigung ausgelegt. (Arnold/Faurote: *Ford Methods and Ford Shops*, 1919)

Monorail Trolley Hauling a Truck from Railroad Platform to Factory

seiner engsten Mitarbeiter, der Ingenieur Charles E. Sorensen, auf diesen Punkt aufmerksam: „Henry Ford hatte im Grunde keine Vorstellung von der Massenproduktion. Er wollte eine Menge Autos bauen, das schon, aber ebenso wie wir andern wusste er nicht, wie. Später wurde er als Urheber der Idee von der Massenproduktion glorifiziert. Weit gefehlt, er geriet ebenso in diese Sache hinein wie wir anderen auch. Die wichtigen Arbeitswerkzeuge und schließlich das Fließband entstanden in einer Organisation, die unaufhörlich experimentierte und sich zu verbessern suchte, um die Produktion zu steigern."[6]

Das Konzept und die Konstruktion des Autos waren auf maximale Einfachheit und Zuverlässigkeit ausgelegt. Sein Radstand betrug 100 Zoll (2,54 m), ein Maß, das offensichtlich eine Grundannahme war. Ford wollte ein leichtes Auto mit ausreichender Motorleistung auch für Steigungen und mit großer Bodenfreiheit wegen der häufig noch sehr schlechten Straßen und Feldwege, und „man soll überall fahren können, wo ein Pferdefuhrwerk durchkommt, ohne dabei Angst zu haben, dass man den Wagen ruiniert".[7] Auch Flüsse ließen sich damit an untiefen Stellen queren, was Fords Rückbezug auf die Fortbewegung zu Pferd plastisch bestätigt. Der Vierzylindermotor von rund 2,5 Liter Hubraum leistete rund 20 PS; es gab zwei Vorwärtsgänge, einen Rückwärtsgang – die Gänge wurden mittels Pedal geschaltet, der Gashebel für Handbedienung

274

lag am Lenkrad –, die Bremse wirkte auf die Hinterräder, für die Nacht gab es Karbidlampen; das Benzin rann vom höhergelegenen Tank (unter dem Fahrersitz) von selber zum Motor (es brauchte keine Benzinpumpe), die Achsen waren mit Querblattfedern versehen (es gab keine Stoßdämpfer); die Radfelgen bestanden aus Stahl und die Speichen aus Eschenholz; der Motor wurde von Hand mit einer Kurbel gestartet. Es gab weder Anlasser noch Scheibenwischer oder Heizung, und die Modelle mit Stoffverdeck besaßen keine Seitenscheiben. Die Karosserie bestand aus einem hölzernen, mit Blech beplankten Gerippe; es gab sie offen als Zwei- oder als Viersitzer entweder mit zurückschlagbarem Stoffverdeck (*Runabout* bzw. *Touring*) und geschlossen als Zweisitzer-Coupé oder als Limousine *(Sedan)* mit zwei, vier oder je einer in der Mitte der Seite angeordneten Türe; zudem als zweisitzigen Kleintransporter mit offener Ladepritsche. Das Chassis war bei allen Versionen identisch: Insgesamt ein starkes Beispiel für eine konsequente Standardisierung (→ Kap. 15).

Ging einmal etwas kaputt, sollte sich die Reparatur einfach ausführen lassen, und wenn keine Werkstatt in der Nähe war, sogar nach Möglichkeit von den Eigentümern selbst. Ersatzteile ließ man sich mit der Bestellnummer aus dem Handbuch nach Hause oder ins Postbüro schicken, und das Werk garantierte, dass die einzelnen Teile lange genug vorrätig blieben. Es handelte sich bei ihnen um Teile aus qualitativ hochwertigen Materialien: Das Auto war kostengünstig produziert, aber es war kein Billigauto.[8] Als die Vertreter es 1908 zum ersten Mal sahen, waren sie hell begeistert, denn sie wussten, dass ihm der Erfolg sicher war. Und tatsächlich, vom ersten Tag an strömten die Bestellungen herein.

In Highland Park dienten zuerst eine, dann zwei Gasturbinen zur Erzeugung der Elektrizität, mit der alle Transmissionswellen und Werkzeugmaschinen angetrieben waren.[9] Diese Maschinen wuchsen an Anzahl und Art mit dem stetigen Anstieg der Produktionszahlen; und hinter dem unaufhörlichen Wachstum lag eine stets anschwellende Nachfrage. Sie war der Quellstrom, der das Werk zu immer noch größerer Leistung trieb. Sich den pausenlosen Höllenlärm in dieser überbordenden Geschäftigkeit der Produktionshallen vorzustellen, ist nicht schwer, auch wenn die zahlreichen überlieferten Fotografien nirgends Arbeiter mit Gehörschutz dokumentieren.[1]

Design als Produktionsdrama

Der Schlüssel zu diesem Produkt war eine konsequente Kostensenkung, wozu neben dem generellen Konzept der konstruktiven Einfachheit verschiedene Mittel beitrugen. Eines davon war der Grundsatz, nach Möglichkeit statt geschmiedeter Teile oder Gussteilen gewalzte oder tiefgezogene Teile zu verwenden. Das wichtigste und grundlegende Kriterium war jedoch die *interchangeability of parts,* die Austauschbarkeit der Einzelteile. Und dies in doppelter Hinsicht: Austauschbarkeit während der Produktion und Austauschbarkeit am Produkt. Erstere war eine betriebsinterne Konsequenz: Sie bedeutete, dass der Arbeiter jedes Einzelteil blindlings aus der Kiste voller exakt gleicher Teile ergreifen und montieren konnte, ohne dass dazu ein „Ausprobieren-ob-es-Passt" oder eine manuelle Nachbearbeitung („fitting") nötig war. Eine möglichst kurze Montagezeit war das Endziel bei einem Auto für die breite Masse. Die fabrikatorische Identität eines jeden Einzelteils mit allen anderen seiner Art war die Grundbedingung, um das Ziel zu erreichen. Doch die Kausalitäten führen von da weiter zurück: Um diese Gleichartigkeit zu erreichen, waren sehr präzis arbeitende Werkzeugmaschinen erforderlich, und die mussten entweder gefunden oder erfunden werden; zu einem guten Teil musste die Ford Motor Company sie selber entwickeln, um die erforderlichen geringen Fertigungstoleranzen zu erreichen.

So entwickelte Ford immer mehr hoch spezialisierte Werkzeugmaschinen mit Schnell-Einspannvorrichtungen, dank deren sich eine Vielzahl von Werkstücken gleichzeitig präzise schleifen, bohren oder fräsen ließ.[11] Bereits 1913 waren Spezialwerkzeuge im Einsatz mit Vorrichtungen, an denen 15 Motorblöcke oder 30 Kolben gleichzeitig geschliffen oder 17 Bohrungen simultan in einen Motorblock gebohrt wurden (Abb. 131). Die beträchtlichen Fortschritte in der Metallurgie wurden immer sofort nutzbar gemacht. Die Werkzeugmacherei war im Ford-Konzern die Abteilung mit der höchsten Dichte an technischer Findigkeit und Kompetenz, sie war Henry Fords größter Stolz. Er wehrte sich gegen den häufig vorgebrachten Vorwurf, seine Methode habe „der Arbeit das Können geraubt", mit dem Argument: „Das stimmt nicht. Wir haben im Gegenteil das Können vermehrt. Wir haben gesteigertes Können in Entwürfe, Organisation und Werkzeuge hineingesteckt, und die Resultate dieser Arbeit kommen dem ungelernten Arbeiter zugute.“[12]

In dieser Formulierung liegt denn auch der wesentliche Unterschied zum Taylorismus. Für Taylor handelte es sich bei der „wissenschaftlichen Betriebsführung“ um Optimierungsmöglichkeiten von Arbeit, die als menschliche Arbeit (Muskelarbeit) definiert war. Für ihn war die Referenz der einzelne Arbeiter und die Frage, wie er sich in Zeit und Raum organisiert. Bei Ford hingegen ist die Arbeit eine abstrakte Größe, nämlich die Produktionsleistung der Firma. Ford und seine wichtigsten Mitarbeiter fragten stets nach der sinnvollsten Interaktion von Werkzeugen, Maschinen und Arbeitern. Die bestmögliche Organisation des Ganzen ist die Prämisse, die den Handlungsrahmen bestimmt. Soweit sinnvoll, wurden dabei auch tayloristische Grundsätze befolgt. So wurden die Maschinen so aufgestellt, dass das Werkstück den kürzesten Weg durch den Organismus der Fabrik zurücklegte, sodass etwa auf die Bohrmaschine die Fräse, die Tiefziehpresse und die Schleifmaschine folgten (die Bezeichnung dafür lautete *sequential machining operations*). Ford baute folglich auf Taylor auf, aber er veränderte den Rahmen radikal.[13]

Ford fasste sein Konzept der ökonomischsten Herstellungsmethode in der Formel „Kraft, Präzision, Wirtschaftlichkeit, Systematik, Stetigkeit und Geschwindigkeit“ zusammen („power, accuracy, economy, system, continuity, and speed“).[14] Bei allen anderen Herstellern war es üblich, jeden zusammengebauten Motor einem Prüflauf zu unterziehen. Nicht so bei Ford. Hier galt der simple Grundsatz: Wenn die Einzelteile richtig hergestellt und richtig montiert sind, muss auch jedes einzelne Produkt richtig sein.[15]

Das Modell T traf auf einen Markt von scheinbar grenzenloser Aufnahmefähigkeit. Die Nachfrage wuchs schneller als das Angebot, und das Hauptproblem war, wie sich die Produktion noch mehr steigern ließe. Was letztes Jahr noch als effiziente Methode gegolten hatte, war nun zu langsam. Das Werk in Dearborn lief bereits seit über drei Jahren auf Hochtouren, als man zuerst in einzelnen Abteilungen im Frühling 1913 versuchsweise eine fundamentale Änderung erprobte: die *assembly line,* auch *moving line* genannt: die Fertigung am laufenden Band. Bis zu diesem Zeitpunkt waren die einzelnen Komponenten nach dem Grundsatz der „statischen Montage“ zusammengebaut

worden. So wurde der ganze Motor von einem Arbeiter am Werktisch montiert, ein Vorgang, der fast zehn Stunden dauerte. Bei Fahrzeugteilen wie Fahrgestell, Spritzwand beziehungsweise Instrumententafel oder Karosserie dienten hölzerne Gestelle („assembly horses") als Hilfskonstruktionen zum Anbringen der einzelnen Teile. Beim Fahrgestell bewegten sich Trupps von Arbeitern eine „Gasse" („alley") hinunter, um an diesen Gestellen ihre Handgriffe vorzunehmen, das heißt am Werkstück die betreffenden Teile anzubringen. Dabei geschah es immer wieder, dass eine schnellere Gruppe von einer langsamer arbeitenden aufgehalten wurde, worin Henry Ford sofort einen ärgerlichen Zeit- und somit Geldverlust erkannte. Die Methode der *dynamischen Montage* bedeutet, dass das Werkstück sich zum Arbeiter hin bewegt und dieser seine Operationen am selben Ort durchführt (genauer: am langsam fortbewegten Objekt). Das Prinzip wurde zunächst beim Zusammenbau des Zündmagneten erprobt und dann sukzessive auf alle Bereiche der Produktion ausgeweitet. Ford berichtet von der ersten Erprobung und der darauffolgenden Entwicklung dieser Methode am Fahrgestell: „Die höchste Leistung, die wir bei feststehender Chassismontage erreichten, belief sich durchschnittlich auf zwölf Stunden acht Minuten pro Chassis. Wir machten dann den Versuch, das Chassis mit Winde und Seil über eine 75 m lange Strecke ziehen zu lassen. Sechs Monteure rückten mit ihm weiter vor und sammelten die neben dieser Strecke aufgestellten Teile im Vorübergehen auf. Dieses unvollkommene Experiment drückte bereits die Zeit auf fünf Stunden fünfzig Minuten pro Chassis herab. Anfang 1914 legten wir die Sammelbahn höher. Wir hatten inzwischen das Prinzip der aufrechten Arbeitsstellung eingeführt. Die eine Bahn befand sich 68 cm, die andere 62 cm über dem Boden, um sie der Körpergröße der einzelnen Arbeitskolonnen anzupassen. Daraus resultierte eine Arbeitszeit von einer Stunde 33 Minuten pro Chassis."[16] Im Klartext heißt das, dass durch die *moving line* die Produktionszeit für ein Fahrgestell auf einen Achtel verkürzt wurde. Und die Prämisse dabei war der unerbittlich vom Mechanismus des Förderbandes diktierte Arbeitstakt. Er ließ sich kalibrieren; die Arbeiter wurden je nach ihrer Geschicklichkeit Bändern unterschiedlicher Geschwindigkeit zugeordnet. Der Zusammenbau eines Motors verkürzte sich durch die *assembly line* von zehn auf vier Mannstunden.

Mit der Beschleunigung des Ganzen verbunden war die Notwendigkeit, auch die Zulieferung der Komponenten zu beschleunigen. Die gesamte Fluktuation des Materials durch den Fabrikkomplex wurde durchgestaltet. Bis 1913 erfolgte sie nach einem logistisch ausgeklügelten Zeitplan durch Hilfsarbeiter mit Handwagen. Doch die *assembly line* erforderte neue Vorrichtungen, die den gesamten *Stoffwechsel* der Fabrik beschleunigten und eine allumfassende Mechanisierung der Transportvorrichtungen erforderten, um die stetige Fluktuation des Materials und die Synchronisierung sämtlicher Komponenten zu erreichen: Förderketten, schräg verlaufende Rutschen und Rollbahnen (im Originalsound: *conveyor systems, gravity slides, gravity rollers*).[17] Nichts davon war eine Erfindung von Ford; alles gab es andernorts bereits, aber nur vereinzelt. Die systematische Zusammenführung zur Schaffung eines zuverlässigen Funktionsablaufs im Rahmen der kolossalen Stückzahlen war die Erfindung der *Ford plant.*[18] Ja, man kann von einer äußerst raffinierten Choreografie sprechen. (Georges Antheil, Man Ray und Fernand Léger fanden 1924 mit ihrem Kurzfilm *Ballet mécanique* die künstlerische Umsetzung des industrialistischen Pulsschlags.) Und nicht zu vergessen: Diese ganze Arbeit des Experimentierens, Entwickelns und Verfeinerns einer fundamental anderen Herstellungsmethode – samt der Umschulung der Arbeiter – musste bei laufender Produktion passieren und durfte diese nicht behindern.

Abb. 126: „Putting on the tops": Die *assembly line*, ab 1914. Die Höhe der Montagebahn steht in Abhängigkeit von der Körpergröße der zugeordneten Arbeiter. (Arnold/Faurote: *Ford Methods and Ford Shops*, 1919)

Putting on the Tops
Note the ease with which the work is done—no stooping, good light and good ventilation

Doch das neue System setzte die Arbeiter einem wesentlich größeren Leistungsdruck aus als das bisherige. Monotonie am Arbeitsplatz war eine unvermeidliche Folge. Viele Arbeiter hielten diese Kombination nicht lange durch; die Fluktuationsrate in der Fabrik betrug im ersten Jahr des neuen Regimes fast 400 Prozent – ein Arbeiter blieb im Durchschnitt nur drei Monate. Auch in betriebsökonomischer Hinsicht war das ein Problem und eine erhebliche Verlustquelle. Ford suchte, der ständigen Unruhe unter den Arbeitern durch einen Mindestlohn von 2,34 Dollar pro Tag zu begegnen, aber dieses Angebot war längst nicht genug und hatte keine Wirkung. Die Gewinnsteigerung bei der Ford Motor Company war aber so stark, dass Ford sich in einem radikalen Schritt entschied, die Arbeiter am Profit wesentlich zu beteiligen und er am 5. Januar 1914 ankündigte, den Tageslohn auf fünf Dollar fast zu verdoppeln. Dadurch setzte ein heftiger Run auf Stellen bei Ford ein. Dass aber auch unter diesen Umständen der Job bei Ford knochenhart war, dokumentiert der Brief einer Ehefrau an Ford: „Dieses *chain system* ist ein Sklaventreiber! Mein Gott, Mr. Ford, mein Ehemann kommt abends nach Hause, wirft sich aufs Bett und kann kaum mehr das Abendessen einnehmen. So fix und fertig! Kann das nicht verbessert werden? Dieser Tageslohn von fünf Dollar ist ein größerer Segen, als Sie es sich denken können, aber oh, die Leute verdienen es sich wirklich schwer."[19]

Abb. 127: Zusammentreffen an der Rutsche: Kühler und Räder, bereit zur Montage.

Mehr als zehn Jahre lang war nun das Modell T bei Weitem das meistverkaufte Auto in den USA. 1915 wurde das millionste Exemplar ausgeliefert, 1921 das fünfmillionste. Das Auto hielt in den Vereinigten Staaten in den frühen 1920er-Jahren einen Marktanteil von 55 Prozent. Henry Ford ließ die Öffentlichkeit durch ausführliche und höchst fachkundige Darstellungen in technischen Zeitschriften und in einem von ihm autorisierten Buch bis ins Detail wissen, wie die Produktion organisiert war, denn er war überzeugt, dass der Erfolg ihm für immer recht gab.[20] Eine Marksättigung war nicht absehbar, und das Modell T war mit den Jahren immer zuverlässiger und ausgereifter geworden. Zwar sah man den späteren Jahrgängen die Herkunft noch deutlich an: Das Auto war hoch gebaut (zwei Meter), kistenförmig, die Windschutzscheibe senkrecht, die Frontsitze lagen fast einen Meter über der Straße. 1917 wurde als markante formale Änderung der Übergang von der Motorhaube zur Spritzwand plastischer modelliert (bis dahin war die Motorhaube eher eine Motorverkleidung aus abgekanteten und mit einem Scharnier versehenen Blechflächen gewesen, die dem Koffer einer Nähmaschine glich). Die Kotflügel und Trittbretter waren nun nicht mehr auf einen Tragrahmen befestigte gebogene Blechflächen, sondern dreidimensional verformt und somit selbstversteifend. Eine beträchtliche Umstellung war 1925 die auf Ganzmetall-Karosserien, also ohne hölzerne Unterkonstruktion. Eine Vielzahl weiterer Änderungen wären zu nennen, die das Auto technisch verbesserten

Spraying a Body with the Priming Coat, in One of the Small Priming Rooms

Note ventilating fan in the window, and the atomizer connections. This is a posed picture, the paint spray making photography impossible under ordinary working conditions. The workman wears a mask whenever he is actually painting

Abb. 128: Spritzkabine. Die Bildunterschrift weist auf die ungesunden Arbeitsumstände im Sprühnebel hin. (Arnold/Faurote: *Ford Methods and Ford Shops*, 1919)

Looking South along the "Rubbing Deck"

Note the slide down which bodies come from the color-varnish department on the floor above. Back springs put in the backs of the seats may be seen in the body coming down the incline. Photograph taken while work was in progress, as evidenced by the movement of the men

Abb. 129: Beständige Modifikation des Gebäudes: Deckendurchbruch für das Zusammenführen von Karosserie und Fahrwerk. Die Bildlegende betont in der Bewegungsunschärfe der Arbeiter die permanente Bewegung des Montagebandes. (Arnold/Faurote: *Ford Methods and Ford Shops*, 1919)

und seine Produktion verbilligten, doch es war doch unverkennbar noch das Fahrzeug, das seit 1909 auf den Straßen Amerikas und der Welt fuhr.[21] Das war aus der Sicht von Henry Ford auch genau richtig so. Für ihn war dieses Auto etwas Absolutes. Schaut man sich die zahlreichen Fotografien der verschiedenen Baujahre an, wird man vielleicht empfinden, dass die äußerliche Modernisierung nur scheinbar und vielleicht kurzfristig wirksam, auf lange Sicht jedoch eher kontraproduktiv war. Dieses Auto war zu Beginn am radikalsten und damit am modernsten, was sich an den Fotos heute noch wahrnehmen lässt. – Ein merkwürdiger und faszinierender, doch nur scheinbar paradoxer Effekt: im Ältesten das Frühe, den Anfang und damit die Sensation des Neuen zu erkennen und im Jüngeren den Kampf gegen das Veralten. Es ist dies kein Einzelfall in der Designgeschichte, vielmehr wohl das Gesetz des wahren Rangs einer Sache.

Abb. 130: Triumph des Fordismus: Wochenend-Stau in St. Louis, um 1922. Fast alle Autos auf dem Bild sind Modell T.

Wendemanöver in „Fords cul-de-sac"

Doch hinter dem imponierenden Bild, das der fehlerfrei funktionierende Gesamtorganismus dieser Fabrik vermittelte, gab es ein Problem. Ähnlich einer Akrobatentruppe im Zirkus, die ihre schwindelerregenden Kunststücke vorführt, waren bei Ford alle Einzeltätigkeiten aufeinander bezogen, und dieses Ganze bedeutete auf einen Begriff zusammengezogen und fokussiert: Spezialisierung, oder mit dem englischen Begriff: *single-purpose production,* Einzweckfertigung. Merkwürdig genug, war das fordische raumzeitliche Ballett doch eine Sache von zeitlich begrenzter Gültigkeit; denn es galt einem einzigen Produkt, dem Model T. Der amerikanische Technikhistoriker David A. Hounshell spricht von Fords *cul-de-sac.*

Zwischen 1914 und 1925 bot der Konzern das Auto in allen Karosserievarianten aus produktionstechnischen Gründen nur noch in der Farbe Schwarz an, nachdem man zuvor aus verschiedenen Farben hatte wählen können. Es war dies die extreme Form des Standardisierungs- und Uniformierungsgedankens und der Beweis für Fords strikte Sicht des Autos als eines Werkzeugs zur Fortbewegung. Auf Bedenken seiner Umgebung und von Händlern soll er stets mit dem Satz reagiert haben: „Mir ist egal, was für eine Farbe unsere Autos haben, solange sie nur schwarz ist." Zwar rückte er nach langen Jahren 1926 wieder von dieser rigorosen Einschränkung ab, aber die Klarheit seiner Ansichten, die der Ursprung seines Unternehmens gewesen war, wurde immer mehr zum Problem. Ford überwarf sich mit wichtigen Mitarbeitern, wie etwa 1921 mit William S. Knudsen, der eine zentrale Rolle bei der Umstellung auf die Fließbandfertigung gespielt hatte. Knudsen wurde 1922 von Alfred P. Sloan, dem Vizepräsidenten von General Motors, zur kränkelnden Firma Chevrolet geholt und mit weitreichenden Entscheidungsbefugnissen ausgestattet. Seine Erfahrungen bei Ford flossen sogleich in die Entwicklung des kommenden Chevrolet-Modells ein.

1923 kam dieser neue Chevrolet auf den Markt – dessen Modellbezeichnung „Superior", also „besser" oder „überlegen", unverhohlen auf den Ford T gemünzt war – und wurde sogleich zu einem Verkaufserfolg. Anderthalb Jahrzehnte nach dem Modell T konzipiert, ließ er diesen neben sich als veraltet erscheinen. Der Chevrolet war niedriger, seine Linienführung wirkte

Abb. 131: „Single-purpose machine" als Konsequenz der Großserienfertigung und Uniformierung: Das Werkzeug führt am Motorblock 17 Bohrungen gleichzeitig aus.

konsistenter und war mit den Varianten der Zweifarbenlackierung wesentlich gefälliger. Zwar kostete er einiges mehr als der Ford, aber das Publikum gewann den Eindruck, dass man auch entsprechend mehr bekam. Die Verkaufszahlen des Modells T gingen erstmals zurück: 1924 um zehn Prozent, ein Rückgang, der sich bis 1926 auf 25 Prozent steigerte und danach in den freien Fall überging. Fords Marktanteil an verkauften Neuwagen sank innert fünf Jahren von 55 auf unter 20 Prozent. Dazu trug auch bei, dass im Zuge der beschriebenen Entwicklung ein Gebrauchtwagenmarkt entstanden war, der die Nachfrage nach Neuwagen schmälerte.

Henry Ford hatte sich allzu lange dem Drängen seines Sohnes Edsel und seiner Mitarbeiter widersetzt, ein Nachfolgemodell zu entwickeln. Noch im Dezember 1926 ließ er sich in einem Interview mit diesen Sätzen verlauten: „Das Ford-Auto ist ein erprobtes und bewährtes Produkt, das keinerlei Herumfummeln *[tinkering]* verlangt. Es entspricht sämtlichen Bedürfnissen für die Fortbewegung, und zwar weltweit. [...] Der Ford-Wagen wird weiterhin in dieser Art hergestellt werden. Wir beabsichtigen nicht, an den bevorstehenden Automobilausstellungen ein neues Auto zu präsentieren. Gewisse stilistische

Veränderungen von Zeit zu Zeit sind vor allen Dingen evolutionärer Natur. Unsere farbig lackierten Karosserien scheinen Gefallen gefunden zu haben. Aber wir planen nicht, einen Sechszylinder, einen Achtzylinder oder sonst irgendetwas neben unseren regulären Produkten zu machen. Ja, es trifft zu, dass wir mit solchen Modellen Versuche angestellt haben, wie wir überhaupt vielerlei Versuche anstellen. Dies beschäftigt unsere Ingenieure – und hält sie davon ab, zu viel am Ford-Auto herumzumachen."[22]

Das war zwar ein rhetorisches Rückzugsgefecht und ein Verschleierungsmanöver, denn in Wirklichkeit hatte die Entwicklungsarbeit am Nachfolgemodell bereits begonnen, jedoch viel zu spät. Henry Ford trug die Verantwortung dafür, und die oben stehenden Sätze lassen den Grund erkennen: seinen Starrsinn, Ausdruck einer riskant selektiven Wahrnehmung. In seinem Denken war Ford noch rein *angebotsbasiert,* während sich das reale Wirtschaftsgeschehen bereits stark nach der Nachfrage zu orientieren begonnen hatte.

Wenn man mit den technischen Möglichkeiten von heute mit einer Entwicklungszeit von mindestens vier Jahren für ein neues Modell rechnet, erahnt man, wie ernst die Lage bei Ford geworden sein muss. Am 26. Mai 1927 wurden die Bänder abgeschaltet. Ein Nachfolgemodell war weit und breit noch nicht in Sicht. 60000 Arbeiter wurden im Juni entlassen. In höchster Eile wurde der Nachfolger, das Modell A, fertig entwickelt und Ende Oktober im New Yorker Hotel Waldorf der Öffentlichkeit präsentiert. Es sollte im *River Rouge*-Fabrikkomplex gefertigt werden, den Ford seit 1916 zu einer wiederum

Abb. 133: Das neue Erfolgs-
modell von General Motors:
der kleine Chevrolet, 1926.
Die Zukunft gehört der „flexiblen Massenproduktion".

sehr ausgedehnten Produktionsstätte für Modell T-Komponenten zu errichten begonnen hatte. Doch die Umstellung auf das neue Modell war ein Fiasko
und wurde durch eine merkwürdige Rivalität der beiden Fabriken Highland
Park und River Rouge noch verstärkt. Ziel des Hauptverantwortlichen Produktion, Charles E. Sorensen (gleichsam Henry Fords Rasputin), war „to get
rid of all the Model T sons-of-bitches".[23] Wertvollstes Know-how ging durch
ruppige Entlassungen verdienstvoller Mitarbeiter verloren – Entlassungen,
die in ihrer lapidaren Form brutalen Abrechnungen im Gangstermilieu gli-
chen. Überstürzt waren neue Werkzeuge und Herstellungsmethoden zu entwickeln. 20 000 hoch spezialisierte Werkzeugmaschinen waren für das neue
Modell nicht mehr zu gebrauchen und wurden verschrottet, noch bevor die
neuen Werkzeuge gebaut, zum Teil sogar, bevor diese in ihrer Funktionsweise überhaupt bekannt und ausgearbeitet waren.[24]
Die Produktion des Ford A begann im Dezember 1927 unter schwierigen Umständen; man erreichte in den ersten Monaten nur einen kleinen Bruchteil
der für den Anfang geplanten Stückzahlen, während die Konkurrenz auf
Hochtouren lief. Immerhin: Das Modell A war technisch wesentlich moderner als Modell T – Zündung durch Batterie und Lichtmaschine, Stoßdämpfer,
Ballonreifen –, es sah zeitgemäß aus und wurde nach der langen Anlauf-
zeit ein Erfolg, bereits im Februar 1929 war die erste Million erreicht, weniger als ein halbes Jahr später die zweite Million. Um den Erfolg anzustoßen,
hatte Henry Ford erstmals eine ausgedehnte Werbekampagne lanciert. Auch

hatte er seinen Widerstand gegen Finanzierungshilfen aufgegeben und einen Abzahlungsmodus eingeführt. Bis 1932 sollten es knapp fünf Millionen Autos werden – doch nur die Hälfte von dem, was Henry Ford sich vorgestellt hatte. Seine rechte Hand Sorensen hatte sogar von 50 Millionen Einheiten fantasiert.

Der halbjährige völlige Produktionsstillstand bei Ford – mitten in den betriebsamen *Roaring Twenties* – ist als singulärer und selbst verschuldeter Betriebsunfall und als ein Fall von miserablem Management in die Wirtschaftsgeschichte eingegangen. Ford konnte den Ruin gerade noch abwenden. Die Lektion war schmerzhaft.

Sie bestand in der Einsicht, dass der Weg der maximierten Einzweckproduktion, die beim Modell T bis zur logistischen Perfektion beschritten worden war, keine Zukunft hatte. Die Perfektion brachte eine Erstarrung. Das *tooling-up* des Modells A erwies sich als schwierig, gerade weil man nicht auf die Produktionsverfahren und Werkzeuge des Modells T zurückgreifen konnte, sondern alles von Neuem entwickeln musste.

Der Rivale General Motors hatte der Ford Motor Company mit seiner Strategie der „flexiblen Massenproduktion" das Wasser abgegraben. Deren Kernstück war die Kombination von einer werksseitigen (produktionstechnischen) Modularisierung mit einer publikumsseitigen Flexibilisierung des Angebots. Der General-Motors-Konzern war ein hierarchisches Gefüge von Marken mit aufsteigendem Prestige, beginnend mit der Einstiegsmarke Chevrolet und – via Pontiac, Oldsmobile und Buick – endend mit den Luxusmarken LaSalle und Cadillac. Die anvisierten Käufersegmente fanden die ihnen gemäßen Modelle in diesem systematischen Marken- und Modellfächer, der in technischer Hinsicht auf standardisierten Plattformen (Chassis von Radständen unterschiedlicher Länge) und technisch eng verwandten Motoren und Getrieben beruhte. Erfinder dieser *Markentechnik* war Alfred P. Sloan, GM-Präsident seit 1923, Henry Fords Widerpart. Sloan führte die Orientierung nach unterschiedlichen Kundensegmenten und den alljährlichen Modellwechsel ein. Hier war das pure Gegenteil zu Fords Idee von der Uniformierung des Angebots entsprechend einem als uniform und gleichbleibend hoch angenommenen Bedarf. Für Henry Ford waren Änderungen des Modells T nichts weiter als technische Modifikationen, die er niemals als Verkaufsargumente ins Spiel bringen wollte.[25] GM hingegen sah in Änderungen einen absatzfördernden Faktor und nahm im Publikum einen stattlichen Appetit darauf wahr. Der Siegeszug des Begriffs „Innovation" als angebliches Synonym für „Fortschritt" hat hier seinen Ursprung oder mindestens einen der Ursprünge. Zwischen 1921 und 1926 war das durchschnittliche Pro-Kopf-Einkommen in den USA um über zehn Prozent gewachsen; Kaufwillige gaben gern mehr aus, wenn sie dafür auch mehr bekamen. Das GM-Konzept ließ auch zu, Einstiegsmodelle am unteren Rand der Skala durch Modelle höherer Marken quer zu subventionieren und den Umstieg auf GM zu erleichtern. Auch die Erleichterung der Finanzierung durch die Einführung eigener GM-Kredite und ein kundenfreundliches Abzahlungssystem waren Elemente dieser Konzernstrategie. Das Marketing von GM bemerkte zudem, dass die Kaufentscheidungen stark von den Ehefrauen beeinflusst wurden, worauf sich die Werbung einstellte. Alfred P. Sloan Jr., war ebenso der Kopf hinter all dem, wie Henry Ford die bisherige Entwicklung geprägt hatte.

Ford selber brachte im bereits erwähnten Interview zu Weihnachten 1926 zum Ausdruck, wie sehr sich die Zeiten in kürzester Zeit geändert hatten, aber auch, wie fremd und verständnislos er dieser Entwicklung gegenüberstand. Er sagte: „Ich frage mich manchmal, ob wir Amerikaner nicht den Sinn für das Kaufen verloren haben und vollständig vom Verkäufertum verhext worden sind [im Originalton: I sometimes wonder if we have not lost our buying sense and fallen entirely under the spell of salesmanship]. Vor einer Generation noch war der Amerikaner ein gewitzter Käufer. Er kannte den Wert einer Sache hinsichtlich ihrer Gebrauchstüchtigkeit und ihres Preises in Dollars. Doch heutzutage scheint das amerikanische Publikum nur noch auf die Versprechen der Verkäufer zu hören. Das heißt, man kauft nicht mehr selber; etwas wird einem verkauft, die Dinge werden einem aufgedrängt. Wir haben punktierte Linien, die das beweisen – dies und dies andere: dass man Geld auftreibt, bevor man es selber verdient hat."[26]

Ford verkörperte den puritanischen Geist, der für die jungen Vereinigten Staaten prägend war. Für ihn war das Auto ein Fortbewegungsmittel und letztlich ein Werkzeug. Er hatte einen landesweit enormen Bedarf für ein preiswertes

Automobil erkannt und hielt in seiner eigenen Wahrnehmung den Schlüssel in der Hand, um ihm gerecht zu werden. Doch „gerecht zu werden" bedeutete, ihn nach und nach zu decken. Noch in den 1920er-Jahren wurde eine beginnende Marktsättigung erst spürbar, dann unübersehbar. Plötzlich gab es einen Wettbewerb. Und dabei hatte der größte Konkurrent GM die besseren Karten. Zwar hatte Ford bereits 1922 die Firma Lincoln aufgekauft und hatte seither seine eigene Prestigemarke (und Edsel Ford gründete 1939 auch die „mittlere" Marke Mercury), aber das war nicht seine Herzensangelegenheit. Doch dann, 1932, noch während der Depression, machte Ford sogar Furore mit dem ersten preiswerten Achtzylindermodell für einen breiten Markt, mit dem er GM für einige Zeit überflügelte. Er hatte seine Lektion gelernt.[27] Der Wettbewerb zwischen Ford- und Chevrolet-Modellen hat der amerikanischen Autowelt jahrzehntelang ein Schauspiel geliefert, wobei Ford sich immer wieder kreativer zeigte, Chevrolet aber kommerziell erfolgreicher war.

Aus der früheren Pioniernation USA war im ersten Viertel des 20. Jahrhunderts eine Konsumgesellschaft geworden, und das Modell T von Ford steht für diese Entwicklung wie im Schnelldurchlauf, vom ersten Anstoß bis zu seiner Agonie und Selbstabschaffung.

Anmerkungen

1 Die Preise unterschieden sich je nach Karosserievariante, offen oder geschlossen, zwei- oder vierplätzig und nach Anzahl der Türen.

2 Vgl. im Zusammenhang mit diesem Kapitel die hervorragende und profunde Studie von David A. Hounshell: *From the American System to Mass Production, 1800–1932*, insbesondere Kap. 6: „The Ford Motor Company and the Rise of Mass Production in America", und Kap. 7: „Cul-de-sac: The Limits of Fordism and the Coming of Flexible Mass Production". Baltimore/London 1984, S. 216–301

3 Henry Ford: *Mein Leben und Werk (My Life and Work*, 1921), dt. Ausg. Leipzig 1923, S. 51

4 Das Gebäude an der Piquette Avenue existiert noch als öffentlich zugängliche Sehenswürdigkeit mit Ausstellung zahlreicher Ford T aus dem ganzen Produktionszeitraum.

5 Ford kaufte 1906 ein 60 Hektar großes Gebiet in Highland Park, im Norden von Detroit. Bereits 1916 war es ganz überbaut, und deshalb begann der Konzern 1916 mit dem Bau des *River Rouge*-Komplexes, wo bis 1927 Komponenten des Model T gefertigt wurden. Mit der Produktion des Ford A überflügelte die Bedeutung von River Rouge die von Highland Park. Vgl. Hounshell, S. 225–227

6 Charles E. Sorensen: „My Forty Years with Ford" (1947). Zit. nach Hounshell, S. 217. Übers. C. L.

7 Hounshell (vgl. Anm. 2), S. 218

8 Beispiel: Für hochbeanspruchte Teile, etwa die Ventile des Motors, verwendete Ford Vanadium-Stahl.

9 Der Antrieb der Werkzeugmaschinen erfolgte in Highland Park fast ausschließlich über Wellen an der Decke und Transmissionsriemen. Der effizientere Einzelantrieb durch Elektromotoren an den Maschinen war eine Entwicklung erst der 1930er-Jahre.

10 Ford senkte die Arbeitszeit von den üblichen neun Stunden pro Tag auf acht Stunden, was in Zeiten stärkster Produktion rund um die Uhr drei Arbeitsschichten ermöglichte.

11 1911 kaufte Ford den Werkzeugmaschinenhersteller Keim auf und übernahm auch dessen kompetentesten Ingenieure, so etwa W. E. Flanders, der eine zentrale Rolle bei der Entwicklung der Produktionsmethoden beim Modell T spielte.

12 Wie Anm. 3, S. 48

13 Dass Ford sich bei seinen Methoden auf Taylor bezieht, ist nicht erwiesen. Er kann auch unabhängig davon zu entsprechenden Schlüssen gekommen sein. Vgl. Hounshell, S. 249–253

14 Henry Ford: „Mass Production". In: *Encyclopaedia Britannica* (1926), zit. bei Hounshell, S. 217

15 Wie Anm. 2, S. 229

16 Wie Anm. 3, S. 51

17 Wie Anm. 2, S. 237

18 Vorbilder für mechanische Transportvorrichtungen gab es bei Kornmühlen, Brauereien, Schlachthöfen und Konservenfabriken.

19 Brief einer Ehefrau an Henry Ford, Januar 1914, zit. nach Hounshell, S. 259. Übers. C. L.

20 Der Technikjournalist Fred H. Colvin publizierte in der Zeitschrift *American Machinist* 1913 eine umfangreiche Artikelserie über die Produktionsmethoden von Ford. Das war noch kurz vor der Umstellung auf die *assembly line*. Danach, 1919, erschien das Buch *Ford Methods and Ford Shops*, im Auftrag von Henry Ford verfasst von Horace Lucien Arnold und Fay Leone Faurote. Vgl. auch Hounshell, S. 228–249

21 Die Umstellung auf Ganzmetall-Karosserien war allerdings kein Beitrag zur Kostensenkung, im Gegenteil.

22 H. Ford, *New York Times*, 26.12.1926, zit. nach Hounshell, S. 277

23 Wie Anm. 2, S. 279

24 Zum Beispiel: Die im Vergleich zum Modell T stärker bombierten Karosserieteile erforderten eine neue Technik der Metallverformung.

25 Wie Anm. 2, S. 275

26 H. Ford, ebenda, zit. nach Hounshell, S. 276

27 Und auch das sture Festhalten der „Big Three" General Motors, Ford und Chrysler an hubraumstarken Motoren führte Detroit nach der Jahrtausendwende wegen der Erdölpreissteigerung in eine tiefe Existenzkrise.

X-12   Moderne als Ideologie

„*Auf die ‚Form' geschieht von Seiten des Fordschen Arbeitsprinzips ein Angriff von rücksichtslosester Gewalt.*" *Diesen Satz schrieb 1926 Walter Riezler, der Geschäftsführer des Deutschen Werkbundes, in einer der ersten Ausgaben der Zeitschrift* Die Form, *der kurz zuvor gegründeten Zeitschrift des Deutschen Werkbundes. Er fährt weiter fort: „Der Ford-Wagen ist, verglichen mit sämtlichen anderen Typen von Personen-Kraftwagen von ausgesprochener Hässlichkeit, das heißt Formlosigkeit. Man kann aus dem Vergleich sehr leicht erkennen, wieviel formschaffende Arbeit sonst an einem Kraftwagen heute geleistet wird [...], wenn man die ganz einfachen, heute so gut wie endgültigen Typen in Betracht zieht. Nun ist diese Hässlichkeit nicht etwa das zufällige Ergebnis einer Nichtachtung oder eines mangelhaften Geschmacks, sondern die natürliche Folge des Fordschen Arbeitsprinzips. Man hat oft behauptet, die Schönheit einer technischen Form ergebe sich aus der Exaktheit der Arbeit und der Qualität des Materials von selbst. Dieser Satz ist nur richtig, wenn ein Gegenstand aus einem Stück besteht. Die Form des Kraftwagens aber setzt sich aus vielen Teilen zusammen, und wenn nun, wie es in den Fordwerken geschieht, für die Gestaltung dieser Teile nur der Grundsatz der raschesten Herstellung gilt, und wenn dieser Grundsatz auch bei der Zusammenfügung der Teile maßgebend ist, so müsste es seltsam zugehen, wenn auf diesem Wege eine einheitliche und lebendig wirkende, daher ‚schöne' Form zustande käme.*"**

Diese Betrachtung ist in mehrfacher Hinsicht ein Zeitdokument. Sie betrifft erstens ein Automodell, das zu diesem Zeitpunkt seit 17 Jahren auf dem Markt und eindeutig nicht mehr à jour war. Zweitens zieht Riezler weder ein technisches noch ein ästhetisches Veralten in Betracht, wenn er im Ernst von den „so gut wie endgültigen Typen" anderer Hersteller spricht. Er macht drittens – und das ist hier der wichtigste Punkt – die Produktionsmethode als solche für die „Formlosigkeit" des Autos verantwortlich, während in Wirklichkeit die

Vernachlässigung gestalterischer Kriterien im Entwurfsprozess die Ursache dafür war.

Gestaltung als eine Tätigkeit von eigenem Anspruch kommt merkwürdigerweise nicht nur bei Henry Ford, sondern auch in Riezlers Argument nicht vor, obwohl sie doch das geistige Zentrum des Werkbundes bildet. Denn gerade hier war der Punkt erreicht, an dem sich die Forderung nach einer neuen ästhetisch-kritischen Instanz stellte. Diese Instanz beim Entwurf, der Entwicklung und der Produktion wurde nun der Industrial Designer, der als eigenständiger Beruf kurz vor 1930 in den Vereinigten Staaten auf den Plan trat (→ Kap. 17).

Eigenartig und geradezu naiv anmutend, von einem „produktionistischen" Urvertrauen verdunkelt, ist Riezlers Behauptung, nur wenn ein Objekt aus einem Stück bestehe, ergebe sich seine Schönheit zwingend und von selbst aus der Exaktheit der Arbeit und der Qualität des Materials. Dieses Vertrauen in eine unfehlbar richtig schaltende und waltende industrielle Vernunft war in den 1920er-Jahren ein zentraler Baustein – zumindest auf der Ebene der argumentativen Rhetorik – der ideellen Plattform der Avantgarde. Träfe die Prämisse zu, gäbe es naturgemäß nur schöne Suppenlöffel, Trinkgläser oder Teetassen. Doch damit hätte sich der Werkbund bei „einteiligen" Produkten selbst überflüssig gemacht – im Endeffekt genau so, wie Adolf Loos das zwei Jahrzehnte zuvor bei dessen Gründung gesehen hatte. Die Behauptung, dass die Form eines Artefakts sich aus dessen präzisierten Voraussetzungen zwingend als eine „schöne Form" einstellt, ist Ausdruck eines fast eschatologischen Vertrauens in den Funktionalismus.

Was stimmt: Das Modell T wurde ohne jedes ästhetische Interesse konzipiert. Doch der daraus abgeleitete Vorwurf einer liederlichen Konstruktion aus minderwertigen Materialien ist eine reine Unterstellung. Das Gegenteil trifft zu. Ford verarbeitete eine Vielzahl spezifisch ermittelter Stähle und Legierungen, um bei allen Einzelteilen ein Maximum an Langlebigkeit zu erreichen.** Riezler stellt die großserielle Produktion eines Gegenstandes unter den Verdacht, mit der Größe der Stückzahlen sei zwingend eine Minderung der formalen Qualität und eine „Entseelung" der Gegenstände verbunden. Er schreibt: „Solange der Gesichtspunkt der vereinfachten Herstellung ganz allein maßgebend *ist, kann man von Proportionen und damit von lebendiger, einheitlicher Form überhaupt nicht reden."* „Wir haben gesehen, dass die Überalterung des Modells T genau in der Zeit, als Riezler seine Überlegungen anstellte – 1926 –, die Verkaufszahlen einbrechen ließ. Der Deutsche Werkbund sah darin ein Zeichen der Reife bei Konsumenten. Im Januar 1927 kommentierte er dies in der Zeitschrift – der Autor signiert mit „R.", vermutlich wieder Riezler: „Das Bedürfnis nach qualitätvolleren, vor allem schöneren Wagen ist bedeutend gewachsen. Diese Entwicklung ist von der größten Wichtigkeit. Sie zeigt, dass es mit der Rationalisierung glücklicherweise nicht getan ist, dass die Menschheit nach wie vor Sinn für qualitätvollere Arbeit, für besondere ‚Form' hat, und dass sich dieser Sinn sogar in Amerika, der eigentlichen Heimat der Typisierung und der Vernichtung des Individuums, erhalten hat."****

Auch hier findet sich wieder die kausale Verknüpfung der rationalisierten Produktionsmethode mit dem angeblich unvermeidlichen ästhetischen Manko. Dahinter steht auch unausgesprochen die Hypothese, Schönheit – *und ihr Gegenteil, Hässlichkeit – seien objektiv gegebene Tatbestände. Das ist auch uns nicht fremd, wenn wir uns über ästhetische Fragen ereifern, und vielleicht ist es richtig, dass wir uns darüber ereifern. Denn die scheinbar abgeklärte Position, dass über ästhetische Fragen nur schwer objektiv zu reden ist, entbindet uns davon, uns um ein ästhetisches Urteil nur schon zu bemühen. Über Riezlers Argumentation wundern wir uns heute. Dennoch sollten wir uns an der Tatsache seines analytischen Engagements – nicht an seinen konkreten Überlegungen – orientieren. Schönheit ist nicht ein ontologischer Tatbestand, sondern eine Sache der Wahrnehmung. Und die findet in uns drin statt und nicht außerhalb von uns.*

Es entbehrt nicht der Ironie, wenn 1926 die zunehmende Bedeutung ästhetischer Kriterien in den Vereinigten Staaten von einem führenden Werkbund-Mitglied freudig begrüßt wird. Zwei Jahrzehnte später wird man gerade mit europäischen Augen US-Design sehr pauschal als „Styling" und noch später als strategische „Warenästhetik" und als „geplantes Veralten" geringschätzen – in vielen Fällen berechtigterweise und nachvollziehbar, aber eben nicht immer.

Eine vereinfachte Herstellung und eine überzeugende Form schließen einander nicht aus. Dies wird nicht nur durch unzählige Fälle aus den vergangenen hundert Jahren widerlegt, sondern auch durch damalige Beispiele (Thonet, Jena-Glas, Stahlrohrmöbel). Wenig später als 1926 wird der Werkbund diese kulturpessimistische Sicht überwunden haben und die Moderne enthusiastisch begrüßen. Dann nämlich, wenn das Dessauer Bauhaus eine größere Bekanntheit erlangt haben und in Stuttgart die Weißenhof-Ausstellung eröffnet sein wird und wenn immer mehr Zeitschriften sich der „Neuen Sachlichkeit" annehmen werden. Doch die hier angesprochene Problematik verflüchtigte sich dabei nicht, vielmehr berührte sie immer wieder die Diskurse, die in den letzten Kapiteln des vorliegenden Bandes behandelt werden – und auch der meisten Themen von Band 2.

*   Walter Riezler: „Ford", Die Form, 1925/1926,
    S. 203
**   R. Buckminster Fuller: Designing A New Industry
    (Wichita/Kansas 1946), VII, S. 26
***   W. Riezler: Notiz in Die Form, 1927, S. 28

13 Die Transzendierung des Handwerks
Das Staatliche Bauhaus in Weimar 1919–1924

Im Scherz ließe sich sagen, dass das Bauhaus in dieser Darstellung nicht vorkommen müsse, da es sich dabei bekanntlich um eine Schule handelt und nicht um eine Möbel- oder Lampenfabrik (woran vielleicht zu Beginn doch zu erinnern ist). Und Schulen gehören – so denkt man vielleicht – nicht zum Kerninventar der vorliegenden Darstellung. Ein Irrtum, denn Schulen, als Orte der Reflexion, sind Orte, an denen Ideen erstmals entwickelt und überprüft werden. So gesehen verschafft die Bedeutung des Bauhauses ihm eine Sonderstellung, denn es war eine hoch produktive Institution. Das berühmteste unter einer Reihe vergleichbarer Institute in Deutschland wie etwa die weniger bekannte Burg Giebichenstein in Halle oder die Städelschule in Frankfurt am Main.[1] Ruhm tendiert dazu, das Interesse für das Berühmte auf die Berühmtheit zu beschränken. Das Bauhaus wird dementsprechend oft nur vage und in pauschaler Verkürzung wahrgenommen. Das Problem beginnt damit, dass „vom Bauhaus" im Singular nicht gesprochen werden kann. Es war kein rundum abgeschlossenes Gebilde, und es gab in den lediglich 14 Jahren seiner Existenz im Grunde mehrere Bauhäuser.

Gründe für die Bedeutung der Schule gibt es mehrere: Da war der historische Moment ihrer Entstehung, ihre soziokulturelle Zielsetzung, der didaktische Ansatz, die Bedeutung des Lehrkörpers, der spätere Erfolg vieler ihrer Absolventinnen und Absolventen – womit auch ein Hinweis auf deren Begabungen gegeben ist –, die Außenwirkung dank des propagandistischen Geschicks des Gründers und Leiters Walter Gropius und nicht zuletzt die Evidenz, mit der sich im Bauhaus die Zeitentwicklung spiegelt. Befruchtet hat das Bauhaus die geistige Nähe zur Industrie, was sich in einer langen Reihe von Produkten zeigt, die längst zu Klassikern geworden sind, und dies auch dann, wenn es sich bei ihnen – zumindest in den ersten Jahren – meist um kunstgewerbliche Einzelstücke handelte. Das Publikum hat immer etwas anderes und mehr darin gesehen als Einzelstücke. Denn das Bauhaus hat das Kunstgewerbe zuerst transzendiert und später überwunden. Hierin liegt der Unterschied zu anderen Werkkunst- und Kunstgewerbeschulen in Deutschland (wie etwa der erwähnten Burg Giebichenstein) und in anderen europäischen Ländern.

Trotz der kurzen Existenz der Schule wird ihre Darstellung – infolge der Dichte der Ereignisse und der Veränderungen ihrer Ausrichtungen – auf zwei Kapitel aufgeteilt: hier zum Staatlichen Bauhaus Weimar (1919–1924), im nächsten Kapitel zum Bauhaus Dessau mit dem erstmalig verwendeten Untertitel „Schule für Gestaltung" (1925–1932). Das letzte halbe Jahr am dritten Standort in Berlin-Steglitz kommt nicht zur Sprache, da es sich dabei in erster Linie um eine private Architekturschule unter der Leitung von Ludwig Mies van der Rohe handelte, die 1933 unter nationalsozialistischem Druck ihre Tätigkeit einstellte, noch bevor sie ihren Betrieb richtig aufgenommen hatte.

Das Staatliche Bauhaus in Weimar entstand nicht als Neugründung, sondern aus der Verschmelzung von zwei getrennten Schulen: der Großherzoglichen Kunsthochschule und der Großherzoglichen Kunstgewerbeschule. Beide waren 1901 auf Anregung von Henry van de Velde gegründet und von ihm geleitet worden. Er war auch der Architekt der beiden einander benachbarten Schulgebäude aus dem ersten Jahrzehnt des 20. Jahrhunderts. Dass Belgien und Deutschland 1914 Kriegsgegner wurden, erzwang 1915 van de Veldes Demission. Er regte den um zwanzig Jahre jüngeren Walter Gropius (wie auch die Werkbundkollegen Hermann Obrist und August Endell) an, sich um seine Nachfolge zu bewerben. Der ehrgeizige Gropius, ein aktives Mitglied des DWB aus guter Berliner Architektenfamilie, bewarb sich im Januar 1916 mit einem ausführlichen, „im Felde" geschriebenen Exposé und erhielt schließlich nach einem langwierigen Verfahren 1918 die Stelle zugesprochen. Im Exposé formulierte er die Absicht, dass die Schule intensiv den Kontakt zur Industrie suchen müsse, um Gebrauchsgegenstände durch die Mitarbeit von Studierenden in formaler Hinsicht zu verbessern. Wie eng dieser Zusammenhang sein sollte, macht diese Passage klar: „Der teilnehmende Schüler muss den Nachweis führen, ein Handwerk erlernt oder eine bestimmte Zeit in einem praktischen Betriebe als Zeichner gearbeitet zu haben. Er bringt seinen Arbeitsstoff aus der Werkstatt selbst in die Schule mit, und zwar in

Form bestimmter Aufträge seines Meisters, die augenblicklich in dem Betriebe aktuell sind, seien es Entwurfsaufträge für neue oder für verbesserungsbedürftige Erzeugnisse. Der Schüler arbeitet nun im Entwurfsatelier der Anstalt [des Bauhauses] die Form bis ins Detail unter Anleitung der Lehrer zeichnerisch durch und kehrt für die Ausführung zur Werkstatt seines Meisters nach Bedarf zurück."[2] An diesem Ansatz fällt auf, dass nach Gropius' damaliger Vorstellung der osmotische Druck von der Wirtschaft in die Schule hinüber wirken sollte (und noch nicht umgekehrt, wie es dann später, vor allem in Dessau, der Fall war). Er sah in der künftigen Schule ganz im Sinn des Deutschen Werkbundes eine Art Besserungsanstalt für reale und in der verarbeitenden Wirtschaft gefertigte Produkte. Das ist noch immer der Zentralgedanke des DWB (die „künstlerische Veredelung" von Gebrauchsgegenständen), hier allerdings ausgeweitet auf eine Ausbildungsstätte, an der folglich eine frühe Form von Projektunterricht gepflegt werden sollte. Der Gedanke wird auch an der HfG in Ulm wieder eine Rolle spielen (→ Kap. 21). Als Begründung dafür und als Hinweis, unter welcher ideellen Leitvorstellung der Unterricht stehen sollte, wiederholte Gropius in seiner Bewerbung wörtlich dieselbe Formulierung, die er im Jahrbuch 1914 des DWB verwendet hatte: „Das technisch überall gleich vorzügliche Ding muss mit geistiger Idee, mit Form durchtränkt werden, damit ihm die Bevorzugung unter der Menge gleich gearteter Erzeugnisse gesichert bleibt. [...] Statt der äußerlichen Formulierung ist ein inneres Erfassen des [...] neuen Problems vonnöten: Geist an Stelle der Formel, ein künstlerisches Durchdenken der Grundform von vornherein, kein nachträgliches Schmücken. [...] Exakt geprägte Form, jeder Zufälligkeit bar, klare Kontraste, Ordnen der Glieder, Reihung gleicher Teile und Einheit von Form und Farbe werden das ästhetische Rüstzeug des modernen Baukünstlers werden."[3] Gropius sprach 1914 explizit vom „Baukünstler", doch seine Aussage lässt sich auf jeden anderen Bereich der gestalterischen Tätigkeit übertragen. Das Prinzip ist das der Befruchtung: „Denn der Künstler besitzt die Fähigkeit, dem toten Produkt der Maschine Seele einzuhauchen; seine Schöpferkraft lebt darin fort als Ferment."[4]

Eine Schule als Besserungsanstalt

Bis zur Anstellung von Gropius und bis zur Gründung des Bauhauses vergingen noch drei harte Kriegsjahre. Der wichtigste Punkt von Gropius' Plan war die Verschmelzung der beiden bis dahin getrennten Institute Kunsthochschule und Kunstgewerbeschule zu einer einzigen Institution: einer Einheitskunstschule. Die Umbenennung in „Staatliches Bauhaus in Weimar" wurde von der provisorischen republikanischen Regierung am 12. April 1919 bewilligt. Dem neuen Namen entsprach ein neues inhaltliches Programm. Mit der Zusammenlegung wurde zum ersten Mal das geltende hierarchische Gefälle zwischen der freien und der angewandten Kunst überwunden. Dieser bedeutende Vorgang war vermutlich nur in einer Zeit des politischen Umbruchs und Neubeginns, hier nach dem Ende des Ersten Weltkrieges, möglich. Zudem erhielt der Standort Weimar – bisher das Herz der deutschen Klassik – nun auch durch die postfeudale Verfassung der Weimarer Republik eine progressive politische Bedeutung.

Das Land Thüringen und seine Schuljugend allein waren zu klein für ein solches Projekt. Es gelang Gropius mit dem „Bauhaus-Manifest", sich an ein aufgeschlossenes internationales Publikum zu wenden und die europäische Jugend dazu aufzurufen, nach Weimar zu kommen. Die wichtigsten und oft zitierten Sätze daraus lauten wie folgt: „Das Endziel aller bildnerischen Tätigkeit ist der Bau: ihn zu schmücken, war einst die vornehmste Aufgabe der bildenden Künste, sie waren unablösliche Bestandteile der großen Baukunst. Heute stehen sie in selbstgenügsamer Eigenheit, aus der sie erst wieder erlöst werden können durch bewusstes Mit- und Ineinanderwirken aller Berufsleute untereinander. Architekten, Maler und Bildhauer müssen die vielgliedrige Gestalt des Baues in seiner Gesamtheit und in seinen Teilen wieder kennen- und begreifen lernen, dann werden sich von selbst ihre Werke wieder mit architektonischem Geist füllen, den sie in der Salonkunst verloren. Die alten Kunstschulen vermochten diese Einheit nicht zu erzeugen, wie sollten sie auch, da Kunst nicht lehrbar ist. Sie müssen wieder in der Werkstatt aufgehen. Diese nur zeichnende und malende Welt der Musterzeichner und Kunstgewerbler muss endlich wieder eine bauende werden. [...] Architekten, Maler und Bildhauer, wir alle müssen zum Handwerk zurück! Denn es gibt keine

‚Kunst von Beruf'. Es gibt keinen Wesensunterschied zwischen dem Künstler und dem Handwerker. Der Künstler ist eine Steigerung des Handwerkers. Gnade des Himmels lässt in seltenen Lichtmomenten, die jenseits seines Wollens stehen, unbewusst Kunst aus dem Werk seiner Hand erblühen, die Grundlage des Werkmäßigen aber ist unerlässlich für jeden Künstler."[5] Einige Sätze daraus stimmen wörtlich mit dem Programm des „Arbeitsrats für Kunst" in Berlin überein, der Kunst und Allgemeinheit zusammenbringen wollte und dem auch Gropius angehörte. In der Sache übernimmt Gropius die Ziele der englischen *Arts and Crafts* (→ **Kap. 4**), doch mit zeitgeschichtlich bedingt erhöhter Dringlichkeit. Der auffallend hymnische Ton seines Aufrufs bildet die geistige Situation vieler Deutscher nach dem Ende des verlorenen Krieges ab, wie sie sich im Ausruf „Nie wieder Krieg!" widerspiegelte. Dies ist die Zeit des Expressionismus, ein Zeitabschnitt hoher Emotionalität und Emphase. Mit dem Namen „Bauhaus" fand Gropius einen ungemein faszinierenden und einprägsamen Namen für die Schule und deren Ziel, die soziale und künstlerische Utopie eines friedlichen Zusammenlebens zu verwirklichen. Der Name ist eine vielsagende Anspielung auf die mittelalterliche (Dom-)Bauhütte und ihren Gemeinschaftsgeist im Kontrast zum individualistischen Geniekult in der darauffolgenden Renaissance, der in England schon von Ruskin und Morris bekämpft worden war. Angelehnt an den Kollektivgeist der Bauhütte und in Abgrenzung zu den Akademien nannten sich am Bauhaus Weimar die Lehrer nicht Professoren, sondern Meister, und die Studenten waren zunächst „Lehrlinge" und auf der höheren Stufe „Gesellen". Da die ursprüngliche Einheit von künstlerischem Entwurf und manueller Ausführung seit der Renaissance in den Meisterwerkstätten zerschlagen worden war, unterschied das Bauhaus in den Werkstätten zwischen „Formmeistern" und „Werkstattmeistern" und sah dafür zwei Personen vor, bis sich nach der bald zu erwartenden „Gesundung" – wie Gropius dies nannte – diese Verdoppelung erübrigen würde.

Einige dokumentierte zwei- und dreidimensionale Arbeiten aus der ersten Zeit tragen Titel wie „Tempel", „Sternenbrücke", „Totem", „Trommler", „Tor-Turm", „thüringisches Dorf", und der als erster Meister berufene Lyonel Feininger schuf eine hölzerne Spielzeugeisenbahn, die alles andere als

zeitgemäß war, sondern wie ein Zug des Jahres 1850 aussah. War diese ikonografische Traditionsverhaftung vielleicht darin begründet, dass man der modernen Technik noch kurz zuvor in Gestalt der Tanks, Unterseeboote und feindlichen Luftangriffe begegnet war? Das ist denkbar – und mehr noch: Im Grunde war das Bauhaus anfänglich ein sozialromantisches Projekt und Teil der Jugendbewegung.[6]

Die Werkstätten des Weimarer Bauhauses entsprachen fast ausnahmslos den traditionellen Handwerken und Techniken: Holzbildhauerei, Steinbildhauerei, Weberei, Töpferei, Buchmalerei, Wandmalerei, Glasmalerei, Tischlerei, Metallwerkstatt, Buchbinderei, Druckerei, Bühnenwerkstatt.[7] Die Architektur fehlt in diesem Kreis, obwohl sie der Schule den Namen gab und implizit das geistige Zentrum bildete: als „Bau- und Versuchsplatz", wie Gropius schreibt und ihr in seinem konzentrischen Unterrichtsschema den Platz im Zentrum zuweist. Die wenigen Studierenden, die einen direkteren Bezug zur Architektur wünschten, wurden – vermutlich ohne Entlöhnung – im Architekturbüro von Gropius und seinem Partner Adolf Meyer in Weimar beschäftigt. Einzig die letztgenannte Werkstätte, die Bauhaus-Bühne, vermittelt schon im Namen einen fortschrittlichen Impuls; sie wurde anfänglich von Lothar Schreyer geleitet, seit 1923 von Oskar Schlemmer. Doch der Eindruck einer überraschend konservativen Ausrichtung des Bauhauses täuscht, denn die Erneuerung lag generell viel eher im Wie als im Was.

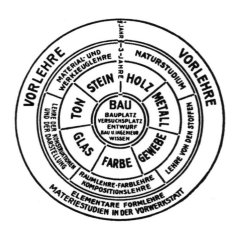

Abb. 135: Walter Gropius: Schema des Unterrichtsaufbaus, 1920. Der „Bau" als ideeller Fokus, noch ohne ein konkretes Ausbildungsangebots: einen Architektur-Lehrgang wird erst das Bauhaus Dessau ab 1927 anbieten.

Das Bauhaus orientierte sich an den Grundsätzen der Reformpädagogik, die auch anderswo in Deutschland vermittelt wurden (an der Odenwaldschule und durch die Kerschensteiner-Pädagogik). Die „Vorlehre" war dabei von zentraler Bedeutung. Sie war als solche nicht eine Erfindung des Bauhauses. Hingegen zeichnet das Bauhaus die Nachdrücklichkeit aus, mit der es die Grundlagen einer ganzheitlichen kreativen Tätigkeit entwickelte und sie dabei vom Schutt des üblichen Volksschul-Zeichenunterrichts befreien wollte. Die Vorlehre am Bauhaus, von 1919 bis 1922 vom Reformpädagogen Johannes Itten aufgebaut und geleitet, war eine Grundschulung in Fragen von Farbe, Form, Material und sinnlicher Wirkung, die jede künstlerische Äußerung als Einheit von lebendigem Körpergefühl, erkennendem Geist und empfindender Seele begriff. Dabei wirkte ein starker Bezug auf Heinrich Pestalozzi und Friedrich Fröbel mit. (Dessen Methode der formalen Vereinfachung und Elementarisierung war um 1870 auch für den jungen Frank Lloyd Wright in Wisconsin prägend gewesen.) Die Vorlehre wollte so die Deformationen des üblichen Volksschul-Zeichenunterrichts gleichsam überschreiben. Itten schrieb dazu: „Jeder Lernende ist belastet mit einer großen Summe Angelerntem, das er erst abstoßen muss, um zum Erlebnis und einer eigenen Erkenntnis zu kommen. [...] Wer zum Beispiel in Holz oder Stein arbeiten will, muss das Material, besser die Materie, aus der er das Werk schaffen will, mit allen Sinnen begriffen haben. [...] Er muss die verschiedenen Materien zusammenstellen, komponieren, um ihr Verhältnis durch enge Beziehung zueinander sichtbar zu machen."[8] Dies war nicht mehr nur der technische Drill der Handfertigkeit wie an den Akademien, sondern etwas Umfassenderes und Grundsätzlicheres. Es ging Itten darum, im Unterricht synästhetische Erfahrungen freizusetzen. Itten baute Atemübungen in den Unterricht ein und Übungen, die das Tast-, das Körper- und Rhythmusgefühl stärken sollten. Es ging in seiner Lehre um den „ganzen Menschen", um Ganzheitlichkeit, als dies noch kein Modewort war. Itten sprach vom „subjektiven Erleben und objektiven Erkennen".[9] Der Hauptimpuls des frühen Bauhauses war humanistischer Natur. Die spezifische Ausbildung von Ittens Reformpädagogik setzte diesen Impuls eindrücklich in die bildnerische Tätigkeit um.

Im Frühling 1919 begann die Arbeit des Bauhauses in sehr bescheidenem Rahmen und für vorerst wenige Lehrlinge mit der Vorlehre, bald danach setzte der Unterricht in den Werkstätten ein. 1920 begann Georg Muche mit dem Unterricht in der Holzbildhauerei, im Winter 1920/21 kamen Paul Klee und Oskar Schlemmer ans Bauhaus, 1922 Wassily Kandinsky (letztere drei auch im Vorkurs). Die „bildnerische Formlehre" ist ein Dokument für Klees denkerische und analytische Einzigartigkeit und Originalität.[10] Kandinsky, 13 Jahre älter als Klee, war als Mitglied der Künstlergruppe „Der Blaue Reiter" und als Autor des 1909 erschienenen Buches *Über das Geistige in der Kunst* nach Weimar gerufen worden. Der Ruhm des Bauhauses begann mit seinen bedeutenden Lehrern.

Erste Kurskorrektur

Das Bauhaus erfand sich auch in den ersten Jahren fortwährend neu. Die ersten drei Jahre zeigen sich im Rückblick als die „gotische" Phase: gefühlvoll, metaphysisch, esoterisch – um nicht zu sagen mystisch –, dies war, wie erwähnt, der expressionistische Zeitabschnitt. Er endete 1922 mit dem erzwungenen Weggang von Itten und einer markanten von Gropius angestrebten Neuorientierung des Instituts. Als Ittens Nachfolger berief Gropius den ungarischen Künstler Laszlo Moholy-Nagy, der mit russischen Avantgardisten bekannt war. Gropius gab die neue Losung aus: „Kunst und Technik eine

neue Einheit!" Moholy-Nagy war die passende Besetzung, um das neue Motto
ins Werk zu setzen – fasziniert von der Welt der Technik, der Maschinen und
Apparate und von der Aufgabe, sie künstlerisch zu erforschen und zu verfei-
nern. Neben dem Vorkurs übernahm er auch die Leitung der Metallwerkstatt.
Der bis dahin individualistische, betont handwerkliche und humanistische
Grundton des Bauhauses wurde durch ein Vertrauen in die Welt der Technik
und der Ökonomie der Mittel ersetzt, was bald den Charakter der Arbeiten
inhaltlich und formal veränderte. Mit Moholy kam die Technophilie an die
Schule. (Er trug später in den Dessauer Jahren oft den Overall des Flugzeug-
mechanikers.) Er hatte die Metallwerkstatt neu auszurichten im Hinblick auf
eine industrielle Formgebung. Sie war Ende 1922 hinsichtlich ihres Selbstver-
ständnisses die konservativste Werkstatt. Moholy resümierte im Rückblick
die Neuorientierung mit folgenden Sätzen: „Bis dahin war die Metallwerkstatt eine Gold- und Silberschmiedewerkstatt gewesen, die Weinkrüge und
Samowars, kunstvolle Schmuckstücke, Kaffeegeschirre usw. herstellte. Es
kam einer Revolution gleich, die Arbeitsweise dieser Werkstatt ändern zu
wollen. […] Ich erinnere mich an die erste Wandlampe von Carl Jucker, die
mit ihren verschiedenen Einrichtungen zum Ausziehen und Zurückschie-
ben, mit ihren schweren Stangen und Stäben aus Eisen und Messing einem

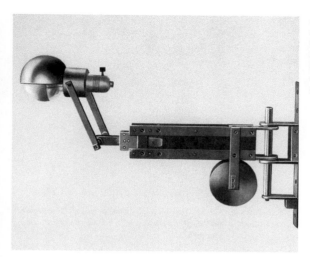

Dinosaurier ähnlicher war als einem Gebrauchsgegenstand. Und doch war sie ein großer Sieg, der einen neuen Anfang brachte.“[11] Damit war der Weg für ein idealtypisch industrielles Entwerfen gebahnt. Der Einfluss Moholy-Nagys war in dieser Phase ebenso zentral wie zuvor der Ittens, mit dem Unterschied, dass Moholy in die Richtung ging, die nun auch Gropius wollte.

Die Suche nach der „exakt geprägten Form“, wie Gropius sie bereits 1914 und ein zweites Mal 1916 als Ziel genannt hatte, äußerte sich nun ab 1922 in formal weiter vereinfachten, nach Möglichkeit auf geometrische Grundformen zurückgeführten Gegenständen: Möbel und Metallgerät, Kannen und Krüge, Tassen, Kerzenhalter und siebenarmige Leuchter mit jüdischkultischer Zweckbestimmung, Spiele und auch textile Gewebe als Repräsentationen von Würfel, Zylinder, Kugel, Kegel, Quadrat, gleichseitigem Dreieck und Kreis. Wenn einmal aus funktionellen Gründen eine „Zwischenform“, etwa bei einem Stuhl eine Schräge als Rückenlehne, notwendig wurde, suchte man sie auf die orthogonale Geometrie zurückzuführen, so etwa durch parallel-versetzt gespannte Stoffgurte. Damals, 1922/1923, wurde der so prägnante „Bauhaus-Stil“ gefunden, der sich in der Elementargeometrie zahlreicher Gegenstände äußerte: an Stühlen, Lampen, Schränkchen, Tischen, Teekannen, Tassen, Wandteppichen mit geometrischen Mustern,

Abb. 138: Otto Lindig: Mokkakanne, um 1923. Suche nach klaren, stereometrisch artikulierten Teilformen im Hinblick auf eine prägnante Gesamtform.

Abb. 139: Theodor Bogler: Mokkakanne mit Filteraufsatz, 1922/1923. Modularer Aufbau, Einzelformen aus Porzellan gegossen.

Abb. 140: Peter Keler: Kinderwiege, 1924. Betonung der Elementargeometrie entsprechend Kandinskys Zuordnungen zur Farbgebung: Rot für das Rechteck, Gelb für das Dreieck, Blau für den Kreis. Der beschwerende „Kiel" ist ein schwarz gestrichener Zylinder aus Massivholz.

und nicht zuletzt in Moholys und Herbert Bayers „Bauhaus-Typografie" mit der Absicht einer spannungsvollen Flächenaufteilung und dramatisierenden Balkenelementen.

Elementargeometrie

Stellvertretend für zahllose Gegenstände sollen hier Gropius' eigener Türklinken-Entwurf und Josef Hartwigs Bauhaus-Schach kommentiert werden. Die Türklinke setzt den Griff parallel zum Türblatt als schlanken Zylinder auf den rechtwinkligen Dorn und findet so eine extrem reduzierte Form für das Objekt. Das Schachspiel, von höherem Komplexitätsgrad, fußt auf der Grundform des Würfels, aus dem die verschiedenen Figuren so abgeleitet sind, dass sie ihre jeweilige Bewegungsform veranschaulichen: Bauer, Turm, Springer, Läufer, Dame und König. Die „exakt geprägte Form", die Gropius 1914 vor Augen hatte, ist hier sinnfällig erreicht. Bei Möbelstücken verwenden die Entwerfer häufig die Grundfarben rot, blau, gelb, womit sie auf Kandinskys Theorie rekurrieren. Bei Kandinsky galt die Regel: Quadrat = rot, Dreieck = Gelb, Kreis = blau. Zugleich dokumentieren die Grundfarben auch den Einfluss von *De Stijl* aus den Niederlanden, den Theo van Doesburg – anfänglich gegen Gropius' starken Widerstand – ins Bauhaus getragen hatte. Van Doesburg unterrichtete aus eigener Initiative und nicht am Bauhaus selber, sondern auswärts in der Stadt, und seine Vorträge zogen ein ständig wachsendes Bauhaus-Publikum an.[12] Es gab unübersehbare Parallelen: *De Stijl* gründete, ähnlich dem Bauhaus, im neuplatonischen, idealistischen Denken. Es gab auch Unterschiede, etwa den, dass Kreis und Kugel am Bauhaus häufig gewählte Formen waren, während sie bei den Holländern nicht vorkamen; doch sind sie gegenüber den inneren Entsprechungen von untergeordnetem Rang. Bei Peter Kelers Kinderwiege (1924) sind die geschweiften Kufen (die üblichen Kreisabschnitte) zu ganzen Ringen erweitert; dies erforderte unten einen schwarz lackierten Zylinder zur Stabilisierung. Auch hier kommen die Grundfarben Blau, Gelb und Rot und die „Nichtfarbe" Schwarz vor: Der Einfluss von *De Stijl* auch auf den Meisterschüler der Tischlerei, Marcel Breuer, war offensichtlich, wie an seinen Stühlen, einem Toilettentisch und anderem abgelesen werden kann: Aufgebaut aus rechtwinklig gefügten Stäben,

Abb. 141: Josef Hartwig:
Bauhaus-Schach, 1923.
Auf dem Grundelement
des Würfels aufgebaut.

Abb. 142: Walter Gropius:
Bauhaus-Türdrücker, 1923.
Elementargeometrie als
gestalterisches Programm.

bildeten sie stets ein dominantes, vielgliedriges Raumgerüst, das nicht nach dem Grundsatz des geringsten Aufwandes gebildet war.

Handelt es sich bei diesem *furor geometricus* um einen deduktiven Stil? Ja, wenn die Entwerfer von der Grundform ausgegangen sind. Nein, wenn sie beim Entwerfen auf die Grundform gestoßen sind. Wurde der Gegenstand von der Grundform deduziert oder induzierte die Suche nach dem Gegenstand die Grundform? War der Bauhaus-Stil Absicht oder Resultat? Man möchte wohl Letzteres hoffen, aber oft war es wohl andersherum.

Im September 1923, gut vier Jahre nach dem Beginn, präsentierte sich das Bauhaus in der ersten großen Ausstellung. Das Vorhaben bündelte die Kräfte stark, wirkte konsolidierend, setzte beträchtliche Energien frei und schuf eine Bühne für die internationale Öffentlichkeit. Ein aufmerksamer Besucher aus der Schweiz, der schon erwähnte Ingenieur und Kunsthistoriker Sigfried Giedion, gab in einem seiner ersten Texte überhaupt den Lesern der Zeitschrift *das Werk* einen kraftvollen Bericht von den Eindrücken, die er in Weimar empfangen hatte. „Es ist gut", schrieb er, „dass einmal an dieser Stelle Menschen versuchen, sich vom Gehalt der Maschine anregen zu lassen. […] Stehlampen aus Eisen und Glasröhren, ohne jeden schummrigen Seidenrock, erinnern an physikalisches Gerät, Sitzgelegenheiten gleichen Webstühlen, Möbel erinnern an Druckerpressen, Teekannen an Wasserstandsgläser. Erst die Zukunft kann zeigen, wie weit diese radikale Auskehrung unserer romantischen Residuen sich schöpferisch fruchtbar erweist, vorläufig handelt es sich um Versuche, und wir wären sogar dankbar, wenn sie bloß die Funktion zu erfüllen hätten, uns von unnötigem Ballast zu befreien."[13]
In diesen zugleich wohlwollenden wie kritischen Zeilen wird deutlich, dass manches am Bauhaus etwas forciert wirkte. Der junge Giedion ist vom Gesehenen fasziniert, aber auch irritiert. Er wird wenig später in der Schweiz und auf der internationalen Bühne an der Ausarbeitung einer eher vermittelnden Art von Modernität teilhaben.[14]

Abb. 144: Josef Albers:
Tisch, um 1923. Systematik
aus der Drehsymmetrie.

Der Studierende Josef Albers schuf in Weimar einige Gegenstände, die auf zugleich einfache und komplexe Weise seine Denk- und Gestaltungsmethode erkennen lassen. Sein rechteckiger Tisch weist windmühlenförmig (drehsymmetrisch) angeordnete Beine auf, wodurch sich eine logische Möglichkeit ergibt, daran an zwei einander gegenüberliegenden Seiten horizontale Bretter unten als Fußrasten und an den anderen beiden Seiten oben als Ablageflächen zu befestigen. Der Tisch bekommt dadurch eine Art von Allseitigkeit auch hinsichtlich der Begriffe „oben" und „unten". Ein weiteres Beispiel ist Albers' Teetasse von 1925, die über die formale Elementargeometrie hinausweist und implizit vorführt, wie luzid am Bauhaus gearbeitet wurde, sodass der bisweilen etwas strapazierte Begriff der künstlerischen Forschung hier gerechtfertigt scheint. Ein zylindrisches Glas mit abgeschrägtem Rand wird von einer Metallklammer umfasst, an der zwei kreisrunde Griffe aus Ebenholz befestigt sind, einer horizontal, der andere vertikal. Die Metallklammer ist kein Ring, denn sie ist offen. Sie muss folglich eine Federspannung aufweisen, die sie kraftschlüssig, durch Reibung, mit dem Glas verbindet. Bemerkenswert ist der Statuswechsel von Glas und Klammer in genau dem Moment, wo das Glas aufgehoben wird: Steht das Objekt auf der Unterlage, trägt das Glas die Klammer. Sobald man es an den Griffen aufnimmt, kehrt sich das Verhältnis um: Die Klammer trägt jetzt das Glas. Darin offenbart sich ein wichtiger Gedanke am Bauhaus: das Bestreben, die Verhältnisse zu dynamisieren, möglichst jeden Teil zu einem aktiven Element zu machen und ein statischhierarchisches Verhältnis zwischen Elementen aller Art nach Möglichkeit zu

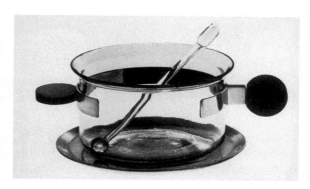

vermeiden. Josef Albers ist jener Exponent des Bauhauses, der schon als Student, dann als Jungmeister in Dessau als Leiter des Vorkurses vielleicht am systematischsten in dieser Richtung arbeitete, auch später in seiner langen Zeit als Lehrer am Black Mountain College in North Carolina (ab 1933) und in seinem Buch *Interaction of Color* (1963). Seine erwähnten Weimarer Arbeiten Teetasse, Obstschale und Tisch sind Entwürfe des Gesellen Josef Albers. Vier Jahre später, in Dessau, wird er als Jungmeister seine eigene Entwurfserfahrung als ein generelles Entwurfsinteresse des Bauhauses verallgemeinern und schreiben: „Die Aktivierung der Negative (der Rest-, Zwischen- und Minuswerte) [...] Gleiche Berücksichtigung und Bewertung der Positiva und Negativa lässt nichts übrig. Wir unterscheiden wesentlich nicht mehr tragend und getragen, wir lassen nicht mehr Scheidung zu in dienend und bedient, schmückend und geschmückt. Jedes Element oder Bauglied muss gleichzeitig helfend und geholfen wirksam sein, stützend und gestützt. So schwinden Sockel und Rahmen und damit das Denkmal, das auf einem Übermaß von Unterbau ein Untermaß von Getragenem trägt."[15] Für die analytische Klarheit dieser Reflexion waren noch einige Jahre fortgesetzter Arbeit am Bauhaus erforderlich. Aber gerade Albers' Weimarer Arbeiten enthielten in sich den Kern dieser künstlerischen und gestalterischen Maxime: an einem Gegenstand sämtliche Elemente zu Akteuren in einem dialektischen Gefüge zu machen und eine echte Synthese zu erreichen. Es ist wohl möglich, dass auch der hegelianische Gedanke der sukzessiven Vervollkommnung darin enthalten ist. Das ist der Stand der Erkenntnisse am Bauhaus, ein Stand, der nach einem weiten Weg erreicht worden ist. Die Schule wird an diesem Punkt weiterfahren, aber das wird nicht mehr in Weimar sein, sondern in Dessau.

Die ersten fünf Jahre des Bauhauses waren eine sehr aufgewühlte Zeit in Deutschland. Der von vielen Deutschen als schmachvoll empfundene Versailler Friedensvertrag mit den Reparationsverpflichtungen, der Revanchismus der nationalen Rechten, die politischen Morde an Rosa Luxemburg und Karl Liebknecht 1919 und Walther Rathenau 1922, der Hitler-Putsch 1923 und nicht zuletzt eine Inflation grotesken und vernichtenden Ausmaßes belasteten die ersten fünf Jahre der Weimarer Republik, die zugleich die Jahre des Weimarer Bauhauses waren. Erst 1925 machte sich eine politische Konsolidierung bemerkbar, die aber nicht von Dauer sein würde. Das Bauhaus war in Weimar entstanden, dem früheren Zentrum der deutschen Klassik und nach 1918 dem Gründungsort eines fortschrittlichen Deutschlands, doch zugleich in einer Gegend mit einer sehr konservativen, ja nationalistischen und revanchistisch-reaktionären Bevölkerung. Das Bauhaus stand unter einem permanenten Rechtfertigungszwang vonseiten des Kleingewerbes, das um seine Zukunft fürchtete und dem Pionierhaften des Bauhauses nichts abgewinnen konnte. Weimar und Thüringen, der Wirkungsort Goethes und Schillers, war bereits auch ein Brutherd des Nationalsozialismus. 1924 errang die Völkische Partei zahlreiche Sitze im Thüringer Landesparlament, das nun dem verhassten Bauhaus Ende 1924 die finanziellen Mittel entzog und dessen Schicksal in Weimar besiegelte. Das Staatliche Bauhaus musste nach nur fünf Jahren schließen. Sein Ende wurde international bedauert.

Anmerkungen

1   Ein Grund für die bis heute schwach rezipierte Exis-
    tenz der Schule Burg Giebichenstein dürfte im weit-
    gehenden Fehlen von deren publizistischer Aktivität
    im betreffenden Zeitraum liegen, ein weiterer Grund
    ist wohl in ihrer stärker handwerklich geprägten
    Ausbildung zu sehen.

2   Walter Gropius: „Vorschlag zur Gründung einer
    Lehranstalt als künstlerische Stelle von Industrie,
    Gewerbe und Handwerk" (1916). In: Karl Heinz
    Hüter: *Das Bauhaus in Weimar*. Berlin/DDR 1976,
    S. 201 ff.

3   W. Gropius: „Die Entwicklung moderner Industrie-
    baukunst". In: *Jahrbuch des Deutschen Werkbun-
    des 1914*, S. 17–32, hier S. 19

4   Wie Anm. 2, S. 202; auch bei Hans Maria Wingler:
    *Das Bauhaus. Weimar – Dessau – Berlin 1919–
    1933 und die Nachfolge in Chicago seit 1937*. Köln
    1968, S. 29 f.

5   Vgl. W. Gropius: „Manifest und Programm des
    Staatlichen Bauhauses Weimar", Frühling 1919

6   Vgl. die Autobiografie des Autors René Halkett mit
    dem Titel *Der liebe Unhold*. Halkett war auch kurze
    Zeit am Bauhaus in Weimar.

7   Die Keramikwerkstatt des Weimarer Bauhauses
    befand sich extern im Marstall-Gebäude in Dornburg
    (Saale).

8   Johannes Itten: „Vorkurs, Weimar" (verfasst 1922),
    in Herbert Bayer / Walter Gropius / Ise Gropius
    (Hrsg.): *Bauhaus 1919–1928*. New York 1938/
    Stuttgart/Teufen 1955, S. 30

9   Rainer Wick: *Bauhaus-Pädagogik*. Köln 1988,
    S. 122

10 Publiziert in gekürzter Form in den Bauhausbüchern
    als *Pädagogisches Skizzenbuch*, erst viel später
    unter dem Titel *Beiträge zur bildnerischen Formlehre*
    im Faksimile publiziert (Basel/Stuttgart 1979).

11 Laszlo Moholy-Nagy: „Bauhaus Metallwerkstatt.
    Vom Weinkrug zur Leuchte". In: Wie Anm. 8,
    S. 134 f.

12 Fairerweise ist zu bemerken, dass Gropius van
    Doesburg wenig später (1925) die Möglichkeit er-
    öffnete, seine Gedanken im Bauhaus-Buch *Grund-
    begriffe der neuen bildenden Kunst* zu veröffent-
    lichen.

13 Vgl. Sigfried Giedion: „Bauhaus und Bauhauswoche
    zu Weimar". In: *Das Werk*, Sept. 1923, S. 232–234

14 So etwa von 1931 bis 1935 als Mitgründer des Ein-
    richtungsgeschäfts *Wohnbedarf AG* in Zürich. Siehe
    dazu das Kap. 16.

15 Josef Albers: „Werklicher Formunterricht". In:
    bauhaus 2/3 (1928), S. 4, zit. nach R. Wick (vgl.
    Anm. 8), S. 185

X-13   Handwerk und/oder Design

Was bedeutet dieser Satz im Bauhaus-Manifest: „Wir alle müssen zum Handwerk zurück."? Die Nachwelt sah ein halbes Jahrhundert später in dieser Aufforderung von Walter Gropius bereits den Beweis, dass das Weimarer Bauhaus seit Anbeginn der Vergangenheit verhaftet gewesen sei: statt eines Aufbruchs in eine neue Welt ein „Zurück" – doch wohin? Ist der Begriff „Handwerk" ein Synonym für Traditionsverhaftung? Oft wird es so verstanden, aber das ist in diesem Fall unrichtig.

Nikolaus Pevsner unterschied noch in den 1960er-Jahren klar zwischen Handwerk und Design, als er schrieb: „Man kennt Kleiderentwerfer, Flugzeugentwerfer und ebenso auch Bühnenentwerfer. Sobald aber der Designer das, was er erfunden und gezeichnet hat, auch selbst herstellt, hört er auf, ein Designer zu sein. Doch er bleibt es, auch wenn nur ein einziges Exemplar nach seiner Idee und seinem Entwurf hergestellt wird."* Das Unterscheidungskriterium dabei ist die betriebswirtschaftliche Organisationsform. Doch nach dieser Definition wäre etwa Yves Saint-Laurent kein Designer, sondern ein Handwerker gewesen, da er keine prêt-à-porter-*Mode entwarf, sondern* haute couture. *Und ein Battista „Pinin" Farina wäre je nachdem, ob er seine Autoentwürfe im eigenen Haus als Spezialkarosserie baute oder ein Serienmodell für Peugeot oder Austin entwarf, ein Handwerker oder ein Designer. Ergibt das noch einen Sinn? Pevsners Unterscheidung ist in wirtschaftsgeschichtlicher Hinsicht begründet, aber sie hat im Lauf der Zeit an Plausibilität eingebüßt und hat sie vor dem aktuellen Hintergrund des* rapid prototyping *und des 3-D-Druckens – bei dem sich ohne Handarbeit, also mit industriellen Mitteln, Einzelstücke herstellen lassen – sogar gänzlich eingebüßt.*

Gropius sah im Handwerk etwas anderes als eine betriebswirtschaftliche Organisationsform, wie Karl-Heinz Hüter in seinem unübertroffenen Buch zum Weimarer Bauhaus nachweist. Er sah in der schwierigen Zeit nach dem Kriegsende für die Mitglieder des Bauhauses im Handwerk vielmehr den Weg, die eigene „Mitte" wieder aufzufinden, die nicht erst im Krieg, sondern bereits lange vorher durch eine falsche Pädagogik verloren gegangen war. Anders als die künstlerische Begabung ließ sich das Handwerk lehren und erlernen. Es handelt sich bei den beiden um getrennte Sachverhalte, die einander aber gegenseitig bedingen: Künstlerische Gaben brauchen das Handwerkskönnen – und umgekehrt.

Dabei schwang zudem die Vorstellung von etwas Geistigem mit: von einer Werkgesinnung, die sich vom schnellen Profit in der Industrie abgrenzt und etwas „Totales" will. Die industrielle Arbeitsteilung, die für so viel Schund verantwortlich war, sollte zugunsten einer wiedergefundenen „Einheitsarbeit" überwunden werden. Im Verlauf der Industrialisierung war der organische Zusammenhang von Entwurf und Herstellung einzelner Stücke verloren gegangen; die Erstellung von Plänen und die Ausführung waren in örtlicher, zeitlicher und personeller Hinsicht voneinander getrennt worden; das Organisatorische hatte das Organische ersetzt.

Das Ziel des Bauhauses – die Rückgewinnung der organischen Einheit – hätte demnach den reaktionären Kreisen in Thüringen entsprechen sollen, doch das taten sie nicht. Mag Gropius auch beabsichtigt haben, durch die ausdrückliche Erwähnung des Handwerks die Völkisch-Nationalkonservativen zu beruhigen, verfehlte er doch dieses Ziel. Denn diese nahmen wahr, dass der Handwerksgedanke des Bauhauses in eine andere Richtung ging und nicht den willfährigen Handwerksgesellen meinte, sondern mündige Glieder der Gesellschaft. Und die Formensprache der so entstandenen Gegenstände machte ihnen ohnehin klar, dass sie aus einem ganz anderen gestalterischen Verständnis dessen kamen, was „Handwerk" sei.

Die Designgeschichte auch der Moderne kennt zahlreiche Beispiele von fortschrittlichen Gestalterinnen und Gestaltern, die aus dem Handwerk hervorgegangen waren: Eileen Gray, Jean Prouvé, Le Corbusier, Charlotte Perriand, Coco Chanel, Bruno Mathsson, Ettore Sottsass, Sori Yanagi sind einige bedeutende Namen. Vom Bauhaus her kamen weitere, etwa Wilhelm Wagenfeld, Marcel Breuer, Naum Slutzky, Marianne Brandt, Anni Albers, Josef Albers, Max Bill. Und im Kapitel 12 war zu lesen, dass Henry Ford in der Werkzeugmacherei, der Domäne des Handwerks, das Herzstück seines Unternehmens sah. Jedes Serienprodukt durchlief das Stadium des Prototyps, bevor die

Serienproduktion begann, was bedeutet: bevor die Produktionsanlagen für die Massenfertigung eingerichtet waren. Zwar trifft zu, dass der Weg vom Prototyp zum Serienprodukt überaus lang sein kann, dennoch: Handwerk und Industrie sind nicht die scharfen Gegensätze, als die sie häufig apostrophiert werden. Die genannten Protagonisten waren in der Regel im selben Maß fortschrittlich, wie sie über das Handwerk hinausgingen, aber dieses Hinausgehen war – in wörtlicher Übersetzung – ein „Transzendieren", worin die Bedeutung enthalten ist, dass das Handwerk zwar verwandelt wurde, doch in dieser verwandelten Form auch irgendwie erhalten blieb.

Heute unterscheiden wir nach Fertigkeiten und Wissen (skills bzw. knowledge). Es ist dies die sinnvolle Unterscheidung zwischen einem grundsätzlich statischen Anwendungswissen und einem dynamisch heranwachsenden Verständnis; doch sie trennt nicht das Handwerk auf der einen und das Design auf der anderen Seite. In der Ford Motor Company waren vor 100 Jahren die beiden Anteile für die damaligen Verhältnisse exemplarisch amalgamiert. Das erschien neu für Menschen aus dem 19. Jahrhundert, war aber eigentlich nur zwischenzeitlich verloren gegangen. Für die griechische Antike umfasste der Begriff der techné sowohl das handwerkliche Können wie auch die technische Findigkeit, meinte also ein Problemlösungsverhalten, das wir heute als wesentlichen Teil von Design begreifen. Auch die techné ist zweiendig, will sagen: Sie enthält die Dimension des Erlernt-Habens und die Befähigung zur Erfindung von Neuem.

Die geistige Durchdringung eines Problems macht aus dem Handwerk Design. Die Kenntnis des Materials und seiner Verarbeitung erweitert sich um die Fähigkeit zur kreativen Handlung. Das Handwerk ist der Boden, aber Handwerk bedeutet nicht nur das Gewusst-wie, sondern kann sich auch in die Richtung des Gemerkt-wie-anders öffnen. Im deutschen Wort Handwerk scheint der konservierende Anteil die Möglichkeiten der Exploration zu verschatten. Ist sie nicht im französischen métier besser erkennbar? Der Unterschied ist der zwischen dem erlernten Können (das hinter einem liegt) und der Fähigkeit zur Idee (die nach vorne weist). Um eine Verbesserung – ob grundsätzlicher Art oder auf der Detailebene – zu erfinden, muss die Gestalterin, der Gestalter das Metier nicht nur kennen, sondern es analytisch betrachten. Im Begriff Metier sind die handwerklichen Befähigungen schön angesprochen, die in der Mehrzahl konventionell angewandt werden, aber auch die Möglichkeit zur innovativen, vielleicht bahnbrechenden Überraschungstat bieten.

*   Nikolaus Pevsner: „Design und Industrie im Laufe
      der Geschichte". In: Ders.: Architektur und Design.
      München 1971, S. 220

14 Eine Schule als Laboratorium
Das Bauhaus Dessau (Schule für Gestaltung), 1925–1932

„Um ein Künstler zu werden, muss man ein Künstler sein; und um es zu werden, wenn man es schon ist, dazu kommt man an das Bauhaus; und aus diesem ‚Künstler' wieder einen Menschen zu machen: das ist die Aufgabe des Bauhauses."[1] Die Textilgestalterin Otti Berger schrieb dies 1928 in der Zeitschrift *Bauhaus*. Ihre Aussage schließt an Walter Gropius' Gründungsgedanken von 1919 an, dass Begabung nicht lehrbar sei, dass aber eine Schule die besten Voraussetzungen zur Entfaltung einer Begabung bieten soll. Sie drückt dies mit neuen Worten und kecker aus. Ein Grund für ihren Mut zur scheinbaren Paradoxie ist wohl auch der, dass das Bauhaus nicht mehr nur ein interessantes Projekt, sondern eine inspirierende Tatsache geworden war.

Nach einem erstaunlich kurzen Unterbruch des Unterrichtsbetriebs ließ sich das erneuerte Bauhaus an seinem zweiten Standort, der mittelgroßen Industriestadt Dessau etwa 100 Kilometer südlich von Berlin, nieder. Die sozialdemokratische Stadtregierung hatte Gropius ein vorteilhaftes Angebot gemacht. Zudem war Dessau der Standort der Junkers-Werke mit deren Fertigung von Kochherden, Gasbadeöfen („Junkers-Thermen") und vor allem aufregenden Flugzeugen, die ein Synonym für fortschrittlichen Ingenieurgeist und hoch entwickelte Technologie waren. Um diesem renommierten Werk seine Reverenz zu erweisen (und wohl mit Blick auf geistige Unterstützung von Hugo Junkers), publizierte Gropius zum Einstand am neuen Ort in der Zeitschrift *Form* sein programmatisches Statement „Wo berühren sich die Schaffensgebiete des Technikers und Künstlers?", das er mit Abbildungen von Flugzeugen von Junkers illustrierte. Die markanteste Aussage darin lautete: „Jedes Ding ist bestimmt durch sein Wesen. Um es so zu gestalten, dass es richtig funktioniert, muss sein Wesen erforscht werden; denn es soll seinem Zweck vollendet dienen, d.h. seine Funktionen praktisch erfüllen, dauerhaft, billig und wohlgestaltet sein. Um diese Forderungen zu erfüllen, muss mit geringsten Mitteln größte Wirkung erreicht werden."[2] In dieser Formulierung drückt sich der innerste Kern des von Gropius geschaffenen Bauhauses aus. Sie ist verwandt mit Gropius' früherer Forderung im Kreis des Werkbunds, „exakt geprägte Formen" zu finden, die „jeder Zufälligkeit bar" sind.[3] Verwandt, aber nicht identisch. Denn jene Formulierung war gegenständlich gemeint, die neue hingegen ist auf die Welt der Ideen ausgerichtet. Das „Wesen", die Essenz von etwas, ist etwas Unsichtbares und Immaterielles – ein geistiges Bild. Im platonisch inspirierten Denken wichtiger Exponenten der Moderne, von dem Gropius wie die Mitglieder von *De Stijl*, Mies van der Rohe und andere geprägt waren, gilt es nun also, zunächst dieses „Wesen" von etwas zu erkennen und es dann in eine sicht-, greif- und benutzbare Materie umzusetzen. Paul Klee machte in diesem Zusammenhang die unübertrefflich prägnante Aussage: „Kunst gibt nicht das Sichtbare wieder, sondern macht sichtbar."[4] Gropius fährt weiter fort: „Die Revolution des künstlerischen Geistes brachte uns die elementare Erkenntnis, die technische Umwälzung das Werkzeug für die neue Gestaltung." In der Verbindung und Durchdringung der künstlerischen Welt mit der „Werkwelt" sollte jedoch eine Hierarchie gelten: „Der Künstler wird kraft seines totaleren Geistes die Initiative [gegenüber dem Techniker] bewahren müssen, die er in dieser geistigen Auseinandersetzung ergriffen hatte."[5] 1919 hatte Gropius den Künstler als „eine Steigerung des Handwerkers" bezeichnet, jetzt sah er ihn als eine Steigerung des Technikers.[6]

Unter dieser aktualisierten Maxime erfolgte der Neubeginn des Bauhauses zunächst behelfsmäßig in verschiedenen Gebäuden in Dessau, aber nach erstaunlich kurzer Zeit – bereits im Dezember 1926! – konnte das von Gropius entworfene überaus ikonische Gebäude eröffnet werden, ein wie immer von ihm medial ungemein geschickt orchestriertes Ereignis.

Neukonfiguration im Neubau

Nach dem Wegzug aus Weimar wurden mehrere Werkstätten nicht weitergeführt: Holzbildhauerei, Steinbildhauerei, Töpferei, Glasmalerei, Buchbinderei und Druckerei entfielen, dafür wurden neu die Plastische Werkstatt, die

Werkstatt für Typografie und Reklame und 1927 die Werkstatt für Baulehre eingerichtet. Zudem wurde – allerdings erst 1929 unter Hannes Meyer – die Werkstatt für Fotografie eröffnet, ein Fach, das seit zwei Jahren bereits an der Burg Giebichenstein durch Hans Finsler unterrichtet wurde. Dem Medium Fotografie war mit der 1925 auf den Markt gekommenen Leica-Kleinbildkamera eine revolutionäre Apparatur in die Hand gegeben, die das Fotografieren erleichterte, experimenteller machte und dadurch den noch immer vorherrschenden Piktorialismus überwinden half. Obwohl Moholy einen starken Bezug zur Fotografie hatte, nicht zuletzt dank seiner Frau Lucia, wurde das neue Medium erst nach dem Weggang der Moholys – 1928 – ein Teil der Ausbildung.

Unübersehbar ist beim Neustart die starke Veränderung des Lehrhorizonts: Die Weimarer Überbleibsel der Handwerkergilden entfielen; auch wurde der Titel „Meister", nun durch den üblichen „Professor" ersetzt. Das quasimittelalterliche Repertoire wurde definitiv abgelegt und ein resoluter Ausfallschritt in Richtung der industriellen Welt getan. Nicht ganz zu dieser Bewegung zu passen scheint dabei allerdings der Verzicht auf die Fortsetzung der Bauhaus-Töpferei, die in Weimar mit dem Porzellanguss-Verfahren bei der Fertigung von Kannen, Krügen und Tassen die einzige Werkstatt mit weitgehend serieller Produktion gewesen war. Einige Studierende mit abgeschlossener Ausbildung in Weimar leiteten in Dessau nun Werkstätten als „Jungmeister": Marcel Breuer die Tischlerei, Herbert Bayer Typografie/Reklame, Joost Schmidt die Fächer Formenlehre/Typografie im Vorkurs, Gunta Stölzl die Weberei.[7] Im Moment dieses hoffnungsvollen Neubeginns schrieb Gropius: „Die Bauhauswerkstätten sind im Wesentlichen Laboratorien, in denen vervielfältigungsreife, für die heutige Zeit typische Geräte sorgfältig im Modell entwickelt und dauernd verbessert werden. Das Bauhaus will in diesen Laboratorien einen neuen, bisher nicht vorhandenen Typ von Mitarbeitern für Handwerk und Industrie heranbilden, der Technik und Form gleichermaßen beherrscht. […] Das Handwerk der Vergangenheit hat sich verändert, das zukünftige Handwerk wird in einer neuen Werkeinheit aufgehen, in der es Träger der Versuchsarbeit für die industrielle Produktion sein wird. […] Die in den Bauhauswerkstätten endgültig durchgearbeiteten Modelle werden in fremden Betrieben vervielfältigt, mit denen die Werkstätten in Arbeitsverbindung stehen."[8]

Das sind klar- und hellsichtige Worte für den noch namenlosen Beruf des Industriedesigners. Damit war die Schule endlich an dem Punkt angelangt, wohin Gropius sie bereits 1916 gewünscht hatte. Mit einem wichtigen Unterschied: 1916 sollte die Schule für Gropius der Ort sein, der auf Fehler in der Industrie reagiert, zehn Jahre später ist sie der Ort der entwerferischen Aktion selber. Auch wenn der Begriff „Design" in seiner Beschreibung nicht vorkommt, ist er doch gemeint. Das esoterische Bauhaus der frühen Weimarer Zeit liegt weit zurück, der industrielle Geist der Neuen Sachlichkeit hat das neue Bauhaus voll ergriffen. Waren in Weimar die Aspirantinnen vom Meisterrat quasi reflexartig in die Weberei eingeliefert worden, fanden sich in Dessau Frauen auch in der Metallwerkstatt (Marianne Brandt), in der Tischlerei (Alma Buscher, Lotte Gerson), in der Fotografie (Ruth Hollos-Collein).[9] Die Weberei ihrerseits mit ihren herausragenden Begabungen Otti Berger, Anni Albers und Gunta Stölzl brachte bald nicht mehr nur handwerkliche Einzelstücke hervor, sondern entwickelte innovative Gewebe für die Industrie, etwa für Polstermöbel und Kinovorhänge.

Ästhetische Erfindungen

Der Dessauer Neubeginn war eindrücklich. Einige der aktivsten Schüler aus Weimar, Marcel Breuer, Herbert Bayer, Josef Albers und Marianne Brandt, waren schon lange Favoriten von Gropius gewesen und standen nun als Jungmeister ihren Werkstätten vor. Gropius beauftragte Breuer mit der Entwicklung der Bestuhlung für die Aula. Mit dem Fahrrad in Dessau unterwegs, soll Breuer eines Tages beim Anblick seines geschwungenen Lenkers der Einfall gekommen sein, nahtlos gezogene Stahlrohre von erforderlicher Länge zu biegen statt wie bis anhin mühsam Hölzer miteinander zu verdübeln. Das Prinzip der planvollen Verformung eines Halbfabrikats ersetzte die handwerkliche Addition herkömmlicher Einzelteile, die für Breuer noch in Weimar wegleitend gewesen war. So kam es in der Dessauer Aula zum Stahlrohrmodell mit der Bezeichnung B-1 (B steht für Breuer): zu Reihen verbundene Klappsitze aus vernickeltem Stahlrohrgestell und einer Bespannung

aus Eisengarn für Sitz und Lehne. Dies war der Anfang einer in den kommenden Jahren fast endemischen Mode von Stahlrohrmöbeln in Europa und Amerika (und sogar bis in einen Maharadscha-Palast in Indien), eine platz- und gewichtssparende Konstruktionsart, die sich bald auch auf Autositze erstreckte.[10]

Als epochal kann Breuers Fauteuil B-3 von 1925 gelten, der als angeblich „erster Stahlrohrsessel" heute unter der Modellbezeichnung „Wassily" bekannt ist. Ein orthogonales Gerüst von schlanken gebogenen Stahlrohren ist mit Stoffflächen bespannt, die sinnreich aneinander vorbeigeführt sind und mit ihren einander durchdringenden Ebenen Sitzfläche, Rücken- und Armlehnen bilden. Die Fotografie des Stücks in der Illustriertenpresse war im Dezember 1926 der effektvolle Paukenschlag zur Eröffnung des Bauhaus-Gebäudes. Vom Prototyp existieren nur noch zwei Fotografien, die belegen, dass er sich zwar in wichtigen Punkten vom etwas späteren Serienmodell unterscheidet, aber doch schon die geballte Faszinationskraft des Entwurfs vermittelt. Der Prototyp wies Füße auf (noch keine Kufen), alle Verbindungsstellen waren verschweißt (noch nicht seitlich verschraubt) und die Sitzfläche war noch längs von vorne nach hinten gespannt (statt quer). Bereits in dieser noch unvollkommenen Form, und umso mehr im Endresultat, muss die Wirkung stark gewesen sein, auch auf den Urheber Breuer selber. Er berichtete kurz

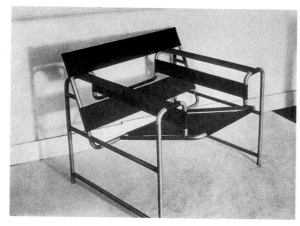

DAS NEUE BAUHAUS IN DESSAU

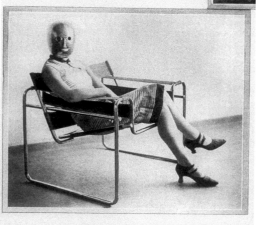

Aus den Werkstätten: Ruhesessel aus vernickeltem Stahlrohr mit Stoffgurt. Entwurf Marcel Breuer. Die Dame hat zum Scherz eine Maske aufgesetzt:

danach davon: „Als ich vor zwei Jahren meinen ersten Stahlclubsessel fertig sah, dachte ich, dass dieses Stück unter meinen sämtlichen Arbeiten mir am meisten Kritik einbringen würde. Es ist in seiner äußeren Erscheinung sowie im Materialausdruck am extremsten; es ist am wenigsten künstlerisch, am meisten logisch, am wenigsten ‚wohnlich', am meisten maschinenmäßig. Das Gegenteil des Erwarteten traf ein. Das Interesse modernistischer und nichtmodernistischer Kreise zeigte mir deutlich die Umstellung der Zeitgesinnung, die Umstellung vom Launischen zum Gesetzmäßigen. Wir haben nicht mehr das Bedürfnis, auf Kosten der Wirklichkeit phantastische, doch bald überlebte Schnörkel des Geschmacks oder des Stils (auch des ‚modernen') zu schaffen oder zu verehren. Wir wissen, dass die Wirklichkeit selber unerschöpflich phantastisch ist."[11]

Inspiration und Kontrolle

Erst jetzt wurde das Bauhaus wirklich als Ursprungsort von seriellen Gebrauchsgegenständen wahrgenommen. Breuers Sitzmöbel waren die ersten (hergestellt von den Firmen Standard-Möbel und Thonet, das Modell B-3 bis 1932), bald folgten Leuchten von Marianne Brandt und Hin Bredendieck, unter anderem die „Kandem"-Leuchten, entwickelt für die Firma Körting & Mathiesen.[12] Auch der „hinterbeinlose" Stuhl, auch „Kragstuhl" genannt, wird als Erfindung dem Bauhaus gutgeschrieben. Er ist aber wohl ein Beispiel für eine Erfindung, für die die Zeit reif war. Wir wissen von einer Taxifahrt von Ferdinand Kramer und Mart Stam, die 1926 gemeinsam in Stuttgart das Gelände für die Weißenhof-Siedlung besichtigten. Sie fuhren in einem zweitürigen Modell der tschechoslowakischen Marke Tatra – dem Modell T12 –, dessen Vordersitze mit umklappbarer Rückenlehne „hinterbeinlos" konstruiert waren, um den Einstieg nach hinten zu erleichtern.[13]
Auch Einzelstücke verströmten nun den Bauhaus-Geist, der als einzigartige Verbindung von Inspiration und Kontrolle bezeichnet werden kann. Man versuche nur mal, die Komposition und Machart der gewebten „Flügeldecke" von Anni Albers aufzuschlüsseln und wird, vielleicht gerade deswegen, weil man mit der Analyse ihrer formalen Logik scheitern wird, ihrer Raffinesse erliegen. In Dessau entwarf Alma Buscher eine Kinderzimmereinrichtung

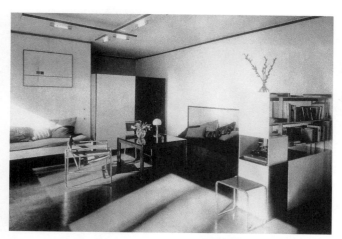

Abb. 148: Wohnzimmer im Meisterhaus der Moholys. Programmatisches Neues Wohnen als Bekräftigung eines modernen Weltbildes: wenige Dinge, aber ein jedes von ihnen erwählt und bewusst gesetzt. Foto Lucia Moholy 1927.

Abb. 149: Marianne Brandt, Hans Przyrembel: Pendelzugleuchte, 1926.

Abb. 150: Alma Siedhoff-Buscher: Kinderzimmerein-richtung aus modularen Elementen. Entworfen zwar bereits in Weimar 1924, doch der zugrunde liegende Gedanke von Variabilität und Multifunktionalität kam erst in Dessau voll zur Entfaltung.

Abb. 151: Lotte Gerson: Kinderschaukel, 1928.

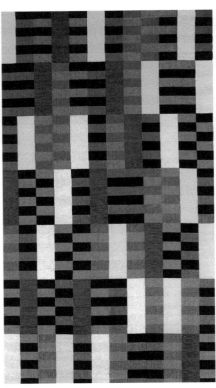

Abb. 152: Anni Albers-Fleischmann: Flügeldecke (Dreifachgewebe), 1927: Regeln und Intuition wirken zusammen.

mit hölzernen Boxen als Sitzgelegenheiten, als Tischchen und zum Aufbewahren von Spielsachen; eine Schranktür konnte auch zum Bühnenrahmen für ein Kasperletheater werden. Hier manifestierte sich, fast 50 Jahre, bevor es zum Thema werden sollte, ein frühes modulares und multifunktionales Denken, das im einzigartigen Bauhaus-Reizklima für neue Ideen entstanden war. Alma Buscher (später Siedhoff-Buscher) war eine Schülerin, die auch bereits in Weimar durch ihre Arbeiten aufgefallen war. Ihre Arbeiten waren die Einrichtung des Kinderzimmers im Haus am Horn und das Bauspiel „Segelschiff".

Walter Gropius entschied sich nach einem aufreibenden Jahrzehnt 1928 zum Rücktritt als Direktor, um sich in Berlin fortan als – nunmehr berühmt gewordener – Architekt zu betätigen. Er schlug als seinen Nachfolger den aus Basel stammenden Architekten Hannes Meyer vor, der – zusammen mit seinem jüngeren Büropartner Hans Wittwer – 1926/1927 mit faszinierenden Wettbewerbsentwürfen für die Petersschule in Basel und das Völkerbundgebäude in Genf Aufsehen erregt hatte (→Kap.16.) Beide waren sie von Gropius 1927 nach Dessau geholt worden, um (endlich) einen Architekturlehrgang, die „Baulehre", aufzubauen. Im Gefühl, ein konsolidiertes Institut zu hinterlassen, ging Gropius nach Berlin, und mit ihm verließen auch Moholy-Nagy, Bayer und Breuer den Lehrkörper.

Volksbedarf statt Luxusbedarf

In den gut zwei Jahren unter Hannes Meyer (1. April 1928 bis 1. August 1930) schlug das Bauhaus eine wesentlich andere Richtung ein. Meyer veränderte den Kurs weg vom Künstlerischen hin zu den Sozialwissenschaften. Die Zeitschrift *Bauhaus* unter der neuen Leitung von Ernst (Ernö) Kállai dokumentiert den Wandel sinnfällig. Philosophisch gesprochen, war dies die Abwendung vom Idealismus und die Hinwendung zum „Realismus" (nicht unbedingt zum Historischen Materialismus). Hannes Meyers Merksatz lautete: „Volksbedarf statt Luxusbedarf!", was bedeuten sollte: Nützlichkeit ist wichtiger als Schönheit und Ästhetisierung, das Richtige wichtiger als das Aufregende. Die erfolgreichen Produkte wurden als „Bauhaus-Typen" unter Modellbezeichnungen mit Nummern und den Zusätzen „ti" (Tischlerei) und

„me" (Metallwerkstatt) vertrieben: Lampen durch die Firma Kandem oder Schwintzer & Gräff, Sessel durch Standard-Möbel – Breuers eigenes Unternehmen – sowie Thonet und die Tapeten durch die Firma Gebrüder Rasch. Gropius hatte die Strategie verfolgt, die breiten Schichten des Mittelstandes über den Umweg des als Vorbild wirkenden kulturell aufgeschlossenen Bürgertums zu gewinnen, dem die Allgemeinheit nacheifern würde. Meyer hingegen wandte sich direkt an die bedürftige Arbeiterklasse, die in schlecht zugeschnittenen, schlecht gebauten und schlecht ausgestatteten Wohnungen hauste. Gropius' Strategie erwies sich im Effekt als die erfolgreichere, mit dem paradoxen Ergebnis, dass der Idealist Gropius die realistischere Einschätzung hatte als der Materialist Meyer, der die kulturelle Aufgeschlossenheit der Arbeiterschicht idealisierte.

In der Ära Meyer wurde, wie erwähnt, die Werkstatt für Fotografie eingerichtet; ebenfalls erst unter Meyer wurden 1929 die feinstrukturierten Bauhaus-Tapeten entwickelt, die, von der Firma Gebrüder Rasch produziert, sofort erfolgreich wurden und dem Bauhaus dringend benötigte Einkünfte brachten. Tapeten, mit denen man bestehende Räume in bestehenden Wohnungen oder Häusern erneuern und freundlicher gestalten konnte, entsprachen dem Thema „Volksbedarf" in geradezu idealtypischer Weise. Statt auf exorbitante Architekturmanifeste setzte das Bauhaus nun auf den sanften Nachdruck von Reformen des Lebensmilieus. Der Designcharakter der Gegenstände im Meyer'schen Bauhaus veränderte sich; an die Stelle der früheren bisweilen forcierten Originalität trat die stillere, weniger spektakuläre, dafür dienlichere Form einer intelligenten Gebrauchskultur. Es war wichtiger, dass ein Sitzmöbel platzsparend zusammengeklappt und weggestellt werden konnte, als dass es als ein transparentes Gerüst mit verspannten Flächen wie eine materialisierte Geometrie im Raum steht: Dazu war nicht unbedingt glänzendes Metallrohr erforderlich, sondern das Möbel konnte sehr wohl (wieder) aus hölzernen und gelenkig verbundenen Elementen gefügt sein. Wo Stahlrohr sinnvoll war, konnte man es weiterhin verwenden. Ein Esstisch sollte ausziehbar, ein Bett leicht konstruiert und tagsüber an die Wand zu klappen sein. Diese Modelle waren vernünftig, gut durchdacht, preiswert herzustellen, aber nicht mehr so faszinierend.[14] Das war ganz in Meyers Sinn. Sie sollten nicht als ästhetische Objekte bewundert werden, sondern im alltäglichen Gebrauchszusammenhang den geeigneten Hintergrund für die menschliche Aktion bilden.

Die wenig mehr als zwei Jahre unter Hannes Meyer wurden rezeptionsgeschichtlich lange unterbewertet und als eine Zeit des Niedergangs und der institutionellen Desorganisation dargestellt. Gropius, der auf Jahrzehnte (besonders im Westen) die Rezeption des Bauhauses bestimmte, warf Meyer noch lange nach dessen Tod (1954) vor, ihn 1928 vorsätzlich über seine Absichten getäuscht zu haben. Er machte sich zum Vorwurf, die „Maske" Meyers nicht als solche durchschaut und gesehen zu haben, was sie verbarg: das Gesicht eines marxistischen „radikalen Kleinbürgers".[15] Es dauerte Jahrzehnte, bis die Krassheit dieser Äußerung erkannt wurde. Sie verdeckt allerdings eine tiefe und unüberbrückbare inhaltliche Differenz in den Auffassungen über Sinn und Aufgabe der Institution Bauhaus und damit über die Frage, was Gestaltung überhaupt sei.

Meyer hatte bereits 1926 in seinem wohlgemuten Fortschrittsmanifest „Die neue Welt" geschrieben: „Das sicherste Kennzeichen wahrer Gemeinschaft ist die Befriedigung gleicher Bedürfnisse mit gleichen Mitteln. Das Ergebnis solcher Kollektivforderung ist das Standardprodukt. Typische Standardwaren internationaler Herkunft und Gleichförmigkeit sind: der Klappstuhl, das Rollpult, die Glühbirne, die Badewanne, das Reisegrammophon. Sie sind Apparate der Mechanisierung unseres Tageslebens. Ihre genormte Form ist unpersönlich. Ihre Anfertigung erfolgt serienweise. [...] Die Höhe unserer Standardisierung ist Index unserer Gemeinwirtschaft."[16]

Diese Sicht der Dinge liegt deutlich näher beim *Esprit Nouveau* von Le Corbusier als beim Bauhaus unter Gropius' (→ Kap. 15). Unter Meyers Leitung wurde diese von ihm 1926 propagierte Ansicht zur neuen Linie des Instituts in Theorie und Praxis. Diese Veränderung war fundamental.

In der Zeitschrift *Bauhaus* erschien Ende 1928 der Aufsatz „Gestaltung?" des russischen Künstlers Naum Gabo. Er lief auf eine grundsätzliche Infragestellung des bisherigen Bauhauses hinaus. Einige Sätze daraus lauteten: „warum soll ein raum, dessen wände mit blümchen, blätterchen und sonstiger ornamentik dekoriert sind, ,bodenloser kitsch', ein raum dagegen, auf dessen wände man zwei, drei oder mehrere quadrate gemalt hat, eine ‚gestaltung‘ sein? oder warum soll ein leuchter aus dem schloss der marie antoinette unter der bezeichnung ‚kunstgewerbe‘ verpönt werden, ein beleuchtungskörper dagegen, der kubisch oder kreisartig geformt ist, ‚gestaltung‘ heißen?"[17]

Mit solchen Fragen zielt Naum Gabo ins Herz des bisherigen Bauhaus-Denkgebäudes. Die „Gestaltung" allein brachte nicht mehr zwingend das ersehnte Heil. Wie wichtig ist überhaupt die Form? Ist die richtige Form wirklich die Verkörperung der geistigen Essenz, und ist die geistige Essenz so unanfechtbar das Absolute, wie Gropius das behauptet? Gabo widerspricht im Einverständnis mit Hannes Meyer. Sein Text kritisiert die Verführungskraft einer verfeinerten Ästhetik, durch die der Mensch zum Götzendienst am schönen Gegenstand verleitet werde, statt sich seiner frei zu bedienen. Denselben Gedanken wird 1972 auf seine Weise auch Ettore Sottsass entwickeln (→ Kap. 30). Gabo fährt fort: „Nichts liegt der konstruktiven idee ferner, als der vorbedacht, unserem leben künstlich einen neuen stil anzuschaffen."[18] Wir erkennen hier dieselbe Streitfrage wieder, die auch 1914 zum Werkbund-Streit führte: Entsteht ein gemeinsamer Stil mit der Zeit und wird als solcher erst im Rückblick erkennbar, so wie Adolf Loos es behauptete – oder wird er absichtlich heute mit Blick auf morgen geschaffen (→ x-11)? Stattdessen macht Gabo eine Entwicklungslinie aus, die er gleichsam als Nervenbahn des Fortschritts sieht. Statt der formalen Entwicklung von einer Jugendstil-Tischleuchte zur Bauhaus-Tischleuchte analysiert er die technische Entwicklung von der offenen

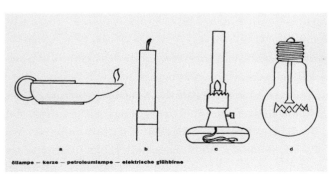

Abb. 153: Serie von Zeichnungen, vermutlich von Naum Gabo, zur typologischen Entwicklung der Lampe, aus der Zeitschrift *Bauhaus* 4/1928.

öllampe – kerze – petroleumlampe – elektrische glühbirne

Öllampe (a) zur Kerze (b) und weiter zur Petrollampe (c) und schließlich zur elektrischen Glühbirne (d) (Abb. 153). Dabei wird Gabo eines klar: „Man sieht deutlich, dass mit jeder neuen konstruktiven etappe der gegenstand sich nicht allein seinem wesen nach verändert, sondern dass auch seine gestaltung jedesmal automatisch eine vollständige umwandlung erfährt." Die Konsequenz daraus benennt Gabo in Worten, die seine Übereinstimmung mit Hannes Meyer zum Ausdruck bringen, die dieser 1926 angesprochen hatte, doch Gabo ist hier noch viel direkter: „Beim technischen konstruieren der gegenstände kommt es auf die ‚gestaltung' als besondere aufgabe gar nicht an. Die neukonstruktion allein bedingt schon die neue gestaltung. Der ingenieur braucht lediglich den gegenstand so folgerichtig zu konstruieren, dass alle seine teile ihre funktionen streng präzise erfüllen. Die gute gestaltung des gegenstandes ergibt sich dann aus der konstruktion von selbst, sie ist mit ihr zwangsläufig verbunden."[19]

Das heißt: Die Form ist kein separates Problem mehr – sie muss nicht mehr gesucht werden, sie findet sich von selbst – sie ergibt sich zwangsläufig aus der Aufgabe. Tatsächlich? In Wirklichkeit findet sich in der Designgeschichte nur ganz selten ein Fall, wo diese Zwangsläufigkeit vorliegt. Doch dies war die Position der *hardcore*-Funktionalisten, die auch in Kapitel 16 zu Wort kommen werden.[20] Es ist die Position, die nichts mehr vom Gedanken der künstlerischen Veredelung wissen will, die zuerst zum Werkbund und dann zum

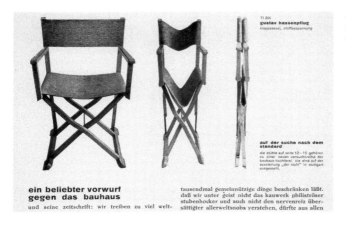

Abb. 155: Gustav Hassenpflug: Klappsessel. (Zeitschrift _Bauhaus_ 4/1928)

Bauhaus geführt hatte. Was bedeutete dieses Statement für die Schule? Gabo forderte vom Bauhaus eine grundlegende Umorientierung: Dinge, statt sie nur zu gestalten, neu zu erfinden.

Der Redakteur der Zeitschrift _Bauhaus,_ Ernst Kállai, verwendete dafür den Begriff der „Nutzbarkeitsästhetik". Sieht man von der manifestartigen Rhetorik der 1920er-Jahre – auch von Gabo und Hannes Meyer – ab, dann entspricht dieses Wort der Praxis am Bauhaus in den Jahren 1928 bis 1930.

Politische Schlagschatten

Die Jahre 1925 bis 1929 waren auch in Dessau die „Goldenen Zwanzigerjahre". Die Lizenzeinnahmen des Bauhauses vermehrten sich, nicht zuletzt dank der Tapeten. Dann kam der Börsencrash vom Oktober 1929, der alles veränderte: erneute Krise, Massenarbeitslosigkeit, Zukunftsangst und der politische Aufstieg der extremen Rechten. Meyer wurde beschuldigt, eine kommunistische Zelle am Bauhaus nicht nur geduldet, sondern aktiv gefördert zu haben. Erwiesen ist dies bis heute nicht. Unter den Studenten befanden sich seit Längerem auch einige deutschnationale und Anhänger der Nazis. Links- und Rechtsorientierte bekämpften sich verbal und physisch. Das Bauhaus wurde in die politischen Kämpfe hineingezogen.[21] Die Krise ebnete den Nationalsozialisten auch im Land Anhalt und der Stadt Dessau den Weg. Die Sozialdemokratie stellte Dessaus Oberbürgermeister, wurde aber von rechts bedrängt. Man hoffte, die Situation am Bauhaus unter Kontrolle zu behalten und die Gegensätze nicht offen auszutragen. Wahrscheinlich waren die politischen Spannungen auch der Vorwand, um gegen die kulturelle Ausrichtung des Bauhauses vorzugehen. Auch Gropius zog in Berlin die Fäden dabei. So kam es, dass Hannes Meyer im Sommer 1930 in eben jenen Tagen von seiner fristlosen Entlassung erfuhr, als er im Kunstgewerbemuseum Zürich die Bauhaus-Ausstellung einrichtete. In seinem offenen Brief an den Oberbürgermeister gab er über seine momentane Verbitterung hinaus auch über sein Selbstverständnis als Leiter des Bauhauses in diesen denkwürdigen Worten Ausdruck: „Was fand ich bei meiner Berufung an das Bauhaus vor? Ein Bauhaus, dessen Leistungsfähigkeit von seinem Ruf um das Mehrfache übertroffen wurde und mit dem eine beispiellose Reklame getrieben wurde. Eine ‚Hochschule für Gestaltung‘, in welcher aus jedem Teeglas ein problematisch-konstruktivistelndes Gebilde gemacht wurde. [...] Inzüchtige Theorien versperrten jeden Zugang zur lebensrichtigen Gestaltung: Der Würfel war Trumpf, und seine Seiten waren gelb, rot, blau, weiß, grau, schwarz. Diesen Bauhauswürfel gab man dem Kind zum Spielen und dem Bauhaus-Snob zur Spielerei. Das Quadrat war rot. Der Kreis war blau. Das Dreieck war gelb. Man saß und schlief auf der farbigen Geometrie der Möbel. Man bewohnte die farbigen Plastiken der Häuser. Auf den Fußböden lagen als Teppiche die seelischen Komplexe junger Mädchen. Überall erdrosselte die Kunst das Leben. So entstand meine tragikomische Situation: als Bauhausdirektor bekämpfte ich den Bauhausstil.“[22]

Diese zugleich polemische wie aufrichtige Beschreibung, verfasst in einem Zustand der Verletztheit, dürfte Meyers Gegner in ihrer Ablehnung nur noch bestärkt haben. Zu diesen Gegnern gehörte nach wie vor Gropius. Er machte seinen Einfluss geltend und bewirkte, dass Ludwig Mies van der Rohe – der angesehenste moderne Architekt Deutschlands: Stichwort: Barcelona-Pavillon – als neuer Direktor eingesetzt wurde. Dies, obwohl Gropius und Mies keineswegs befreundet waren. Ein gutes halbes Jahr nach Meyer gingen auch Klee und Gunta Stölzl weg – ob aus Solidarität mit Meyer oder eher wegen der sich verschlechternden politischen Lage in Deutschland, lässt sich nicht mit Bestimmtheit sagen.

Mies hatte den expliziten Auftrag, das Bauhaus zu entpolitisieren, was ihm allerdings nicht gelang. Zu erbittert standen sich die Fraktionen von Studierenden gegenüber. Mies verstärkte das Gewicht des Architekturunterrichts und hatte in Ludwig Hilberseimer einen planerisch denkenden Lehrer an seiner Seite.[23] Doch insgesamt verlor das Bauhaus unter Mies und angesichts der Umstände deutlich an Vielfalt und Ausstrahlung. Die Zeitschrift *Bauhaus* erschien nicht mehr. Bald verlor das Bauhaus auch unter Mies den politischen Rückhalt, nachdem die Agonie der Schule begonnen hatte, die immer stärker von der Politik überschattet wurde. Im Spätsommer 1932 war das Dessauer Bauhaus am Ende, der Unterricht wurde eingestellt, den Lehrkräften gekündigt, die Studierenden wurden ins Ungewisse entlassen.

Mies wagte dann nochmals den Versuch eines Neubeginns in Berlin-Steglitz, wo sich die Schule in einer früheren Telefonfabrik auf privater Basis unter Mies' Leitung einrichtete. Er hatte in seinem Büro kaum mehr Aufträge; die Leitung der Schule war für ihn in finanzieller Hinsicht wichtig. Doch die Institution entkam trotz Mies' akzentuiert unpolitischer Ausrichtung der neuen Realität nicht, nachdem die Nazis die Macht errungen hatten. Sie wurde von der Obrigkeit beargwöhnt, schikaniert und einem zunehmenden ideologischen Druck ausgesetzt. Unter dem Druck der Verhältnisse löste sich die Schule im April 1933 auf und kam einer behördlichen Schließung damit zuvor. Mies van der Rohe unternahm noch jahrelang verschiedene Versuche, die Nazigrößen Hitler, Goebbels und Rosenberg von der Möglichkeit einer modernen Architektur auch im Dritten Reich zu überzeugen (und zu guten Aufträgen zu kommen, etwa durch seine Teilnahme am Reichsbank-Wettbewerb), bis er die Aussichtslosigkeit dieser Versuche einsah und – erst 1938 – nach Chicago emigrierte.[24]

Die 14 Bauhaus-Jahre – fünf in Weimar, acht in Dessau, ein halbes Jahr in Berlin – waren eine berstend volle Zeit. Die gestalterischen Anschauungen jagten sich: Nachkriegs-Expressionismus, Maschinenverehrung, Neue Sachlichkeit, während Politik und Gesellschaft ihre laute Begleitmusik spielten: Märsche, Foxtrott, Charleston und wieder Märsche. Das Bauhaus war – besser: Die Bauhäuser waren – in dieser Zeit stets ein Schmelztiegel für Begabungen, die nicht zusammengeschmolzen wurden, sondern sich um einen gemeinsamen Kern herum nach ihren Neigungen entfalten konnten. Pädagogische Konzepte, Materialexperimente, Formensprachen konnten sich so artikulieren, dass bei allen Unterschieden meistens eine gemeinsame Substanz bestehen blieb.

Und doch war das Bauhaus während der ganzen Zeit seiner Existenz in einer Hinsicht merkwürdig indifferent. Es brachte zahlreiche Möbelentwürfe, Textilien, nicht wenige Leuchten und Trinkgefäße hervor, auch grundlegend wichtige Publikationen, epochale Gebäude und freie künstlerische Arbeiten. Aber wir wissen von keinem Bauhaus-Radio, keinem Plattenspieler, keinem Telefonapparat, keinem Kinderwagen, keinem Kühlschrank oder Kochherd, keiner Näh- oder Schreibmaschine, keinem Lichtbildprojektor, keinem Wechselrahmen, keiner Wanduhr, keinem wassersparenden Handwaschbecken oder Klosett, der, die oder das am Bauhaus entwickelt worden wäre. Von geistig unabhängigen, weiterführenden und innovativen Konzepten für Autos, Schiffe oder Eisenbahnen ganz zu schweigen. Was Autos betrifft: Gropius konnte 1930 ein Modell für die Marke Adler entwerfen, doch blieb er bei seiner Werkbund-gerechten Reform ganz im Rahmen der konventionellen Grammatik des Automobils, die er nicht infrage stellte: Seine Adler-Modelle – Limousine und Kabriolett – hatten Kotflügel, Trittbretter, einen steilen Kühler und eine massive, hochgebaute Karosserie. Naum Gabos Ruf nach Neuerfindungen entsprach hingegen drei, vier Jahre später der französische Citroën „Traction avant", dessen Genom eben nicht in der Werkbund-affinen Reformierung lag. So fällt auf: Ein wesentlicher Teil des Designs, nämlich die Gestaltung von Gegenständen mit einem technischen Innenleben, kam weder im Weimarer noch im Dessauer Bauhaus vor. Diese Institution als Wiege des Industriedesigns zu bezeichnen, wie es bisweilen geschieht, ist zumindest ungenau. Das ist eine sachliche Feststellung. Sie benennt die Grenzen der Einflussnahme durch das Bauhaus. Vielleicht wären diese Grenzen immer weiter nach außen geschoben worden, hätte die Institution mehr Zeit gehabt. Eine müßige Frage. Denn wahrscheinlich war die begrenzte Lebenszeit des Bauhauses ebenso die Folge aus den zerrissenen Zeitumständen, wie diese der Nährboden für seine Bewegungsenergie und seinen Lebenshunger waren.

Anmerkungen

1 Otti Berger: Statement aus Anlass einer Umfrage unter Studierenden. In: *Bauhaus*, 2. Jg., Nr. 2/3, 1928

2 Walter Gropius: „Wo berühren sich die Schaffensgebiete des Technikers und Künstlers?". In: *Die Form* (1925/26), S. 118 f. (Aus Anlass der Eröffnung des Bauhauses Dessau)

3 W. Gropius (1914). Vgl. Kap. 13, Anm. 3

4 Paul Klee: „Schöpferische Konfession". In: Kasimir Edschmid (Hrsg.): *Tribüne der Kunst und der Zeit. Eine Schriftensammlung* (Bd. 13). Berlin 1920, S. 28

5 W. Gropius (vgl. Anm. 2), S. 118

6 W. Gropius: Bauhaus-Manifest (1919)

7 Der Begriff „Jungmeister" wurde auch noch in Dessau verwendet.

8 W. Gropius: „Grundsätze der Bauhausproduktion" (1926). In: Hans Maria Wingler (Hrsg.): *Das Bauhaus. Weimar – Dessau– Berlin*. Köln 1975, S. 120

9 „Frauen arbeiten in der Fläche" lautete das Verdikt auch in Weimar, wo die Frauen vor allem der Weberei zugeführt wurden.

10 Etwa in Frankreich beim Citroën „Traction avant" 1934, in der Tschechoslowakei bei Tatra, in USA: Chrysler „Airflow" und Stout „Scarab". In der Tschechoslowakei spezialisierte sich die Firma Mücke-Melder als Produzent und Lieferant von Stahlrohr-Autositzen.

11 Marcel Breuer: „Metallmöbel". In: Werner Graeff: *Innenräume*. Stuttgart 1928, S. 133 f.

12 Die Firma „Standard Möbel" war das gemeinsame Unternehmen von Breuer und seinem ungarischen Landsmann Kalman Lengyel.

13 Ivan Margolius: „Cars Furniture Architecture". In: *The Automobile* (London), April 2016, S. 54–58 (vgl. Anm. 10)

14 Es ist denn auch kein Zufall, dass keiner dieser Entwürfe in den 1960er-Jahren für attraktiv genug galt, das Bauhaus verkörpern zu können und deswegen serienmäßig aufgelegt zu werden.

15 Walter Gropius: Brief an Tomas Maldonado (vor 1965). In: Claude Schnaidt (Hrsg.): *Hannes Meyer. Bauten, Projekte und Schriften*. Teufen 1965, S. 122

16 Hannes Meyer: „Die neue Welt". In: *Das Werk* 1926, H. 7, S. 205 ff., hier S. 223

17 Naum Gabo: „gestaltung?" In: *bauhaus. zeitschrift für gestaltung"* Nr. 4/1928, S.2

18 Ebd, S. 3.

19 Ebd., S. 4.

20 So etwa Hans Schmidt: „Warum sind unsere Maschinen schön? Warum sind unsere Häuser nicht schön?" In: *ABC. Beiträge zum Bauen* (Basel 1925); Georg Schmidt: „Gebrauchsgerät". In: *Moderne Bauformen*. Stuttgart 1932, H. 9

21 Vgl. die grundlegende Studie von Elaine S. Hochman: *Architects of Fortune. Mies van der Rohe and the Third Reich*. New York 1990

22 Hannes Meyer: „Offener Brief an den Oberbürgermeister Hesse", Juli 1930. Zit. nach Lena Bergner-Meyer (Hrsg.): *Hannes Meyer. Schriften*. Dresden 1980, S. 67–73, hier S. 68

23 Hilberseimer kam 1928 durch Hannes Meyer ans Bauhaus.

24 Wie Anm. 21

X-14   Ein Problem der Ästhetik (I):
Aisthesis und *Poiesis*

*Die Kontroverse über Sinn und Grenzen der Ästhetik flammte auch unter An-
hängern der grundsätzlich gleichen Ausrichtung, wie etwa in der europäischen Avantgarde, immer wieder auf. Sie hatte das Zeug, die Anhängerschaft
in zwei Lager zu spalten: in fundamentalistische und pragmatische Ästheten. Oder in eine formalistische und eine utilitaristische Anschauung. Oder in
einen kontemplativen und einen agierenden Ästhetizismus. Kann man sagen:
in einen genießenden und einen gebrauchenden? Handelt es sich hierbei wirklich um Gegensätze?*

*Hannes Meyers „Offener Brief" an den Dessauer Oberbürgermeister ist ein Do-
kument tiefer Enttäuschung über die Übermacht formalistischer Spielereien
gegenüber der gestalterischen Vernunft. Jene üben eine Herrschaft über die
Menschen aus, während diese, die gebrauchsnahen Gegenstände, den Menschen, die sie benutzen, treu zu Diensten sind. Das andere, das Gebieten über
Formen, Farben und Geometrie – sagt Meyer – kann nicht verbergen, dass die
vermeintlichen Gebieter in Wahrheit die Knechte der Ästhetik sind.*

*Adolf Loos glossierte bereits im Jahr 1900 im Text „Von einem armen reichen
Manne" die Perversion, zu der eine forcierte Auffassung des Ästhetischen führen muss: Das hypertroph bis ins letzte Detail gestaltete Zuhause ist nur noch
ein in Schönheit erstorbenes Gehäuse, aus dem die Zeit und die Lebendigkeit
ausgesperrt sind.* Es idealisiert einen Zustand der Perfektion, der nur den
Konstruktionsfehler hat, dass er als Zustand gedacht ist und nicht ein Rahmen für Lebensvorgänge sein darf. Bekommt der arme reiche Vater von seinem Kind eine Zeichnung zum Geburtstag, darf er sie nirgendwo aufhängen,
weil der kontrollversessene Architekt jeden Platz für Bilderschmuck bereits an-
derweitig vergeben hat. Jene, für die alles von einer höheren Instanz bestimmt
ist, der Schöpferfigur des Architekten, zu der sie aufblicken, haben die eigene
Handlungsfähigkeit preisgegeben. Ihr eigenes Gefühlsleben, sagt uns Loos,
kommt in der fremdbestimmten Schönheit zum Stillstand. Ein Kontrollverlust*

der Bewohner zugunsten des Herrscherwillens des Gestalters, der seine Funktion diktatorisch ausübt. *Was aber, wenn man das ästhetische Ideal selbst aufgerichtet und ihm eine eigene Wirklichkeit verliehen hat? Dann handelt es sich eben nicht mehr um die* Aisthesis, *sondern um* Poiesis, eigenes Tun. *Mondrians Atelier in New York, die zwei Häuser Eileen Grays in Roquebrune und Castellar, Le Corbusiers eigene Wohnung bei der Porte Molitor in Paris oder Konstantin Melnikows Haus in Moskau sind innen und außen Beispiele für Poiesis. Auch, um ein neueres Beispiel zu nennen, Ricardo Bofills Zurichtung eines früheren Zementwerks zu seinem eigenen Biotop. Und doch eigentlich auch das im vorangehenden Kapitel abgebildete Wohnzimmer Moholy-Nagy. Loos' Beispiel ist ein polemisch zugespitzter Extremfall, der dennoch einen wichtigen Punkt anspricht.*

*Der Kulturkritiker Egon Friedell – ein Freund von Loos – sagte: „Eigentlich gibt es ja nichts Unästhetischeres als einen Ästheten. Denn was ist ästhetisch? Übereinstimmung mit den Gesetzen des eigenen Organismus. Daher ist die Natur immer ästhetisch. Kolibri und Nachtpfauenauge, Lotosblüte und Meduse sind nicht schön, weil sie anmutig, farbenprächtig, apart sind, sondern weil sie ihr Wesen erfüllen. Daher hat auch [...] ein Dreck und Feuer speiender Krater seine eigentümliche Schönheit."****

Der Architekt und Designer Ferdinand Kramer war während kurzer Zeit am Bauhaus in Weimar, kehrte aber enttäuscht nach Frankfurt zurück und arbeitete fortan in der Umgebung des Stadtbaurats Ernst May an den Groß-Siedlungen der 1920er-Jahre. Was er in Weimar vermisst hatte, war dasselbe, wofür sich einige Jahre später Hannes Meyer einsetzte: eine angenehme Nützlichkeitsästhetik anstelle von kapriziöser Aufmerksamkeitsästhetik; Gegenstände, die verlässlich zur Stelle sind, wenn ich sie brauche, die uns antworten, wenn wir sie angesprochen haben, die aber nicht dauernd reden, wenn sie schweigen sollen.

Der Konflikt tritt unabhängig vom Bauhaus in Erscheinung. Die Wahlmöglichkeit zwischen Extravaganz und Zurückhaltung zeigte sich schon lange, etwa im Biedermeier als Gegenmodell zum Rokoko, und auch nach dem Bauhaus in zahlreichen englischen Entwürfen der Zwischenkriegszeit wie auch nach dem Zweiten Weltkrieg zum Beispiel im Pavillon de l'Esprit Nouveau *von*

Le Corbusier und Pierre Jeanneret, von dem im nächsten Kapitel die Rede ist. Auch hier ging es um den „poietischen" Umgang beim Wohnen. Der Begriff der Zurückhaltung bezeichnet mehr als nur den Verzicht auf eine extrovertierte Selbstfeier, nämlich ein Vertrauen in das langsame Ein- und Auswirken von Qualitäten, die nicht den schnellen Effekt brauchen.

Alec Issigonis, der Konstrukteur des Kleinwagens „Mini", der ihn um 1959 auch gestaltet hatte, fragte einmal den Maestro Pininfarina bescheiden um Rat, wie er die Form verbessern könne, und erhielt die Antwort: „Lassen Sie ihn genauso, wie er ist – er ist einmalig." Auch der erfolgreiche englische Designer Jasper Morrison findet in seinen Entwürfen eine unaufdringliche Verbindung aus Sensibilität, gefühlter visueller Vertrautheit und Gebrauchsnähe, die sein Markenzeichen geworden ist.

*   Adolf Loos: „Von einem armen reichen Manne",
      veröffentlicht erstmals im April 1900
**   Egon Friedell: Kulturgeschichte der Neuzeit (1931),
      Ausgabe 1976, S. 1195

15 Die Suche nach dem Standard
Le Corbusier und die Zeitschrift *L'Esprit Nouveau*
1920–1925

Im Titel eines Aufsatzes von Le Corbusier lesen wir „Maisons en série" (Serienhäuser), aber das Titelbild zeigt das Interieur eines Autos. Der Buchtitel lautet *Vers une Architecture* (Einer Architektur entgegen) – doch die Fotografie dazu ist die des Promenadendecks eines Passagierdampfers. Das Zielgebiet beider Aussagen von Le Corbusier ist die Architektur, das visuelle Ausdrucksmedium dafür sind jedoch nichtarchitektonische Gegenstände: hier also Auto und Oceanliner. Die beiden Transportmittel transportieren auch die eigentliche Aussage, und die lautet: Architekten sollen von der Findigkeit der Ingenieure und ihrer Werke lernen. Er sieht Autos, Schiffe und Flugzeuge als Referenzfälle für die Architektur des 20. Jahrhunderts. Er zeigt sich in seinen Aufsätzen aus den 1920er-Jahren als raffinierter Propagandist von großer Argumentationskraft, der aus der implizierten und absichtlich nicht aufgelösten Spannung zwischen dem, was das Bild zeigt, und dem, was die Schrift spricht, den Punch und die Substanz seiner Anschauungen gewinnt.

Damit ist bereits gesagt, weshalb im Rahmen einer Abhandlung zur Designgeschichte überhaupt von der publizistischen Aktivität dieses Architekten die Rede sein soll. Ist dies gerechtfertigt? Ja, es ist die Prägnanz seiner Argumentation, die den Nährboden für seine Architektur bildete. Die Bedeutung seiner Publizistik war so beträchtlich, dass der große ältere Rivale Frank Lloyd Wright beim Anblick eines Porträts von Le Corbusier an der RIBA in London gesagt haben soll: „Was, diesen Journalisten habt ihr hier auch?!"[1] Aber auch bei der praktischen Entwurfstätigkeit war das Design für Le Corbusier wichtig; mehr als bei jedem anderen Architekten im 20. Jahrhundert scheint es bei ihm einen osmotischen Austausch zwischen Architektur und Design gegeben zu haben.[2] Jenes Teils des Designs, der dem Kunstgewerbe entgegengesetzt ist: dem der technischen Artefakte.

ESTHÉTIQUE DE L'INGÉNIEUR

MAISONS en SÉRIE

PAR

LE CORBUSIER-SAUGNIER

L^E programme vient d'être fixé. MM. Loucheur et Bonnevay demandent à la Chambre une loi décrétant la construction de 500.000 logements à bon marché. C'est une circonstance exceptionnelle dans les annales de la construction, circonstance qui requiert également des moyens exceptionnels.

Or, tout est à faire ; rien n'est prêt pour la réalisation de ce programme immense. *L'état d'esprit n'existe pas.*

L'état d'esprit de construire des maisons en série, l'état d'esprit d'habiter des maisons en série, l'état d'esprit de concevoir des maisons en série.

Tout est à faire ; rien n'est prêt. La spécialisation n'a pas abordé le domaine de la bâtisse. Il n'y a ni usines, ni techniciens de spécialisation.

Mais en un clin d'œil, si l'état d'esprit de la série naissait, tout serait vite mis sur pied. En effet, dans toutes les branches du bâtiment, l'industrie, puissante comme une force naturelle, envahissante comme un fleuve qui roule à sa destinée, tend de plus en plus à transformer les matériaux bruts naturels, et à produire ce qu'on appelle des « matériaux nouveaux ». Ils sont légion : ciments et chaux, fers profilés, céramique, matériaux

Er sieht in der technischen Welt von Autos, Schiffen und Flugzeugen, aber auch von Produktionsstraßen, Silotürmen, Luftschiffhallen, dem Eiffelturm und nicht zuletzt der Sphäre der vertrauten Gebrauchsgegenstände das Gegenbild der rückständigen Architektur. Er schreibt: „Würde das Problem des Wohnungsbaus wie ein Autochassis studiert, könnten wir sehr rasch eine signifikante Verbesserung unserer Häuser feststellen. Wären die Häuser industriell produziert, serienmäßig wie die Chassis der Autos, sähen wir sogleich unerwartete Formen entstehen – richtige Formen, plausible Formen –, und die Ästhetik würde sich dabei mit einer überraschenden Präzision selber neu formulieren."[3] Dass Le Corbusier hier vom Chassis spricht und nicht von der Karosserieform, zeigt uns, dass es ihm um die konstruktiven Grundlagen geht. Dabei sieht er keine Trennung zwischen Außen- und Innenarchitektur und ebensowenig eine zwischen Außen- und Innendesign; es handelt sich um vier kommunizierende Sphären. Seine Möbelentwürfe und sein Konzept des *équipement domestique,* der häuslichen Einrichtung, sind untrennbar mit der

Entwicklung seiner Architektur verflochten, und es lässt sich nicht entscheiden, was füreinander Ursache und was Wirkung war. Um diese wechselseitige Aufladung und Spiegelung von Architektur und Design geht es hier.

Kunsthandwerker mit Künstlername

Die Geschichte ist im vorliegenden Rahmen kurz zu fassen. Anfang 1917 übersiedelte Charles-Edouard Jeanneret aus La Chaux-de-Fonds (Kanton Neuenburg, Schweiz) nach Paris, mit dem Ziel, dort als Künstler und Architekt zu reüssieren. Er war ausgebildeter Kunsthandwerker und hatte als Autodidakt der Architektur bereits einige bemerkenswerte Bauten in seiner Geburtsstadt realisiert. Ebenso hatte er sich in Deutschland gründlich mit dem Werkbund und seinen Zielen befasst und einige Monate bei Peter Behrens gearbeitet. In Paris rasch heimisch geworden, gründete er zusammen mit zwei Kollegen, dem Maler Amédée Ozenfant und dem Schriftsteller Paul Dermée, die Zeitschrift *L'Esprit Nouveau,* die sich rasch zu einer einflussreichen Stimme der europäischen Moderne entwickelte. Unter seinem neuen Autorennamen Le Corbusier wurde ihm bald internationale Aufmerksamkeit zuteil.[4] Er erhielt erste Bauaufträge, die er zusammen mit seinem jüngeren Cousin (zweiten Grades) Pierre Jeanneret ausführte. Die Publizistik war dabei seine Nervenbahn und die mit Verve geschriebenen Texte das Leitmedium.

Die Zeitschrift *L'Esprit Nouveau* (EN) erschien in 28 Heften von 1920 bis 1925. Wie der Name sagt, war ihr Gegenstand die Frage, was der neue Geist ist, worin er sich zeigt, was er bewirkt und was er verlangt. Le Corbusier fasste 1923 seine bis dahin erschienenen Beiträge zu seinem ersten und apodiktischsten Buch *Vers une Architecture* zusammen. Es ging dabei nicht um die architektonische Hülle, sondern um das neue Leben, von dem sie Teil sein sollte, wie diese Kapitel-Einleitung zeigt:

„Eine große Epoche hat begonnen.

Es gibt einen neuen Geist.

Es gibt eine Menge von Werken dieses neuen Geistes: Sie sind vor allem in der industriellen Produktion anzutreffen.

Die Architektur hingegen erstickt in den alten Gewohnheiten.

Die ‚Stile' sind eine Lüge.

Der wahre Stil ist eine prinzipielle innere Einheitlichkeit, die alle Werke einer Epoche belebt und sich in einem für sie charakteristischen Geist ausdrückt.

Unsere Zeit bestimmt jeden Tag aufs Neue ihren Stil.

Nur können unsere Augen ihn leider noch nicht erkennen."[5]

Die Frage nach dem, was einen Stil ausmacht, worin er besteht und wie er entsteht, ist uns schon mehrmals begegnet. Wir haben eine Sehnsucht nach dem Gegenwarts-Stil bei Schinkel angetroffen und Überlegungen, wie er sich schaffen lässt bei Muthesius und Behrens. Bei Loos hingegen haben wir nicht eine Sehnsucht nach dem Stil gefunden, sondern die Aufmerksamkeit dafür. Für ihn war Stil nicht etwas zu Schaffendes, sondern etwas zu Erkennendes, also etwas in den Dingen Vorhandenes. Der frühe Le Corbusier steht dem Ansatz von Loos nahe. Sein obiger Satz „Unsere Zeit bestimmt jeden Tag aufs Neue ihren Stil" wiederholt fast wörtlich Loos' frühere Formulierung über die Gebrauchsgegenstände, wo es 1908 heißt: „Sie ändern sich von Jahr zu Jahr, von Tag zu Tag, von Stunde zu Stunde. Denn von Stunde zu Stunde ändern wir uns, unsere Anschauungen, unsere Gewohnheiten."[6] (→ Kap. 11)

Mit einer solchen „organischen" Sicht der soziokulturellen Entwicklung liegt eine wesentliche Differenz zur Konzeption des Bauhauses bei Gropius vor. War das Bauhaus im Grunde introvertiert und auf sich selbst bezogen, orientiert sich der frühe Le Corbusier an der Außenwelt, er ist letztlich rezeptiver und kommunikativer als das Bauhaus. Dass er an der materiellen Wirklichkeit anknüpft, sie neu ausdeutet und kommentiert, dürfte der Grund für seine unmittelbare Anziehungskraft und bald erlangte Wortführerschaft sein.

Flugzeug und Wohnmaschine

Allerdings: Viel stärker als für Loos ist für Le Corbusier – 15 Jahre später – die Welt der Technik eine Triebkraft des organischen Geschichtsprozesses. Er fordert, das Problem der menschlichen Behausung mit dem Mittel des technischen Verstandes zu lösen. Dieser Verstand hat es, zum Beispiel, mit logischem Denken und geschärfter Wahrnehmung fertiggebracht, funktionierende

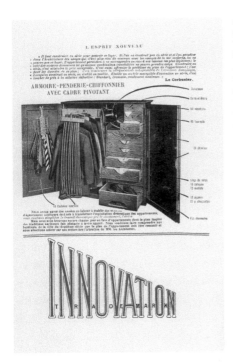

Flugapparate zu entwickeln. Das ist die „Lektion des Flugzeugs" *(la leçon de l'avion)*. Mit denselben Verstandesmitteln, die den Schritt vom Ballonfliegen zum *Fliegen-schwerer-als Luft* ermöglicht haben, sagt Le Corbusier, gilt es, die Standards des Wohnens zu erkennen: die Aufgabe logisch zu analysieren und sie ebenso unter dem Gesichtspunkt der Ökonomie der Kräfte zu betrachten wie das Flugzeug. Die Analogie zur Aviatik bringt ihn zur Aussage: *La maison est une machine à habiter,* das Haus ist eine Wohnmaschine.[7]

Dieses Wort haben manche Kritiker dankbar zum Anlass genommen, in Le Corbusier die Kälte der Moderne verkörpert zu sehen. Sie nahmen es wörtlich und dachten an Zahnräder, Transmissionsriemen und Kurbelgetriebe, an Mechanismen also, die den Menschen in seinem Wohnen der maschinellen Logik unterwerfen wollten. Man regte sich auf: Das unwiderlegbare Indiz für die inhumane Gesinnung der Avantgarde! Kälte! Unerbittlichkeit! Le Corbusier hingegen verwendete den Begriff metaphorisch und für das

Abb. 158: Ronéo-Büromöbel: modularer Aufbau der Komponenten.
(„Composition sur base de standards et vers un perfectionnement mécanique")
(L'Art décoratif d'aujourd'hui)

gegensätzliche Ziel: den Menschen von der täglichen Fron des unpraktischen Haushalts zu befreien. Er verstand unter der Wohnmaschine eine gut durchdachte Behausung, die es mit ihrer räumlichen Gestaltung und Ausstattung den Bewohnern leicht machen sollte, das Leben darin selber froh zu gestalten. Anderswo verwendete er eine andere, aber damit verwandte Formulierung: „Worüber wir stolz sein können, ist ein Haus zu bewohnen, das so praktisch ist wie unsere Schreibmaschine."[8]

In seinen Augen geht das Design der Architektur voraus. Er bewundert am Türschloss das sinnreiche Ineinandergreifen der Teile, am weitverbreiteten Schiffs-Reisekoffer die ausgeklügelte Inneneinteilung, die es erlaubt, eine Vielzahl von Kleidungsstücken knitterfrei über den Atlantik zu bringen. Ebenso finden modular kombinierbare Blechbehälter der Marke *Ronéo* als Schubladen, Hängekassetten und ausziehbare Schreibflächen – das französische Lizenzprodukt eines amerikanischen Büromöbelherstellers – seinen

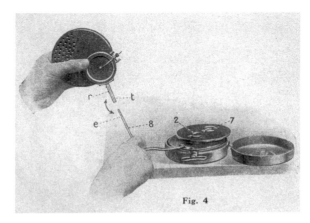

Abb. 159: „Mikiphone",
zusammensetzbares Reise-
grammophon aus dem Neu-
enburger Jura, von Le
Corbusier als sinnreiches
Konzept gewürdigt.

Fig. 4

Beifall. Immer wieder führt er in den Aufsätzen in *L'EN* seine Kronzeugen für ein luzides Problemlösungsverhalten vor. Auch ein Produkt aus seinem heimatlichen Jura bringt er als Beispiel: das zerlegbare Kompaktgrammophon mit Federantrieb der Marke „Mikiphone".[9] Er zeigt unter der Überschrift „Des yeux qui ne voient pas" (Augen, die nicht sehen) die Fotografie der Vorderachskonstruktion der französischen Automarke Delage als Zeichen für die Bewältigung der komplexen Aufgabe aus Radführung, Lenkung, Federung und Bremse und setzt sie in Analogie zu landläufig anerkannten Großtaten des menschlichen Geistes, wenn er schreibt: „Vorderradbremse Delage: Diese Präzision, diese Sauberkeit in der Ausführung – sie schmeicheln nicht einfach nur einem neuen Gefühl für das Mechanische. Schon Phidias empfand so; die Basis des Parthenons ist der Beweis dafür. Und desgleichen die alten Ägypter, als sie Pyramiden glätteten. Das war zu der Zeit, als auch Euklid und Pythagoras das Geschick ihrer Zeitgenossen bestimmten."[10]

Diese Sätze schrieb Le Corbusier, noch bevor er sein erstes Haus am Stadtrand von Paris realisiert hatte. Der Referenzpunkt für seine Häuser war sein Typenhaus von 1920, dem er den Namen *Citrohan* gab, und er fügt sogar an „pour ne pas dire Citroën", inspiriert durch die preisgünstigen Autos der Firma Citroën, die als Erste in Europa die Methode der *assembly line* nach dem Vorbild von Ford anwandte. Wir finden bestätigt, dass es die Prinzipien der industriellen Produktion sind, die Le Corbusier auf das Bauen anwenden

346

will: also des Designs, wenn wir darunter das prinzipielle Layout, die Erb-
masse eines Artefaktes verstehen.

Die Antike wird modernisiert

Besonders aussagekräftig ist 1921 Le Corbusiers berühmter Doppelvergleich
zweier griechischer Tempel und zweier Autos. Die Tempel sind durch anderthalb Jahrhunderte voneinander getrennt, die Autos durch anderthalb
Jahrzehnte. Beide älteren Werke enthalten bereits die DNA des griechischen
Tempels (Poseidon-Tempel in Paestum) beziehungsweise des Automobils (der
1921 schon verflossenen Marke Humbert, 1907), doch beide noch in einem
Rohzustand; erst in den beiden jüngeren sind diese Erbanlagen zur Vollendung entwickelt. Der jüngere Tempel ist der Parthenon, der Kulminations-
punkt des Typus „griechischer Tempel". Beim entsprechenden Auto handelt
es sich um das Modell Grand Sport von Delage, das 1921 von hoher technischer und ästhetischer Eleganz und auf der Höhe der Zeit war. Le Corbusier
schreibt dazu: „Der Parthenon ist das Produkt einer Auswahl, die auf einen
bestehenden Standard angewendet wurde. Denn seit etwa hundert Jahren
war der griechische Tempel in allen seinen Elementen ausformuliert. Und ist
einmal ein Standard etabliert, ereignet sich das Spiel der direkten und hefti-
gen Konkurrenz. Dies ist ein Kampf *(c'est le match):* um zu gewinnen, muss
man in allen Teilen besser sein als der Gegner, im Großen wie in den Details.

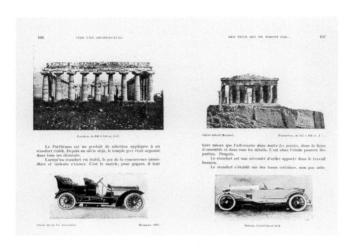

Abb. 161: Doppelvergleich der „recherche d'un standart": griechische Tempel (Paestum und Athen) und Automobile (Humbert und Delage): Fortschritt am Werk, Doppelseite aus *Vers une Architecture*

Dies bedeutet das zielgerichtete Studium der Teile. Fortschritt. – Der Standard ist die Notwendigkeit einer Ordnung, angewendet auf die menschliche Arbeit. Er entsteht auf der Basis von Gewissheit, nicht von Willkür."[11]

Die Betrachtung der Designgeschichte unter dem Gesichtspunkt der „recherche d'un standart" ist erstaunlich fruchtbar. Die Parallelen zu Charles Darwins Zentralthese des *survival of the fittest* sind unübersehbar. In diesem Buch haben wir das Thema schon verschiedentlich gestreift: Solchen Gültigkeitsparadigmen begegneten wir bei der Dampfmaschine (Ventilsteuerung, Kondensator), beim Eisenbahnwaggon (Drehgestelle, Durchgangsprinzip), beim Fahrrad (Trapezrahmen, Kettenantrieb), beim Bugholzmöbel (seitliche Verschraubung weniger Einzelteile): Sie alle haben einen Standard begründet, der den bestehenden Lösungen klar überlegen war und deshalb als Referenzlösung lange gültig blieb. Es sind Lösungen von kategorialem Charakter – gewissermaßen „Was"-Lösungen, nicht nur solche im Bereich von Nuancen wie bei den „Wie"-Lösungen. Sie lassen sich als Beweise für die Schlüssigkeit des von Le Corbusier beschriebenen Entwicklungsgesetzes begreifen.

1923 ließ Le Corbusier mit folgenden Worten den „Appel aux industriels" ergehen, den „Aufruf an die Industriellen": „Wenn doch nur endlich Renault, Peugeot, le Creusot oder einer der anderen großen metallverarbeitenden Betriebe die Industrialisierung des Bauens an die Hand nehmen wollten! Zum Beispiel das Fenster gesehen als Mechanismus: Schiebbarkeit, luftdichter Abschluss. Gebt uns ein modulares Fenster! Wir Architekten werden damit sehr zufrieden sein. Denn mit diesem Modul werden wir dann komponieren."[12] Le Corbusier ruft den „Appel aux industriels" als Architekt aus, und dies am Beispiel eines durch Dritte vorgegebenen Fensterelements, mit dem sich dennoch eine überraschende Vielfalt an Lösungen erreichen lässt.[13] Ebensogut wie er das Argument auf die Architektur bezieht, lässt es sich auch auf das Design anwenden, wie wenig später seine modularen Schrankelemente, die „casiers standard" und die „casiers métalliques" – und zahlreiche seither von anderen entwickelte modulare Systeme – beweisen.

Freiheit braucht Bindung

Zentral an seinem Gedanken ist das Verhältnis zwischen etwas von außen Vorgegebenem und dem, was ein kreativer Mensch damit machen kann. Bindung und Freiheit ist das Thema. Oder genauer: Freiheit dank Bindung. Seine Hypothese lautet: Eine gesetzte Norm braucht uns keineswegs einzuengen; sie lässt uns genügend Freiheit, Projekte zu realisieren. Oder noch deutlicher: Persönliche Freiheit entsteht nur vor dem Hintergrund von Bindung. Für Le Corbusier ist Freiheit eine *für* etwas (nicht von etwas). Sie ist nicht Selbstzweck. Sie nimmt Vorgegebenes als Ausgangspunkt, um von dort im konkreten Fall anderswohin zu gelangen. (Diese Sicht liegt auch seinem frühen Manifest *Après le cubisme* zugrunde; auch in Jeannerets und Ozenfants Malerei fungieren archetypisch bekannte Gegenstände als Ausgangspunkt für die künstlerische Auseinandersetzung, Weinflaschen, Tabakpfeifen, billige Trinkgläser.) Der Weg zum Persönlichen führt über das Typische. Er führt diesen Gedanken in der folgenden Passage seines zweiten Buches, der polemischen Abrechnung mit der „angewandten Kunst" unter dem Titel *L'art décoratif d'aujourd'hui* (1925) weiter aus. Geschrieben als aktuelle Reaktion auf die berühmt gewordene internationale Kunstgewerbeausstellung in Paris desselben Jahres, die „Exposition internationale des arts décoratifs et industriels modernes" (auf die der Ausdruck *Art déco* zurückgeht). Hier eine zentrale Passage daraus: „Den menschlichen Maßstab suchen und nach der menschlichen Funktionsweise fragen, bedeutet, die menschlichen Bedürfnisse zu definieren. Es sind ihrer wenige, und sie sind allen Menschen gemeinsam, da alle Menschen aus derselben Prägeform *(moule)* stammen, soweit wir zurückdenken können. Der *Larousse* gibt uns die Definition des Menschen in drei Bildern. Die ganze Maschine ist in ihnen enthalten: Skelett, Nervensystem, Blutkreislauf, und das gilt ohne Ausnahme für alle von uns. Diese Bedürfnisse sind Typen, was bedeutet, dass wir alle dieselben Bedürfnisse haben: Wir alle sind gezwungen, unsere natürlichen Anlagen durch verstärkende Elemente zu vervollständigen, denn die Natur ist indifferent, unmenschlich (außermenschlich) und nicht lieblich; wir werden nackt und unzureichend ausgestattet geboren. So haben die gehöhlten Hände von Narziss uns zur Erfindung der Flasche gebracht, das Fass des Diogenes, das bereits eine famose Verbesserung unserer eigenen Schutzschichten war – unserer Haut und unserer Behaarung – gibt uns die Urzelle des Wohnhauses; die Ordner mit den Briefkopien entlasten unser Gedächtnis, unsere Schränke und Aufbewahrungsboxen nehmen unsere Hilfsmittel auf gegen Kälte oder Hitze, Hunger und Durst usw. [...] Sie alle führen uns weit weg von der ‚angewandten Kunst‘, weshalb sie die Ursache für diese Überlegungen darstellen. Wenn wir von der ‚angewandten Kunst‘ sprechen, müssen wir die Typenqualität *(qualité-type)* unserer Bedürfnisse bestärken; denn wir haben uns mit diesem ganzen Mechanismus um uns herum zu befassen, der im Grunde nur die Verlängerung unserer Gliedmaßen ist. Er bildet kurz gesagt unsere künstlichen Extremitäten. Die ‚angewandte Kunst‘ wird zur Orthopädie, zu einer Aktivität, die an unsere Imagination, Erfindungskraft und Geschicklichkeit appelliert, doch das Metier ist wie das des Schneiders, der dem Kunden ein Gewand anmisst. Dasselbe gilt von den Automobil-Karossiers, von den Kino-Installateuren, den Glas- und Geschirrproduzenten und selbst von den Architekten und ihren Wohnbauten. Doch gegen diese Sichtweise hat kürzlich eines der hohen Tiere von der Expo 1925 aufbegehrt; mit Blick auf die vielfältige Poesie forderte er für jedes Individuum ein individuelles Objekt, indem er auf dem individuellen Einzelfall beharrte: Der Mensch, sagt er, sei dick oder dünn, klein oder groß, er ist Sanguiniker oder Lymphatiker, gewalttätig oder sanftmütig, Utopist oder Neurastheniker; und dann die Berufe! Zahnarzt, Schriftsteller, Architekt oder Kaufmann, Navigator und Astronom etcetera-etcetera. Er

sieht den Charakter des Individuums alle seiner Handlungen diktieren, und – durch eine gewundene Überlegung – all seine Gerätschaften gestalten, sein Werkzeug, das ihm eigen ist, besonders, individuell, und nichts gemein hat mit dem seines Nachbarn. [...] Wäre dies demnach die wundersame Definition des Begriffs ‚angewandte Kunst'? Dem Werkzeug, dem Gliedmaßen-Objekt *(membre-type)* setzt man uns also das Gefühlsobjekt, das Lebensobjekt entgegen *(A l'objet-outil, l'objet-membre, on nous oppose l'objet-sentiment, l'objet-vie)*. Das Argument klingt attraktiv, denn letzten Endes steht außer Zweifel, dass einzig die Poesie, also das Glück, zählt. Doch Vorsicht, wir müssen erkennen, dass dieser Traum vom individuellen Einzelstück in seiner unendlichen Vielzahl illusorisch ist. Und wir merken, dass unser Gesprächspartner eigentlich von Kunstwerken redet, und wir werden später darauf antworten. Und da es am Ende um das Glück geht, versuchen wir hier eine andere Definition von Glück: das Glück liegt in der Gabe des Schöpferischen, in der möglichst intensiven Aktivität. Das Leben (auch seine Kostbarkeit!) unterwirft uns der Arbeit (eine oft befohlene, also wenig kreative Sache), und viele von uns erleben das Glück erst fernab von der Arbeit. Gesteigerte Aktivität: Gelingen durch die anregenden Wirkungen des Lebens, dann durch Bücher, Musik, die Erfindungen unseres Geistes, die Introspektion, die ein wenig oder sehr tief gehen mag, eben sie sind das Leben. Das innere Erleben, das wahre Leben. Es ist also nicht abgetötet, das Leben, gottseidank, und ebensowenig das Individuum!"[14]

Die Passage ist hier in dieser Ausführlichkeit wiedergegeben, weil sie nicht nur Le Corbusiers rhetorisches Temperament wiedergibt, sondern überhaupt einen essenziellen Kern einer Designtheorie berührt: den Unterschied von Ästhetik und Poetik (erneut diese Frage: *aisthesis/poiesis*). Passiv-genießende Wahrnehmung versus eigene aktive Teilhabe: Der Punkt wird viel zu selten angesprochen. Fast die gesamte Designliteratur widmet sich dem Ästhetischen und betont die berückende Schönheit aller möglichen Objekte (wörtlich: Gegen-Stände), und nur ganz selten trifft man auf den Gedanken, dass am wichtigsten an der menschlichen Umgebung das ist, was man selber als handelndes Subjekt daraus macht.[15] Das Verständnis von Design als Sachverhalt, wo der Gegenstand etwas *tut* und sich nicht einfach im schönen Vorhandensein erfüllt – bei Le Corbusier findet sich diese Erkenntnis.

Gegenstände, die sich nicht wichtig machen

Vor diesem Hintergrund bezieht sich Le Corbusier auf bereits existierende Gegenstände, die er wegen ihrer unproblematischen Allgemeingültigkeit und Logik bewundert: Klapptische aus Blech, schwenkbare Aktenbehälter, allseits verstellbare Werkstattleuchten, Rollpulte, exzentrisch ausladende Tischchen, die unters Bett zu schieben sind, Aktenschränke, modular zusammenzubauende Metallkassetten – und wir merken: Es sind Gegenstände aus der Welt des Büros und der Werkstatt, nicht aus der Wohnung. Dies deswegen, weil 1925 nur die Bürowelt rational ist, die Wohnwelt hingegen verfälscht durch zwanghafte Sentimentalität, von der es sie zu befreien gilt. Es geht darum, solche *objets-types* für die Wohnung entweder direkt zu übernehmen oder – wo es das Erforderliche nicht gibt – sie neu zu entwickeln. Mit der Kategorie der Objekt-Typen setzte Le Corbusier sich in einen scharfen Gegensatz zu den hehren Gestaltungsidealen des *Art déco*, der „angewandten Künste".

Le Corbusier und Pierre Jeanneret nahmen an der erwähnten Expo 1925 teil, was ihre Außenseiterstellung nur umso deutlicher sichtbar machte. Sie errichteten hinter dem Grand-Palais den *Pavillon de L'Esprit Nouveau*, der die urbanistischen Visionen ihres Ateliers präsentierte und mit der prototypischen zweigeschossigen Wohneinheit eines gedachten Wohnhofes den Bogen in die Gegenwart schlug. Le Corbusier nannte den Gebäudetyp *Immeuble-Villas* und

Abb. 163: Pavillon de l'Esprit Nouveau, Paris 1925: Interieur aus bestehenden und neu entworfenen Elementen. Die traditionellen englischen Lederfauteuils und der Bugholzstuhl sind ebenso *objet-types* wie die modular aufgebauten „casiers standard". Die Individualität im Wohnen entsteht durch die eigene Biografie, nicht durch Dinge.

hatte damit nichts weniger als eine kühne urbanistische Neuzüchtung vorgenommen, eine Kreuzung aus gereihten und gestapelten Einfamilienhäusern und großem Mietwohnblock. Das Interieur des Pavillons war mit seiner Möblierung die pure Antithese zu den elitären Art déco-Räumen der Ausstellung. Nichts daran erinnerte an die Idee des „Gesamtkunstwerks" mit erlesenen Formverwandtschaften, einer exquisit assortierten Farbpalette, seidig schimmernden Oberflächen und demonstrativem Individualismus, stattdessen: Kontraste, Spannungen, sogar Dissonanzen im Nebeneinander von Möbeln, Kunstwerken und Gebrauchsgegenständen. Bereits 1922 hatte Le Corbusier zur Erstpublikation der *Immeuble-Villas* geschrieben: „Der Standard nimmt sich

«IMMEUBLES-VILLAS» 1922

Un immeuble de 120 villas superposées

Abb. 164: Le Corbusier und Pierre Jeanneret: die „Immeuble-Villas", 1922. (*Œuvre complète 1910–1929*, Vol. 1)

Abb. 165: Immeubles-Villas: Interieur mit Möbeln, Skizze 1922. Noch deutliche Spuren des kunstgewerblichen Hintergrunds des jungen Jeanneret.

hier alle Rechte. Diese Villen stehen für den Typus einer Einrichtung, die rational und weise ist, jeder Emphase entkleidet, doch angemessen und praktisch." (Le standart prend ici ses droits. Les villas représentent le type d'un aménagement rationnel et sage, denué de toute emphase, mais suffisant et pratique.)[16] Der *Pavillon de L'Esprit Nouveau* war drei Jahre später die aktualisierte Umsetzung dieser Idee. Der „Standard" lag vor in Form von handelsüblichen – hier allerdings grau gestrichenen – Wiener Bugholzsesseln der Firma Kohn und englischen Lederfauteuils. Wo es geeignete handelsübliche Stücke nicht gab, entstanden eigene Neuentwürfe: modulare, kombinierbare Behältereinheiten („casiers standards") und ein Lesetisch, beide auf einem Metall-Rohrgestell – wie erwähnt: jeder Betonung ihrer Wichtigkeit entkleidet. Wem es gelang, sich vom Schwelgerischen des Art déco freizumachen, konnte zu seiner Überraschung erleben, dass das heterogene, scheinbar unverbundene Nebeneinander dieser Elemente im Sinn des oben Gesagten eine neue poetische Einheit erzeugte, die einem genau vorführte, worin der „neue Geist" bestand. Es war dieser Effekt, den Le Corbusier in der oben zitierten Passage analysiert hatte.

Der Weg zu eigenen „objets-types"

Das Jahr 1925 war noch eine frühe Morgenstunde der Avantgarde. Nur zwei Jahre später war der Tag voll erwacht und mit ihm der Appetit ihrer Protagonisten auf eigene Möbelentwürfe. Als 1927 die Werkbund-Ausstellung in Stuttgart-Weißenhof die Besucher zur Besichtigung der Musterwohnungen einlud, war das Neue Wohnen als Thema in aller Munde. Auch zwei Häuser aus dem Büro LC & PJ gehörten dazu. Wie alle anderen der Siedlung entstanden sie unter größtem Zeitdruck; erst sehr spät realisierte Le Corbusier, als es an die Möblierung ging, dass er kein geeignetes Bett für die Schlafzimmer kannte. Eilends entwarf der junge Alfred Roth aus seinem Atelier ein Metallbett mit vernickelten Stahlrohrbügeln am Kopf- und Fußende, das noch heute im Handel ist.[17]

In diesem Jahr 1927 war die Zeit der rhetorischen und polemischen Metaphern vorbei, die den Brennstoff der Zeitschrift *L'Esprit Nouveau* gebildet hatten, und man schritt zu Taten, die sich im Alltag zu bewähren hatten. Le Corbusier stellte nun die junge Innenarchitektin Charlotte Perriand ein und beauftragte sie mit dem Entwurf eines Typen-Sets eigener Möbel. Perriand war sehr rasch imstande, als kongeniale Entwerferin – und in ihrer Entwurfsmethode nun orientiert an Le Corbusier und Pierre Jeanneret – zum Herbstsalon *(Salon d'automne)* 1929 eine Gruppe von Typenmöbeln zu entwickeln, die längst zu Klassikern geworden sind. Es entstanden der Lederfauteuil *grand confort,* der leichte Sessel mit beweglicher Rückenlehne *(à dossier basculant),* Glastisch und drehbarer Esszimmerstuhl, die *chaiselongue* und die weiterentwickelten *casiers métalliques* mit variablem Innenausbau.[18]

Die neuen Modelle orientieren sich jedoch im Vergleich etwa zu den Möbeln vom Bauhaus Dessau nicht an herstellungstechnischen Kriterien wie einheitlichen Biegeradien, einfacher Montage oder leichter Zerlegbarkeit und auch nicht an einer demonstrativen Reduktion der verwendeten Materialien, sondern an einer allgemeingültigen zivilisatorischen Messmarke: an unterschiedlichen Formen des Gebrauchs. In einer leichthändig hingeworfenen

Skizze von 1927 entwirft Le Corbusier eine Typologie des Sitzens und unterscheidet zwischen dem erhöhten Sitzen an der Bar, dem Ruhen mit übergeschlagenen Beinen, dem Sitzen am Arbeitstisch, dem engen Lesesitzen, dem niederen Fläzen, dem behaglichen Lagern des Mannes beziehungsweise der Frau (er unterscheidet zwischen den beiden) und dem entspannten Ruhen im Hochlehner-Ohrensessel. Es ist kein vollständiger Katalog, aber der Ansatz wird klar.[19] Sein Vorgehen ist fast kulturanthropologisch und geht von Beobachtungen aus, wer wann wie sitzt. So wird erkennbar, dass die Typologie des Pavillon EN im Hintergrund noch gültig ist und auf die neuen Modelle einwirkt, jedoch in Gestalt von Transformationen. Der Fauteuil *grand confort* ist vom Lederfauteuil abgeleitet, nur dass dessen unsichtbares Chassis nun, nach außen gewendet, als Metallkäfig, die Form hält und den weichen Kissen Halt gibt; er hat seinen bestimmten Ort im Raum und ist nicht zum ständigen Umplatzieren gedacht, wohingegen der Sessel mit beweglicher Rückenlehne – unverkennbar ein Derivat des englischen Safaristuhls – leicht beweglich ist. Besonders auffällig ist bei der *chaiselongue basculante* die markante Trennung zwischen der in der Neigung verstellbaren Liegefläche mit dem Stahlrohr-Segmentbogen und dem plastisch wirkenden lackierten H-förmigen Untergestell, dessen Konfiguration einem Autochassis ähnelt: Zentralträger, zwei Traversen und plastisch wirkende Füße aus Trapezblechen.[20]

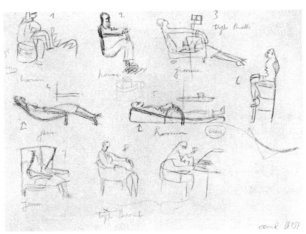

Abb. 166: Le Corbusier: Skizze zu den verschiedenen Arten des Sitzens, 1927. (*Œuvre complète 1910–1929*, Vol. 1)

Abb. 167: Maison Church, Ville d'Avray, darin die neu von Le Corbusier, Charlotte Perriand und Pierre Jeanneret entwickelten Typenmöbel. 1928.

Mit diesen Modellen hatte Le Corbusier sich von der reinen, sehr männlichen Ingenieurästhetik aus der Zeit von *L'Esprit Nouveau* entfernt und beschritt unter dem Eindruck der internationalen Avantgardebewegung, die an Durchschlagkraft gewonnen hatte, nun stärker den Weg der künstlerischen Ästhetisierung. In publizistischer Hinsicht legte er noch immer großen Wert auf das Kriterium der Vernünftigkeit und Richtigkeit unabhängig von einer künstlerischen Doktrin, doch wird auch eine neue Gewichtung erkennbar. Im Vortrag „Das Abenteuer der Möblierung" („L'aventure du mobilier", 1929) sagte er noch: „Wenn das Haus fertig ist – dann nämlich, wenn die Maler den letzten Farbanstrich aufgetragen haben, am Vorabend vor dem Einzug der Bewohner, bevor man die Bücher und die Koffer voller Kleidungsstücke bringt – dann also setzt man in den Schrankeinheiten die Ausstattungselemente passend zu den funktionellen Anforderungen ein: man platziert die Front-Elemente, die Schiebetüren aus Metall, aus Sperrholz, aus Marmor, aus

Kristallglas etcetera; die Geschmäcker des Einfachen oder des Üppigen werden sich je nach Belieben zeigen. [...] Versuchen Sie sich die neue Wohnung vorzustellen. Jeder Raum ist auf das ausreichende Minimum zurückgeführt, seine Belichtung durch das Langfenster oder die voll verglaste Wand ist perfekt. Seine Form entspricht seiner Bestimmung; die Türen öffnen sich so, dass eine leichte Zirkulation möglich ist. Im Schlafzimmer, in der Bibliothek, im Salon, in der Anrichte, in der Küche öffnen oder schließen sich Jalousien, Flächen gleiten in Schienen. Dahinter erscheinen die Fächer mit all ihrem Inhalt. Jedes Objekt ist verwahrt wie in einem Schmuckkästchen; einige Dinge gleiten auf Kugellagern vor und zurück, Ihre Kleider sind an einem ausziehbaren Bügel übersichtlich vor Ihren Augen aufgehängt. Und so gibt es keine Möbelstücke von Tischlern mehr im Haus! Ich fühle ein Bedauern, wenn ich an all die guten Handwerker denke, doch wir werden im Vorteil sein, wenn wir uns an die neuen Bedingungen des modernen Lebens anpassen."[21]

In dieser Argumentation liegt das Hauptgewicht noch auf dem, was grundsätzlich und richtig ist. Dass die Bewohner allenfalls auch ihrem Geschmack des Üppigen stattgeben, gesteht Le Corbusier ihnen als Möglichkeit zu; Hauptsache, der Standard liegt vor und die Grundlage stimmt. Dieses Zugeständnis erwies sich jedoch im konkreten Fall bald als rhetorische Behauptung einer Toleranz, die Le Corbusier in Wirklichkeit nicht aufbrachte. Der Einrichtungsgeschmack fast aller Bauherren peinigte ihn, und die neuen Bauten des Ateliers ließ er fast immer nur leer fotografieren.

Von Le Corbusiers Büchern der 1920er-Jahre zum Spätwerk nach dem Zweiten Weltkrieg war es ein langer Weg. Die ideellen Ursprünge in der maskulinen Welt der industriellen Zivilisation scheinen in diesem Spätwerk wie der Kirche von Ronchamp, dem Kloster La Tourette oder im Capitol der nordindischen Stadt Chandigarh weit zurückzuliegen. Aber auch in ihnen ist ihre genetische Spur nicht verloren; es war ein langer Weg, aber jeder Weg ist eine Verbindung. Die starke Präsenz des Künstlerischen in diesen späten Werken droht, das Konzept der „persönlichen Poetik" der unbekannten Bewohner und Benutzer zu überblenden. Es scheint dies die natürliche Reaktion auf eine überdimensionale künstlerische Autorität zu sein. Aber selber dachte sich Le Corbusier die Menschen als eigenständige Wesen, die sich, ihrer selbst und ihrer Vorlieben bewusst, die eigene Lebensumgebung schaffen. Der Rolle des Designs wies er die Befreiung von der ästhetischen Selbstversklavung zu. Denselben Gedanken haben wir bereits bei Naum Gabo und Hannes Meyer angetroffen (→ Kap. 14), Le Corbusier verschafft ihm hier Nachdruck, aber leider wurde er auch hier allzu selten aufgenommen.

Enden soll dieses Kapitel mit Le Corbusiers Gedanke der „objets à réaction poétique", der *Gegenstände für eine poetische Reaktion* bilden (1959). Diese Gegenstände sind das persönlich-biografische Bindegewebe zwischen unseren *objets-types* und unserem Leben, und damit zwischen der Natur und uns selbst. Es kann dies ein Gebrauchsgegenstand sein oder auch ein Fundstück aus der Natur: eine besondere Muschel oder ein speziell zerbrochener Backstein, ein Wurzelstück, ein vom Wasser gerundeter Stein: Irgendwelche Dinge, die einem aus (un-)bestimmten Gründen etwas bedeuten und zu denen man eine persönliche Beziehung entwickelt. Sie entziehen sich als kontingente „Zu-Fälle" jeder kategorischen Systematik und haben einzig eine emotionale Bedeutung – als Resultat und nicht als Ziel. Le Corbusier: „Und wir, mitten im Leben stehende Männer und Frauen, denen es um eine voll entwickelte und geschärfte Sensibilität geht und denen es nach Geist und Seele verlangt, die wir agieren und nicht passiv oder unaufmerksam sind: Wir sind Handelnde und demzufolge Teilnehmende. Teilnehmend, abwägend, zustimmend. Glücklich bei dieser Fahrt, in direkter Berührung mit der Natur, die mit Stärke, Reinheit und Vielfalt zu uns spricht."[22] Diese Worte sind ein Appell an jeden von uns, mit eigenen Sinnen und eigenverantwortlich auch in der Gestaltung seiner Umwelt durchs Leben zu gehen. In Bezug auf das *équipement doméstique* bedeutet dies ein „Prinzip des durch die Biografie geprägten Wohnens" (Arthur Rüegg).[23] Angesichts der eigenartig dekorativen Wirkung und des Trophäencharakters jedoch, die oft in heutigen Wohnräumen eine „Corbu-Liege" zu haben pflegt, wird zweierlei klar: Design wird erstens allzu oft als ein soziokulturelles Feldzeichen verstanden – dies ist die eigentliche Bedeutung der Standarte –, das eine gewünschte gesellschaftliche Zugehörigkeit markieren soll. Und zweitens lässt sich ein souveräner Gebrauch von Design weder delegieren noch kaufen, man muss ihn selbst praktizieren. Wie erwähnt: Design ist, was man tut, nicht was man hat.

Anmerkungen

1 Julius Posener: „Vorlesungen zur Geschichte der neuen Architektur": „Le Corbusier", in *Arch+*, Nr. 48, Aachen 1979, S. 40

2 Damit verhält es sich bei ihm ähnlich wie bei R. Buckminster Fuller – der in seinem Frühwerk stark von Le Corbusier beeinflusst wurde – und bei Friedrich Kiesler.

3 „Des yeux qui ne voient pas: les autos", *Vers une Architecture*. Paris 1923, S. 105. Übers. C. L.

4 Entgegen der Konvention verwendete er als Maler anfangs weiterhin den Familiennamen Jeanneret, als Architekt und Publizist hingegen seit 1920 den Künstlernamen Le Corbusier.

5 Le Corbusier: „L'Esprit Nouveau" (1923). In: *Vers une Architecture*, S. 67

6 Adolf Loos: „Kulturentartung" (1908). In: Franz Glück (Hrsg.): *Adolf Loos. Sämtliche Schriften*. Wien/München 1962, S. 271

7 Le Corbusier: „La maison est une machine à habiter" (1923), hier der Wortlaut der Passage: „Das Flugzeug ist das Produkt einer strengen Auswahl. Die Lektion des Flugzeugs liegt in der Logik, die der Beschreibung des gestellten Problems und seiner Realisierung zugrunde gelegen hat. Das Problem der Behausung hingegen ist bisher nicht gestellt worden. Die heutigen Themen der Architektur entsprechen nicht mehr unseren Bedürfnissen. Dabei gibt es doch die Standards des Wohnens. Der Mechanisierung wohnt der Faktor der Ökonomie inne, welcher sich selektionierend auswirkt. Das Haus ist eine Wohnmaschine." In: *Vers une Architecture*, S. 83. Übers. C. L.

8 *Vers une Architecture*, S. 201

9 Le Corbusier: „Innovation". In: *Almanach d'Architecture moderne*. Paris 1926, S. 196–197

10 „Des yeux qui ne voient pas" (1923): *Vers une Architecture*, S. 101

11 „A la recherche d'un standart", 1923 (Auf der Suche nach einem Standard). In: *Vers une Architecture*, S. 106

12 „Appel aux Industriels", 1923 (Appell an die Industriellen). In: *Le Corbusier & Pierre Jeanneret: Œuvre complète, vol. 1, 1910–1929*, S. 77

13 Als einfaches Fenster, als dreiteiliges Fenster mit Seitenflügeln, horizontal gereiht als Band, vertikal übereinandergelegt, zu ganzen Glasflächen verbunden.

14 Le Corbusier: „Besoin-types". In: *L'Art décoratif d'aujourd'hui*, S. 72–74. Übers. C. L.

15 Vgl. auch Ettore Sottsass 1972, siehe Kap. 30

16 *Vers une Architecture*, S. 209

17 Der junge Mitarbeiter Alfred Roth hatte für das Büro LC & PJ die Bauführung der beiden Häuser inne.

18 Vgl. die differenzierte Studie zur Rolle Charlotte Perriands (mit detaillierter Dokumentation) von Arthur Rüegg (Hrsg.): *Charlotte Perriand – Livre de Bord*. Basel/Boston/Berlin 2004

19 Vgl. Anm. 12, S. 157

20 Eine grundlegende Darstellung der Thematik findet sich bei Arthur Rüegg: *Le Corbusier – Möbel und Interieurs 1905–1965* (Werkkatalog) Zürich/Paris 2012

21 Le Corbusier: „L'aventure du mobilier". In: *Précisions* (1930), S. 115

22 Le Corbusier: undatierter Text. In: Jean Petit (Hrsg.): *Le Corbusier lui-même*, Genève 1970, S. 178. Übers. C. L.

23 Arthur Rüegg: *Mon univers. Le Corbusiers Welt der Objekte (Pavillon Le Corbusier)*. Zürich 2019, S. 8

X-15   Standard und Fortschritt:
keine konfliktfreie Beziehung

Die „Suche nach dem Standard", die für Le Corbusier in den Jahren von
L'Esprit Nouveau ein so zentrales Argument war, dieser Gedanke fasziniert
ebenso durch seine Plausibilität, wie er eine grundlegende Frage aufwirft: Wie
verhalten sich der Standard und die Kreativität zueinander? Le Corbusier
sah keinen Konflikt in der Frage: Wem es gelingt, einen Standard zu definieren – das bedeutet: ihn zu etablieren – ist ohnehin kreativ; und wem es gelingt,
innerhalb dieses Standards eine Verbesserung zu erzielen, ist es auch. Der
Wettbewerb spielt sich auf zwei Ebenen ab, auf der primären Ebene des Prinzips und auf der sekundären Ebene der besten Variante. Die von Le Corbusier
verwendeten Zeitungsfotos von Rennwagen der 1920er-Jahre bilden tatsächlich so etwas wie den gemeinsamen Nenner ab, es sind Angehörige desselben
Typus in Varianten, die um den Sieg kämpfen. Der gemeinsame Standard aller
Konkurrenten hatte sich kurz zuvor herausgebildet und lag in der Überlegen-
heit gegenüber anderen Bauweisen. Wer auf der Basis dieses Standards mit seiner Konstruktion die höchste Leistung erreichte, errang auch den Sieg. Doch
argumentiert Le Corbusier von einem Standpunkt aus, an dem der Standard
frische Gegenwart oder sogar noch eine nahe Zukunftsverheißung ist, und vor
allem, von dem aus er, Le Corbusier, die Eckwerte des Standards bestimmen
kann und erwartet, dass die andern sie übernehmen werden. Wäre ihm das
mit einem Standard widerfahren, den er ablehnte, hätte er ihn bekämpft.
Einige Beispiele für erfolgreiche Standards waren die DIN-Papierformate, der
Kleinbildfilm mit den perforierten Rändern für schnellen Filmtransport, wie
er 1914 für die Leica konzipiert wurde, die Langspielplatte mit 33 ⅓ Touren
Umdrehungen pro Minute (1948), die Tonbandkassette (1964) oder auch die
Compact Disc (1982), eine Gemeinschaftsentwicklung von Philips und Sony.
Erfolgreich waren sie insofern, als sie von Dauer waren – die Bedingung für
jeden Standard. Doch auch ein Standard durchwandert im Lauf der Zeit
die Bühne der Aktualität, deren Ränder auf der einen Seite die aufregende

Neuerung, auf der anderen Seite die gleichgültig gewordene Routine sind. Der
Kleinbildfilm, die Tonbandkassette und das Videoband sind vom „Fortschritt"
überholt worden, die CD ihrerseits auch schon bald. Das aktuelle und über-
raschende, vom angeblichen Fortschritt unbeeindruckte Nachleben der Vinyl-
Langspielplatte ist immerhin ein Phänomen, wie auch die Wiederentdeckung
des Verschwundenen durch die künstlerische Avantgarde: Kleinbildfotografie,
Diapositiv, Polaroidfoto, vielleicht sogar die Linotype-Setzmaschine. Sind sie
Beispiele für Stanislaw Lems Science-Fiction-Begriff des „Zeitstrudels"?
Jedenfalls stehen Standard und Kreativität in einem Spannungsverhältnis zu-
einander, dann nämlich, wenn Ersterer die Einführung einer Verbesserung
behindert. Das ist nicht selten der Fall. Jedem Standard wohnt ein konservie-
rendes Moment inne. Die standardisierten Durchmesser von Radfelgen und
Abwasserrohren, von Kochtöpfen und Kochtopfdeckeln, die Normierung von
Schrauben und Schraubenmuttern oder von Elektrosteckern sind nützliche
und notwendige Prämissen für die grenzüberschreitenden Industrien und den
globalisierten Gebrauch. Ihr Sinn steht nicht zur Diskussion, als so plausibel
wird die Norm aufgefasst. Worin liegt der Unterschied zwischen einer Norm
und einem Standard? Die Norm ist das quantifizierbare Produkt einer (oft
politischen) Übereinkunft, ein Standard hingegen in qualitativer Hinsicht das
Produkt eines überlegenen Konzepts, das von den einen pionierhaft lanciert
und von den anderen angenommen und übernommen wird.
Schweden kannte bis 1960 den Linksverkehr und konnte noch vor dem Einset-
zen der Massenmobilisierung auf den kontinentalen Rechtsverkehr umstellen.
In Großbritannien oder Japan wäre dies heute, mehr als ein halbes Jahrhun-
dert später, zu riskant. Die europäischen DIN-Papierformate und das amerika-
nische Format werden wohl auf immer ihre eigene Norm verteidigen, mit allem,
was analog noch dazugehört: Drucker, Hängeregistraturen, Hefter, Ordner.
Dasselbe lässt sich von den Eisenbahn-Schienenspurweiten in den unterschied-
lichen Ländern sagen: Wollten Russland oder Spanien sich dem europäischen
Standard angleichen und ihre Breitspur verlassen, wäre dies mit enormen Kos-
ten verbunden. Der Standard besitzt eine hohe Trägheitsmasse. Auch Steck-
dosen und Elektrostecker haben ein beträchtliches Beharrungsvermögen,
wie an ihrer unterschiedlichen Beschaffenheit in verschiedenen Ländern zu

erkennen ist. Auf dem Gebiet des Digitalen ist das Betriebssystem der Standard mit diktatorischer Machtfülle. Das bedeutet: Je erfolgreicher eine Standardisierung einmal war, desto schwieriger ist ihre spätere Überwindung. Deshalb ist jede Definition eines Standards eine zwiespältige Sache: Sie ist zum Zeitpunkt der Einführung ein Ausdruck gegenwärtiger Selbstgewissheit und der Überzeugung, im Recht zu sein; mit der Zeit, wenn neue Erkenntnisse ins Spiel kommen, kann der Standard zum Entwicklungshindernis werden.

In Le Corbusiers Darstellung ist es die Industrie, die als kreative Kraft den leistungsfähigsten Standard hervorbringt und innerhalb dessen das Streben nach der leistungsfähigsten Variante. Stimmte das überhaupt in den 1920er-Jahren? Stimmt es heute? Die beiden Doppelvergleiche einerseits der Tempel von Paestum und Athen beziehungsweise eines Autos von 1905 und einem von 1920 sind raffiniert, aber auch problematisch in ihrer Überblendung von Ewigkeitspathos und Aktualität. Der Parthenon gilt als Gipfelpunkt griechischer Architektur-Raffinesse; in ihm ist der relative Fortschritt von Paestum zur Akropolis zwar plausibel, doch im Parthenon ist er zum Stillstand gekommen; hier war die höchste Stufe erreicht. Manifestierte für Le Corbusier der Vergleich der beiden Autos ebenfalls einen relativen Fortschritt, oder galt ihm der offene Roadster grand sport der Prestigemarke Delage als ein absoluter Gipfelpunkt an Eleganz und konstruktiver Raffinesse, analog zum Parthenon? Bestimmt Ersteres – sein Ziel war der Denkanstoß. Dass die technische und gestalterische Entwicklung des Automobils sich darüber hinaus beständig fortsetzte, entsprach vollauf seiner Sicht der Dinge.

Dennoch: War die Konkurrenz der einzelnen Firmen untereinander die Triebkraft? Ja – und doch stimmt dies nur zum Teil. Denn zugleich ist es so, dass die Konkurrenten es sich im Standardmodell auch bequem machen. Die Konkurrenz pflegt sich Standard-intern innerhalb eines schmalen Kriterien-Bandes abzuspielen. Um beim Auto zu bleiben: Der Verbrennungsmotor war jahrzehntelang nicht ernsthaft infrage gestellt. Die Industrie war an einem tiefgreifenden technologischen Fortschritt nicht interessiert und blieb träge. Es war erst die Politik, die den großen Konzernen dadurch Beine machte, dass sie in den 1980er-Jahren den Katalysator bei Neuwagen vorschrieb und danach Abgasnormen definierte, die seither in mehreren Stufen verschärft wurden.

Ein Kleinstaat hat diese Durchsetzungsmacht nicht, doch Kalifornien, die Europäische Union und das dicht besiedelte Japan waren so mächtige Akteure, dass sie den Standard als eine Vorgabe gegen den Widerstand der großen Autokonzerne durchzusetzen vermochten. Eine Vorgabe seitens der Politik ist ein Entwicklungsauftrag: dafür zu sorgen, dass ein überholter Standard durch einen zeitgemäßen ersetzt wird. Die Definition eines Standards ist immer eine Machtfrage. In Tokio fahren seit Langem die Taxis emissionsarm mit Erdgas; Toyota und Honda entwickelten daraufhin den Hybridantrieb, der dem Elektroantrieb den Weg ebnete. Es war auch die Politik, die den Ersatz von Glühlampen durch Energiesparlampen erzwang, die ihrerseits eine Entwicklung erfuhren und heute nicht mehr ein unangenehm fahles, sondern angenehm warmes Licht geben.

16 „Phantasie, die mit Exaktheiten arbeitet"
Die Neue Sachlichkeit 1918–1939

Man mag die Moderne des 20. Jahrhunderts vereinfachend als „Bauhaus-Zeit" bezeichnen, wenn das Bauhaus dabei als Symptom und nicht als Ursache und Auslöser der Entwicklung verstanden wird. Ziel dieses Kapitels ist jedoch, den Einzelbetrachtungen des Bauhauses und Le Corbusiers *Esprit Nouveau* – zwei Tiefenbohrungen – nun eine Art Längenprofil der sogenannten Moderne des 20. Jahrhunderts zur Seite zu stellen. Dies, um dem möglichen Irrtum einer Gleichsetzung von *Moderne* mit *Bauhaus* entgegenzuwirken. Ein Irrtum wäre auch die Annahme, dass die Moderne auf der ganzen Front „gesiegt" hätte – etwa, dass Stahlrohrmöbel auf der ganzen Linie die Möbeltischlerei verdrängt hätten. Die Avantgarde hätte sich diesen Sieg vielleicht gewünscht, doch soll man sich vor militärischen Metaphern hüten. Im Alltagsleben gibt es weniger Siege, als man geneigt ist zu glauben. Siegte das Fernsehen über das Kino? Das Auto über die Eisenbahn? Das Flugzeug über das Schiff? Die CD über die Langspielplatte? Die Wirklichkeit ist vielschichtiger. Was es gibt, sind quantitative und qualitative Verhältnisse zwischen Möglichkeiten, und die sind nicht statisch, sondern dynamisch. Fest steht dabei dies: Die Moderne hat stark auf Lebensart und Lebensgefühl der westlichen Bevölkerungen eingewirkt, selbst wenn die eigenen vier Wände sehr vieler Zeitgenossen dies nicht direkt widerspiegelten.

Hier soll also ein Panorama dessen vermittelt werden, wie sich das Design dieser Zeit darstellt: der Zeit des neu gegründeten Völkerbunds, der fortgesetzten Verstädterung, der beschleunigten Mechanisierung, der zunehmenden Mobilität, der breiten Elektrifizierung, des Tonfilms, des öffentlichen Rundfunks, der Anfänge der Passagierluftfahrt, der Popularisierung der Fotografie, der praktischer werdenden Bekleidung und der noch zögerlichen Emanzipation der Frauen.

Die Rede ist vom langen Jahrzehnt nach dem Ersten Weltkrieg, der noch euphemistisch der „Große Krieg" hieß, weil man in dieser Zeit noch nicht ahnte, dass man bereits einem Zweiten Weltkrieg entgegenlebte und nicht wusste, dass man danach von der „Zwischenkriegszeit" sprechen würde. Es geht um West- und Mitteleuropa (Niederlande, Belgien, Deutschland, Frankreich, Tschechoslowakei, Schweiz), die *Neue Welt* Nordamerikas und am Rande um die noch jüngere Welt der Sowjetunion kurz nach ihrer Gründung.

Antennen, Projektoren, Ankermasten

Radio, Tonfilm, Fotografie, Automobil, Elektrizität, der Zeppelin über den Häusern: Sie waren Lebenswirklichkeit für alle, die in städtischen Regionen lebten, selbst wenn ihre Zimmer dunkeltonige Tapeten aufwiesen und die Gegenstände darin verschnörkelt waren. Eine helllichte Wohnungseinrichtung hingegen war für die meisten eher eine medial vermittelte Realität: Man wusste, dass es so etwas gab, aber es handelte sich um Beispiele, auf die die Meisten von außen blickten, und wäre es mit dem Blick in eine Illustrierte gewesen. („Vielleicht würde man so etwas einmal mit eigenen Augen sehen!") Doch auch wer sich für sein Zuhause keine weißen Wände wünschte, lebte im Bewusstsein, dass man in einer neuen Zeit lebte. Die Zeitströmung hieß Fortschritt, und der bestimmte die Tonart. Das Sportlich-Schlanke ersetzte das Pompöse, die Alltagswirklichkeit der Straße galt als vitaler denn das Museum.

Die Maxime „Vom Sofakissen bis zum Städtebau", mit der die Protagonisten des Jugendstils und des ersten Werkbund-Jahrzehnts sich an die umfassende Neugestaltung der Welt gemacht hatten, behielt unter den Protagonisten der Neuen Sachlichkeit im Grunde ihre Gültigkeit, nur dass sie statt der großbürgerlichen Villa oder dem Landhaus nun dem Leben des Mittelstandes und der Arbeiterschicht galt. Die passende Devise könnte deshalb „Vom Bettsofa zum Siedlungsbau" lauten. Ein fundamentaler Unterschied zum Jugendstil besteht in der Frage der gestalterischen Autorschaft: Um 1900 galt als Ideal, dass möglichst vieles „aus einer Hand" stammen müsse (Gesamtkunstwerk-Idee, → Kap. 9). 1925 lautete die Maxime sinngemäß: alles im selben Geist. Dahinter stand die Überzeugung, dass alle Gegenstände, die aus dem verwandten Denken verschiedenster Gestalter kommen, diese Verwandtschaft auch ausdrücken, weil sie durch eine Art innerer Notwendigkeit zueinander passen.

ПОПУГАЙЧИКОВ

ДЕТИ

БРАНДАХЛЫСТОВА

Abb. 168: Warwara Stepanowa: Entwürfe für Bekleidung, 1922, während der auch in kultureller Hinsicht revolutionären Gründungsphase der Sowjetunion.

Und was diese immanente Verwandtschaft bewirkt, ist die Plausibilität eines jeden Gegenstandes, seine „Richtigkeit" hinsichtlich des Funktionierens, die auch zur Richtigkeit der Form hinführt. Der deutsche Kritiker Adolf Behne fand dafür die schöne Formulierung: „Sachlichkeit ist die Phantasie, die mit Exaktheiten arbeitet."[1]

Die Vielfalt und Breite der modernen Bewegung drückte sich damals in einer Vielzahl von Zeitschriften aus, die einander oft unterstützten, indem sie einander Textbeiträge und „Clichés" der Fotografien als Druckvorlagen zur Verfügung stellten. Einige davon hießen *ABC* (Basel), *Broom* (New York), *Claxon* (São Paulo), *Der Sturm* (Berlin), *Die Form* (Berlin), *Frühlicht* (Magdeburg), *Il Futurismo* (Rom), *Index* (Rom), *L'Antenna* (Mailand), *La Révolution Surréaliste* (Paris), *Manomètre* (Lyon), *Merz* (Hannover), *Plural* (Madrid), *Punkt* (Bukarest), *Stavba* (Prag), *de Stijl* (Leiden), *Westsch* (Moskau), *Zenith* (Belgrad). Von den Zeitschriften *Bauhaus* und *L'Esprit Nouveau* war hier bereits die Rede. Auch wenn viele unter ihnen nur auf wenige Hefte kamen, bildet der polyphone Sound dieser Titel die Internationalität und Vitalität der Bewegung ab.[2]

Doch diese Zeitschriften waren ohne Ausnahme Äußerungen einer kulturellen Elite. Sie verstanden sich als Radarantennen des neuzeitlichen Lebens, das sie aufspürten, dokumentierten und interpretierten; deshalb fragen wir hier zunächst nach exemplarischen Gegenständen, die im verbreiteten Lebensalltag für den Geist der Epoche stehen.

Neue Linie, neuer Habitus

Das Leben angenehmer zu machen etwa durch fließendes Warmwasser, Omnibusse mit Luftreifen anstelle von Vollgummirädern, praktischere Bekleidung (Männer: Halbschuhe ohne Gamaschen, Anzug, Hemd und Krawatte, Hut; Frauen: körpernahe Unterwäsche, kein Fischbeinkorsett mehr, Rock und Bluse, Stiefeletten) waren Weg und Ziel, Resultate aus entsprechenden Bestrebungen und Ansporn zu weiteren Entwicklungsstufen bis heute – im Fall der Bekleidung bis zu den Sneakers, T-Shirts und Hosen der Frauen von heute.

Einer der Gegenstände, die das neue sachliche Zeitalter verkörperten, war die Armbanduhr. Sie löste die Taschenuhr mit Klappdeckel ab, die Männer bis zum Ersten Weltkrieg in der Innentasche des Jacketts getragen hatten. Im 19. Jahrhundert waren Armbanduhren ausschließlich ein den Frauen vorbehaltenes Schmuckelement gewesen: ein Bracelet mit Juwelen und einer Uhr. Die Übertragung auf die Männer kehrte die Relation um: eine Uhr mit Armband aus Leder. Es heißt – ziemlich plausibel –, der Krieg sei der Vater dieses Gedankens gewesen (→ Kap. 19). Das Ablesen der Zeit im Kampf war mit ihr viel einfacher und schneller möglich. Der Zuwachs an Effektivität war das Signum des Jahrzehnts und würde es für alle Jahrzehnte seither bleiben. Die Taschenuhr ist unwiderruflich verdrängt und die häufige Zeitnahme am Handgelenk uns in 100 Jahren zur zweiten Natur geworden (bis das Smartphone auch dies übernommen hat).

Ein anderer Gegenstand war der Füllfederhalter, der sich etwa seit 1900 verbreitete (Waterman, USA) und dessen Handhabung nach 1925 durch die Erfindung des Saugkolbens (Pelikan, Deutschland) sehr vereinfacht war. Er löste das Tintenfass ab und machte dadurch das Schreiben unabhängig vom gewohnten Ort. Gewinn an Beweglichkeit, zunehmende Mobilität ist eine Konstante der Neuzeit.

Schreibmaschinen gab es ebenfalls in immer zahlreicheren Fabrikaten. Die amerikanische Firma Underwood des aus Deutschland stammenden Konstrukteurs Frank X. Wagner hatte um 1900 den Standard der vierreihigen Schreibmaschine etabliert: mit Gummiwalze, Transportgetriebe, Zeilenschaltung und Umschalttaste für Groß- und Kleinschreibung sowie mit einem vertikal beweglichen Farbband, das nach jedem Buchstaben den Blick auf das Geschriebene freigibt. Immer mehr Schreibarbeiten, die vor dem Krieg noch von (Männer-)Hand ausgeführt wurden, ließen sich nun mit der Maschine rascher und mit der Möglichkeit von Kopien („Durchschlägen") ausführen, wofür der wenig angesehene Beruf der Sekretärin als dafür geeignete und billige Arbeitskraft entstand. Die Schreibmaschinen waren zu der Zeit klar als Phänotyp ausgebildet: ausnahmslos schwarzglänzend lackiert und mit goldenen Zierlinien geschmückt. Dasselbe gilt von den Nähmaschinen.

Hannes Meyer, von dem bereits im Kapitel 14 die Rede war, drückte in seinem enthusiastischen Textgemälde „Die neue Welt" (1926) das Lebensgefühl der Zeit sehr anschaulich aus. Eine Passage daraus lautet wie folgt: „Ford und Rolls Royce sprengen den Stadtkern und verwischen Entfernung und Grenze von Stadt und Land. Im Luftraum gleiten Flugzeuge; sie missachten die Landesgrenzen und verringern den Abstand von Volk zu Volk. Lichtreklamen funkeln, Lautsprecher kreischen, Claxons [Autohupen] rasseln, Plakate werben, Schaufenster leuchten auf: die Gleichzeitigkeit der Ereignisse erweitert maßlos unseren Begriff von ‚Zeit und Raum', sie bereichert unser Leben. Wir leben schneller und daher länger. [...] Die genaue Stundeneinteilung der Betriebs- und Bürozeit und die Minutenregelung der Fahrpläne lässt uns bewusster leben. Mit Schwimmbad, Sanatorium und Bedürfnisanstalt bricht die Hygiene ins Ortsbild und schafft durch Watercloset, Fayence-Waschtisch und -Badewanne die neue Gattung der sanitären Töpferei. Boroughs Rechenmaschine befreit unser Hirn, [...] Radio, Marconigramm und Telephoto erlösen uns aus völkischer Abgeschiedenheit zur Weltgemeinschaft. [...] Unsere Wohnung wird mobiler denn je: Massenmiethaus, Sleeping-Car, Wohnyacht und Transatlantique untergraben den Lokalbegriff der Heimat. Das Vaterland verfällt. Wir lernen Esperanto. Wir werden Weltbürger."[3]

Von diesem neuzeitlich getränkten, international gültigen, auf die ganze Welt ausstrahlenden Lebensgefühl geformt war für Hannes Meyer auch das Reich der Gebrauchsgegenstände, die er durch das Prinzip des Seriellen, des Universellen und der Normung in klarem Kontrast zum Jugendstil bestimmt sah. Wir kennen von ihm bereits die Aussage (→ Kap. 14): „Die Höhe unserer Standardisierung ist der Index unserer Gemeinwirtschaft."[4]

Meyers Manifest ist ein Lesestück des zukunftsfrohen Internationalismus.[5] Lesen wir seinen Text auf Design hin, so fällt auf, dass er die Gegenstände generalisiert, uniformiert, archetypisiert: *die* Glühbirne, *der* Klappstuhl, *der* Passagierdampfer, *das* Flugzeug. An den „typischen Standardwaren" interessiert ihn das Typische, nämlich das Funktionelle: das Glühen der Lampe, das Klappen des Stuhls, und wir ergänzen: das Dampfen des Schiffs, das Eilen des Zugs und das Fliegen des Zeugs. Das Radio erwähnt er als Medium und nicht als Gegenstand; Radioapparate waren entweder sehr technisch anmutende „Detektoren" oder repräsentative und ziemlich kostspielige, konventionell gestaltete Kleinmöbel. Die Erkenntnis, die letztlich auf das Design überhaupt zutrifft, aber nur selten wirklich verstanden wird, wurde nie so deutlich ausgesprochen wie im hier behandelten Jahrzehnt. Sie lautet: Gestaltung ist nicht primär, wie ein Gegenstand aussieht, sondern was er tut.

Auch die Leica hätte von Meyer (neben „Burroughs Rechenmaschine") namentlich erwähnt werden können; auch sie, die Leitz-Camera, bringt das funktionale Design der 1920er-Jahre auf den Punkt; sie war die erste Kleinbild-Rollfilmkamera für Kino-Filmmaterial (beidseits perforierter Filmstreifen von 35 mm Breite); die abgerundeten Schmalseiten, zugleich die Handgriffe, bildeten den Filmtransport von der einen zur anderen Seite sinnreich ab (Abb. 112). Dieser bahnbrechende Fotoapparat, der Urahn unzähliger Apparate seither, wurde von Oskar Barnack zwar bereits 1914 konstruiert, ging jedoch erst 1925 in Produktion und revolutionierte die Fotografie und die Bildersprache von Bildreportagen, indem durch sie das Fotografieren – meist freihändig – zu einer Sache des reaktionsschnellen Instinkts wurde. Der Filmstreifen in der lichtdichten Patrone war analog zur Füllfeder ein Speicherplatz für 24 (später 36) zukünftige Bilder. Statt jedes Mal umständlich eine Fotoplatte oder einen Planfilm einzulegen, brauchte man nur den

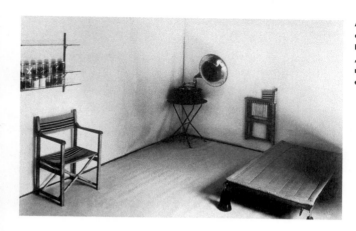

bereits in der Kamera liegenden Film zu belichten und ihn weiterzutrans-
portieren.[6] Beschleunigung, Effektivierung, vereinfachte Handhabung und
ein kürzerer Weg von der Absicht zur Verwirklichung auch hier. Kurz: Man
konnte seine Aufmerksamkeit dem bezweckten Was schenken, statt sich umständlich mit dem Wie abzumühen. Auch das vergleichbar hochwertige Kon-
kurrenzprodukt zur Leica, die Kleinbildkamera Contax des Konkurrenten
Zeiss Ikon, begründete als erste Systemkamera mit Wechselobjektiven ein
umwälzend neues und zukunftsfähiges Konzept.

Bemerkenswert sind auch die damaligen Telefonapparate, auch deswegen,
weil sie nicht Konsum-, sondern Investitionsgüter waren. Sie wurden den
Abonnenten von den Postbetrieben gegen eine geringe monatliche Miete zur
Verfügung gestellt und waren vielleicht die genauesten Beispiele für kollektiven Standard im Sinn von Meyer und der Avantgarde. Ihr Gehäuse bestand
nicht mehr aus Holz, sondern aus „Kunstharz", einem Duroplast wie Bake-
lit; Mikrofon und Hörmuschel, beide aus vernickeltem Metall, waren durch
einen hölzernen Handgriff verbunden (Abb. 176). Ästhetische Anmut war kein
Thema, die Technizität des Funktionierens stand im Vordergrund. Die Form
ergab sich zweckmäßig aus der Addition der Einzelteile, und entsprechend
„zusammengesetzt" wirkt sie auf uns heute. Damit war man zufrieden, ja man
erblickte darin die zeitgemäße Ästhetik.

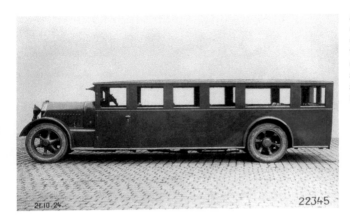

Abb. 170: MAN-Autobus mit „Simplex"-Felgen für schnellen Radwechsel, 1924. Die einfache stereometrische Form des Fahrzeugs als Beleg für die zeitgemäße Vernunft des Ingenieurdenkens.

Technisches Komponieren

Durch das Prinzip des Zusammensetzens einzelner Elemente mit jeweils eigener Begründung ließen sich auch Autos von hoher Eleganz gestalten: mächtige Räder, horizontal gestreckte Motorhaube, freistehende Scheinwerfer, Kotflügel, Reserveräder, Trittbretter, fast senkrechte Windschutzscheibe; im boxenförmigen Innenraum saßen die Fondspassagiere über der Hinterachse, hinter der das Heck senkrecht abfiel. Autos jeder Größenordnung und Preisklasse waren grundsätzlich gleich konfiguriert. Große Motoren bewirkten eine lange Motorhaube, was ästhetisch als Vorzug galt. In Schönheitswettbewerben *(concours d'élégance)* wurde beurteilt, wie überzeugend dieses durchgehende Repertoire aus einzeln formulierten Elementen angewandt, wie harmonisch deren Komposition war.

Das gestalterische Prädikat dieser Jahre war die *Neue Sachlichkeit* oder auch *Funktionalismus.* Doch was bedeuten diese Wörter? Auch der Jugendstil kann Funktionalität für sich beanspruchen, wenn unter seiner Funktion die Selbstbefreiung von herkömmlichen Gestaltungskriterien verstanden wird. Für die vorliegende Moderne der Neuen Sachlichkeit hingegen verstand sich Funktionalität als Gebrauchsfunktionalität: hoher Nutzen bei geringem Material- und Formaufwand, als Entscheidung für Schlichtheit und Plausibilität des Ganzen, worin sich ihren Anhängern eine immer wieder überraschend reiche Ästhetik offenbarte. Diese Nützlichkeitsästhetik

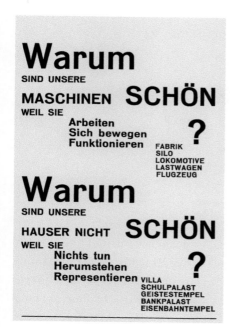

Abb. 171: Hans Schmidt: „Warum schön? Warum nicht schön?" Typografische Argumentation in der Zeitschrift ABC Nr. 3–4, 1925

unterscheidet sich in ihrer Ausrichtung zumindest teilweise von der Aufmerksamkeitsästhetik etwa von *De Stijl* (Rietveld) oder des Bauhauses unter Gropius (→ X-14).

Das konnte sogar so weit gehen, dass für die strengsten Funktionalisten, die „Jakobiner" der Avantgarde, formale Eleganz gar kein Ziel mehr sein sollte. Sie fragten: „Warum sind unsere Maschinen schön? (Lastwagen, Eisenbahn, Flugzeug, Silo)" und gaben die Antwort: „Weil sie arbeiten." Sie argumentierten sodann: „Warum sind unsere Häuser *nicht* schön? Die Antwort: Weil sie repräsentieren (Schulpalast – Geldtempel – Eisenbahntempel)."[7] „Schön" ist etwas also nicht, wenn es schön sein will, vielmehr wenn es seiner Bestimmung entspricht und dabei die Würde und Anmut des Seiner-selbst-nicht-Bewussten hat: Das ist Kleists Gedanke in seiner berühmten Reflexion „Über das Marionettentheater". Der Schweizer Kunsthistoriker Georg Schmidt drückte diese Auffassung in seiner fotografischen Gegenüberstellung einer Hürdenläuferin und einer Eiskunstläuferin sowie in seinem Kommentar

Abb. 172: Georg Schmidt: Hürdenläuferin versus Eiskunstläuferin, 1930:
Ästhetik als erfolgreiches Resultat versus Ästhetik als verfehlte Absicht.

aus. Seine Argumentation stellt sich zusammengefasst so dar: Die Hürdenläuferin denkt nur an die Leistung, und in der Hingabe an die maximale
Leistung *ist* sie schön, während die dekorativ gekleidete Eiskunstläuferin
erfolglos versucht, schön zu *wirken*. Uns entgeht dabei nicht, dass die Fotografien reichlich tendenziös ausgewählt sind, um die Hürdenläuferin im besten und die Eiskunstläuferin im unvorteilhaftesten Moment zu zeigen. Es
gilt, die Maxime der Neuen Sachlichkeit zu beweisen, die lautet: Schönheit
zu erreichen, soll kein Anspruch mehr sein, einzig die bestmögliche Funktionalität ist das Ziel; wird es erreicht, hat dies zwingend die überzeugende
Ästhetik zur Folge. Georg Schmidt bemüht auch die Natur und deren Ökono-
mieprinzip, wonach sie mit geringstem Aufwand den größten Effekt erreiche.
(Stimmt das mit dem geringsten Aufwand? Wohl kaum.) Dies ist allerdings
eine Extremposition unter den Modernisten. Sie findet sich insbesondere bei
der schweizerischen ABC-Gruppe (den Brüdern Schmidt und Hannes Meyer),
bei russischen Konstruktivisten wie Lissitzky und Rodtschenko, wenigen
Deutschen wie Heinz und Bodo Rasch und Holländern wie Mart Stam, nicht
aber bei den Italienern (Albini, BBPR, Figini/Pollini, Ponti) und den Franzosen (auch nicht bei Herbst, Perriand, Prouvé). Als provokative radikal-
funktionalistische Maxime eignete sie sich für die zahlreichen Manifeste der
1920er-Jahre. Der Manifest-Eifer bildete sich allerdings nach 1925 zurück
und machte einer gelassenen Haltung Platz, bei der zu den Bemühungen um

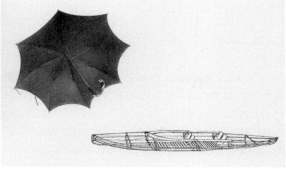

Abb. 173: Aus Heinz und Bodo Rasch: Regenschirm und Faltboot, Hängewerk, 1928. Leichtbauweise aus effektiver Ausnützung der Material-Möglichkeiten.

Funktionalität auch die um Ästhetik trat. Der Architekt Bruno Taut drückte dies 1929 kurz und bündig aus: „Der einfache Satz für die neue Ästhetik dürfte lauten: Aufgabe der Architektur ist die Schaffung des schönen Gebrauchs."[8] – Eine schöne, unangestrengte Formulierung, die ohne Weiteres auf die Gestaltung zu übertragen ist. Wie auch mit dem bereits zitierten Satz von Adolf Behne, der diesem Kapitel den Titel gab, lässt sich damit auch heute noch durch eigene Aufmerksamkeit der häufig geäußerte gedankliche Kurzschluss von gestalterischer Einfachheit als „emotionale Kargheit" konterkarieren (→ X-27).

Innen und Außen: neue Einheit

Im Zeitraum von 1925 bis 1935 vollzog sich dann jedoch eine bedeutende Änderung des Form-Ideals. Das Gesetz, dass Anstöße zu einer Neuerung während einiger Zeit eher unbeachtet bleiben und erst durch die Anwender Verbreitung und sogar Popularität gewinnen, gilt auch in diesem Fall. Wie gesehen, waren um 1925 die Artefakte im wörtlichen Sinn *Kom-Positionen,* Zusammen-Setzungen aus verschiedenen Elementen. Dies gilt ebenso von Möbeln wie von Autos, Flugzeugen und anderen technischen Artefakten. Das „formgebende Verständnis" wandelte sich nach 1930 aber tiefgreifend von der *Addition* zur *Synthese.*

Die populäre Erklärung lautet, dass dies unter dem Einfluss der Stromlinien-form geschah, die an die Stelle der separaten Elemente einen gemeinsamen umhüllenden Mantel setzte. Es war jedoch genau umgekehrt: Die Stromli-nienform war Folge und Symptom, nicht Ursache des Wandels. Dass im Lauf der Entwicklung aus dem Prinzip Addition das Prinzip Synthese wurde, ist dem Bedürfnis nach größerer Einheitlichkeit und nach einem tieferen Zu-sammenhang zwischen den Teilen zuzuschreiben. Der Schweizer Kritiker Peter Meyer glaubte 1927, am Modell eines Auto-Entwurfs von Paul Jaray die „Unterdrückung des Details zugunsten einer als zweckmäßig errech-neten Form" zu erkennen.[9] Diese Formulierung macht klar, dass zu diesem Zeitpunkt (1927) die Details als autonome Elemente noch sakrosankt waren. Zehn Jahre später war das anders. Um beim Beispiel des Autos zu bleiben: Die Form als Komposition autonomer Elemente veränderte sich grundlegend zu-gunsten eines Ganzen, wovon das einzelne Element ein untergeordneter Teil wurde. Scheinwerfer wurden in die Kotflügel einbezogen, diese verbanden sich mit der Motorhaube, die ihrerseits durch eine schräge und vielleicht ge-pfeilte Windschutzscheibe in eine gerundete Dachlinie überging und weiter in ein abfallendes Heck; die Trittbretter entfielen bei besonders fortschrittli-chen Konzepten, etwa weil ein Frontantrieb oder die Anordnung des Motors im Heck erlaubten, das Fahrzeug niedriger zu bauen. Die einzelnen Teile gin-gen alle ineinander über. Produktionstechnische Kriterien spielten dabei eine Rolle (größere Serien, weniger, dafür größere Einzelteile, leistungsfähigere Werkzeuge, weniger Handgriffe, zwar höhere Investitions-, aber geringere Einzelstückkosten). Ein Pionier dieser neuen Auffassung war der gebürtige Wiener Paul Jaray, der als Chefingenieur bei den Zeppelin-Werken im Luft-schiffbau das naturwissenschaftliche Kriterium des minimalen Luftwider-standes in der Aviatik zur kategorischen Maxime erhoben hatte und es nach 1920 auf Automobile übertrug.[10] Jaray interessierte sich für die Frage nach dem, was zwischen dem bewegten Fahrzeug und der umgebenden Luft vor-geht. Auch andere Pioniere mit dieser Fragestellung und Erneuerer der Form-gebung von Fahrzeugen kamen aus der Aviatik: die Franzosen Jean Andreau, Émile Claveau oder André Lefèbvre, der Deutsche Franz Kruckenberg oder die Amerikaner William B. Stout und R. Buckminster Fuller.[11] In der Tat war es die Fliegerei (Aviatik), in der sich diese idiomatische Neuerung aufdrängte und von der her sie sich auf anderen Gebieten durchsetzte. Mit dem Ziel der größeren Leistung (höhere Geschwindigkeit und Tragkapazität, höhere Festigkeit bei geringerem Gewicht, geringerer Treibstoffverbrauch) wurden etwa bei Flugzeugen die Motorgondeln in das Flügelprofil eingearbeitet, dessen Wurzel in den Ganzmetallrumpf überging, ebenso das Heckleitwerk. Dem Propagandisten Le Corbusier entsprachen 1925 in *L'Esprit Nouveau* die Flugzeuge selbstverständlich seinen puristischen Überzeugungen; 1935 bildete derselbe Autor in seinem (nur in englischer Sprache erschienenen) Buch *Aircraft* auch stromlinienförmige Flugzeuge ab.[12]

Neues Verständnis von Ganzheit

Die Entwicklung von Einzelbetrachtungen zu einer synthetisierenden Gesamtschau ist ein Erkennungszeichen der Zeit zwischen 1925 und etwa 1935. Eine Art von früher Gesamtschau liegt bereits der *Frankfurter Küche* zugrunde. Die konventionelle Küche war eine unsystematische Akkumulation von Einzelgegenständen. Herd, Schüttstein, offene Regale, Buffet, Küchentisch waren meist unsystematisch angeordnet; an der Wand befestigt waren Halterungen für Topfdeckel, Kellen, Hohlmaße, vielleicht eine Balkenwaage, ein Brett für Gläser mit Vorräten, eine Ablage für Gewürze. Die Architektin Grete Schütte-Lihotzky machte 1925 am Hochbau- und Siedlungsamt in Frankfurt am Main *(Das neue Frankfurt)* den Schritt von der Einzelbetrachtung zur Untersuchung von Vorgängen. Sie analysierte die Tätigkeiten des Putzens von Gemüse, des Kochens, Abwaschens und Wegräumens, systematisierte deren spezifische zeitliche und räumliche Organisation und kam zu einer platz- und arbeitssparenden Anordnung der Komponenten in einer Küche: Herd, Kochkiste (zum Garen), Speiseschrank, Spüle, Vorratsbehälter und Schränke waren entsprechend den Tätigkeitsgruppen angeordnet. Die Arbeit ließ sich dadurch zum Teil im Sitzen verrichten. Auch ein an der Wand befestigtes herunterklappbares Bügelbrett gehörte zur Ausstattung. In Frankreich rechnete die Journalistin Paulette Bernège 1929 aus, dass eine Hausfrau in 30 Ehejahren auf dem konventionellen Korridorweg zwischen Küche und Esszimmer die Strecke von Paris bis Irkutsk hinter dem Ural

Abb. 174: Grete Schütte-Lihotzky: Frankfurter Typenküche, 1926. Entsprechend den sinnreichen Abläufen geplant und in Varianten in tausenden von Wohnungen des *Neuen Frankfurt* realisiert.

zurücklege, und sprach von „des distances vampyres".[13] Heute, im Zeichen der Fitness, wäre dies eher ein Anlass für Stolz. Ziel solcher Bestrebungen war, der Hausfrau die Arbeit leichter zu machen und ihr grundsätzlich auch eine Erwerbsarbeit außerhalb des eigenen Haushaltes zu ermöglichen. Die Emanzipation der Frau verstand sich damals als Befreiung von der unnötig gewordenen Sklavenarbeit, nicht aber von einseitigem Rollenverständnis.[14] Schütte-Lihotzkys Vorbild war die amerikanische Publizistin Christine Frederick, die 1915 mit ihrer Artikelfolge „Household Engineering" in der Zeitschrift *Ladies' Home Journal* und 1923 mit ihrem Buch *Household Engineering. Scientific Management of the Home* bekannt geworden war. Mit diesen Titeln übertrug Frederick in direkter Analogie zu Frederick W. Taylor (→ Kap. 12) das Kriterium der wissenschaftlichen Betriebsführung auf den familiären Haushalt, wobei der emanzipatorische Ansatz auf organisatorische und technische Belange begrenzt blieb. Der Hintergrund dafür, in Europa wie in den USA, war – besonders nach 1918 – die für den Mittelstand zur ökonomischen Notwendigkeit gewordene Praxis, ohne Dienstpersonal auszukommen.[15]

Auch jenseits der Bemühungen um die funktionelle Küche und außerhalb des Bauhauses lässt sich nun das Auftreten bedeutender Gestalterinnen in Europa feststellen, so etwa die Innenarchitektinnen Lilly Reich und Charlotte Perriand, die Architektinnen Flora Steiger und Lux Guyer, die Grafikerin Grete Leistikow, die Fotografinnen Germaine Krull, Florence Henri und Gisèle Freund und die von der Kunstgewerblerin zur Architektin und Designerin gewordene Eileen Gray. An Begabung und Artikulationskraft reich, waren sie verglichen mit ihren männlichen Kollegen noch immer eine sehr kleine Minderheit; doch immerhin ein Anzeichen für eine beginnende Veränderung. Frauen haben, soviel wir wissen, bei der Formulierung der polemisch-rhetorischen Programme und Manifeste um 1925 nicht mitgewirkt. Beim Umsetzen, Materialisieren, Raffinieren und Anreichern der Ideen hingegen waren sie wesentlich beteiligt und trugen trotz ihrer geringen Zahl Entscheidendes zur künstlerischen Entfaltung der Moderne bei, insbesondere beim Thema der Inneneinrichtung.

Überraschende Artenvielfalt des Typenmöbels

Einer ähnlichen Entwicklung folgt die Veränderung des Erwartungsspektrums an modernes Mobiliar zwischen den 1920er- und 1930er-Jahren. Die Linie führt vom Elementar-Einfachen und Archetypischen zum Komplexeren und Verfeinerten, vom Ideogramm des Universellen zum Persönlicheren. Bei diesem Prädikat jedoch gilt es, den Unterschied zum Jugendstil zu beachten: Dieser war individualistisch, die Moderne der 1930er-Jahre hingegen verstärkte sogar ihre eigenen Ansprüche an funktionale Plausibilität und technische Begründbarkeit. Das Persönliche, Individuelle zeigte sich nun im Umgang mit dem Allgemeinen. In den 1920er-Jahren hatte sich die Frage nach dem Mobiliar im absoluten Sinn als ein Entweder-oder gestellt: Das praktische moderne Möbel sollte das schwerfällige alte ersetzen. In den 1930er-Jahren bildete sich dieses binäre und antithetische Denken und Empfinden zurück; man nahm wahr, dass das moderne Möbel sich auch gut mit alten Erbstücken kombinieren ließ. Dieses Sowohl-als-auch entsprach einerseits der allgemeinen Hinwendung zur versöhnlichen und persönlichen Synthese, war aber auch wirtschaftlich begründet, weil man so ein breiteres Publikum zu erreichen hoffte.

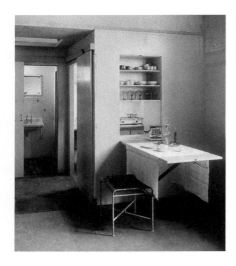

Die Möbelentwürfe dieser Zeit stammten fast ausschließlich von Architekten und Architektinnen, wie die technischen Gegenstände von Konstrukteuren, da der Beruf des Designers noch nicht existierte. Das „Architektenmöbel"
sollte das Bindemittel zwischen neuzeitlichem Städte- oder Siedlungsbau,
Wohnbau und den Bewohnern sein. Der russische Künstler und Architekt
El Lissitzky bezeichnete die Wohnung als Plattform, von der aus sich in zwei
Richtungen die neue Stadt und das Wohnen entwickelt, und stellte fest: „Es
ist notwendig zu verstehen, dass die Wohnung, ihr Grundriss und System,
die Grundzelle bildet, aus der sich das Haus zusammensetzt und die Häuser
sich zu Straßen und Plätzen fügen, d. h. zur Stadt als Ganzes. So entsteht die
‚große Architektur'. Doch aus dem System der Wohnung entwickelt sich auch
die ‚kleine Architektur', seine Inneneinrichtung, seine Möblierung."[16]
Für die Moderne war klar, dass die Haupteigenschaft der Möbel ihre uni-
verselle und überpersönliche Gültigkeit sein musste (→ Kap. 13–15). Der Frankfurter Architekt Ferdinand Kramer stellte fest: „Der Individualismus der
bürgerlichen Wohnung war ein Scheinindividualismus". Er sah den Zusammenhang zwischen der Typenwohnung, ausgedehnten neuen Siedlungskom-
plexen und Typenmöbeln als Elemente von ein und derselben Aufgabe: „Die

Abb. 176: Max Ernst
Haefeli: Tisch mit Füßen
aus dem Metall Elektron,
schwenkbare Wandleuchte
mit Opalglas-Schirm,
1927; Telefonapparat und
Schreibmaschine als
Beispiele für Standard-
ware. Ausstellung *Das
neue Heim II*, Zürich 1928

ökonomischen und technischen Voraussetzungen greifen hier wie die Zahnräder zweier Getriebe ineinander."[17]

El Lissitzky formulierte 1929 die Eigenschaften standardisierter Möbel mit
diesen Worten:

„Worauf beruht die Ausdruckskraft dieser Dinge (der modernen Möbel)?
Warum machen sie auf uns einen guten Eindruck?

1. Sie vertreten sich selbst und stellen nicht etwas vollkommen anderes
   dar – SIE SIND EHRLICH.

2. Das Auge nimmt sie als Ganzes wahr, ohne in einem Wirrwarr herum-
   zuirren und darin steckenzubleiben – SIE SIND EXAKT.

3. Sie sind einfach, nicht durch die Armut der gestaltenden Energie, der
   erfinderischen Phantasie, sondern durch den schöpferischen Reichtum
   dessen, der sie gestaltet und höchsten Lakonismus anstrebt – SIE SIND
   ELEMENTAR.

4. Ihre Form als Ganzes und in ihren Details kann mit Lineal und Zirkel
   aufgebaut werden – SIE SIND GEOMETRISCH.

5. Sie sind von der Hand eines Menschen mit Hilfe des bearbeitenden Teils
   einer modernen Maschine gestaltet – SIE SIND INDUSTRIELL."[18]

In Kapitel 13 hörten wir Sigfried Giedion sich 1923 über die Möbel am Bauhaus Weimar äußern, und wir erinnern uns daran, dass sie ihm zu artifiziellformbetont waren. 1931 war derselbe Giedion Mitgründer des bedeutenden Einrichtungshauses „Wohnbedarf AG" in Zürich, des weltweit ersten modernen Einrichtungshauses mit eigens entwickeltem Typenmöbel-Sortiment aller Kategorien (Stühle, Tische, Fauteuils, Betten, Schränke, Regale, Leuchten). Hans Eckstein charakterisierte 1933 die Wohnbedarf-Modelle der Entwerfer Alvar und Aino Aalto, Giedion, Max Ernst Haefeli, Werner M. Moser und Flora Steiger mit einigen Sätzen, die ihre hohe funktionale Intelligenz betonen: „Heller, lichtdurchfluteter Raum mit durchweg leichtbeweglichen, bequemen, aber äußerst einfachen Möbeln, die nichts sein wollen als Gebrauchsgegenstände. Es sind keine auffallenden, starken Farben in diesem Raum. Dadurch kommt jeder Blumenstrauß, jede Kleiderfarbe (der Mensch selbst also) ebenso wie das Grün der Natur um so stärker zur Geltung. [...] Die Sessel nehmen bei größter Bequemlichkeit ein Minimum von Raum ein, was sie besonders für die relativ kleinen Räume neuer Siedlungshäuser brauchbar macht. Denn der Raum soll dem Menschen, nicht den Möbeln gehören."[19]

Marcel Breuer weitete Lissitzkys obige Charakterisierung des Standard-Möbels wenige Jahre später mit einigen bemerkenswerten Sätzen weiter in Richtung künstlerischer Freiheiten aus: „Wir suchen das Gleichförmige und vielseitig Verwendbare: die Norm und den Typ. Norm und Typ sparen Gehirnarbeit und Geld. Heute befreien sie uns von unwesentlichem Kleinkram, morgen sichern sie uns [sic] durch einwandfreies Funktionieren und durch ihre ruhige Erscheinung, übermorgen erdrücken sie uns vielleicht, weil sie unveränderte, hemmende Dogmen gegenüber den veränderten Verhältnissen darstellen werden [...] Wir bejahen und fördern das Typische mit ganzer Leidenschaft und aus ökonomischer Einsicht. Aber: wir experimentieren und interessieren uns für sozusagen illegale Einzelfälle mit derselben Leidenschaft."[20]

Ohne den bereits mehrfach erwähnten Unterschied zwischen den 1920er und den 1930er-Jahren überbetonen zu wollen, lässt sich doch behaupten, dass die etwas anders gesetzten Gewichte bei Breuer zeittypisch für die Jahre vor dem Zweiten Weltkrieg werden sollten. Das Prinzip des aufgeschlossenen, einschließenden Sowohl-als-auch trat an die Stelle des schroffen Entweder-oder. Leichtigkeit, Luftigkeit, geringes Raumvolumen bei hohem Gebrauchs-nutzen: Sie waren den Möbeln der europäischen Moderne gemeinsam. Allen Befürwortern war klar, dass die Wahl von Typenmöbeln kein Hinderungs-grund war, mit ihnen nicht doch eine persönliche, unverwechselbare Atmo-sphäre schaffen zu können.

Stahlrohr, seltener Bandeisen oder Walzblech, jedenfalls industrielle Halb-fabrikate, wurden gebogen, abgekantet, oberflächenveredelt (durch Vernicke-lung, Verchromung oder Farblackierung) und verschraubt oder verschweißt; farbige Stoffflächen (meist unifarben, strapazierbar – deshalb die Bezeich-nung „Eisengarn") wurden darübergespannt, was eine Federwirkung ergab und die kostspielige Polsterung ersetzte. Etwa zwischen 1927 und 1935 er-lebte das Sitzmöbel aus Stahlrohr einen regelrechten Boom. Auch für Betten wurde dieses Material verwendet. Die Faszination für das Uniforme erhielt durch das Stahlrohr entschiedene Nahrung: Das Ausgangsmaterial war vor-gegeben, was sich damit machen ließ, war wählbar. Eine Ausnahme war der französische Konstrukteur Jean Prouvé und seine Erforschung raffinierter Verbindungen aus Stahlrohr, Walzeisen, Stegblechen und Zugfedern für sta-tische oder bewegliche Sitze und für Behältermöbel. Das zeittypische Bie-gen von Stahlrohr als Meterware befriedigte ihn nicht, vielmehr kantete er Blech ab, stanzte es und verschweißte oder verschraubte die Elemente nach statisch-dynamischen Gesichtspunkten (→ Kap. 24).[21]

Was Prouvé an Ansprüchen an die konstruktive Leistungsfähigkeit von Me-tall entwickelte, versuchten andere mit Bugholz und Sperrholz, die sich ebenfalls als leistungsfähige Werkstoffe erwiesen. Sperrholz ersetzte das schwere und teure Massivholz bei Kleiderschränken, furnierte Tischler-platten wurden für Tische und Regale eingesetzt.[22] Schränke waren durch neu entwickelte Beschläge zerlegbar konstruiert und hießen etwa dank aus-wechselbarer Zubehörteile *Inkombi* (von „innen kombinierbar").[23] Helle Höl-zer wie Birke, Ahorn oder Esche verdrängten die dunkleren wie Nussbaum oder Eiche und die dunklen Beizen. Dass das junge finnische Architekten-paar Alvar und Aino Aalto um 1933 ein ganzes Möbelset aus Birkensperr-holz entwickelte, hing mit dem unerschöpflichen Holzvorkommen Finnlands zusammen und verdankte sich dem Umstand, dass Holz dem menschlichen Körper weniger Wärme durch Abstrahlung entzieht, was im Norden während der kalten Jahreszeit physiologisch vorteilhaft ist. Das Ehepaar Aalto gründete zur Produktion ihrer Modelle die Firma Artek, bezeichnend für den Entwicklungsweg der 1930er-Jahre: Die manifesthafte Grundsätzlichkeit der 1920er-Jahre wurde zugunsten einer persönlicheren (und trotzdem plausiblen) Handschrift durch Verfeinerung überwunden. Von den Aaltos stammen Stühle, Hocker, Sessel, Liegen, Bettsofa, Tische in beachtlichem Variantenreichtum (→ Kap. 26).

Aalto, Breuer, Le Corbusier, Dieckmann, Eysselinck, Frank, Gray, Haefeli, Jeanneret, Kramer, Luckhardt, Mies, Oud, Prouvé, Rietveld, Steiger, Terragni … man kann fast ein Alphabet mit den Namen der Entwerfer bilden, deren Entwürfe aus den 1920er-und 1930er-Jahren mehrheitlich noch heute, 100 Jahre später, weiterhin im Handel sind, als ob ihnen das junge Alter ihrer damaligen Entwerfer so etwas wie ewige Jugend verliehe.

Doch eben – das angesprochene Proletariat und der breite Mittelstand zeigten damals dem wohlgemeinten, aber neuartigen und unvertrauten Angebot an reizvollen, ausgereiften und klug durchdachten Typenmöbeln mehrheitlich die kalte Schulter. Vor dem Ersten Weltkrieg waren die meisten Möbel als Hauptteil der Aussteuer von einem Tischler auf Bestellung angefertigt worden. Jetzt propagierte man die Typenmöbel von funktionell-durchdachter Machart, will sagen: einer Gestaltungsmethode, die den Gebrauchsnutzen weit über die Konvention stellte. Typenmöbel sollten objektiv fehlerlos sein, sich deshalb für die serielle oder gar massenhafte Fertigung eignen und entsprechend preisgünstig sein. Das war die Theorie, der auch die Überzeugung zugrunde lag, dass der neue Lebensstil und die neue Ästhetik widerspruchsfrei gleichgerichtet sein sollten. Dem stand die Tatsache entgegen, dass der überwiegende Teil der Bevölkerung – kulturell konservativ – Fragen des Wohnens viel eher vom Kompensatorischen her interpretierten: das vertraute Zuhause als Erholungsort von dem anstrengenden Erwerbsleben. Gerade diese Rolle war ihm auch von den Gestaltern der neuen Richtung zugedacht; nur in der Frage, mit welchen Gegenständen sich so freundliche Gefühle hervorrufen lassen, schieden sich die Geister. In zahlreiche

Wohnungen des Neuen Bauens kam traditionelles, schwerdunkles Mobiliar – Aussteuer- und Erbstücke – zu stehen. Das Neue Wohnen löste nur bei einem kleinen, kulturell aufgeschlossenen und innovationsbereiten Teil des Bürgertums ein zustimmendes Echo aus.[24] Die Fortschrittsdynamik wurde davon spürbar behindert; die Serien wurden infolge der Zurückhaltung der angesprochenen Arbeiter kaum je so groß, dass die Möbel die angestrebte Preisgünstigkeit erreichten. Der Ausbruch der langjährigen Weltwirtschaftskrise und damit verbunden die Ausbreitung politischer Gewalt knickten vollends die Hoffnungen auf ein allgemeingültig gewordenes *Befreites Wohnen*.[25]

Auf den letzten Seiten war vor allem von Themen allgemeingültigen Interesses die Rede. Das Universell-Gültige – oder was dafür galt – stand im Zentrum. Doch in einem künstlerisch hochangeregten Klima konnten sich auch höchst persönliche Gedanken entwickeln, die damals zu kurz kamen. Die Gestalterin Eileen Gray konnte sich selber im Abstand weniger Jahre in Südfrankreich zwei aufregende Häuser bauen und einrichten, in deren Bau ihre Ideen ebenso eingingen, wie sie sie umgekehrt angesichts der Bauten in Sprache fasste: Entwurf und Erkenntnis lassen sich bei Gray nicht voneinander trennen. Sie schrieb: „Die Armut der modernen Architektur rührt von der Verkümmerung der Sinnlichkeit her. Alles wird vom Verstand beherrscht, um Überraschungseffekte zu erzielen ohne wirkliches Nachforschen. Die Kunst des Ingenieurs ist nicht ausreichend, wenn sie nicht von den primitiven Bedürfnissen des Menschen ausgeht. Verstand ohne Instinkt. Wir müssen allen rein bildlichen Elementen misstrauen, sofern sie nicht durch den Instinkt gefiltert sind."[26] Ein weiterer Eintrag in Eileen Grays Notizbuch führt ihren allgemeinen Gedanken ins Konkrete weiter: „Arbeite oft mit der Psychologie des Lichtes. Bedenke, in unserem Unterbewusstsein wissen wir, dass das Licht von einem Punkt kommen muss, wie Sonne, Feuer usw. Ein Bedürfnis, das tief in uns verwurzelt ist. Hat man das erkannt, erklärt sich der Eindruck des Missvergnügens, den indirektes Licht schafft. Vergrößere das Licht, erweitere die Strahlen, die von einem Punkt kommen, kapsle sie nicht ein. Innenbeleuchtung: niedrige Lampen, beleuchte den Fußboden durch Licht, das sich 80 cm über dem Boden ausbreitet, oder beleuchte den Raum einen Meter bis anderthalb Meter vom Fußboden entfernt."[27]

Abb. 178: Eileen Gray: Wohnraum im Haus E.1027, Roquebrune 1929. Architektur, Mobiliar und Einrichtung als persönlicher Weltentwurf. Foto: Eileen Gray.

Solche Gedanken sind künstlerischer Natur, und die Moderne hat zu deren Entwicklung einen unvergleichlichen Reichtum an Möglichkeiten freigesetzt. Dieser Reichtum war nicht beabsichtigt, vielmehr stellte er sich ein und war die Folge aus den unterschiedlichsten Arbeitsvoraussetzungen. Aber gab es nicht doch eine generelle Maxime? Kehren wir nochmals zur Frage zurück, ob man damals einen eindeutigen Zusammenhang zwischen der (großseriel- len) Fertigung und der Gestaltung zu sehen glaubte (→ X-12). Die theoretischen Äußerungen der 1920er- und 1930er-Jahre vertraten diese Überzeugung in- sofern, als sie ausdrückten, die maschinelle Herstellung eines Gegenstandes führe zwangsläufig zu einfachen Formen. Den elementaren Gebrauchs-Ty- pen für den als universell betrachteten Bedarf sollten einfache Form-Typen entsprechen. Aber was sind einfache Formen? Formen, die einfach aussehen? Oder solche, die auf direktem Weg entworfen sind? Oder solche, die auf ein- fache Weise hergestellt sind? Und was heißt das nun wieder: hergestellt mit einfachen Werkzeugen und Maschinen oder mit hoher Produktivität? Dieser Fächer an Fragen dementiert jedenfalls einen eindeutigen Zusammenhang zwischen Formung und Fertigung.

Der Reichtum dieser Epoche gründet womöglich geradezu im Fehlen einer Systematik: Das Uniform-Universelle, das Grundsätzliche ist in allen

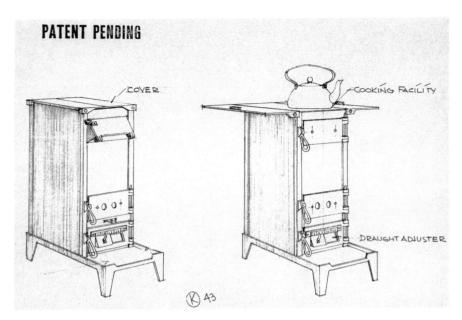

PATENT PENDING

COVER

COOKING FACILITY

DRAUGHT ADJUSTER

K 43

Abb. 180: Ferdinand Kramer: Entwurf für einen Kompaktofen nach dem
eigenen Vorbild für *Das neue Frankfurt,* nach Kramers Emigration 1938
zum Patent angemeldet in den USA 1943.

bedeutenden Verwirklichungen weit hinter sich gelassen, nicht, weil es
überholt gewesen wäre, sondern weil es auf ganz unterschiedliche Weise
vorausgesetzt wurde. Adornos Bemerkung über den Glücksfall, wenn die
künstlerische oder gestalterische Absicht und das Resultat kongruent werden, lässt sich auf manche Leistungen dieser Epoche beziehen: „Die Inten-
tion erlischt im Gehalt".[28]

Anmerkungen

1 Adolf Behne, zit. bei Julius Posener: *Schriften 1930–1980*. Berlin 1980, S. 201

2 Vgl. „Zeitgemässe Zeitschriften" (Zusammenstellung vermutlich durch Hannes Meyer). In: *Das Werk* (Zürich), Sonderheft „Die neue Welt", Juli 1926, S. 236

3 Hannes Meyer: „Die neue Welt". In: *Das Werk* 7/1926 (wie Anm. 2). Vgl. auch *Hannes Meyer. Schriften* (Reprint), CH-Baden 1989

4 Wie Anm. 3

5 Sein aufsehenerregender Entwurf des Völkerbund-Gebäudes – zusammen mit Hans Wittwer – entstand wenige Monate später und übersetzte 1927 den rhetorischen Enthusiasmus in eine radikal unvertraute Architektursprache quasi eines Industriebaus für Völkerverständigung (nicht realisiert).

6 Der perforierte Kleinbildfilm seit der Leica ist als eine Weiterentwicklung des seit dem Ende des 19. Jahrhunderts bekannten Rollfilms anzusehen.

7 Als Autor dieser Passage wurde Hans Schmidt ausgemacht. *ABC – Beiträge zum Bauen*, Nr. 3/4, 1925, S. 7

8 Bruno Taut: *Die neue Baukunst*. Stuttgart 1929, S. 7

9 Peter Meyer: *Moderne Architektur und Tradition*. Zürich 1927, o. S. (Legende zu Taf. X)

10 Der Nachlass Paul Jarays befindet sich in der Bibliothek der ETH Zürich, Abteilung Wissenschaftshistorische Sammlungen.

11 Vgl. Claude Lichtenstein / Franz Engler: *Stromlinienform*. CH-Baden/Zürich 1992

12 Le Corbusier: *Aircraft* (Series „The New Vision"). London 1935

13 Paulette Bernège: *Si les femmes faisaient les maisons*. Paris 1928

14 Frauen mit einer richtigen Berufsausbildung waren damals in der Minderheit. Junge Frauen waren meist von ihren Eltern für den Status der Ehe- gleich Hausfrau vorgesehen. Von den erwerbstätigen Frauen waren viele Angelernte in der Industrie oder arbeiteten als „Aufwartfrau", Wäscherin, Plätterin oder Haushalthilfe in Bürgerhäusern, die besser ausgebildeten als Sekretärin im Büro.

15 In den USA war der Abolitionismus ein Mittel im Kampf gegen die Sklaverei. In Europa hatten während des Kriegs zahlreiche Frauen in der Wirtschaft Stellen besetzt, da viele Männer an der Front waren; nach 1918 nahm ihre Zahl wieder ab, eine Entwicklung, die sich nach 1929 (Krise) noch stark beschleunigte.

16 El Lissitzky :„Wohnkultur". In: Ders.: *Proun und Wolkenbügel. Schriften, Briefe, Dokumente*. Dresden 1977, S. 55

17 Ferdinand Kramer: „Individuelle oder typisierte Möbel?" In: *Das neue Frankfurt* 1/1928

18 El Lissitzky: „Die künstlerischen Voraussetzungen zur Standardisierung individueller Möbel für die Bevölkerung" (Vortrag, 1929). In: Wie Anm. 16, S. 93

19 Hans Eckstein: *Die schöne Wohnung*. München 1934, S. 19

20 Marcel Breuer: „Mode – Modern" (aus einem Vortrag). In: *Das Werk* Nr. 11/1932, S. 339

21 Vgl. Benedikt Huber / Jean-Claude Steinegger (Hrsg.): *Jean Prouvé. Architektur aus der Fabrik*. Zürich 1971, S. 142

22 Tischlerplatten (auch Stabplatten) wurden kurz nach dem Ersten Weltkrieg entwickelt und waren die entscheidende Voraussetzung für die Abwendung von Massivholz-Möbeln.

23 Die geschützte Markenbezeichnung „Inkombi" für die Kleiderschränke des Einrichtungshauses *Wohnbedarf* (Zürich) wurde von Laszlo Moholy-Nagy vorgeschlagen. Hinweis von Walter Custer an den Autor, Zürich 1986

24 Dies war die Strategie von Walter Gropius: über das aufgeschlossene Bürgertum die Schichten der Arbeiter und Angestellten für die Sache der Moderne zu gewinnen.

25 Vgl. Sigfried Giedion: *Befreites Wohnen*. Zürich/ Leipzig 1929

26 Eileen Gray, Notat, vermutlich 1940er-Jahre (keine Zeitangabe). Zit. bei Peter Adam: *Eileen Gray. Architektin – Designer*in. Kilchberg/Zürich 1989, S. 217

27 Ebd., S. 285

28 Theodor W. Adorno in einem Radiobeitrag in den 1960er-Jahren. In: „Radio Adorno", Podcast 2019

X-16   Klassenkampf ums Ornament

Folgte die Neue Sachlichkeit auf die alte Sachlichkeit oder auf die alte Unsach-
lichkeit? Die Protagonisten um 1925 antworteten darauf: Natürlich Letzteres!
Wer sich zwischen den Weltkriegen als Teil der Avantgarde fühlte, stand unter
dem Zeichen des bedingungslosen Aufbruchs. Man kam aus dem Alten, war
ihm entkommen und blickte nach vorne. Und man war eine selbstbewusste
Minderheit: Künstlerinnen, Architekten und Gestalter, die sich gegenseitig zu
stützen suchten. Ihre Arbeiten waren fundamental anders als alles, was es vor
1900 gab: neue Produkte aus neuen Materialien in einer neuen Formenspra-
che, auf der Grundlage einer neuen Ästhetik und für eine neue Gesellschaft.
Wer aktiv dabei war, lebte in der Überzeugung eines absoluten Aufbruchs, zu
dem es keine Parallele gab. Noch heute, 100 Jahre später, können wir dies leicht
nachvollziehen; denn schließlich ist ein Möbel wie der Blau-Gelb-Rot-Stuhl
von Gerrit Rietveld ideell „unverbraucht", ebenso wie ein ganz anders gearte-
ter Sessel von Jean Prouvé oder ein Beistelltischchen von Eileen Gray. Das ist
eigentlich erstaunlich. Von welcher anderen Epoche des Möbelbaus können
wir sagen, dass sie ebenso alters- und zeitlos war, dass sie mit Leichtigkeit die
Gültigkeitsdauer von 100 Jahren übertraf? Wahrscheinlich nur von Bauern-
möbeln, die aber stets Abstand gehalten hatten zu allen „Hochstilen": von Mö-
beln der Gotik, der Renaissance, des Barocks und des Klassizismus, und die
erst mit dem Biedermeier in die kanonische Stilentwicklung einschwenkten.
Ist überhaupt in Bezug auf die Neue Sachlichkeit der Verweis auf die Stilent-
wicklung passend? In gewisser Weise ja, denn Möbel von heute unterscheiden
sich ja doch von jenen des Jahres 1925. Doch die Unterschiede sind gering im
Vergleich mit ihrer Ähnlichkeit. Die Moderne schuf eine Plattform, die – im
Gegensatz zu ihrem wirtschaftspolitischen Konzept – in ästhetischer Hinsicht
bis heute gültig geblieben ist.
So konnte man mit gutem Recht die Moderne als eine singuläre Erscheinung
bezeichnen und jede stilistische Betrachtungsweise ablehnen. An Manifesten
und großen Worten war kein Mangel.

Neben den Gegenwartsenthusiasten hatten die Historiker einen schweren Stand. Sie sahen dort Entwicklungen, Relationen und so etwas wie eine immanente Kontinuität, wo die Avantgarde nur ihren eigenen Moment sah, dem sie die Zeitlosigkeit des Absoluten zusprach. Die Avantgarde war grenzenlos selbstgewiss in der Überzeugung, dass sie (und erstmals sie) Zugang zu den großen Ideen einer neuen und reinen Ästhetik habe und Tag für Tag dabei sei, diese Ideen in die diesseitige Welt zu holen und ihnen materialisierte Gestalt zu geben.

Zwei Basler, Georg Schmidt und Peter Meyer (Schmidt 1896 geboren, Meyer 1893, beide mit humanistischer Schulbildung), fochten in den 1930er-Jahren einen Disput über die Frage aus, ob die Neue Sachlichkeit (das Neue Bauen, Neue Wohnen, die Moderne) nun als absolut neu oder nur als aktuell neu gelten müsse. Beide standen sie auf dem Boden des Neuen, nur nicht gleich kämpferisch, Schmidt als Aktivist, Meyer als wohlwollend-kritischer – stets auch den Widerspruch suchender – Berichterstatter an der Seitenlinie. Beide führten für ihre konträren Argumente die Anthropologie ins Feld.

Schmidt hielt 1930 in Stuttgart einen Vortrag vor dem Deutschen Werkbund unter dem Titel „Gebrauchsgerät". 1936 veröffentlichte er eine erweiterte und systematisierte Darstellung unter dem Titel „Hand und Maschine" in der Schweizerischen Bauzeitung.* Sein Ausgangspunkt war die Behauptung, dass die moderne Bewegung weit mehr als ein Stil sei, nämlich eine „Zeitenwende, für welche die Jahrhunderte als Maßstab zu nehmen keine Übertreibung" sei. Der Funktionalismus brachte in seinen Augen die Befreiung vom Joch des Ornaments und er bedeutete die „Überwindung der Stile". Schmidt holte weit aus in der Geschichte. Er bildet Äxte aus der Steinzeit ab und verglich sie mit einer Lanze aus der Bronzezeit, bei der das Ornament hinzugekommen war: Eine „Verzierung", die auf einen höheren gesellschaftlichen Rang des Trägers hindeutet. Das Ornament steht folglich am Anfang der Herausbildung von gesellschaftlichen Rangunterschieden nach Adligen (Waffentragenden) und „Gemeinen" (Werkzeugtragenden). Schmidt nennt als Grund für das Ornament den Wunsch, den Gegenstand und seinen edlen Träger dadurch zu schützen; er erklärt, dieses magische Denken wirke bis in die Gegenwart im Ornamentierungszwang fort und sei ein „atavistischer Rest der Angst vieler Menschen vor dem ungeschützten Gegenstand", also ein kurioses Relikt aus der Geschichte. Der üppig von Ornamenten überkrusteten Kutsche des britischen Königspaars stellte Schmidt in seinem Vortrag ein Ganzmetall-Passagierflugzeug von Junkers mit feingeripptem Rumpf und Aluminium-Tragflächen entgegen. Das zentrale Wertkriterium für Schmidt war die Leistung eines Gegenstandes, der keinen Schmuck braucht, ob es sich um ein Flugzeug, einen Tennisschläger, ein Feldbett oder ein Kanu aus Schilfrohr vom oberen Nil handelt. Nur der ornamentfreie Gegenstand ist für ihn von genuiner Würde.

Peter Meyer nahm wenig später (1938) in einem Artikel in der Zeitschrift Das Werk implizit auf Schmidts Darstellung Bezug, die er bezeichnete als „eine konsequent ausgebaute Theorie, die das Ornament als Besitzerstempel einer herrschenden Klasse erklärt".** Er resümierte Schmidts Behauptung, die gesellschaftlich noch nicht differenzierten Jägernomaden der Altsteinzeit hätten noch kein Ornament gekannt, und fragt nach: „– Aber was wissen wir von ihren Textilien? Ihren eventuellen Tätowierungen? Haartrachten? Körperbemalungen?." Für Meyer war Schmidts Theorie eindimensional. Er argumentierte in die umgekehrten Richtung, wenn er behauptete: „Ornamentierung in ornamentierter Umgebung bedeutet nicht eine Betonung und Auszeichnung des einzelnen, sondern umgekehrt seine Einbettung in einen Gesamtzusammenhang, seine Entwertung als Einzelgegenstand", während die „ornamentlose Grundform daneben leicht maßstabslos, nicht bescheidener, sondern in ihrem Absolutheitsanspruch emphatisch" wirke. Deshalb sei auch die Devise „Form ohne Ornament" keineswegs die Devise einer Volksbewegung, sondern „die ziemlich exklusive Angelegenheit einer gebildeten und geschmackvollen Elite, die in den ornamentlosen Grundformen den Reiz des spezifisch Modernen zu genießen weiß". Peter Meyer betrachtete das Problem des Ornaments mit einem anthropologischen Blick, was im Satz kulminiert: „Darum ist es auch in der Regel nicht so, dass ein bestimmter Gegenstand zum Gebrauch für einen bestimmten Benützer ornamentiert wird, sondern umgekehrt: für ein vorhandenes Äußerungsbedürfnis wird eine Gelegenheit zur Betätigung gesucht." Und er spitzt seinen Gedanken sogar noch zu mit der Feststellung: „Es ist ein Grundirrtum, den Zustand der Ornamentlosigkeit für den ursprünglicheren zu halten: das Gegenteil ist richtig. Das Ornament ist die naivere, *unüberlegtere Äußerung, während Ornamentlosigkeit bewusste Reflexion voraussetzt, eine bewusste Transposition der ursprünglich ästhetisch indifferenten Material- und Funktionsqualitäten ins Ästhetische. Wir lieben heute ornamentlose Formen in edlem Material, weil wir eben diesem Material selbst ornamentale Qualitäten zuschreiben – die Kategorie des Ornamentes bleibt dabei erhalten."*

Die beiden Sichtweisen unterscheiden sich grundsätzlich, ebenso wie sich auch zwischen Schmidts Vortrag und Meyers Antwort die zeitgeschichtlichen Vorzeichen fundamental geändert hatten: Auf die Weimarer Republik folgte das Dritte Reich, auf den Konstruktivismus und Suprematismus die Wendezeit Stalins.

Schmidts Sichtweise wusste enthusiastisch die Aktualität hinter sich, Meyers Begründungen waren nüchtern, revisionistisch und restaurativ. Doch sie erwiesen sich als realistischer und sogar langfristig als anschlussfähiger. Seiner Anerkennung des „vorhandenen Äußerungsbedürfnisses" sollte die Zukunft gehören, wenn auch nicht nur auf der Ebene des Ornaments. Und auch Meyer hat in der Liebe zu „ornamentlosen Formen in edlem Material" implizit auch schon eine Erklärung parat für die Japan-Begeisterung der Moderne, die nach dem Krieg im Westen einsetzen wird (→Kap. 27). Seiner Argumentation entspricht zudem die Beobachtung von Victor Papanek, der Jahrzehnte nach der Basler Kontroverse eine Zeit lang als Designer mit Inuit lebte und feststellten konnte, mit welcher Hingabe sie in ihre Werkzeuge Ornamente ritzten. Menschliches Verhalten aus Jahrtausenden steht hinter dieser Erfahrung.***

Für Georg Schmidt ist das Setting von Randbedingungen für ein Produkt eindeutig umrissen: Gebrauchsfunktion, Material und Herstellungsmethode ergeben die Form. Die „Kreation" liegt im Zusammenspiel dieser drei Faktoren. Bei Peter Meyer hingegen ist die Kreation gleichsam der vierte Spieler am Tisch, das „vorhandene Äußerungsbedürfnis" ist für ihn eine legitime Kraft, während es für Schmidt nichts weiter als eine degenerative Kraft der Mode ist, wie er immer wieder betont. Schmidt soll immer dasselbe Schuhmodell, und angeblich immer mehrere Paar auf einmal, gekauft haben. Er blieb seiner Feindschaft gegenüber der Mode in all ihren Qualitätsunterschieden treu. Seine Zeitgemäßheit war die Zeitlosigkeit, was im Grunde das Kennzeichen des Konservativen ist. Er sagt es nicht, er denkt es vielleicht auch nicht, aber in seiner Argumentation erscheint das Jahr 1930 nicht nur als Höhepunkt der kulturellen Entwicklung, sondern eigentlich als Endpunkt, an dem sich alle Widersprüche aufgelöst haben. Diese immanent statische Betrachtungsweise sollte bald das Problem der älter werdenden Moderne werden.

Peter Meyer jedoch sagte etwas voraus, was wenig später eingetreten ist. Er meinte es in Bezug auf die Architektur und die bildende Kunst, doch es gilt auch für die Gestaltung insgesamt: „In einigen Jahrzehnten wird man vielleicht keine abstrakten Bilder mehr malen, aber die Architekten werden die Nutznießer dessen sein, was die abstrakte Malerei in ihren Bildern erarbeitet hat, sie werden die ästhetische Seite der Architektur intensiver und mutiger in Arbeit nehmen als heute [...] (es würde mich nicht wundern, wenn auch das von Le Corbusier, dem beweglichsten Geist unter den zeitgenössischen Architekten, ausgehen würde!) – nicht in Form eines historisierenden Rückgriffs, sondern einer universaleren, über alle sektenmäßige Enge hinauswachsenden Modernität.“

*   *Georg Schmidt: „Gebrauchsgerät", in:* Moderne
       Bauformen *(Stuttgart), 10/1931; „Hand und Ma-*
       schine", in: Schweizerische Bauzeitung *(Zürich),*
       Nr. 14–16/1935

**   *Peter Meyer: „Ornamentfragen", Das Werk 2/1937,*
       S. 53–59; stark erweiterte Fassung: Das Ornament
       in der Kunstgeschichte, *Zürich 1944*

***   *Victor Papanek:* The Green Imperative, *London*
       1995, S. 51 (Zu Papanek: → Kap. 29)

Bibliografie

ABC – Beiträge zum Bauen (Basel 1924–1928) (Redaktion: El Lissitzky, Emil Roth, Hans Schmidt, Mart Stam). Reprint Baden/Zürich 1993

Adam, Peter: Eileen Gray. Architektin – Designerin. Kilchberg/ZH 1989

Albers, Anni: On Weaving. Middletown, Conn. 1965

Andritzky, Michael (Hrsg.): Oikos. Von der Feuerstelle zur Mikrowelle. Gießen 1993

Antonelli, Paola (Hrsg.): Humble Masterpieces. Everyday Marvels of Design. New York 2005

Arnheim, Rudolf: Anschauliches Denken. Köln 1980

Arnold, Horace Lucien / Fay Leone Faurote: Ford Methods and Ford Shops. New York 1919

Ausenda, Raffaella / Alessandra Ponte (Hrsg.): History of Industrial Design: I (1750–1850); II (1851–1918); III: 1919–1990. Milano 1990

Bang, Ole: Thonet – Geschichte eines Stuhls. Stuttgart 1979

Bayer, Herbert / Walter Gropius / Ise Gropius (Hrsg.): Bauhaus 1919–1928. New York 1938 / Stuttgart / Teufen 1955

Behne, Adolf: Neues Wohnen, Neues Bauen. Leipzig 1927

Bergner-Meyer, Lena (Hrsg.): Hannes Meyer. Schriften. Dresden 1980

Bernège, Paulette: Si les femmes faisaient les maisons. Paris 1928

Boesiger, Willy / Oscar Stonorov (Hrsg.): Le Corbusier & Pierre Jeanneret: Œuvre complète [vol. 1], 1910–1929. Zürich 1930

Bony, Anne (Hrsg.): French Design. Creativity as Tradition. Paris 2012

Brändle, Christian / Renate Menzi / Arthur Rüegg (Hrsg.): 100 Jahre Schweizer Design. Zürich 2014

Bruton, Eric: Uhren. Geschichte, Schönheit und Technik. Eltville am Rhein 1982

Buddensieg, Tilmann / Henning Rogge: Industriekultur. Peter Behrens und die AEG. Berlin 1907–1914, Berlin 1979

Buddensieg, Tilmann / Henning Rogge (Hrsg.): Die nützlichen Künste. Berlin 1981

Burckhardt, Lucius (Hrsg.): Der Werkbund in Deutschland, Österreich und der Schweiz. Form ohne Ornament. Stuttgart 1978

Clivio, Franco / Hans Hansen / Pierre Mendell: Verborgene Gestaltung. Dinge sehen und begreifen. Basel/Boston/Berlin 2009

Conrads, Ulrich (Hrsg.): Programme und Manifeste zur Architektur des 20. Jahrhunderts. Berlin/Frankfurt a. M./Wien 1964

Le Corbusier: Vers une Architecture. Paris 1924; Almanach d'Architecture moderne. Paris 1925; L'Art décoratif d'aujourd'hui. Paris 1925; Précisions. Paris 1930; Aircraft. London 1935

Curjel, Hans: Um 1900. Art Nouveau und Jugendstil. Katalog Zürich 1952

Eckstein, Hans: Die schöne Wohnung. München 1934

Eckstein, Hans: Formgebung des Nützlichen. Marginalien zur Geschichte und Theorie des Design. Düsseldorf 1985

Fiedler, Jeannine / Peter Feierabend (Hrsg.): Bauhaus. Köln 1999

Fischer, Wend: Bau – Raum – Gerät. München 1957

Ford, Henry: Mein Leben und Werk. Leipzig 1923

Frederick, Christine: Household Engineering. Scientific Management of the Home. Chicago 1923

Giedion, Sigfried: Befreites Wohnen. Zürich/Leipzig 1929

Giedion, Sigfried: Die Herrschaft der Mechanisierung. Frankfurt a. M. 1982 (Erstausg. Mechanization Takes Command, 1948)

Glück, Franz (Hrsg.): Adolf Loos. Sämtliche Schriften. Wien 1962

Goldzamt, Edmund: William Morris und die sozialen Ursprünge der modernen Architektur. Dresden 1976

Graeff, Werner: Innenräume. Stuttgart 1928

Gugerli, David: Redeströme. Zur Elektrifizierung der Schweiz, 1880–1914. Zürich 1996

Hänggi, Marcel: Für einen guten Umgang mit Technik. Frankfurt a. M. 2015

Hahn, Peter (Hrsg.): Experiment Bauhaus. Das Bauhaus-Archiv Berlin (West) zu Besuch im Bauhaus Dessau. Berlin 1988

Harari, Yuval Noah: Eine kurze Geschichte der Menschheit. München 2013

von Hartmann, G. B. / Wend Fischer (Hrsg.): Zwischen Kunst und Industrie. Der Deutsche Werkbund. Katalog München 1975

Heath, Adrian / Ditte Heath / Aage Lund Jensen: 300 Years of Industrial Design. London 2000

Hellmann, Ulrich: Künstliche Kälte. Die Geschichte der Kühlung im Haushalt. Gießen 1990

Herbst, René: 25 années UAM – Union des Artistes Modernes. Paris 1956

Hirdina, Heinz: *Neues Bauen – Neues Gestalten. Das Neue Frankfurt / Die Neue Stadt. Eine Zeitschrift zwischen 1926 und 1936.* Dresden 1984

Hochman, Elaine S.: *Architects of Fortune. Mies van der Rohe and the Third Reich.* New York 1990

ten Horn-van Nispen, Marie-Louise: *400 000 Jahre Technikgeschichte. Von der Steinzeit bis zum Informationszeitalter.* Darmstadt 1999

Hounshell, David A.: *From the American System to Mass Production, 1800–1932.* Baltimore/London 1984

Huber, Benedikt / Jean-Claude Steinegger (Hrsg.): *Jean Prouvé. Architektur aus der Fabrik.* Zürich 1971

Hüter, Karl-Heinz: *Henry van de Velde. Sein Werk bis zum Ende seiner Tätigkeit in Deutschland.* Berlin/DDR 1967

Hüter, Karl-Heinz: *Das Bauhaus in Weimar.* Berlin/DDR 1976

Jaffé, Deborah: *Ingenious Women. From Tincture of Saffron to Flying Machines.* London 2003

Jaffé, Hans L. C.: *De Stijl 1917–1931. Der niederländische Beitrag zur modernen Kunst.* Berlin/Frankfurt a. M./ Wien 1965

Jaffé, Hans L. C.: *Mondrian und De Stijl.* Köln 1967

Jaeggi, Annemarie / Philipp Oswalt / Hellmuth Seemann (Hrsg.): *Modell Bauhaus.* Berlin/Dessau/Weimar 2009

Judt, Tony: *Wenn Fakten sich ändern. Essays 1995–2010.* Frankfurt a. M. 2017

Klingender, Francis D.: *Kunst und industrielle Revolution (Art and Industrial Revolution,* 1947). Dresden 1974

Koestler, Arthur: *Der göttliche Funke. Der schöpferische Akt in Kunst und Wissenschaft.* Bern/München/ Wien 1966

Koolhaas, Rem / Sanford Kwinter / Stefano Boeri (Hrsg.): *Mutations.* Bordeaux 2001

Krausse, Joachim / Claude Lichtenstein (Hrsg.): *R. Buckminster Fuller – Your Private Sky: Design als Kunst einer Wissenschaft.* Baden/Zürich 1999

Krausse, Joachim / Claude Lichtenstein (Hrsg.): *R. Buckminster Fuller – Your Private Sky: Diskurs.* Baden/ Zürich 2001

Landes, David S.: *Der entfesselte Prometheus. Technologischer Wandel und industrielle Entwicklung in Westeuropa von 1750 bis zur Gegenwart.* München 1983

Latour, Bruno: *Science in Action. How to Follow Scientists and Engineers Through Society.* Cambridge/ Mass. 1987

Lichtenstein, Claude (Hrsg.): *Ferdinand Kramer: Der Charme des Systematischen.* Gießen 1991

Lichtenstein, Claude / Franz Engler (Hrsg.): *Stromlinienform.* Baden/Zürich 1992

Lissitzky-Küppers, Sophie (Hrsg.): *El Lissitzky. Maler – Architekt – Typograf – Fotograf.* Dresden 1976

Lissitzky, El: *Proun und Wolkenbügel. Schriften, Briefe, Dokumente.* Dresden 1977

Lüder, Dagmar (Hrsg.): *Das Schicksal der Dinge. Beiträge zur Designgeschichte* (Aufsatzsammlung aus *Form+Zweck,* 1975–1985). Dresden 1989

Mang, Karl: *Thonet Bugholzmöbel.* Wien 1982

Margolin, Victor: *World History of Design (I).* London/ New York 2015

Meyer, Hannes: „Die neue Welt", in: *Hannes Meyer. Schriften* (Reprint), CH-Baden 1989

Moholy-Nagy, Laszlo: *Vision in Motion.* Chicago 1947

von Moos, Stanislaus (Hrsg.): *L'Esprit Nouveau. Le Corbusier und die Industrie 1920–1925.* Zürich/Berlin 1987

Morris, William: *Die Kunde von Nirgendwo (News from Nowhere,* 1890). Köln 1974

Mumford, Lewis: *Art and Technics.* New York 1952

Naumann, Friedrich: *Vom Abakus zum Internet. Die Geschichte der Informatik.* Darmstadt 2001

Negt, Oskar / Alexander Kluge: *Geschichte und Eigensinn.* Frankfurt a. M. 1981

NGBK (Neue Gesellschaft für Bildende Künste): *Absolut modern sein. Zwischen Fahrrad und Fließband: Culture téchnique in Frankreich 1889–1937.* Berlin 1986

Petroski, Henry: *Messer, Gabel, Reißverschluss. Die Evolution der Gebrauchsgegenstände.* Basel 1994

Pevsner, Nikolaus: *Architektur und Design* (Textsammlung). München 1971

Posener, Julius: *Anfänge des Funktionalismus. Von Arts and Crafts zum Deutschen Werkbund.* Berlin/Frankfurt a. M./Wien 1964

Posener, Julius: „Vorlesungen zur Geschichte der Neuen Architektur" (I): *Arch+* 48, Aachen 1979; Ders.: (II) „Die Architektur der Reform": *Arch+* 53/1980; Ders.: (III) „Das Zeitalter Wilhelms II.": *Arch+* 59/1981; Ders.: (IV) „Soziale und bautechnische Entwicklungen im 19. Jahrhundert": *Arch+* 63–64/1982

Posener, Julius: *Aufsätze und Vorträge 1931–1980.* Braunschweig/Wiesbaden 1981

Pulos, Arthur J.: *American Design Ethic. A History of Industrial Design to 1940.* Cambridge/Mass. 1983

Rauck, M. J. B. / G. Volke / F. R. Paturi: *Mit dem Rad durch zwei Jahrhunderte. Das Fahrrad und seine Geschichte.* Aarau/Stuttgart 1979, 4.ed. 1988

Richter, Gisela M. A.: *Handbuch der griechischen Kunst.* Berlin 1966

Rüegg, Arthur (Hrsg.): *Charlotte Perriand – Livre de Bord.* Basel/Boston/Berlin 2004

Rüegg, Arthur: *Le Corbusier – Möbel und Interieurs 1905–1965* (Werkkatalog). Zürich/Paris 2012

Schaefer, Herwin: *Nineteenth Century Modern. The Functional Tradition in Victorian Design.* New York 1970

Schivelbusch, Wolfgang: *Geschichte der Eisenbahnreise. Zur Industrialisierung von Raum und Zeit im 19. Jahrhundert* (1977). Frankfurt a. M. 2002

Schivelbusch, Wolfgang: *Lichtblicke. Zur Geschichte der künstlichen Helligkeit im 19. Jahrhundert.* Frankfurt a. M. 1986

Schnaidt, Claude (Hrsg.): *Hannes Meyer. Bauten, Projekte und Schriften.* Teufen 1965

Schwarz, Felix / Frank Gloor (Hrsg.): „Die Form". *Stimme des Deutschen Werkbundes.* Gütersloh 1969

Selle, Gert: *Die Geschichte des Design in Deutschland 1870 bis heute.* Köln 1978

Taut, Bruno: *Die neue Wohnung. Die Frau als Schöpferin.* Leipzig 1924

Thiekötter, Angelika / Eckhard Siepmann (Hrsg.): *Packeis und Pressglas. Von der Kunstgewerbebewegung zum Deutschen Werkbund.* Gießen 1987

van de Velde, Henry: *Die drei Sünden wider die Schönheit.* Zürich 1918

Wallis, Mieczyslaw: *Jugendstil.* München 1974

Warncke, Carsten-Peter: *De Stijl 1917–1931. Das Ideal als Kunst.* Köln 1998

Wells, H. G.: *Die Geschichte unserer Welt* (1923/1942). Zürich 1948

Werkbund-Archiv Berlin (Hrsg.): *Hermann Muthesius im Werkbund-Archiv* (Ausstellungsmagazin Nr. 26). Berlin 1990

Werkbund-Jahrbücher (DWB): 1912: *Die Durchgeistigung der deutschen Arbeit;* 1913: *Die Kunst in Industrie und Handel;* 1914: *Der Verkehr;* 1915: *Deutsche Form im Kriegsjahr: Die Ausstellung Köln 1914*

Wick, Rainer: *Bauhaus-Pädagogik.* Köln 1988

Wingler, Hans M. (Hrsg.): *Gottfried Semper. Wissenschaft, Industrie und Kunst.* Mainz 1964

Wingler, Hans M. (Hrsg.): *Das Bauhaus: Weimar – Dessau – Berlin (und die Nachfolge in Chicago seit 1937).* Köln 1968

Personenregister

Sachregister

Abbildungsnachweise – Band 1

(Zahlen sind Abbildungsnummern)

1: Kepes, The Man-Made Object / 2: © Béat Arnold,
Marin / 3: Richter, Handbuch der griechischen Kunst / 4:
Hermant, Formes utiles, Foto Charlotte Perriand © Prolit-
teris 2021 / 5: Whole Earth Catalog I, 1968 / 6: Georg
Fischer AG: Jubiläumsschrift 1951 / 7–8: Richter, op.
cit. / 9: Liberty's Ltd. / 10: Lichtenstein / 11: Bolliger,
Bilderatlas zur Kulturgeschichte: Altertum / 12: Form
(Internationale Revue) 8-1959 / 13–14: Ausenda/Ponte,
History of Industrial Design (I) / 15: Guidot/Jousset, Les
bons génies de la vie domestique / 16: Schaefer, 19th
Century Modern / 17: Buddensieg/Rogge, Die nützlichen
Künste / 18: Ausenda/Ponte, op. cit. / 19: Ginzrot, Wa-
gen und Fuhrwerke / 20: Read, Art and Industry / 21:
Tomlinson's Encyclopaedia of Useful Arts / 22: © Musée
International d'Horlogerie, La Chaux-de-Fonds / 23:
Naumann, Vom Abakus zum Internet / 24: Tomlinson, op.
cit. / 25–26: Klingender, Kunst und industrielle Revolution / 27: Ausenda/Ponte, op. cit./ 28: Tomlinson, op. cit./
29: Ausenda/Ponte, op. cit. / 30: Klingender, op. cit. / 31:
Tomlinson, op. cit. / 32: Klingender, op. cit. / 33: Tomlinson, op. cit. / 34: Negt/Kluge, Geschichte und Eigensinn /
35: Privatsammlung / 36–37: Pevsner, Architektur und
Design / 38: Thiekötter/Siepmann: Packeis und Pressglas / 39: Pevsner, op. cit. / 40: Benevolo, Geschichte der
Stadt / 41: Pevsner, op. cit. /42: Benevolo, Geschichte
der Architektur des 19. und 20. Jahrhunderts / 43–44:
Schaefer, op. cit. / 45: Fischer, Die verborgene Vernunft.
Funktionale Gestaltung im 19. Jahrhundert / 46: Pevsner,
op. cit. / 47: © Museum für Gestaltung Zürich (MfGZ-
ZHdK) / 48: Pulos, American Design Ethic / 49: Ausenda/
Ponte, op. cit. / 50: Privatsammlung / 51–52: Pulos,
op. cit. / 53: Beecher, The American Woman's House /
54–55: Giedion, Die Herrschaft der Mechanisierung / 56:
Hounshell: From the American System to Mass Production / 57: Privatsammlung / 58: Schaefer, op. cit. / 59–60:
Giedion, op. cit. / 61: Giedion, Raum–Zeit–Architektur /
62: Hornung, Wheels Across America / 63–64: Rauck/
Volke/Paturi, Mit dem Rad durch zwei Jahrhunderte /
65–66: Hornung, op. cit. / 67: Rauck/Volke/Paturi, op.
cit. / 68: Privatsammlung / 69: Margolin, World History of
Design (I) / 70–71: Lucie-Smith, A History of Industrial
Design / 72: J. Krausse 1986 / 73: Wachsmann, Wendepunkt im Bauen, / 74: Hounshell, op. cit. / 75: Wachsmann, op. cit. / 76–77: Mang, Thonet Bugholzmöbel /

78–79: Schaefer, *op. cit.* / 80–84: Mang, *op. cit.* / 85: Tomlinson, *op. cit.* / 86: Ausenda/Ponte, *op. cit.* (II) / 87: Schivelbusch, *Lichtblicke* / 88–89: Schaefer, *op. cit.* / 90: Privatsammlung / 91: Guidot/Jousset, *op. cit.* / 92: Museum für Kommunikation Bern / 93: Guidot/Jousset, *op. cit.* / 94: Hennig-Schefold/Schaefer, *Struktur und Dekoration*, Foto Monica Hennig-Schefold / 95: Pevsner, *Moderne Architektur und Design* / 96: Wallis, *Jugendstil* / 97: © Musée des Beaux-Arts, Nancy / 98: Selle: *Geschichte des Design in Deutschland* / 99: © MfGZ-ZHdK / 100: Fischer, *Bau–Raum–Gerät* / 101: Hultén, *The Machine* / 102: © MfGZ-ZHdK / 103: Pecher, *Henry van de Velde. Das Gesamtwerk* (I) / 104: Scharf, *Pioneers of Photography* / 105: Gordon, *Indecent Exposures* / 106–109: Frizot, *Etienne-Jules Marey* / 110–111: *DWB-Jahrbuch 1914* / 112: Lichtenstein / 113: Fischer, *op. cit.* / 114: Rukschcio/Schachel, *Adolf Loos* / 115–117: Wichmann, *Deutsche Werkstätten*, für 116, 117 © 2021, ProLitteris, Zurich / 118: Fischer, op. cit. / 119: *DWB-Jahrbuch 1912* / 120: Buddensieg/Rogge, *Berlin 1900–1933* / 121–122: *DWB-Jahrbuch 1914* / 123: Ford Museum Dearborn / 124: Arnold/Faurote, *Ford Methods and Ford Shops* / 125: Hounshell, *op. cit.* / 126: Arnold/Faurote, *op. cit.* / 127: Ford Museum Dearborn / 128–129: Arnold/Faurote, *op. cit.* / 130: Privatsammlung / 131: Hounshell, *op. cit.* / 132–133: Pulos, *op. cit.* / 134–135: Wingler, *Das Bauhaus*, für 134 © 2021 ProLitteris, Zurich / 136: Hahn, *Experiment Bauhaus* / 137: Wingler, *op. cit.* / 138–139: Fotos © MfGZ-ZHdK / 140: © Stiftung Klassik Weimar / 141: Bayer/Gropius: *Bauhaus 1919–1928* © 2021 ProLitteris, Zurich / 142: Schädlich, *Walter Gropius* © 2021 ProLitteris, Zurich / 143: De Noblet, *Design* / 144: Bayer/Gropius: *op. cit.*, © The Josef and Anni Albers Foundation / 2021, ProLitteris, Zurich / 145: Kalender MoMA, NYC (1970) © The Josef and Anni Albers Foundation / 2021 ProLitteris, Zurich © Foto: Stan Ries, NYC / 146: Bayer/Gropius, *op. cit.* / 147 A: *Das Werk* 7-1926 / 147 B: *Berliner Illustrierte Zeitung*, Dez. 1926, Foto Erich Consemüller / 148: Schweizerische Fotostiftung © 2021 ProLitteris, Zurich / 149: Hirdina, *Neues Bauen–Neues Gestalten* © 2021 ProLitteris, Zurich / 150: Behne, *Neues Wohnen–Neues Bauen* / 151: Wingler, *op. cit.* / 152: Hahn, *op. cit.* © The Josef and Anni Albers Foundation / 2021 ProLitteris, Zurich / 153: *bauhaus* 4-1928 / 154: Wingler, op. cit. / 155: *bauhaus* 4-1928 / 156: *L'Esprit Nouveau* 13-1921 / 157: *L'Esprit Nouveau* 20-1924 / 158: Le Corbusier, *L'Art décoratif d'aujourd'hui* / 159: Privatsammlung / 160–161: Le Corbusier: *Vers une Architecture* / 162: Sparke, *Design im 20. Jahrhundert* / 163–165: Boesiger/ Stonorov: *Le Corbusier & Pierre Jeanneret 1910–1929*, für 163: © F.L.C. / 2021, ProLitteris, Zurich / 166: © F.L.C. / 2021 © ProLitteris, Zurich / 167: Foto Georges Thiriet, © F.L.C. / 2021 © ProLitteris, Zurich / 168: De Noblet, *op. cit.* / 169: © gta Archiv ETH Zürich, Hannes Meyer / 170: Privatsammlung / 171: *ABC–Beiträge zum Bauen* 3/4-1925 / 172: Schmidt, *Moderne Bauformen* 9-1932 / 173: Rasch, *Wie bauen?* / 174: Hirdina, op. cit. / 175–176: © MfGZ-ZHdK / 177–178: Adam, *Eileen Gray* © Eileen Gray Archive, National Museum of Ireland, Dublin / 179: Foto © MfGZ-ZHdK / 180: © Archiv Ferdinand Kramer, Frankfurt a. M.